suhrkamp taschenbuch 5244

AF217564

Menschen suchen vermehrt nach Heimat in einer Welt, die ungewiss erscheint, und in einem Leben, das sich schneller ändert, als es zu verstehen ist. Mehr als je zuvor sehen sich auch diejenigen mit Heimatlosigkeit konfrontiert, die eigentlich wohlbeheimatet sind. Heimat wird zum flüchtigen Gut in der Epoche des Globalwerdens von Menschen und Dingen. Im permanenten Hin und Her zwischen den Welten werden die Menschen selbst flüchtig und beginnen sich zu fragen: Wo bin ich wirklich daheim? Wo war ich es? Wo wird Heimat künftig möglich sein?

Die Heimat hat eine große Zukunft, aber nicht mit dem Modell der Vergangenheit. Eine Erweiterung des Heimatbegriffs ist nötig, denn Heimat ist mehr als nur ein Ort. Sie kann als Basislager des Lebens gelten, von dem aus Erkundungen ins Ungewisse möglich sind. Anders als es zunächst den Anschein hat, gibt es zahlreiche Möglichkeiten, Heimat zu finden. Die Vielfalt wird in der Diskussion über »die Heimat« oft aus den Augen verloren. Sie wird im Fokus dieses Buches stehen.

Wilhelm Schmid, geboren 1953, lebt als freier Philosoph in Berlin. Umfangreiche Vortragstätigkeit im In- und Ausland. Viele Jahre lehrte er Philosophie als außerplanmäßiger Professor an der Universität Erfurt. Zusätzlich war er tätig als Gastdozent in Lettland und Georgien sowie als philosophischer Seelsorger an einem Krankenhaus in der Schweiz.

Zuletzt erschienen: *Von der Kraft der Berührung* (2019), *Selbstfreundschaft. Wie das Leben leichter wird* (2018), *Vom Schenken und Beschenktwerden* (2017), *Das Leben verstehen. Von den Erfahrungen eines philosophischen Seelsorgers* (2016), *Von den Freuden der Eltern und Großeltern* (2016); *Vom Nutzen der Feindschaft* (2015); *Sexout. Und die Kunst, neu anzufangen* (2015).

Wilhelm Schmid
Heimat finden

Vom Leben in einer ungewissen Welt

Suhrkamp

2. Auflage 2023

Erste Auflage 2022
suhrkamp taschenbuch 5244
© Suhrkamp Verlag AG, Berlin, 2021
Alle Rechte vorbehalten. Wir behalten uns auch
eine Nutzung des Werks für Text und Data Mining
im Sinne von § 44b UrhG vor.
Umschlagabbildung: Georgia O'Keeffe, Grüne Berge, Kanada
(Umschlagvorderseite: Ausschnitt, Umschlagrückseite: vollständig),
1932, Öl auf Leinwand, 30,5 x 91 cm, Art Institute of Chicago,
© Georgia O'Keeffe Museum /
VG Bild-Kunst, Bonn 2023, Foto: akg-images
Umschlaggestaltung: Designbüro Lübbeke, Naumann, Thoben, Köln
Druck: CPI books GmbH, Leck
Printed in Germany
ISBN 978-3-518-47244-6

www.suhrkamp.de

Inhaltsverzeichnis

Heimat ist erfahrbar in Phantasie, Utopie und Transzendenz

Meiner geliebten Frau,
meiner innigsten Heimat
Astrid Scheld
(1962 – 2021)

Vorwort

»Es ist schwer, den Anfang zu machen.«
»Ist es nicht schön, wenn alles noch so offen ist?«
»Nein, es ist ein Stochern im Nebel, alles noch so ungewiss. Schön ist es erst im Rückblick, wenn alles seinen Platz gefunden hat.«
»Aber ist es dann noch spannend?«

Mein kleines Dorf wollte ich nie verlassen und tat es dann doch, die Pubertät hatte meine Meinung geändert. Ich wollte die große weite Welt erobern, egal wie und warum. In der Stadt war ich erst einmal einsam. Ich verstand das Leben nicht, das so anders war als das ländliche, das ich kannte. Einen verlässlichen Rahmen und zeitlichen Rhythmus bot mir die Arbeit, die ich als Schriftsetzerlehrling zu tun hatte. Aber wo in dieser Welt, die mir fremd vorkam, war Vertrautheit zu finden? In einer Künstlergruppe, der ich mich anschloss, fühlte ich mich auf Anhieb wohl und besser verstanden als je zuvor. Fern der Heimat gab es eine andere Art von Heimat, von der ich nicht einmal gewusst hatte, wie sehr sie mir fehlte.

Heimat war damals kein Gegenstand des Nachdenkens. Das hat sich geändert, auch für mich.* Menschen suchen vermehrt nach Heimat in einer Welt, die ungewiss erscheint, und in einem Leben, das sich schneller ändert, als es verstanden werden kann. Mehr als je zuvor sehen sich selbst diejenigen mit

---

* Wilhelm Schmid, *Dem Leben Sinn geben*, 2013. Die dortigen Überlegungen zur Heimat als Quelle von Sinn trug ich erstmals 2011 im Kloster Thierhaupten bei Augsburg vor.

Heimatlosigkeit konfrontiert, die eigentlich wohlbeheimatet sind. Die unheimliche Erfahrung, dass jede Gewissheit über Nacht wegbrechen kann, streute noch dazu 2020 das Coronavirus Sars-CoV-2 über den gesamten Planeten. Aus aller Welt wollten alle mit einem Mal *nachhause*. Heimat wird zum flüchtigen Gut in der Epoche des Globalwerdens von Menschen und Dingen, das zur Ausbreitung des Virus beigetragen hat. Im permanenten Hin und Her zwischen den Welten werden die Menschen selbst flüchtig und beginnen sich zu fragen: Wo bin ich wirklich daheim? Wo war ich es? Wo wird Heimat künftig möglich sein?

Heimatlosigkeit entsteht durch die Erschütterung, dass etwas nicht mehr so ist, wie es vertraut war, nicht nur in Bezug auf das Leben an einem Ort, sondern auch auf das Lebensverständnis, die Weltsicht, die Verbundenheit mit Anderen. Die Welt, die gewiss erschien, wird ungewiss, wenn Beziehungen zerbrechen, Grenzen fallen, neue Techniken verunsichern, Arbeitsplätze in Frage stehen. Parallel zu aufbrechenden Ungewissheiten wächst das Bedürfnis nach einer verlässlichen, eingespielten Wirklichkeit, auf die gebaut und vertraut werden kann. *Heimat* ist ein Wort dafür. Einmal fraglich geworden, ist das Leben in unverbrüchlichen Beziehungen an einem festen Ort, in gewohnter Ordnung und fragloser Rollenverteilung jedoch nicht einfach wiederherstellbar. Und diese Erfahrung machen nicht nur Einzelne hier und da.

Für alle bleibt kein Stein mehr auf dem anderen im 21. Jahrhundert, dem Jahrhundert der *Disruption*, des Bruchs und Umbruchs in allen Bereichen, in der Virtualisierung des Lebens, in den Beziehungen zwischen Geschlechtern und Kulturen, in Wissenschaft und Technik, in der Politik und Weltpolitik, im Verhältnis zur Natur. Rund um den Planeten wecken klimatische Veränderungen existenzielle Ängste, weltweit scheint es keinerlei Verlässlichkeit mehr zu geben. Es ist nicht das erste Mal, dass die Welt aus den Fugen gerät, aber es ist jedes Mal zutiefst beunruhigend für die, die das in ihrer Zeit erleben. Wie tief dieses Mal der Bruch reicht, wird daran deutlich, wie rasch selbst das Neueste veraltet. Wer Heimat sucht, will in einer festen Wirklichkeit verankert sein, statt sich in uferlosen Möglichkeiten zu verlieren. Nun aber fließt alles, auch die Flussufer zerfließen. Wo in einer Welt, die so unbeständig, ungewiss, ungemütlich erscheint, kann noch Beständigkeit, Gewissheit, Geborgenheit sein?

Seit im 19. und 20. Jahrhundert unter dem Titel *Moderne* eine Befreiung von alten Ordnungen ins Werk gesetzt wurde, beschleunigt sich der Prozess. Begleitet wird er ausgerechnet in der Geburtsheimat der Moderne, dem westlichen Kulturraum, von einem schwierigen Verhältnis zur Heimat. Aus der einstigen Verpflichtung, sie zu bewahren, wurde die moderne Norm, sich von ihr zu befreien. Um sie dann zu vermissen. Systematisch produziert die heimatferne Moderne ein Gefühl von Heimatlosigkeit, das aber schwer auszuhalten ist, sodass auf jeden Modernisierungsschub ein *Heimat-Hype* antwortet. Der fortschreitenden Globalisierung wird mit einer neuen *Lokalisierung* zu begegnen versucht, einer Rückbesinnung auf überschaubare Orte. Die Neuerungswut hoffen viele mit *Traditionalisierung* ausbalancieren zu können, mit der Pflege überlieferter Gebräuche vor Ort. Auf die Digitalisierung antwortet eine neuerliche *Analogisierung*, eine Wiederentdeckung des anfassbaren, realen Lebens.

Aber selbst das politische Versprechen, die Heimat gegen ihre Infragestellung zu schützen, kommt gegen die moderne Dynamik nicht an, die sie gefährdet. Gefährdet wird sie etwa von wirtschaftlichen Zwängen, die erfordern, die Heimat zu verlassen, um dorthin zu gehen, wo Arbeitsplätze sind. Gefährdet wird sie andernorts davon, dass Menschen sie zurücklassen müssen, um sich von unerträglichen Macht- und Lebensverhältnissen zu befreien. In der Kultur der Moderne selbst wird sie noch dazu von den Möglichkeiten der Freiheit gefährdet, denen kaum zu widerstehen ist: Immerzu lockt etwas Anderes, Attraktiveres, das ein Bleiben und Verweilen untergräbt. Eine ständige Unruhe treibt Menschen an, sich ins Unbestimmte vorzuwagen und jede bestimmte Wirklichkeit für neue Möglichkeiten aufzugeben.

Was kommt, wenn die Heimat geht, ist die Sehnsucht nach ihr. Das ist die *Not der Zeit*, in der nichts mehr feststeht. Die Heimat verspricht Wärme in einer kälter werdenden sozialen Welt. Sie weckt die Hoffnung auf Vertrautheit und Geborgenheit anstelle von Fremdheit und Verlorenheit, auf eine Fülle von Sinn anstelle von Sinnlosigkeit. Sehr viel Selbstvertrauen geht mit der Selbstverständlichkeit einer Heimat einher, in der ich meinen Platz kenne und einfach nur da sein kann: »Hier bin ich richtig.« Umstandslos kann ich mich an den Tisch setzen, nicht nur zuhause, sondern auch bei vertrauten Menschen sonst wo. Ich muss keine Energie aufwenden, um mich erst neu zu orientieren, Leute kennenzulernen und die Sprache zu verstehen. Die Heimat passt zu mir und ich zu ihr, in ihr finde ich mich zurecht, sie ermöglicht mir das Leben und sogar ein anderes, gesteigertes, erfülltes Leben, zumindest für eine Weile, am besten für immer, mit großer Gewissheit, Beständigkeit und Verlässlichkeit.

Der Versuch, sich erneut auf Heimat zu besinnen, ist eine Antwort auf die Sehnsucht nach ihr. Heimat kann als *Basislager des Lebens* verstanden werden, von dem aus Erkundungen ins

Ungewisse möglich sind. Die Welt ist groß und unübersichtlich, jeder Mensch braucht eine kleine Ecke, welcher Art auch immer, die er überblickt, die ihm vertraut ist, in die er sich zurückziehen und ganz bei sich sein kann. Niemand kann in völliger Fremdheit leben, jeder bedarf irgendeiner Heimat, besser aber mehrerer *Heimaten* (oder auf Englisch *heimats*), um nicht vor dem Nichts zu stehen, wenn eine verlorengeht. Und wo ist noch Heimat möglich? Eigentlich überall, wo die Welt in Ordnung ist – und selbst dort, wo sie es nicht ist, sofern ein Mensch sich mit dieser Welt vertraut macht und sich darin einrichtet, etwa mit einer inneren Heimat auch in äußerer Heimatlosigkeit. Sogar die Ungewissheit kann zu einem Element der Vertrautheit und insofern zur Heimat werden. Restlos aufzuheben ist sie ohnehin nie.

Im Grunde herrscht kein Mangel an Heimat. Anders als es zunächst den Anschein hat, gibt es viele Möglichkeiten, Heimat zu finden, in abgeschwächter Form ein Zuhause. Aus Haupt- und Nebenheimaten kann sie zusammengesetzt werden wie ein *Mosaik*, dessen Teile im Laufe des Lebens immer wieder neu zu sortieren sind. Dazu zählen Räume, denen ein Mensch sich zugehörig fühlt und die am ehesten die Gewissheit bieten, die er von einer Heimat erwartet: Vorzugsweise die Wohnung, dann das Dorf, die Stadt, die Region, das Land. Von großer Bedeutung, schicksalhaft von Eltern und dem Zufall festgelegt, ist der Ort der Geburt, die Landschaft der Kindheit und Jugend. Heimat ist dort, wo die eigene Geschichte ihren Lauf nimmt. Diesem Anfang wohnt ein Zauber inne, der das ganze Leben vorhält. Oft erfährt ein Mensch, was ihm die Heimat bedeutet, wenn er sie verlässt. Nie erkennt er den Wert der vertrauten Nähe besser als in der fremden Ferne, auch wenn es ihm sonst an nichts fehlt.

Heimat ist jedoch viel mehr als ein Ort. Sie entsteht auch durch die Beziehung zu sich selbst und Anderen, zu einer Familie, einem Freundeskreis und einer Gruppe, ebenso im Ambiente einer Sprache, einer geistigen Verbundenheit, im Rahmen vertrauter Werte und bevorzugter Künste, insbesondere in Musikrichtungen, Lebensstilen und Moden, Meinungen und Denk-Gewissheiten, Gewohnheiten, Eigenheiten, Tätigkeiten, Phantasien und Erinnerungen. In neuen Formen lebt sie etwa in digitalen Welten wieder auf, und vor allem in der portablen *Handyheimat*, die für viele so unverzichtbar ist, dass sie das Gerät ständig mit sich tragen. Über das Ich hinaus wollen die meisten Menschen noch dazu in einem größeren Ganzen, einer Gemeinschaft, einer Kultur, in der Natur, im Kosmos, in Gott geborgen sein.

Das Wesentliche, das allen Heimaten eigen ist, dürfte die *Bedeutung* sein, die ein Mensch allem und jedem geben kann. Was nichts bedeutet, kann keine Heimat sein. Nur das, was wichtig ist und wertvoll erscheint, stellt eine Basis für das Entstehen von Vertrautheit und Geborgenheit dar. *Heimat ist das, was nicht egal ist.* Sorge wäre jedoch dafür zu tragen, dass der Begriff von Heimat nicht so eng gefasst wird, dass der Wunsch nach einer »Deheimatisierung« entsteht (Bilgin Ayata, 2019). Eine Heimaterweiterung ist nötig, auch wenn das wie eine Hyperheimatisierung erscheint: *Alles kann Heimat sein.* Statt das Leben auf eine einzige Haupt- und Herzensheimat zu reduzieren, käme es darauf an, auch andere soziale, mentale, räumliche und temporäre Heimaten zu gründen und zu pflegen. Die mögliche Vielfalt wird in der Diskussion über »die Heimat« oft aus den Augen verloren.

Die Heimat braucht einen neuen *Twist*, einen Dreh, eine tänzerische Wendung, die sie davor bewahrt, in Unbeweglichkeit zurückzufallen. Lange war sie ein Fall fürs Museum, aber das Verschwinden dieser alten Heimat zu beklagen, bringt sie nicht zurück. Die Heimat hat eine große Zukunft vor sich, aber nicht mit dem Modell der Vergangenheit. Sie stand für das Gleichbleiben einer *Identität*. Beständig kann sie aber nur sein, wenn sie auch Veränderung zu integrieren vermag. Eine Heimat, die nichts integrieren kann, ist in ihrer Existenz bedroht, da keine Weiterentwicklung in ihr mehr möglich ist. Von der Veränderung, die sie ausschließen will, wird sie überrollt.

Die erneuerte Heimat steht daher für die Arbeit an einer *Integrität*, die relativ beständig und zugleich veränderlich ist, offen für Andere und Anderes. Eine so verstandene Heimat erleichtert auch die Integration derer, die auf der Suche nach einer neuen Heimat sind. Vor Ort treffen sie auf Menschen, von denen einige um ihre Identität bangen, da ihre Heimat mit Fremden nicht dieselbe bleibt. Andere aber sehen in ihnen eine Bereicherung der Heimat. Grenzen ziehen höchstens die verfügbaren Ressourcen, denn es wäre sinnlos, eine Heimat so zu überfordern, dass sie für niemanden mehr Heimat sein kann.

Sich um Heimat zu kümmern, ist Sache jedes Einzelnen. Nur er (oder sie oder divers) kann wissen, was für ihn solche Bedeutung hat. Im Zweifelsfall ist es eine Frage der Definition. Wer Festigkeit will, sollte sich festlegen und attraktivere Alternativen außer Acht lassen. Wer Vertrautheit will, sollte Fremdes immer wieder in Bekanntes verwandeln. Heimatpflege ist ein *Carework*, eine Sorgearbeit, mit der ein Ich sich nicht nur passiv am Gegebenen erfreut, sondern aktiv um sein *Heimatmosaik* bemüht. Auch so ist ein farbenfrohes Leben möglich.

Wo und wie Heimat unter modernen Bedingungen des Lebens gefunden, geschaffen und gepflegt werden kann, ist das

Thema dieses Buches, das selbst ein Mosaik aus lose verbundenen Episoden und Aspekten mit vielen Farben und Facetten ist. Die Zusammenschau all dessen, was Heimat sein kann, soll dazu anregen, sich erstmals oder von Neuem Gedanken über die Bedeutung der Heimat für das eigene Leben zu machen: »Brauche ich Heimat? Wo sind meine Heimaten? Was kann ich dafür tun, mich zu beheimaten? Worin sehe ich meine Kernheimat, was halte ich für peripher?«

Auch für mich selbst will ich Antworten auf diese Fragen finden, insofern ist es zugleich ein persönliches Buch. Das Leben so zu gestalten, dass bei aller Erfahrung von Fremdheit und Befremdung Vertrautheit und Geborgenheit entstehen kann, ist ein Element der Lebenskunst. Und der Kunst des Liebens, die ihre eigenen Arten der Beheimatung kennt. Daher widme ich dieses Buch meiner Frau Astrid, mit der ich seit vielen Jahren überall dort Heimat finde, wo wir gerade sind. Ich hätte sie nie kennengelernt, wäre ich nicht aus meinem kleinen Dorf in die Welt hinausgezogen. Einige Momentaufnahmen aus unseren Gesprächen, die das Werden des Buches über lange Zeit hinweg begleiteten, sind hier und da wiedergegeben. Sie haben das Buch bereits eingeleitet, und sie werden es auch abschließen.

Heimat ist überall, wo Beziehung ist

Wie die Liebe jeden Ort zur Heimat macht

Wir liefen etwas planlos umher, es war nicht wichtig wo, wir kannten die Umgebung ohnehin nicht. Wichtig war nur, diesen Sommersonntagnachmittag gemeinsam zu genießen, denn wochentags war wenig Gelegenheit für solche Unternehmungen. Am Ufer eines kleinen Sees tauchten wir in einen Mischwald ein, der schmale Schotterweg führte leicht aufwärts. Bald gaben die Bäume eine Lichtung frei und wir tapsten über eine wildwüchsige Wiese. Nach wenigen Metern schauten wir uns an und wussten, dass wir denselben Gedanken hatten. Aber wo? Wir suchten nach einer Senke, die uns verbergen könnte, oder einer Stelle mit höheren Halmen, zwischen denen wir verschwinden würden. Erst später registrierten wir die Schnakenstiche, die wir abbekommen hatten, und waren stolz darauf. Sie machten fühlbar, dass wir bereit waren, einiges dafür zu tun, in einer immer ungewisser erscheinenden Welt die Gewissheit zwischen uns zu bewahren und zu stärken.

Alle Liebenden kennen Landschaften, die unauflöslich mit ihrer Geschichte verquickt sind. Lebhaft erinnern sie sich an laue Sommernächte in Grünanlagen der Stadt oder eine sattgrüne Wiese am Meer, auf der mitten am Tag lediglich das Knattern des Hubschraubers störte, der gerade über ihnen eine Schleife ziehen musste. Sie schätzen den Schutz vor Blicken in den Mulden von Dünen und kennen den Blick übers Meer von hochgelegenen Küstenpfaden. In Landschaften, in denen es auch Vögeln gefällt, erfreuen sie sich an deren Begleitmusik und werden zuverlässig von ihnen vor Störenfrieden gewarnt, sollten die Ohren noch dafür offen sein. Vor allem verwilderte Orte reizen zu ebensolchen Aktionen. Der Boden ist unbequem, das Gras zu narbig, die Moosmatte nicht weich genug? Eine Jacke genügt.

Jeden Ort macht die Liebe zur Heimat. Schon die Wange findet Heimat in der Wölbung der Handinnenfläche, in die sie sich schmiegt. Die Liebenden, die sich für einen Moment so nahe sind, dass jede Distanz nichtig wird, erfahren die tiefste Vertrautheit und Geborgenheit. Was sie beieinander und ineinander beheimatet, erscheint ihnen wichtig, alles Andere unwichtig. Was kümmert sie die Welt! In der *Momentheimat*, die durch das intensive Erleben entsteht, vergessen sie die Zeit und interessieren sich nicht mehr dafür, wo sie sind. Just die Erfahrung der Zeitlosigkeit markiert jedoch einen Einschnitt in der Zeit, den sie nicht mehr vergessen werden. Es ist wie ein Gongschlag, der noch lange nachklingt. Die Erfahrung stellt eine Beziehung zum Ort her und hebt seine Fremdheit auf, sodass Vertrautheit entsteht. Fast so schön wie die Erfahrung ist die spätere Reflexion, um das Erlebte länger auszukosten, ihm nachzusinnen und gewonnene Erkenntnisse auch künftig für die Kunst des Liebens zu nutzen.

Heimat ist überall, wo die Liebe zur Erfahrung wird. Die Erinnerung daran heftet sich an den Ort und verblasst nie. Auch die Umgebung, die zunächst unbekannt und unwichtig war, prägt sich nachdrücklich ein und begründet eine Heimat im Raum, mit der der Moment in der Zeit für immer verbunden bleibt. Jede weitere Erfahrung der Liebenden an diesem Ort bestätigt die Vertrautheit damit. Dabei können die Erfahrungen von sehr unterschiedlicher Art sein: »Hier haben wir gesessen, geschaut, gegessen, gestritten, geliebt.«

Was den Ort aus der Unzahl möglicher Orte hervorhebt, ist die gefühlte und gedachte *Bedeutung*, die er durch die Liebe erhält. Mit dieser Ausstattung bleibt er für die Liebenden der besondere Ort, an dem sich ein Teil ihrer Geschichte abgespielt hat. Mit einer Flagge der Inbesitznahme, die nur für sie selbst weht, eignen sie sich den Ort an, ohne dass er ihnen gehören würde. In ihrem Fühlen und Denken gewinnt er die Konturen, die unsichtbar für Andere durch seine reale Sichtbarkeit hindurchschimmern. Danach ist er für alle Zeiten verwandelt, ein Vorgang, der auch schon zu anderen Zeiten ins Bewusstsein von Liebenden rückte: »Immer war mir das Feld und der Wald und der Fels und die Gärten / Nur ein Raum, und du machst sie, Geliebte, zum Ort« (Johann Wolfgang von Goethe, *Gedichte*, Vier Jahreszeiten, Sommer, 1827).

Was die Bedeutung erzeugt und Heimat begründet, ist die *Intensität* der Erfahrung. Das ist auch in anderen Kontexten so, aber vor allem für die Liebenden kann die Erfahrung »himmlisch« sein, nicht nur im metaphysischen, sondern auch im physischen und psychischen Sinne, insofern Energien dabei frei werden, die als Urgrund allen Seins empfunden werden können. Die äußere Umgebung regt das innere Geschehen an, synchronisiert die Stimmungen der Liebenden und umrahmt ihr Zusammensein. Im Setting »szenischer« Natur- oder Kulturlandschaften fällt es leichter als in der gewohnten Umgebung, sich intensiv miteinander zu befassen und vieles gemeinsam zu erkunden, auf diese Weise die Beziehung zu vertiefen und sich in ihr heimisch zu fühlen.

Daher wandeln so viele Paare etwa unter den Pinien und Palmen in Montreux am Ufer des Genfer Sees entlang, wo schon Véra und Vladimir Nabokov glückliche Zeiten verbrachten und Freddie Mercury mit seinen Aufenthalten dazu beitrug, dass eine Pilgerstätte für Fans und Liebende jeder Couleur daraus wurde.

Liebe und Landschaft – eine magische Verbindung. Von ihr zeugt auch die Literatur, in der die Schilderung von Beziehungen oft mit dem Ausmalen von Umgebungen einhergeht. Hanns-Josef Ortheil erzählt *Die große Liebe* (2003) als eine Geschichte, die mit dem Blick auf den offenen Horizont am Meeresufer der Adria zwischen Ancona und Pescara ihren Anfang nimmt. Dann steigt die Liaison zu den nahe gelegenen Höhen empor, wo die Gefühle prompt ebenso kulminieren. In den hinreißenden äußeren Landschaften erkennen die Liebenden die inneren ihrer Leidenschaften wieder. Gleichermaßen berauscht sind sie von der Weite des Blicks übers Meer wie von der Tiefe ihrer Seelen in der Empfindung füreinander. Für immer wird ihre Liebe in diesen Landschaften, in denen sie sich einander zuwandten und zugetan waren, beheimatet sein. Sogar von größerer Beständigkeit als die Liebe selbst kann die Beziehung zu den Landschaften sein. Jede Erinnerung daran ruft die Gefühle wieder wach, was auch immer aus der Liebe zwischenzeitlich geworden sein wird.

Davon, wie mit dem nötigen *Narzissmus zu zweit* eine Momentheimat an den Orten der Liebe zustande kommt und durch wachsende Intensität Bedeutung erlangt, berichtet Max Frisch 1975 in *Montauk* (und der Regisseur Volker Schlöndorff mochte für die Verfilmung der Erzählung 2017 nicht auf eigene Erfahrungen am selben Ort verzichten). Eigentlich hatte sich Frisch nach der gescheiterten Beziehung zu Ingeborg Bachmann mit seiner zweiten Ehefrau Marianne Oellers in Berlin bereits häuslich eingerichtet. »Noch vorgestern haben wir gesagt: Ich gehe jetzt in die Wohnung. Heute sagen wir: Ich geh nach Haus (*sic!*).« Aber dann stürzt er sich in Montauk an der nordamerikanischen Atlantikküste in eine Affäre mit der sehr viel jüngeren Lynn. Die Liebe liebt Unendlichkeitshorizonte, aber am endlosen Strand, an dem die hereinbrechenden Wellen ihre Schaumzungen ausrollen, fremdeln beide noch miteinander. Erst spätabends, als im Lärm der Brandung keine Unterhaltung mehr möglich ist und sie sich im Hotelzimmer der Sprache der Lüste bedienen, kommen heimelige Gefühle auf.

Wie die Literatur und der Film stellt außerdem die Malerei gerne die Liebe dar, die Orte zur Heimat macht. Die New Yorker Malerin Cecily Brown hat diesem Sujet viele ihrer Werke gewidmet, aber die Tradition geht zurück bis zu Édouard Manets *Frühstück im Grünen* (*Le Déjeuner sur l'herbe*, 1863). Das Bild löste einen Skandal aus, da nicht Phantasiewesen, sondern bürgerliche Menschen im Freien dem Eros frönten, dem zur Zeit der Entstehung des Bildes allenfalls ein Schattendasein hinter Mauern zugestanden wurde. Manet bezog sich seinerseits auf die Malerei der Renaissance. Er blickte auf die Kupferstich-Kopie einer verschollenen Zeichnung Raffaels aus dem frühen 16. Jahrhundert, *Das Urteil des Paris*. Eine Gruppe rechts unten am Bildrand regte ihn zu seinem *Frühstück* an. Raffael wiederum hatte in der Villa Farnesina, die ein humanistisch gesinnter Bankier auf dem Land vor den Toren Roms bauen ließ, mit dem Deckengemälde *Hochzeitsmahl der Götter* die pralle Sinnlichkeit gefeiert. Für die Arbeit daran war ihm erlaubt worden, seine Geliebte bei sich zu haben. Das frivole Bild wirkt wie eine Antwort auf das keusche *Abendmahl*, das Leonardo da Vinci 20 Jahre zuvor im Mailänder Dominikanerkloster Santa Maria delle Grazie geschaffen hatte.

Dass die Liebe auch unter religiösen Vorzeichen jeden Ort zur Heimat zu machen vermag, geht aus einer alten jüdischen Schrift hervor: »Komm, mein Geliebter, wandern wir auf das

Land, schlafen wir in den Dörfern. Früh wollen wir dann zu den Weinbergen gehen und sehen, ob der Weinstock schon treibt, ob die Rebenblüte sich öffnet, ob die Granatbäume blühen. Dort will ich dir meine Liebe geben«, heißt es im *Hohenlied*, das von der göttlichen Energie erzählt, die dem menschlichen Leben Bedeutung verleiht. Die Geliebte selbst wird als Landschaft besungen: »Ein Lustgarten sprosst aus dir, Granatbäume mit köstlichen Früchten.« Ebenso ungeniert wird der Geliebte mit einem Apfelbaum verglichen: »In seinem Schatten begehre ich zu sitzen. Wie süß schmeckt seine Frucht meinem Gaumen.«

Aus vorchristlichen Jahrhunderten stammt im Übrigen das erste große Nachdenken über die Liebe, das offenkundig eines besonderen Ortes bedurfte. Sokrates, der seine Heimatstadt Athen sonst nie verließ, steuert außerhalb der Mauern mit seinem Gesprächspartner Phaidros eine ausladende Platane am plätschernden Bach in felsigem Gelände an: »Dort ist sowohl Schatten als auch ein mäßiger Luftzug, auch Rasen, um uns niederzusetzen oder, wenn wir wollen, uns niederzulegen.« Über der Landschaft liegt ein Zauber, der dem Leser bildhaft vor Augen steht. Das Wasser kühlt die Füße, im Hintergrund zirpen Zikaden. Nymphen könnten hier anwesend sein, meint Sokrates. Das ist für ihn der geeignete Ort, um über die Begeisterung zu sprechen, die die Liebe auslöst, die *Manía*, in der die unsterbliche Seele nach wahrer Schönheit strebt. Die Intensität, die dabei erfahrbar wird, zeichnet auch das Gespräch darüber aus und ist für Sokrates überhaupt die Stärke jeder beseelten, lebendigen Rede. Die Hochschätzung des gesprochenen Worts im Unterschied zum geschriebenen, die Platon im Dialog *Phaidros* seinem Lehrer Sokrates in den Mund legt, hat in dieser Intensität ihren Grund.

Wie die intensive Erfahrung der Liebe begründet auch die des Gesprächs eine Heimat in diesem Moment an diesem Ort. Die Erfahrung ist erneuerbar, auch in ein und derselben Beziehung, sofern zwei sich darum bemühen. Soll aus der Liebe eine *Dauerheimat* werden, kann sie allerdings nicht nur aus einer Abfolge intensiver Momente bestehen. Nachhaltigkeit gewinnt sie Platon zufolge am ehesten durch die *Besonnenheit*, die die Manie austariert. Mit ihrer Hilfe kann die Beziehung zwischen begeisterten Aufwallungen und pragmatischer Alltagsbewältigung changieren. Auf den Rausch der Intensität folgt die Ausnüchterung, die eine Zeit der Erholung ist, ein Kräftesammeln für kommende intensive Begegnungen. Das oft ungeliebte gewöhnliche Leben, in dem sich die Differenzen der Ichs bemerkbar machen, übernimmt vorübergehend die Regie. In ähnlicher Form gilt das auch für andere Beziehungen, familiäre, freundschaftliche, kollegiale. In allen Fällen kann der Alltag auch Heimat sein, und auch er kann schön sein, wie jede Landschaft, die in den Augen ihrer Betrachter so erscheint.

Von der Schönheit der Heimat in den Augen ihrer Betrachter

Liebende, die in einer Waldwiese versinken, folgen der Logik der Gefühle, die sie in sich verspüren. Vielleicht folgen sie jedoch auch der Logik der Landschaft, die sie zu Gefühlen ermuntert. Entgegen dem äußeren Anschein ist eine Umgebung nicht einfach nur da, sie ruft auch Gedanken und Gefühle wach, regt etwa ein Verweilen an oder hält davon ab. Sie kann befremden oder die Geborgenheit einer Heimat vermitteln, sei es für die Liebe oder andere Tätigkeiten und Seinsweisen, momentan oder anhaltend. Manche halten Landschaft für völlig überwertet, nichts als Kulisse, aber es gibt kein Entrinnen: Leben ist immer Leben in einer Landschaft. Heimat ebenso. Die jeweilige Umgebung zu ignorieren dient allenfalls dazu, eine eventuelle Belastung durch sie abzumildern. Sie zu affirmieren, also willentlich zu bejahen, erleichtert die Beheimatung in ihr. Heimat kann die Bedeutung sein, die einer Landschaft gegeben wird, sei es aufgrund einer Erfahrung von Liebe *in ihr* oder auch *zu ihr selbst*.

Ursprünglich waren mit Landschaft (im Deutschen) die Bewohner eines Landes gemeint, bevor ein geographischer Begriff daraus wurde, der ein Stück Land, eine Gegend und Umgebung bezeichnet. Eine Landschaft kann die Gewissheit bieten, die sich viele von einer Heimat erhoffen, um mit Blick darauf ihr Leben einrichten zu können, und sei es nur für einen Moment, zunächst in Bezug auf natürliche Landschaften: Ein Gewässer bleibt noch für lange Zeit Bach, Fluss, See und Meer. In endlosen Zeiten aufgetürmte Berge flachen sich in unvorstellbaren Zeiten wieder ab. Ein Wald mag von Menschenhand gepflanzt worden sein, markiert dann jedoch über Generationen hinweg den Horizont. Auch kulturelle Landschaften bleiben für längere Zeit erhalten. Eine Stadtlandschaft wird für Jahrzehnte und Jahrhunderte zum vertrauten Bild. Häuser, die gebaut werden, stehen nicht morgen schon an einem anderen Ort.

All diese Landschaften verkörpern die Wirklichkeit, in deren Rahmen Menschen die Möglichkeiten ihres Lebens durchwandern. In ihnen können sie sich mit traumwandlerischer Sicherheit bewegen, wenn sie mit den Gegebenheiten vertraut sind und sich auskennen. Der Traum vieler ist, dass das auch mit Beziehungslandschaften so sein möge.

Einzelne Elemente fügen sich zum Gesamtbild der Landschaft, in der Heimat zu finden ist. Zu diesem Bild wird eine Umgebung, die als Komposition erscheint, als Zusammensetzung von Komponenten. Die Zusammenhänge der Teile geben dem Ganzen Sinn, zumindest aus subjektiver Sicht. Wo nur Fragmentierung vorherrscht, stellen sich schwerlich Heimatgefühle ein. Zur *Grundkonstellation der Landschaft*, in der Menschen sich auf Anhieb heimisch fühlen, fügen sich in der Natur Bäume, ein Gewässer, ein Fleckchen Grün wie in Manets Bild, im Hintergrund Berge oder Felsgestein wie in Platons Erzählung, sowie der Himmel, der sich darüber wölbt. Schon auf den ersten Blick kann alles stimmig erscheinen, oder die Komponenten werden nach und nach als stimmiges Ensemble wahrgenommen. Für den Blick des Einzelnen kann auch dort alles zusammenstimmen, wo für Andere nichts zusammenpasst. Was aber subjektiv zusammenstimmt, kann auch objektive Gründe haben: Stimmig ist die Landschaft, die alles fürs Leben bietet. In der Natur ist das oft dort, wo Wasser ist. Das fließt dort, wo Hügel, Berge, Felsen sind. Energie für alle Prozesse liefert der Himmel aus Sonnenlicht.

Für sich genommen kann jede Landschaft ein zufälliges Nebeneinander einzelner Bestandteile sein. Erst Menschen machen daraus das bedeutungsvolle Bild, zu dem sie sich in Beziehung setzen. Räume in ihrem Sein für sich zu sehen, ist schwierig, meist werden sie bereits mit der Bedeutung wahrgenommen, die ihnen individuell (»idyllisches Fleckchen«), auch kulturell (»romantischer Rhein«), zugeschrieben wird. Die Wahrnehmung kann sich im Laufe der Zeiten verändern. Schöne und in diesem Sinne bejahenswerte Erfahrungen hellen eine Landschaft auf, nicht bejahenswerte verdunkeln sie. Einzelheiten, die zu anderer Zeit nicht wahrgenommen wurden, stehen plötzlich klar vor Augen. Was aus der Sicht des Kindes riesig erschien, schrumpft für den Erwachsenen zum kleinen Winkel. Was unerreichbar fern war, rückt nahe. Eine Idylle zu sehen heißt, womöglich etwas zu übersehen, das nicht ins Bild passt, bei anderer Gelegenheit aber bemerkt wird und zu Enttäuschungen führt. Tätigkeiten und Interessen beeinflussen das Bild: Geologen nehmen Naturlandschaften anders wahr als Wanderer. Makler sehen Stadtlandschaften mit anderen Augen als die Bewohner. Menschen mit gewissen Bedürfnissen haben einen Blick für noch ganz andere Details.

Der stimmige Gesamteindruck, zu dem einzelne Elemente sich fügen, ist von Bedeutung, da schon der bloße Anblick das Leben schöner machen kann. Die Landschaft erscheint einem Menschen *schön* im Sinne von bejahenswert, wenn sie ihm etwas bedeutet. Vielleicht kann er sie mit einem Erlebnis oder einem Traum verknüpfen oder jetzt etwas in ihr fühlen, etwa ein Entzücken oder eine Ehrfurcht. »Schön« ist eine menschliche Bewertung, die außerhalb der menschlichen Sphäre wahrscheinlich bedeutungslos ist. Was die Erfahrung des Schönen jedoch in Menschen auslöst, brachten Studien des Neuroästhetikers Semir Zeki 2011 zum Vorschein: Eine Aktivierung des medialen orbitofrontalen Kortex im Großhirn. Damit geht eine Freisetzung von Energien einher, die brachliegen müssten, wenn diese Seite des Menschseins keine Anregung fände. Der Eindruck des Schönen kann sich aber wieder verlieren und weckt schon aus diesem Grund den Impuls, ihn zu verstetigen. Nichts soll ihm in die Quere kommen, nichts ihn stören oder gar zerstören, keine äußeren Eingriffe und auch keine inneren Stimmen, die beispielsweise auf eine Idealisierung aufmerksam machen.

Was ein Mensch schön findet, färbt auf ihn selbst ab. Er fühlt sich bejahenswerter in einer schönen Umgebung als in einer unschönen, gegen die er anleben müsste, wofür er Energie aufzuwenden hätte, statt welche aufnehmen zu können. Die Landschaft steht ihm nicht nur vor Augen, sondern schlüpft gleichsam durch diese in ihn hinein. Vermittelt vermutlich von Spiegelneuronen des Gehirns, nehmen Gefühle und Gedanken das Gleichmaß dessen an, was aus subjektiver Sicht objektiv zu sehen ist. Eine schöne Landschaft, die einen Menschen mit ihrer Stimmigkeit umfängt, kann daher ein *apollinisches Leben* inspirieren. Anders jedoch als bei Rainer Maria Rilke, der sich vom Gott der Schönheit auf eine Weise angesprochen fühlte, die ihn in existenzielle Unruhe versetzte (»Du musst dein Leben ändern«, *Archaïscher Torso Apolls*), beruhigt die schöne Landschaft als *Tempel Apolls* den Einzelnen: »Du musst dein Leben nicht ändern.« Denn es genügt, sie zu betrachten, um von ihr verändert zu werden.

So kann die Wahrnehmung des Schönen zu einer indirekten Selbstgestaltung werden. Das Zusammenstimmen der einzelnen Elemente im Ensemble der Landschaft inspiriert ein neues Zusammenstimmen auch im Ich. Die ordnende Kraft, die im Äußeren vermutet wird, wird im Inneren des Menschen wirksam und ermöglicht ihm ein bejahenswerteres Leben. Er (oder sie oder divers) schöpft daraus neue Energie und spürt erstmals oder endlich wieder Sinn in sich, der das Leben lebenswert macht. Aus guten Gründen vertrat Albert Camus die Auffassung, dass ein Mensch »allein durch die eingehende Betrachtung einer Landschaft von seiner Zerrissenheit geheilt wird« (Robert Macfarlane, *Alte Wege*, 2016, 271, mit Bezug auf Albert Camus, *Tagebücher 1935-1951*, 1961).

Die Schönheit der Landschaft wird aber nicht nur in den Augen ihrer Betrachter geformt. Sie kann auch dafür modelliert werden, Heimatgefühle hervorzurufen. In der fortschreitenden Moderne gewinnt das Metier der *Landschaftsgestaltung* in dem Maße an Bedeutung, in dem die Landschaftszerstörung durch menschliche Eingriffe um sich greift. Bei der Gestaltung kommt es zusehends darauf an, nicht nur auf das subjektiv ästhetische, sondern auch auf das objektiv ökologische Zusammenstimmen der Komponenten zu achten, damit die Landschaft nicht weiter in zusammenhanglose Fragmente zerfällt. Die inszenierte Landschaft setzt dabei vorzugsweise die Grundkonstellation in Szene: Bäume oder Büsche am Wasser, eingefasst von Gestein, perfekt realisiert im »Wassergarten« von Junya Ishigami in der Nähe der Nasu-Berge nördlich von Tokio, 2019 preisgekrönt. Die Betrachter wissen von der aufwändigen Gestaltung womöglich nichts, nehmen das fertige Kunstwerk der Landschaft aber gerne in Anspruch, spazieren darin herum und richten sich im Umfeld ein: »Schön ist es hier!«

Schön ist die Landschaft in den Augen des Menschen, wenn er sich in ihr geborgen fühlt. Mehr als für die Momentheimat eines Zufallsortes, eines Unterschlupfs, eines Urlaubsortes oder Unterwegsstopps gilt das für die Dauerheimat, die meist die Landschaft ist, die ein Mensch von klein auf vorgefunden hat und in der er aufgewachsen ist. Die *Herkunftsheimat* im räumlichen und zeitlichen, sozialen und kulturellen Sinne ist ihm vollkommen vertraut. Mit fragloser Selbstverständlichkeit gehört er ihr zu und sie ist in seinen Augen schön, egal, wie es dort aussieht. So groß kann die Liebe zu ihr sein, dass die Kritikfähigkeit verlorengeht, die die Voraussetzung für erforderliche Verbesserungen wäre. Überall ist eine solche Heimat möglich, auch in Gegenden, die Andere für gottverlassen halten, während die Menschen, die dort leben, sie als ihr zutiefst geliebtes Zuhause betrachten. »Ich liebe diesen Ort«, bekannte der Stammesführer Hadschi Ghusa Gul in einem abgelegenen afghanischen Dorf 2018 im Gespräch mit westlichen Besuchern (ZEIT-Magazin). Es könnte sein, dass er eines Tages fliehen müsste, aber »mein Herz wird immer hier bleiben. Jedes Feld hier hat seinen Namen, ich kenne sie alle. Die Luft riecht hier anders. Auch die Erde hat ihren eigenen Geschmack.«

Und doch kann die Herkunftsheimat dem, der ihr entstammt, auch hässlich erscheinen, und er kann sie hassen, etwa weil sie ihm zusetzt und seiner Entfaltung im Weg steht. Aus diesen oder anderen Gründen entschließt er sich womöglich, sie zugunsten einer *Wahlheimat* zu verlassen. Anders als eine Pflanze kann ein Mensch sich selbst verpflanzen. Wie eine Pflanze kann er an einem anderen Ort, in einer anderen Landschaft Wurzeln schlagen. Zusätzlich zum Ort der Herkunft, der ersten Heimat, vermag der andere Ort zur zweiten Heimat zu werden. Für immer mehr Menschen werden zweite Heimaten im Laufe der Moderne zur Realität, getrieben von mehr oder weniger zwingenden Notwendigkeiten etwa der Arbeit oder der Liebe, aber auch aus politischen Zwängen oder um überhaupt überleben zu können. Anders, als es der Begriff suggeriert, beruht die Wahlheimat nicht immer auf einer völlig freien Wahl.

Heimat ist sogar dort möglich, wo Menschen nie hinwollten, dann aber Gefallen an dieser *Verlegenheitsheimat* finden, von der sie nicht mehr wegwollen. Viele derer, die beim Umzug der deutschen Hauptstadt von Bonn nach Berlin gegen Ende des 20. Jahrhunderts ihre erste oder zweite Heimat verlagern mussten, waren darüber nicht sonderlich erfreut. Bis sie bemerkten, dass es sich im damaligen Aschenputtel an der Spree (»arm, aber sexy«) gut leben lässt. Das ist wohl das entscheidende Kriterium für viele: *Heimat ist der Ort, an dem es sich gut leben lässt.* Oft erst dann, wenn ein Mensch angekommen ist, zeigen sich die Vorzüge des Lebens in der neuen Umgebung, die der Schönheit der Heimat konkrete Konturen verleihen: Ruhe, Ungestörtheit und tolle Freizeitmöglichkeiten auf dem Land, Vielfalt, Abwechslung und verlockende Kulturangebote in der Stadt. Und in jeder Umgebung werden häufig die Lage der Wohnung und ihre Ausstattung, die Freunde im privaten Umfeld und die Kollegen am Arbeitsplatz zu den Vorzügen gezählt. Nicht zuletzt der Arbeitsplatz selbst.

Heimat kann überall dort sein, wo ein Mensch seine Tätigkeit ausübt, mit deren Details er so vertraut wird, dass er seine *Arbeitsheimat* nebst der zugehörigen Umgebung geradezu liebt und mit niemandem tauschen möchte. Der Arzt fühlt sich zuhause in seiner Praxis, die Lehrerin im Klassenzimmer oder im virtuellen Classroom, der Zimmermann im entstehenden Dachstuhl, die Mechatronikerin in der Werkstatt, der IT-Spezialist am Computer, die Pilotin im Cockpit, der Clickworker auf der Terrasse unter südlicher Sonne, der oder die Barista hinter dem Cafétresen. Und nicht allein die Erwerbsarbeit, sondern alle Arten von Tätigkeit, Muße, Sorge, Hobby und Sport begründen eine Heimat am Lieblingsplatz, sei es im Haus, etwa im eigens installierten Bastelkeller, oder irgendwo draußen, etwa auf dem Fußballplatz.

So sehr verschmelzen Menschen mit ihrer Tätigkeitsheimat, dass sie sich kaum noch ein Leben ohne sie vorstellen können. Wer seine Arbeit liebt, empfindet sie nicht mehr als Last, fürchtet aber womöglich ihren Verlust, wie bei anderen Spielarten der Liebe. Bedrohlich ist ein möglicher Arbeitsplatzverlust wegen materieller Einbußen, noch mehr jedoch, weil das vertraute Umfeld verlassen werden müsste, das so viel Sinn verbürgt. Es wäre daher wichtig, auch der Arbeitsheimat nicht die alleinige Sinngebung im Leben anzuvertrauen, sondern sich daran zu erinnern, dass Heimat in vielen Umgebungen und Landschaften möglich ist. Mehr Bedeutung als äußeren Natur-, Kultur-, Stadt- und Soziallandschaften messen viele ohnehin ihren inneren Wohnlandschaften zu. In allen möglichen Umgebungen brauchen sie vor allem diese innig geliebte intime Welt um sich herum, in der sie ihr Leben einrichten und den Alltag bewältigen können, ein wahres Basislager des Lebens.

Wohnheimat: Vertraute Welten zwischen vier Wänden

Der Rückzug von draußen nach drinnen, von der Welt in die Höhle, ist so alt wie die Menschheit. Das Verlassen der vertrauten Baumkronen erzwang die Suche nach einem Schutzraum im Gelände, um nicht wilden Tieren oder feindlich gesinnten Artgenossen ausgeliefert zu sein. Vertrauensselig unter Sternen zu schlummern, ist eine moderne Idee, die archaische Menschen das Leben gekostet hätte, Romantik konnten sie sich nicht leisten. Sich auszuruhen war von Anfang an eine gefährliche Angelegenheit, daher der Rückzug in jede Art von natürlichem Gewölbe, das Schutz bieten konnte. *Heimat ist Schutz, safe space, welcher Art auch immer.* Als Menschen begannen, aus Erde, Gräsern, Stroh, Lehm, Holz und Steinen künstliche Höhlen zu bauen, bildete sich die Form des Hauses heraus. Parzellen in immer größeren Häusern wurden schließlich für einige oder einen Einzigen zur Heimat.

Wohnlicher werden Wohnungen, wenn die Wände nicht nackt sind. Bereits in urzeitlichen Höhlen wurden sie dekoriert, anders als in den meisten neuzeitlichen Wohnungen jedoch mit Bildern von eigener Hand. Zur Wohnlichkeit tragen außerdem Gewohnheiten bei, die den Rückzug von den kräftezehrenden Erfordernissen der äußeren Welt erlauben. Rituale des Aufstehens, Essens, Arbeitens, Vergnügens und Zubettgehens gliedern die Zeit, Möbel strukturieren den Raum. Die Bilder an der Wand, der Lieblingsplatz im Wohnzimmer, die üblichen Handlungen in Küche und Bad, ihre Abfolge, auch das Ambiente, das sich dem Geruch verdankt, der in der Luft liegt, sowie dem Arrangement der Lichter am Abend, die Behaglichkeit verströmen: Die Wohnlandschaft ist den Bewohnern vollkommen vertraut. Alle Elemente sind so arrangiert, wie es ihnen gefällt, mag es Anderen auch skurril erscheinen. Mit dem persönlichen Stil des Wohnens entsteht Heimat. Ganz nach den eigenen Vorstellungen leben zu können, macht diesen Ort so angenehm, *home sweet home*.

Aus dem Schutzraum für den Körper wurde im Laufe langer Zeiten ein Wohnraum für die Seele, in dem Menschen sein können, wie sie wollen, unverstellt und ungehemmt, Lara Wilde durfte einige mit deren Einwilligung in ihrem Habitat fotografieren: *Exposed Landscapes* (2016-2018). Wenn die Welt da draußen schon kein gemütlicher Ort ist, soll sie es wenigstens hier drinnen sein, wo die Normalität herrscht, die subjektiv als solche empfunden wird. Sie mag langweilig sein, aber sie gewährt die Geborgenheit, nach der diejenigen sich sehnen, die sie etwa bei Krankheit oder in der Fremde entbehren müssen. Nach einem Wohnungseinbruch ist das größte Problem der Verlust des Geborgenheitsgefühls. Weil der schützende Raum so bedeutsam ist, genießt er selbst besonderen Schutz: Die Unverletzlichkeit der Wohnung ist ein Grundrecht. Auch »Entmietungen« sind keine Bagatelle, daher bewahrt der Mieterschutz davor, ständig um das Dach über dem Kopf fürchten zu müssen.

Wo ist meine Heimat? Inmitten der Dinge, mit denen ich lebe, die zu mir gehören und die ich mitnehme, wenn ich umziehe. Mein altes Sofa ist ein Teil meines Selbst, es hat so viel erlebt und die Kinder sind darauf herumgehüpft. Der schwere Teppich, ein Erbstück, trägt viel zur Atmosphäre bei. Jeder nennt Dinge sein Eigen, die für ihn zur natürlichen Ordnung der Welt gehören, manchmal von Kindheit an. Sollte sich die Ordnung in den Irrungen und Wirrungen des Lebens auflösen, können die vertrauten Dinge die idyllische frühere Welt repräsentieren. Sie sorgen für eine Heimat im Raum, auch wenn sie dem Fortgang in der Zeit unterworfen sind. Manche versuchen, sie vor der Vergänglichkeit zu bewahren, indem sie beispielsweise Vorräte von Glühbirnen anlegen, bevor deren Produktion eingestellt wird. Prompt verstauben die alten Leuchten im Keller, sobald die neuen sich als praktikabler im Einsatz und preiswerter im Unterhalt erweisen. Bis die Enkel eine Entdeckung machen: »Opa, was ist das?« Wahrheitsgemäß kann er antworten: »Das ist der Friedhof meiner Lieblingsdinge.«

In Abstellkammern und auf Trödelmärkten sind all die Dinge zu finden, die von Menschen erzählen können, denen sie etwas bedeutet haben, bevor die Dinge oder sie selbst zu Grabe getragen wurden. Beispielsweise das Tonbandgerät, in das man ein Magnetband einlegen und die Abspieltaste drücken musste, bevor man zu den von einem Radiosender überspielten Popsongs die langen Haare schütteln konnte. Ging etwas schief, gab es »Bandsalat«, einst so verbreitet wie Hawaii-Toasts, die wenige Jahrzehnte später bereits wieder zur kulinarischen Köstlichkeit werden. Dass vorübergehend per *Playlist* die Lieblingsmusik *gestreamt* werden kann, ist auch nur eine Zwischenstation auf dem Weg zum Grab, das der implantierte Chip im Kopf den alten Techniken schaufeln wird, sobald er es ermöglicht, per Gedankenbefehl Musikstücke abzurufen und sie ohne Umwege ins Hörzentrum des Gehirns einzuspeisen.

Im 21. Jahrhundert mutiert *Sweet home* zum *Smart home*. Lange war das Zuhause dort, wo der Schlüssel passte. Nun eher dort, wo der *Code* parat ist, der den Zugang zur Wohnung und umgekehrt aus ihr heraus zur Welt, zu Datenbanken, Bildern und Informationen in digitalen Räumen aufschließt. Benutzeroberflächen, *Interfaces*, ergänzen Tür und Fenster, um in die digitale Welt hinauszublicken und in sie hineinzugehen. Daten strömen in die Wohnung, mit denen gearbeitet werden kann. Daten strömen aus der Wohnung, mit denen Andere arbeiten können, auch ohne Erlaubnis. Kann der Kaffeemaschine vertraut werden oder ist sie avancierte Abhörtechnik? Wird mit ihrer Hilfe digital, dann real die Wohnung aufgebrochen?

Außer vertrauten Menschen sind auch *Quasi-Personen* anwesend, die nicht mehr wie früher einfach nur Haustiere sind, die wie Personen betrachtet und behandelt werden. Es handelt sich vielmehr um *Hausdiener* in Form von lautlosen oder sprechenden Robotern und unsichtbaren Regelsystemen. Niemand muss sich weiter allein fühlen. Verborgene Stimmen, die so vertraut werden wie die der Moderatoren im Lieblingsradiosender, vermögen wie diese eine heimelige Stimmung zu erzeugen. Servicedisplays beanspruchen nicht dieselbe aufdringliche Aufmerksamkeit wie die zuckenden Bilder auf diversen Bildschirmen. Der Kühlschrank bestellt selbstständig die Eier nach, die zum Frühstück verzehrt worden sind, die Drohne des Online-Lebensmittelhändlers setzt sie auf dem Balkon ab, der Hausroboter räumt sie ein, lästige Hausarbeit war gestern: »Dein Zuhause. Neu erfunden.«

Viele finden es gut, wieder Befehle erteilen zu können: »Siri, mach das Licht an!« Oder Befehle zu befolgen, wenn Alexa verkündet: »Heute ist ein Spaziergang-im-Park-Tag!« Nur ein paar Fragen stellen sich noch: Wer ist hier wessen Sklave? Lebe ich noch selbst oder werde ich schon gelebt? Will ich das? Wie kann meine Wohnung weiterhin Heimat, heimelig und behaglich sein, *hygge* mit einem dänischen Wort, das nicht zufällig in der Zeit der Digitalisierung zum Modewort geworden ist? Vieles spricht dafür, einiges buchstäblich in der Hand zu behalten: Nur der eigene Umgang mit Dingen stellt einen Bezug zu ihnen her und erzeugt Vertrautheit. Je digitaler die Welt, desto wichtiger werden analoge Dinge, auch aus Vorsicht, um nicht vor dem Nichts zu stehen, wenn unfreundliche Menschen die Wohnung *hacken* oder die Energiezufuhr für den Roboter abreißt und die smarte Schaltzentrale versagt. Bricht das stolze »Internet der Dinge« zusammen, funktioniert nichts mehr.

Begrenzt virtualisierbar ist ohnehin der weiter hinten liegende Höhlenbereich. Zwar können Quasi-Personen auch in den Betten liegen. Wer Störungen des Intimlebens etwa durch Missstimmigkeiten ausschließen will, ist mit *Humanoiden* gut bedient, die nach Belieben verfügbar sind. Das fehlende Seelenleben ist durch eine intelligente Programmierung sicherlich perfekt zu simulieren. Die Heimat zwischen echten Kissen aber ist für immer unersetzlich. So sehr können Kissen Heimat sein, dass manche die Hohlräume im Koffer damit ausstopfen, um auch unterwegs ihr Zuhause nicht entbehren zu müssen. Intimität mag eine Idee der Vergangenheit sein, im Schlafzimmer aber ist sie der Genuss einer Gegenwart.

Im Grunde ist es unwichtig, was Menschen in den Betten machen, Hauptsache, sie legen sich hinein. So ist der Wechsel von der anstrengenden Vertikalen zur erholsamen Horizontalen zu vollziehen. Die Welt sieht anders aus, wenn sie liegend von unten statt aufrecht von oben betrachtet wird. Alle schätzen die Liegelandschaft als Rückzugsort, der der zeitweiligen Ruhe gewidmet ist. Wonach sonst niemand sucht, wird hier ersehnt: Die geistige Umnachtung, das wirkliche Umgebensein des Geistes von Nacht. Der Geist braucht Erholung, der Schlaf gewährt sie. Das Schlafzimmer stellt Menschen eine Nische zur Verfügung, wenn sie »nicht bei sich« sind, und schützt sie im Schlaf, der sie wehrlos macht. Die Wonne des Zubettgehens wird von diesem Raum ummantelt und ebenso, wenn es denn sein muss, der Schmerz, die Krankheit, letztlich der Tod. Ganz nebenbei sichert das Bett als meistfrequentierter Ort der Liebe die Fortpflanzung, auch unbeabsichtigt, damit das Leben in jedem Fall weitergeht.

Sich zu vergessen und zu verlieren in den Betten, um sich im Schweigen der Nacht vom Lärm des Tages zu erholen – nach dieser Heimat sehnen sich Menschen, wenn sie müde sind. Ja, draußen toben Krisen und Kriege, aber ich kann jetzt keinen klaren Gedanken mehr fassen. Das Bett ist mein Bollwerk gegen alles, was die Welt mir antut, gegen ihre Widersprüche, die schwer auszuhalten sind, gegen ihre Komplexität, die mich zur Verzweiflung treibt. An den Bettpfosten prallt selbst die Dummheit der Vollpfosten ab. Ich bin für das Gute und gegen das Böse, aber im Moment ist mir alles egal, tut mir leid. Morgen werde ich mich wieder sorgen und ärgern, werde zweifeln und verzweifelt sein. Morgen gehe ich mit frischen Kräften in die Welt hinaus und finde sie mit voller Überzeugung frühmorgens schon für einen unschuldigen Augenblick bezaubernd. Jetzt aber liegt aller Zauber in den Kissen, die mich zärtlich umfangen. »*Viel schlafen*«, riet Friedrich Nietzsche im Buch mit dem trefflichen Titel *Morgenröthe* (Aphorismus 376): »So wird man auch seinen Morgen wieder haben!«

Körperliche Heimat: Vom Leben in Sinneswelten

Morgens produziert das wohltemperierte Wasser zumindest in der Wohlstandswohnung einen metaphysischen Nebel, der die verträumte innere Welt umhüllt und die wache äußere noch für einen Moment gnädig verbirgt. Die Hände gleiten beim Einseifen wie von selbst über den Körper und ertasten die Konturen seiner Landschaft. Der Schmutz des alten Menschen von gestern wird abgewaschen, Sünden werden fortgespült, die er törichterweise begangen oder bedauerlicherweise unterlassen hat. Während er sich im Wasserstrahl hin- und herwendet wie ein Aal, vollzieht sich eine Verwandlung: Aus dem Vagabunden phantastischer Welten der Nacht wird der neue Mensch des heutigen Tages, der mehr oder weniger frohgemut seinen Geschäften nachgeht. Allmorgendlich beheimatet er sich von Neuem in seinem Körper, den er nachts sich selbst überließ, um in Träumen auf sonderbare Weise außer sich zu sein.

Die morgendliche Waschung ist mehr als eine lästige Verrichtung, bei der Wasser am Körper herabrinnt. *Heimat ist dort, wo die Fülle des Sinns ist.* Die Sinnlichkeit ist dafür der Anfang. Wer sich zerschlagen und niedergeschlagen fühlte, kehrt erhobenen Hauptes in die Welt zurück. Wer am Boden zerstört war, wird von neuer Lebenslust durchpulst. Die eben noch schmerzenden Glieder erleben eine wundersame Verjüngung, jede Zelle wirkt wie neu geboren. Die Haut, die wie ein frisch gesprengter Rasen duftet, ruft erotische Anwandlungen wach. Nicht von ungefähr wurden in der Antike überall dort, wo Wasser sprudelte, Nymphen vermutet, denen Satyrn nachstellten. Die Dusche könnte der Brunnen sein, der die Fabelwesen birgt, das Badezimmer ein Tempel wohlgesinnter Götter und das herabstürzende Wasser eine Taufe, um für die Wirklichkeit des beginnenden Tages gerüstet zu sein. Mit dem *Reset* wird die Existenz gemäß dem griechischen Ursprung des Wortes zu einem wahren *eksisto*: Ich komme aus dem Verborgenen und erhebe mich wie eine Stimme aus dem Schweigen.

Vermutlich erinnert die Momentheimat in der Dusche an die eigentliche Herkunftsheimat, der jeder Mensch entstammt: In der Gebärmutter erlebte er die vollständige Geborgenheit, umgeben von Wärme, ringsum glucksendes Wasser, gedämpfte Stimmen im Hintergrund. Wird alle Sehnsucht nach Heimat von der Erinnerung an diese Erfahrung gespeist? Geboren zu werden heißt, die paradiesische Welt selig schlummernder Möglichkeiten zu verlassen und in die kühle, nüchterne Welt der Wirklichkeit hinaus zu müssen, weil der zeitliche Ablaufplan das so vorgibt, ganz wie unter der Dusche, wo ein ewiges Verweilen ebenfalls nicht vorgesehen ist. Zwar wäre es wünschenswert, ewig drin zu bleiben, wie bei anderen orgiastischen Erlebnissen. Aber *shower forever* liefe auf die totale Erschöpfung hinaus, wo es doch nur um relative Regeneration geht. Jeden Morgen zeigt sich aufs Neue, was bei der Geburt erstmals erfahren worden ist: Dass trotz aller Widrigkeiten der Welt da draußen eine Heimat in ihr möglich ist, sobald die Angst vor dem Neuen und Fremden überwunden wird.

Das Badezimmer ist ein Ort des Übergangs, räumlich zwischen Wohn- und Schlafzimmer gelegen, zeitlich zwischen

Tag und Nacht. Übergänge erweisen sich häufig als schwierig, erleichtert werden sie von Gewohnheiten und Ritualen, daher ist das Badezimmer voll davon. Ist hier etwas nicht am Platz, ist der Morgen schon verdorben. Das Leben braucht diesen minimalen Rahmen, in dem es eingerichtet werden kann, vor allem so früh am Tag, wenn der Mensch noch nicht weiß, wohin mit sich. Niemand will frühmorgens darüber nachdenken, was zu tun ist, alle vertrauen sich lieber den gewohnten Abläufen an. Es gibt Menschen, die völlig frei von Gewohnheiten leben? Dann haben sie kein Badezimmer.

Es ist der Raum für die Pflege des Körpers. Die Heimat muss kein Ort außerhalb des Ich sein. Auch im eigenen Körper kann ich daheim sein, wenn ich mich bemühe, ihn so zu umsorgen, zu pflegen und auszustatten, dass ich mich in ihm wohlfühle. Schon seit Sokrates und Platon gilt der Körper als Wohnung der Seele, als Hülle für den Wesenskern des Lebens. Weil er so nahe ist, kann er jedoch leicht übersehen werden, und so fühlen sich manche fremd in ihm, obwohl er ihnen so vertraut sein könnte wie nichts sonst. Oder er ist ihnen fremd, weil er nicht der Idee entspricht, die sie von ihm haben. Die realen Gegebenheiten können, wie bei anderen Arten von Heimat, auch beim Körper zwar womöglich modifiziert, aber nicht jederzeit beliebig verändert werden. Vielfach gelingt es mit ein wenig Anstrengung, eine Beziehung zu ihm zu begründen, die lebenslang nicht mehr in Frage steht. Erforderlich ist dafür auch, Nachsicht mit ihm zu üben, wenn er schmerzt und kränkelt und überhaupt anders ist, als er sein soll.

Befreunden sollte sich das Ich auch mit befremdlichen Lebewesen, die im Verborgenen in den Landschaften des Körpers gedeihen. Auch wenn ich davon nichts wissen will, weil es unappetitlich erscheint, leben auf meinem Körper, in ihm und um ihn herum Keime, Bakterien, Pilze, Viren, die mit der Umwelt interagieren, in der ich mich bewege (Ed Yong, *Winzige Gefährten*, 2018). Sie führen ein Eigenleben und haben ihren Anteil an der Gesundheit wie auch an Krankheiten, beeinflussbar immerhin durch mein Verhalten und meine Art der Ernährung. Einige Heimatpflege gilt daher meinem persönlichen *Mikrobiom*, der Gesamtheit kleinster Organismen, die von größter Bedeutung sind, da sie über das Wohlergehen des Körpers entscheiden. Mikroben der Hautflora wehren schädliche Bakterien ab, ohne zugleich nützliche Keime zu schädigen, wie Antibiotika es tun. Ein keimfreies Leben wäre kein besseres, eher ein bedrohteres, denn Herausforderungen zu meiden, schwächt die Widerstandskräfte. Ein Teil der Lebenskunst besteht darin, das im Blick zu behalten. Verlasse ich meine vertraute Heimat, bin ich fremden Bakterien- und Virenkulturen ausgesetzt, die das Immunsystem unmittelbar irritieren können, mittelbar aber stärken.

Um den Körper zur Wohnung zu machen, in der das Ich ganz und gar daheim ist, lässt sich einiges an ihm gestalten, mit unterschiedlichen Mitteln. Möglich ist auch hier, die Wände zu bemalen, nicht von innen, aber von außen, mit der Folge, sei es erwünscht oder nicht, auch Andere am Anblick der Kunstwerke, *Tattoos* genannt, teilhaben zu lassen. Im Schwimmbad oder in der öffentlichen Sauna fallen Gemälde, Zeichnungen und Kritzeleien ins Auge, die dem Betrachter ein Rätsel bleiben, wie bei so mancher Kunstausstellung. Zuweilen sind auf einem Rücken Texte zu lesen, die unmöglich für den Besitzer des Körpers selbst geschrieben sein können. Es könnten poetische Botschaften oder auch prosaische Gebrauchsanweisungen für vertraute Andere sein, die sich von dieser Seite her willkommen fühlen dürfen.

Weitergehende Gestaltungen sind mit chirurgischen Eingriffen oder mit einem *Bio-Hacking* möglich, einer Optimierung des Körpers durch den Einbruch in die eigene Biologie wie in ein Computersystem. Von Eingriffen ins Genom wird erhofft, dass es nicht mehr dem genetischen Zufall überlassen bleibt, welche Eigenschaften ein Ich hat und mit welchem Risiko für Krankheiten es leben muss.

Mit einfacheren Mitteln kann das *Gesicht* als sichtbarste Partie der Körperlandschaft gestaltet werden, ausgehend vom Blick in den Spiegel, der Fragen aufwirft: Ist es okay, was ich sehe, oder befremdet es mich? Will ich etwas daran ändern? In welchen Gesichtszügen fühle ich mich heimisch, wenn nicht in den gegebenen? Will ich anziehend auf Andere wirken oder mich mit einer Maske den Blicken entziehen?

Die Gesichtszüge sind stumm und sagen doch sehr viel. Mit Mimik und Kosmetik kann ihre Landschaft gestaltet, aber auch verunstaltet werden. Außer von der individuellen Lebensauffassung werden sie von unausgesprochenen Regeln der Kultur, sozialen Schicht oder Gruppe, in deren Rahmen das Ich lebt, geformt und transformiert. Schon aus diesem Grund hat das Gesicht eine eigene Geschichte. Abhängig von der Art und Weise, wie Emotionen ausgedrückt oder unterdrückt werden, verändert es sich im Laufe der Zeit. Eine Station auf diesem Weg sind *Emojis*, um Gesichtszüge zu repräsentieren, die aber erneut sowohl Wahrheit als auch Maske sein können.

Im 21. Jahrhundert ermöglichen digitale Techniken, vieles auszuprobieren, ohne real etwas zu verändern. Kaum waren *Facefilter* für die Inszenierung des Ich verfügbar, machten Millionen weltweit davon Gebrauch, bestärkt von der Meinung: »Dein digitales Selbst hat den gleichen Wert wie dein physisches.« Es handelt sich um das nächste Kapitel der immerwährenden Suche eines Ich nach sich. Mit erweiterter Realität, *Augmented Reality*, kann nun aber endlich jedes Ich aussehen, wie es will, und die Schönheit erlangen, die ihm eine Heimat in sich selbst erlaubt. Die neuen Ideen, was es alles aus sich machen kann, werfen freilich die alten Fragen wieder auf: Was davon ist mein wahres Ich? Oder ist dies das Ende jeder Wahrhaftigkeit? Bei wem darf im sozialen Umgang noch mit einem ungekünstelten Ich gerechnet werden?

Den erweiterten technischen Möglichkeiten ging, wie so oft, die Kunst voraus. Unermüdlich dokumentierte die amerikanische Künstlerin Cindy Sherman seit 1975 in fotografischen Selbstporträts, wie Gesichtszüge vielfach variiert werden können. Als Darstellerin vor der eigenen Kamera versuchte sie herauszufinden (und die Betrachter konnten ihr dabei folgen), wie es ist, in den jeweiligen Gesichtszügen glücklich beheimatet oder unglücklich eingesperrt zu sein, gebunden an die Rollen etwa als Sekretärin, Hausfrau, Unwissende, Intellektuelle, Gelangweilte, Unbedarfte, Durchtriebene, Wartende, Zweifelnde, Verzweifelte, Enttäuschte, Entsetzte, Verführerische, Verruchte, Verlorene, Braut, Mutter, Hure, Opfer, Mörderin, Junge, Mädchen, Puppe, Clown, alternder Vamp, gläubige Jüngerin, Transvestit, Schüchterne, Abgestürzte, Reiche, Arme, Arrogante, Gleichgültige, Kätzchen, Monster, Magierin, Heilige, Vergewaltigte, Kranke, ja, auch als Tote und Verweste.

Aber nicht nur das eigene Gesicht kann Heimat sein. Mehr noch als beim Blick auf ihr *Selfie* empfinden Menschen Heimatgefühle beim Blick in das Gesicht eines vertrauten Anderen. Insbesondere die *Augenpartie* ist die Mikrolandschaft, die das Innenleben so unverstellt nach außen trägt, dass es gegebenenfalls mit einer Brille abgeschottet werden muss. Falten und Fältchen oder deren Fehlen erzählen von freudigen und befremdlichen Erfahrungen, von Träumen, Enttäuschungen, Erwartungen, Wünschen und Sehnsüchten, von Lüsten und Abenteuerlust, von Schmerzen und Ängsten. Der Ärger ist zu sehen, auch schon der Ärger, der sich nur als Möglichkeit ankündigt. Die Augen halten sich zurück oder warten ab, schließen sich oder öffnen sich weit für die Welt, die sich in ihnen spiegelt wie auf einer glatten oder bewegten Wasseroberfläche. In manchen Fällen haben die Augen schon so viel gesehen, dass sie nur noch aus dunklen Höhlen blicken, um maximale Distanz zu wahren.

Für Liebende wird der Blick in die Augen des Anderen geradezu zur *Augenweide*, Weide im ursprünglichen (mittelhochdeutschen) Sinn einer Speise, daher auch *Augenschmaus*. Ein einziger *Augenblick* macht deutlich, was daran so nahrhaft sein kann: Die vom Anderen ausgestrahlte Energie teilt sich durch die Augen mit, weckt Vertrauen, macht Mut, vermittelt Trost. Sich an dieser Energie wechselseitig laben zu können, macht das Wesen der Liebe aus. Bleiben Blicke jedoch unbeantwortet, sodass keine Energien mehr ausgetauscht werden können, schrumpft zur Endlichkeit, was zuvor Unendlichkeit war. Nicht mehr in die Augen des Anderen geht der Blick, sondern durch sie hindurch auf imaginäre Landschaften, in denen sich schemenhaft bereits die Umrisse einer neuen, vielversprechenden Heimat abzeichnen.

Vielfältige sinnliche Erfahrungen charakterisieren die körperliche Heimat, die dem Ich vertraut ist, oft verbunden mit der Herkunftsheimat, die ihm viel bedeutet, oder mit zweiten und weiteren Heimaten, zu denen eine sinnliche Beziehung entsteht. Ansprechend ist außer dem Blick auf die Menschen, die Heimat sind, auch der Blick auf dieses Haus, diese Straße, diesen Platz, diesen Hain, diesen Baum, diesen See, diese Berge, dieses Tal, diesen Himmel. Wie jede Liebe geht auch die zum Heimatort durch den Magen: Heimat ist dort, wo mir die Suppe schmeckt, die nur hier so zubereitet wird, dass sie den Gaumen schwelgen lässt. Die Geräusche der Heimat klingen beruhigend in den Ohren, egal, ob es ärgerlicher Straßenlärm oder zarte Zithermusik ist (Forschungsfeld Akustische Anthropologie). Der Wind streicht über die Wangen wie nirgendwo sonst. Die bekannten Wege machen es kinderleicht, sich zu bewegen, und zahllose Antennen des Körpers nehmen Schwingungen wahr, die auch denen Orientierung bieten können, die schicksalhaft nichts sehen oder hören.

Das Brot duftet nach Heimat, schon bevor es gegessen wird. Viele Menschen, auch ich, sind dort daheim, wo sie Kaffee riechen und schmecken. Und alle Menschen sind beheimatet bei dem Anderen, den sie »gut riechen können«. Gerüche legen sogar dann Zeugnis für die Heimat ab, wenn sie vom vertrauten Ort abgelöst sind. Ein wohlbekannter Duft, der irgendwo in die Nase steigt, kann augenblicklich Heimatgefühle hervorrufen. Für mich ist es der Duft von *Phlox*, dessen weiße, rosafarbene, rote, blaue oder violette Blüten auf hohen Stielen schwanken. Anblick und Geruch katapultieren mich sofort zurück in die Kindheit, denn das war die Blume meines Vaters, die er vor und hinter dem Haus pflanzte und pflegte und die den ganzen Sommer hindurch blühte. Begegne ich einem Phlox, beuge ich mich zu ihm hinab, ziehe seine herbsüße Duftwolke tief in meine Nase und küsse dankbar die Blütenblätter. Gut vorstellbar, dass Menschen, die am Verlust des Geruchssinns (*Anosmie*) leiden, ein wertvolles Stück Heimat entbehren müssen.

Heimat ist außerdem dort, wo die Hände vertraute Oberflächen berühren. Dem kleinen Kind, das noch keine Möglichkeit hat, sich allein in der gegebenen Wirklichkeit zurecht-zufinden, ist es unwichtig, wo es sich befindet, wichtig ist allein die Hand, die in greifbarer Nähe ist, gerne auch mehr als eine. Berührung begründet das Urvertrauen, durch das alles im Leben leichter wird. *Wo Berührung möglich ist, ist immer und überall Heimat, das ganze Leben hindurch.* Es ist das Privileg der Liebe, die Körperlandschaft des Anderen mit Fingerspitzen erkunden zu dürfen, auch auf diese Weise sind Liebe und Landschaft untrennbar miteinander verknüpft. Die Berührung des geliebten Anderen ermöglicht den unverzichtbaren Energieaustausch mit ihm, gerade auch in digitalen Zeiten: *Get physical!* Selbst dann, wenn der Andere abwesend ist, ist die Berührung durch seine Hand imaginär zu spüren. Ohne Berührung aber kann ein Mensch sich verloren fühlen. Selbst bei therapeutischer Hilfe bleibt ihm letztlich nur, sich selbst buchstäblich an der Hand zu nehmen und erst einmal körperlich Heimat bei sich zu finden, um wieder auf Andere zugehen zu können.

»Meine Heimat ist deine Hand.«

»Das hast du mir noch nie gesagt!«

»Das war eine meiner stärksten Erfahrungen, schon bevor wir ein Paar geworden sind. Ich habe davon geträumt, dass du meine Hand hältst.«

»Wo war das im Traum, ich meine, in welcher Landschaft?«

»Ich weiß es nicht mehr. Die Erfahrung selbst war wichtig, das Drumherum unwichtig.«

»Das ist Liebe, Hand in Hand durchs Leben zu gehen, wie romantisch!«

»Für mich ist das so geblieben. Immer wenn du meine Hand hältst, weiß ich, dass alles gut ist.«

Was die Seele ist, ist umstritten. Mein Vorschlag ist, sie als Raum der Energien zu verstehen, von denen Menschen belebt und bewegt werden. In Form von Gefühlen wühlen sie innere Landschaften auf. Auf den Wegen zueinander hin und voneinander weg ist immer wieder dieses schwierige Gelände zu durchqueren. Der Weg der Vernunft, der Gefühle hintansetzt, scheint nur ein schmaler Pfad zu sein. Weit häufiger sind Menschen auf den asphaltierten Straßen angenehmer Gefühle unterwegs, die dann doch unvermittelt in unangenehme, steinige Wege übergehen, die zu Fuß begangen werden müssen und nicht selten in einen Engpass, gar in eine Sackgasse münden. Bei genauerem Hinsehen zeigt sich, dass die Gefühlswelten sehr unterschiedliche Landschaften in sich bergen, die teils von tropischer Fülle, teils von öder Leere sind. In welcher Gegend befinde ich mich? Wo ist hier meine Heimat? Ist es ratsam, diesen oder jenen Weg zu gehen, oder sollte ich aufs Geratewohl umherstreifen? Wie kann ich mich für die Herausforderungen in dieser ungewissen Welt rüsten, wo erhalte ich Ausrüstung und zuverlässige Informationen?

Es ist eine bizarre Welt. Wie Geysire brechen unterschwellige Empfindungen plötzlich hervor. Ein Vulkan spuckt in hohem Bogen seine Lava der Wut aus, während sich zugleich unter einem Felsvorsprung Liebende an seiner Glut wärmen. Gipfel der Gefühle türmen sich im Gebirge wilder Leidenschaften auf. Weite Ebenen alltäglicher Mühen erstrecken sich bis zum Horizont, wo ein Sturm der Entrüstung tobt, aber worüber? Holprige Strecken von Lug und Trug sind zu überwinden. Schroff ragen in den Lügengebirgen die Spitzen des Ehrgeizes auf, zu erreichen nur über Hochebenen des Hochmuts. Wer erfolgreich aufsteigt, gerät in akute Gefahr, in tiefe Schluchten von Eifersucht, Verrat und Enttäuschung zu stürzen und in den angrenzenden Sümpfen der Niedertracht zu versinken. Irgendwo in finsteren Gegenden hausen die Feinde, die niemand im Leben braucht, aber die Begegnung mit ihnen unterliegt nicht der freien Wahl, sie ergibt sich ganz ohne eigenes Zutun. Nachgerade erholsam fühlt sich demgegenüber das Alleinsein am Saum stiller Seen voller Melancholie an. Tränenflüsse lassen sie sporadisch über die Ufer treten, aber dann zeichnet sich wieder ein Land der Sehnsüchte als feiner Nebelstreifen in der Ferne ab, oder ist es eine Fata Morgana?

Im 21. Jahrhundert verheddern Menschen sich noch immer in ihren subjektiven Gefühlen, auch wenn diese nun digital objektivierbar sind. Mit täuschend echt sprechenden *Chatbots* teilen sie ihre Träume und Ängste, Sorgen und Freuden. Oft finden sie die Gespräche mit virtuellen Partnern einfühlsamer als die mit wirklichen Freunden. Mit *Affective Computing*, eingesetzt etwa bei der Auswahl von Bewerbern um einen Arbeitsplatz, lassen sich Emotionen aufspüren, die das Ich bewegen und sich durch Statistik, durch Häufungen von Worten und Silben im Sprachgebrauch verraten. Auch eine Aura ist kein Geheimnis mehr: *Cobots*, kooperierende Roboter, sind darauf programmiert, Rücksicht zu nehmen, wenn charakteristische elektrische Ströme das Herannahen eines Menschen anzeigen.

Und doch werden viele ihre Beziehungen weiterhin nicht auf die gemessenen Koordinaten ihrer Empfindungen stützen wollen. Keine Digitalisierung hebt den Wert analoger Erfahrungen auf. Seelische Heimat ist die Geborgenheit in der vertrauten Konstellation einer fühlbaren Landschaft. Heimatgefühle finden sich vor allem dort, wo Wärme erfahrbar ist.

Kälte befremdet. Nach der vergeblichen Hoffnung auf mehr Temperatur in der Beziehung zu seiner Gefährtin (meine Deutung) ließ Max Ernst 1920 die Minusgrade zu einem surrealen Bild erstarren: *Eislandschaften, Eiszapfen und Gesteinsarten des weiblichen Körpers* (Moderna Museet, Stockholm). Die kühlen Gefilde, die der Künstler gerne durchdrungen hätte, scheinen sich bereits zu vereistem Gestein verfestigt zu haben. Ein Sonnenrad versucht vergeblich, das Eis schmelzen zu lassen und den Stein aufzubrechen. Das Leiden des Betroffenen an der Härte soll wohl das Kreuz im Bild symbolisieren. Möglicherweise war aber der Maler selbst derjenige, an dem sich sein Gegenüber die Zähne ausbiss. Wie auch immer, zwei Jahre später trennten sich Max Ernst und seine Ehefrau Louise.

Dass Kälte und Härte über die individuelle Erfahrung hinaus ein Standardthema der angeblich heißen und fluiden 1920er Jahre waren (Helmut Lethen, *Verhaltenslehren der Kälte*, 1994), wirft ein Schlaglicht auf die Entwicklung der Moderne. Die Ansprüche moderner Individuen auf Autonomie erweisen sich als eisenhart, wenn sie in der Realität aufeinandertreffen. Je häufiger Beziehungen daran zerbrechen, desto größer werden die Hoffnungen auf eine *Seelenheimat*, die bei Anderen zu finden wäre. Wenn aber eine solche Heimat erhofft wird, wäre es eine gute Idee, erst einmal selbst die Voraussetzungen dafür zu schaffen und mit der Heimatpflege bei sich zu beginnen, um sie dann Anderen zugutekommen zu lassen. Wer sich mit Selbstsorge, *Selfcare*, um Freundschaft mit sich bemüht, sich pflegt und sich gerne in der Welt seiner Gefühle, Gedanken und Tätigkeiten bewegt, ist bei sich zuhause, auch wenn er sich am falschen Platz fühlt. »Ich bin überall bei mir«, rappt der von einer ruandischen Mutter und einem französischen Vater abstammende Gaël Faye in seinem Song *Métis* (»Mischling«) auf dem Album *Rythmes et botanique* von 2017: »Mein einziges Heimatland bin ich selbst.«

Das Selbst, das seine Kräfte nicht im ständigen Hadern mit sich verausgabt, vermag sich aus seiner *Selbstheimat* heraus Anderen zuzuwenden und eine gemeinsame Heimat zu begründen, in der Gefühle und Gedanken geteilt werden und jeder sich im Zusammensein gut aufgehoben fühlt. Von diesem Basislager aus ist die Welt am besten zu erkunden. Die *Beziehungsheimat* ist für die meisten Menschen mehr noch als die räumliche Heimat die bevorzugte Kernheimat. Verlässliche Beziehungen, die ihrem Design nach auf emotionale Tiefe und epische Länge angelegt sind, wirken als soziales Immunsystem, mit dem auch der Blitzschlag unglücklicher Erfahrungen aufgefangen werden kann.

Diese Beziehungen können gelegentlich auch die zu sich selbst ersetzen, wenn es nottut, etwa in einer Lebenskrise. Eine solche *soziale Heimat* ergibt sich in erster Linie aus der Herkunft: Eltern, Großeltern, Geschwister in jeglicher Variation können dauerhaft Heimat füreinander sein. Im Laufe des Lebens kommen Beziehungen der Wahl hinzu, die für eine Weile oder für lange Zeit eine Wahlheimat im anderen Sinne begründen. Selbst Menschen mit befremdlichen Meinungen können Teil der sozialen Heimat sein, auch in diesem Sinne geht Heimat sehr wohl mit Fremdheit zusammen.

Das Geflecht von Beziehungen der Herkunft und der Wahl, in dem ein Mensch lebt, kann komplex und kompliziert sein, aber es ist seine vertraute Welt. *Konnektivität* ist hier nicht digital gemeint, sondern in realen Begegnungen zu erleben. Wenn das Wir-Gefühl, das dabei entsteht, auf Integrität beruht, hat es keine Ausschlüsse nötig, die mit der Abweichung von einer Identität zu begründen wären. Es kann Konventionen folgen, die sich von selbst verstehen und nicht immer sklavisch befolgt werden müssen: »Wir machen das jetzt mal so.« Es kann mit der Pflege von Traditionen einhergehen, die auch spielerisch gehandhabt werden können. Gemeinsame Erlebnisse bestärken immer von Neuem die Vertrautheit miteinander. So wichtig sind diese Beziehungen, dass sie sogar Wahrheiten verbiegen können: Es kommt nicht mehr darauf an, wie es sich mit einer strittigen Sache wirklich verhält, sondern darauf, zueinander zu stehen, auch wenn das von außen gesehen fragwürdig sein mag.

Im besten Fall ist es Liebe, die es ermöglicht, sich in den Augen und Armen eines Anderen geborgen zu fühlen, und sei es nur für einen Moment der Selbstvergessenheit. Oft folgt die Wahlbeziehung, die eine *Liebesheimat* begründet, dem Drängen einer Leidenschaft, die in romantischer Perspektive gar keine Wahl mehr lässt. Heimat können die Liebenden auf Dauer füreinander sein, wenn sie mit ihren unterschiedlichen Welten zurechtkommen. Nicht in allen Welten sind sie gemeinsam daheim, sie wohnen auch in je eigenen Arbeits-, Spiel-, Sport- und Freundschaftswelten. Liebe ist kein leeres Wort, wenn die Liebenden mit Tuchfühlung zueinander Sorge dafür tragen, die Vertrautheit miteinander und Geborgenheit beieinander zu bewahren, so unwegsam die Landschaften auch sein mögen, die sie durchqueren. »Zwischen zwei Menschen entsteht manchmal, wie selten, eine Welt. Die ist dann die Heimat.« Was Hannah Arendt 1970 ihren ehemaligen Geliebten Martin Heidegger in einem Brief wissen ließ, hatte sie mit ihrem Ehemann Heinrich Blücher realisiert, und das war für sie nach der Flucht vor den Nationalsozialisten aus ihrer Heimat Deutschland erklärtermaßen »die einzige Heimat, die wir anzuerkennen bereit waren«.

Fremd können zwei einander jedoch werden, wenn sie von den Erfahrungen in ihren unterschiedlichen Welten so verändert werden, dass sie sich irgendwann nichts mehr zu sagen haben. Eine gemeinsame Heimat bleibt ihnen dann nur noch in der Erinnerung, die sich auch bei einer Trennung nicht verliert, sowie in der nachhaltigen Veränderung ihrer Ichs, die das Leben mit dem je Anderen bewirkt hat.

Eine Beziehung der Wahl ist außerdem die zu Freunden, die eine *Freundesheimat* möglich macht. Bei den Gefühlen der Sympathie, mit denen Freunde sich nahe sind, handelt es sich meist um Hintergrundemotionen, die nicht ständig im Bewusstsein präsent sein müssen. Mit wachsender Vertrautheit können die Freunde mithilfe von Medien oder nur in Gedanken beieinander sein. Selbst dann, wenn sie nichts voneinander hören, kommunizieren sie im Stillen miteinander. Zwar weiß ich nicht, ob der Andere in diesem Moment wirklich an mich denkt und schweigsam mit mir spricht, aber ich weiß, was er sagen würde, wäre er hier. Eine große Lebensgewissheit resultiert daraus, dass da jemand ist, der mich im Blick hat und ich ihn, der sich dafür interessiert, wie es mir geht, wo ich bin, was ich mache, und umgekehrt. Ich bin sicher, dass ich bei ihm stets so willkommen bin wie er bei mir. So gut kennen wir uns, dass einer dem Anderen auch sagen kann, wer er ist, sollte er es momentan vergessen haben. Gesprächspartner und seelischer Rückhalt können wir selbst dann noch füreinander sein, wenn das Glück aussetzt und ein Unglücklichsein oder Unglück zu bewältigen ist.

Mit Anderen befreundet zu sein, kennzeichnet speziell die Heimat, die Heranwachsende sich ergänzend zur Familie oder als Ersatz für sie in der *Peergroup* schaffen. In ihr treffen sie auf Gleichgesinnte, zugehörig zu ihnen, verstanden und anerkannt von ihnen. Was sie miteinander teilen, bringen sie in Stilelementen der Musik, der Kleidung und des Verhaltens zum Ausdruck.

Das ganze Leben hindurch entsteht Heimat durch *soziale Codes* in Gruppen mit gemeinsamen Gefühlen, Sichtweisen und Interessen, auch in der erweiterten Familie, im Umgang mit Kollegen am Arbeitsplatz und in Beziehungen der Nachbarschaft. Das Gefühl der Zugehörigkeit steht jedoch in Frage, wenn Anspielungen gemacht, Namen genannt und Geschichten erzählt werden, mit denen einige nicht vertraut sind, sodass sie ihnen ein Geheimcode bleiben. Vertrautheit schlägt in Fremdheit um, die keinen wärmenden Kern mehr kennt, wenn Gefühle, Sichtweisen und Interessen divergieren oder gar kollidieren.

Heimatpflege ist die Bereitschaft, sich um all die Beziehungen zu bemühen, in denen das Selbst gerne lebt. Als eigene Art von Kunst ist sie ein Bestandteil der Lebenskunst. Mit seiner berühmt gewordenen Formulierung, jeder Mensch sei ein Künstler, meinte Joseph Beuys ausdrücklich nicht die Malerei, Bildhauerei, Musik oder andere Künste im engeren Sinne, sondern die *Sozialkunst* (sein Begriff im Gespräch, wiedergegeben im Film *Beuys*, Regie Andres Veiel, 2017). Als Sozialkunst kann jede Pflege von Beziehungen gelten, auf denen außer Paaren, Familien, Freundeskreisen und Gruppen auch ganze Gesellschaften beruhen. Vermutlich würde Beuys es gutheißen, dafür zusätzlich die sozialen Medien zu nutzen, mit denen er selbst nicht nur dem »toten Hasen« (wie in seiner Performance von 1965), sondern auch lebenden Menschen seine Auffassung von Kunst nahebringen könnte.

Die Heimatpflege, zu der die Sozialkunst wird, gilt in erster Linie der *Kernheimat* der wenigen wichtigsten Beziehungen, in deren Kreis ein Mensch sich mit Leib und Seele zuhause fühlt. Aber mit Beziehungen zu Anderen, die ihm ebenfalls etwas bedeuten, sind über den engsten Kreis hinaus *periphere Heimaten* möglich, soziale Heimaten im erweiterten Sinne. Dazu zählen gute Freundschaften und Bekanntschaften ohne Zahl, real und in sämtlichen Medien, in denen Menschen zu Kommunikationspartnern werden können, auch ohne sich wirklich zu kennen. Die Anderen, zu denen Beziehungen gepflegt werden, können außerdem Tiere sein, peripher oder als Teil der Kernheimat. Erst dann sind Menschen der Verlorenheit ausgesetzt, wenn kein Hund sie mehr vermisst.

Alle Formen von Beziehung sind unverzichtbar für die Orientierung im Leben. Unentwegt senden Menschen ähnlich wie Fledermäuse Signale aus, um anhand der Resonanz die eigene Position zu bestimmen, im wirklichen und übertragenen Sinne. Schon mit einem Blick, einem Gruß, einem Wort signalisiere ich Anderen, dass ich sie wahrnehme, umgekehrt werden deren Signale zu Bezugspunkten für mich. Erst recht hilft mir der Abgleich mit den Positionen Anderer bei der Einschätzung, ob ich auf dem richtigen Weg bin, eventuell in Abgrenzung gegen sie. In die Irre kann ich jedoch gehen, wenn ich Signale falsch verstehe, übersehe oder dort welche sehe, wo gar keine sind. Die Deutung der Signale ist eine Aufgabe des Denkens. Deutungen von allem und jedem bringen die Gedankenwelten zum Vorschein, in denen jeder Mensch ebenso beheimatet ist wie in sinnlichen Welten und Gefühlslandschaften.

Abwechslungsreich und wild zerklüftet sind auch die Gedankenwelten, die als *geistige Heimat* erlebt werden. Von hoch aufragenden Felswänden unumstößlicher Wahrheiten stürzen Bäche nie endender Diskurse herab, Gischt schäumt auf, Nebelschwaden wallen umher, bevor sich das Wasser unten im Tal beruhigt und gemächlich vor sich hinfließt, dann im *Mainstream* dahinströmt. Meinungen biegen sich an den Ufern geschmeidig wie Weiden im Wind, überaus bewegliche Gedanken huschen schlangengleich durchs Wasser wie Aale, bis sich der ganze Spuk in der Anonymität eines uferlosen Meeres verliert. Auf dem langen Weg von der Quelle bis zur Mündung dessen, was geistig im Fluss ist, ist es schwierig, wenigstens einige Gedankenmoleküle als eigene zu behaupten. Begegnungen mit anderen Molekülen führen zu Reibungen, aber auch zur Vermischung mit ihnen. Sammeln sich nach Unwettern und Überschwemmungen die Moleküle massenhaft an, sprengen sie Dämme und verursachen Bergrutsche, bevor sie wieder in die Niederungen des Alltags zurückkehren und aus dem Flussbett heraus Felder und Wälder der diversen geistigen Landschaften befeuchten.

Von der »inneren Landschaft« spricht Antonio R. Damasio (*Der Spinoza-Effekt*, 2003, 229). Was in der äußeren Welt und im Selbst *präsent* ist, versuchen *Repräsentationen* im Denken zu erfassen. Auf der Basis von Informationen, die mit allen Sinnen, Gefühlen und Gedanken gesammelt werden, erzeugt das geistige Vorstellungsvermögen ein Bild. Die Vorstellungen bilden aber nicht etwa nur passiv ab, wie etwas ist, sondern deuten auch aktiv, wie es sein könnte. Sie organisieren *Mindsets*, die zu Erfindungen in der Lage sind und selbst eine solche

Präsenz gewinnen können, dass ein Mensch überzeugt ist, es mit der wirklichen Welt zu tun zu haben. Nicht immer ist im Einzelfall klar, inwiefern Repräsentationen einer Wirklichkeit entsprechen, also Wahrheit für sich beanspruchen können, oder nur ein Produkt der Einbildung sind. Nicht erst im gesellschaftlichen und politischen Raum, sondern schon in privaten Beziehungen sorgt das für Zerwürfnisse: »Du bist wütend!« – »Du phantasierst!«

Aus dieser Mischung besteht die geistige Heimat, in der Menschen sich wohnlich einrichten und die sie wie ein Schneckenhaus immer mit sich führen. An dieses omnipräsente Zuhause in Gedanken können sie so weitgehend gebunden sein, dass sie ihm auch dann nicht entkommen, wenn sie Beziehungen und Orte wechseln. *Es ist leichter, sich von einem Ort zu entfernen als von einem Gedanken.* Und so kann ein Mensch in dieser Landschaft gefangen bleiben, die er nicht als Illusion erkennt. Seine Denkweisen können ihm so vertraut werden, dass andere ihn befremden und er sich ängstigt, in der Heimatlosigkeit der Beliebigkeit zu versinken. Auch ich sehe gerne bestätigt, was ich denke, die fatale Bestätigungsneigung (*confirmation bias*) ist mir ein Begriff. Damit sind die Gedanken, die die geistige Heimat bilden, in Gefahr, zu ungeprüften Wahrheiten zu werden und kaum noch irritierbar zu sein. Einem Leben ohne Wahrheiten fehlt die Orientierung, aber ein Leben mit Wahrheiten, die nie in Frage stehen, kann schrecklich fehlgehen, verhängnisvolle Fehlentscheidungen können die Folge sein.

Ratsam wäre, Denkweisen nie als definitive Wahrheiten zu sehen, immer nur als vorläufige Deutungen und Sichtweisen, die Komponenten einer geistigen Landschaft sind und sich in Bildern vergegenwärtigen lassen. Die Heimat in Gedanken ist eine *hermeneutische Heimat*, Hermeneutik als Kunst der Deutung und Interpretation verstanden, durch die Bedeutung erzeugt wird, möglichst keine beliebige, sondern eine, die sich am Maßstab der Plausibilität orientiert: Was ist nachvollziehbar und nachprüfbar, wofür sprechen die Indizien, was leuchtet ein? Das Gedankengebäude, das einer Sache, einer Arbeit, einem Ort, auch einer Beziehung Bedeutung verleiht, sollte gut genug begründet sein, um nicht nur für einen Moment Heimat sein zu können. Entspricht eine Bedeutung den Erfahrungen nicht mehr oder ist sie zu einer Belastung geworden, die keine Heimat sein kann, ist sie mit anderen Deutungen veränderbar.

Ein Beispiel für das Zustandekommen von Bedeutung und das Entstehen einer geistigen, hermeneutischen Heimat ist die *Musik*. Eine Komposition erhält Bedeutung durch ihre Interpretation. Das Werk mag für sich selbst bedeutend sein, aber ohne Interpretation fällt es der Bedeutungslosigkeit anheim. Der Interpret, der sich intensiv mit dem Werk befasst, wird damit so vertraut, dass er seine geistige Heimat darin finden kann. Dass immer neue Deutungen möglich sind, zeigt den unerschöpflichen Reichtum des Werkes auf.

Das lässt sich auf andere Bereiche übertragen, etwa auf die Befassung mit einem Thema abseits der Musik: Je mehr ich mich auf eine Thematik konzentriere, desto vertrauter werde ich mit vielen Details, Aspekten und Verzweigungen, vorteilhaften und nachteiligen Seiten, offenen Fragen und möglichen Antworten. Damit beginne ich mein denkerisches Zuhause auszustaffieren, bis ich mich mit traumwandlerischer Sicherheit in dieser kognitiven Landschaft zu bewegen vermag. Gleichwohl wäre es wichtig, mich nicht darin einzuschließen, als gäbe es kein Außen, keine anderen Themen mehr, denen ebenso Bedeutung zukommen kann.

Besser, ich lerne auch Aspekte kennen, die mir entgangen sind, sowie Argumente, an die ich nicht gedacht habe. Zur Vertiefung einer Thematik und Erweiterung der Sicht dient der *Diskurs*. Dessen Wesen ist es, hin- und her- und auseinanderzugehen (lateinisch *discurrere*). Dem Austausch und der Auseinandersetzung im Diskurs kommt es zugute, wenn die Beteiligten in unterschiedlichen Welten beheimatet sind. Die Grenzen ihres Denkens können sie im diskursiven Prozess verschieben und ihren geistigen Horizont erweitern. Bereits der Wert eines einfachen Gesprächs liegt darin, durch den Hin- und Hergang der Rede angeregt zu werden und geistig in Bewegung zu geraten. Erst recht gilt das für eine Diskussion. Durch *Cancel Culture*, »Löschkultur«, wird diese Möglichkeit zunichtegemacht.

Durch die Bewegung der Rede, die möglichst viele Facetten einer Wirklichkeit ans Licht bringt, ist mehr *Wissen* zu gewinnen. Klarer wird, wie etwas sich verhält, um sich auf dieser Basis eine eigene Meinung zu bilden und mit Gründen für oder gegen etwas, das in Frage steht, optieren zu können. Abgeschlossen kann Wissen aber nie sein, daher kommt es darauf an, sich nicht so häuslich darin einzurichten, dass es von nichts und niemandem mehr in Frage gestellt werden könnte. »Heute wissen wir ...«, sagt der Wissenschaftler, aber schon morgen kann das Wissen von gestern sein, wenn andere Aspekte sichtbar werden und neue Studien neue Ergebnisse zeitigen, die Corona-Pandemie führte das tagtäglich vor. Einige hatten Mühe damit, dass auch Wissen die Ungewissheit nicht restlos beseitigt, aber es gibt nichts Besseres.

Im Diskurs wird von der *Sprache* Gebrauch gemacht, die die geistige Heimat in hohem Maße prägt. Sprache ist die Heimat aller im Denken, Sprechen, Hören, Lesen und Schreiben, auch wenn für den Einzelnen am meisten Heimat dort ist, wo Andere die gleiche Sprache sprechen und womöglich eine vertraute Dialektfärbung Wohlklang in den Ohren erzeugt. In allen Kulturen umgibt die Sprache als wichtigste Trägerin von Bedeutungen jeden Menschen wie eine Wolke, deren Konturen zu jedem Zeitpunkt in Veränderung begriffen sind. Die Sprache ist die wahre *Cloud*, aus der ohne Unterlass Formulierungen abgerufen werden können. In ihr ist die Intelligenz und Sensibilität vieler Menschen aus vielen Jahrhunderten gespeichert. Die Gesamtheit der Sprachen verkörpert die Schwarmintelligenz aller Kulturen in Geschichte und Gegenwart. Sie ist die *Open Source*, die jederzeit jedem zur Verfügung steht, der sich ihrer zu bedienen weiß. Fast von selbst wird ein Mensch durch ihren bewussten Gebrauch klüger.

In der Sprache werden Gefühle, Gedanken und Informationen fassbar und mitteilbar. Aus der bloßen Ansammlung von Wörtern werden *Worte*, die etwas bedeuten, und *Begriffe*, die die hermeneutische Heimat ausstaffieren. Was genau sie bedeuten, sagen sie nicht ausdrücklich, es schwingt nur mit und bedarf einer Deutung, die nicht immer Eindeutigkeit zur Folge hat. Das gilt auch für den Begriff der Heimat selbst, der im Deutschen auf das *Heim* zurückgeht, aber offenbar mehr bedeutet als etwa das englische *home*, sodass manchmal rückgefragt wird: »What the fuck is heimat?« Über das räumliche, soziale und kulturelle Umfeld hinaus, in dem ein Mensch sich mit schlafwandlerischer Sicherheit bewegt, schwingt in der Heimat ein wenig Metaphysik mit, selbst ohne kosmischen oder religiösen Hintergrund. Unausgesprochen birgt sie die Hoffnung auf Dauerhaftigkeit in sich, um der Vergänglichkeit zu entkommen.

Jede Sprache stellt eine Verbindung zwischen Worten und

Welt her, aber die Welt ist reicher, als eine einzelne Sprache zu sagen vermag. Daher erschließt jede weitere Sprache mehr Welt und kann als erlernte doch nie so vertraut sein wie die »Muttersprache«. Wie sehr die eigene Sprache Heimat ist, wurde zur schmerzlichen Erfahrung für mich, als ich ein Studienjahr in Paris verbrachte, meiner geistigen Wahlheimat. »Paris ist genau deshalb die geistige Heimat sehr vieler von uns, weil die reale und die fiktive Stadt in unserem Gedächtnis verschmolzen sind« (Umberto Eco, *Pape Satàn*, Glossen, 2017, 134). Bedeutungen zu verstehen, fällt in der Wahlheimat aber weit schwerer als in der Herkunftsheimat. Aus diesem Grund unterhalten sich Menschen gleicher Sprache lieber untereinander als mit Fremden: Um nicht immer alles erklären müssen, während der Andere doch das Wichtigste überhört, ewige Vergeblichkeit, die die Kommunikation mühsam macht. In meiner Verzweiflung suchte ich ein von deutschen Touristen frequentiertes Café auf, nur um meine Heimatsprache zu hören.

Wie die körperliche und seelische entsteht auch die geistige Heimat mit ihrer Gebundenheit an die Sprache vor allem dort, wo ein Mensch aufwächst. Dort wird er außer mit dem Ort und den sozialen Gegebenheiten auch mit den sprachlichen und kulturellen Besonderheiten vertraut. Zahllose Feinheiten prägen sich schon dem kindlichen Gehirn ein, das überaus empfänglich dafür ist. Völlig anstrengungslos gleiten dann ein Leben lang die Worte über die Lippen und zurück in die Ohren. Heimat heißt, jeden Unterton herauszuhören und »zwischen den Zeilen« lesen zu können. In der vertrauten Umgebung kann ein Mensch Nuancen und Usancen, Blicke und Gesten, Worte und Schweigen, Bilder und Zeichen so sicher deuten, wie ihn diejenigen einer anderen Umgebung verunsichern können. Was bedeutet etwa das Kopfwiegen in der indischen Kultur? Signalisiert es Zustimmung, Ablehnung, Misstrauen, Wohlwollen, Unbestimmtheit? Was bedeutet es, wenn jemand nichts sagt? Ist ein Stirnrunzeln ironisch gemeint oder kündigt es Unheil an? Habe ich eine unsichtbare rote Linie überschritten? Was bedeutet ein Lächeln? Ist es vertrauenswürdig oder doch nur eine Falle, die zum Vertrauen verleiten soll, um es zu missbrauchen? Was wird hier gespielt?

Aus Unsicherheit versuchen Menschen ihre geistige Heimat zu bewahren, indem sie Denkgebäude errichten, in denen die Gedanken wie Möbel einen festen Platz erhalten. Sehr lebendig ist das nicht, aber bequem. Irritationen sind zu beschwichtigen, wenn irrlichternden Gedanken zügig ein Ort zugewiesen werden kann, der die Statik des Ganzen nicht gefährdet. Folgen Ideen dieser Logik, entsteht Ideologie. »Kann Ideologie zu einer Heimat werden?«, fragte Max Frisch in einem seiner Fragebögen (Nr. IX), die er in seinem *Tagebuch 1966-1971* entwarf. Ja, am ehesten dann, wenn das permanente Wohnen in einem Setting von Gedanken Geborgenheit vermittelt und Sprachregelungen dafür sorgen, dass keine Zweifel aufkommen.

Vielleicht aus diesem Grund ist manchen Menschen die »Reinheit« der Sprache so wichtig: Weil sie um ihr Denkgebäude fürchten. Den Schutz der Heimat, die ihnen Gewissheit in einer ungewissen Welt bieten soll, vertrauen sie der peniblen Beachtung der Sprachregeln an. Die sollen für die Wirklichkeit sorgen, in der sich das Leben ohne Unklarheit und Befremdung dauerhaft einrichten lässt. Die Ereiferung über die Einwanderung von Worten aus anderen Sprachen gewinnt die Oberhand über die Einsicht, dass viele vertraute Worte der eigenen Sprache einer früheren Einwanderung und gelungenen Integration zu verdanken sind. Ist »Phantasie« etwa ein deutsches Wort? Oder »Käse«? Was mit zementierten Denkgebäuden und Sprachregelungen passiert, war am 9. November 1989 zu erleben, als nach einem einzigen Riss in einer offiziellen Rede die Berliner Mauer gestürmt wurde: »Wahnsinn!«

Nicht nur in der Sprache allgemein, sondern auch im Vokabular eines Sprachgebrauchs sind Menschen zuhause. Schlüsselwörter gehören dazu, die diejenigen befremden, die sie nicht kennen, nicht benutzen und daher auch nicht dazugehören. Eingeweihte verdanken diesem Vokabular die Heimeligkeit einer *Sprechblasenheimat*, einer abstrakten Heimat, in der alle konkreten Bezüge mit Wortgeklingel übertönt werden. Um Festlegungen zu vermeiden, richten sich auffällig viele im Konjunktiv häuslich ein: »Ich würde sagen…«

In der Welt der Wirtschaft wird penetrant eine »zeitnahe« Erledigung angemahnt. Von einem »Potenzial« ist auch dort die Rede, wo keines ist, von »Chancen«, wo nur Risiken sind. Produkte sind »skalierbar« und werden »ausgerollt«, auch wenn sie noch nicht ausgereift sind. Für den Markthochlauf gilt proaktiv: *Message Control*. Aus der Benchmark wird ein Business-Case mit Roadmap, den *Purpose* im Blick. Mit agilem Change-Management ist am Ende des Tages die *Challenge* erfolgreich darzustellen. Alle sind klar *committed*, bei diesem Superteam von Topscorern brennt nichts an, 24/7 gehen alle gemeinsam nach vorn, *together ahead*.

Intellektuelle hingegen, die traditionell der Wirtschaftswelt gedanklich eher fernstehen, sehen überall, dass »das Kapital« sein neoliberales Werk verrichtet. Mag das Projekt auch noch so progressiv dargestellt sein, es bleibt »objektiv revisionistisch«. Sollten die Herrschenden es wider Erwarten durchwinken, kann das nur ein klarer Fall von »repressiver Toleranz«

sein, *systemstabilisierend*, aber der systemimmanenten Intention entsprechend, alle und alles zu vereinnahmen. Ein emanzipatorisches Projekt hingegen muss den »Heterogenitäten« Rechnung tragen und »durchgegendert« sein. Auf systemische Ungerechtigkeiten muss die *Plausibilisierung von Widerstand* antworten. Die Differenz der Klassen kann weiterhin asymmetrisch gebaut sein, aber seitenverkehrt, um *Emanzipationsgewinne* zu erzielen. – In solchen Sprüchen findet auch der eine Heimat, der über Heimat nie wirklich nachgedacht hat (»viel zu rückwärtsgewandt, man muss sich auch mal von seiner Herkunft lösen können«).

In welcher Gedankenwelt bin ich selbst zuhause? Wie spreche ich? Was spricht mich an? Können Gedanken außer in einer Person auch an Orten, in Regionen, in Zeiten beheimatet sein? Bringt eine andere Zeit, ein Ortswechsel oder eine Reise in andere Gegenden der Welt auch andere Gedanken hervor? Was wäre aus Heideggers *Sein und Zeit* geworden, hätte er das Werk nicht im tannendunklen Schwarzwald, sondern an der sonnenhellen Côte d'Azur geschrieben? Dass Denkweisen sich mit der Zeit und der Kultur ändern, liegt auf der Hand. Ein Denken wie das von Jean-Paul Sartre oder Michel Foucault, das sich in der zweiten Hälfte des 20. Jahrhunderts in Paris entfalten konnte, wäre im 21. Jahrhundert in Berlin undenkbar. Aber es kommt auf den Selbstversuch an, sich von Begegnungen mit anderen Menschen an anderen Orten zu anderen Denkweisen inspirieren zu lassen. Mit der Distanz zur gewohnten Heimat wächst die Fähigkeit zur Reflexion. Die Weite der Welt erweitert das Bewusstsein.

Anders, als es von sich selbst denkt, ist das Denken immer von einer Perspektive geprägt, die dem Denkenden eigen ist, gebunden an Ort, Zeit und Tätigkeit, Beziehungen zu Anderen, frühere Erfahrungen, momentane Gefühle und künftige Erwartungen. Lateinisch *perspectus* ist wörtlich der Durchblick, aber es ist eher der Blick durch ein Schlüsselloch als der totale Durchblick. Die Perspektive sorgt für den Ausschnitt der Welt im Auge des Betrachters, der ihm ebenso zur vertrauten Heimat wird, wie er Anderen fremdes Terrain bleibt. Es ist eine Sichtweise: *Wie* Menschen etwas sehen und wie nicht. *Dass* sie etwas sehen und etwas Anderes nicht. Je nach Position, Interesse, Situation und gegenwärtiger Verfassung nehmen sie Dinge wahr, filtern und gewichten Informationen, sprechen ihnen Bedeutung zu und ab. Beruflich machen sich die Art der Tätigkeit und die Funktion innerhalb einer Hierarchie bemerkbar. Privat nehmen beispielsweise Eltern die Welt anders wahr als Nichteltern.

Vielen ist die Perspektive des Autofahrers bestens vertraut. Jedes Mal, wenn er abbiegt, muss er aufpassen: Von irgendwoher schießt ein Fahrradfahrer heran. Die Welt wäre aus der Sicht des Autofahrers unproblematischer, wenn es keine Fahrradfahrer gäbe. Die missachten sogar rote Ampeln, was bei einem Autofahrer fast nie vorkommt. Am Wochenende genießt der Autofahrer dann endlich die ersehnte Freizeit. Er will etwas für seine Gesundheit tun, schwingt sich auf das E-Bike, und siehe da: Das einzig Störende sind jetzt die Autofahrer, die sich oft rücksichtslos verhalten. Dass er selbst auf dem Fahrrad an einer roten Ampel nicht hält, hat simple Gründe: Von Neuem in die Pedale zu steigen, ist anstrengender als das Tippen aufs Gaspedal, und vom Sattel aus hat er die gesamte Kreuzung doch recht gut im Blick. Er könnte auch den Gehsteig benutzen, stünden ihm da nicht maulende Fußgänger im Weg! Bei nächster Gelegenheit ist der Fahrradfahrer schließlich als Fußgänger unterwegs, und wieder sieht die Welt völlig anders aus, insbesondere die Fahrradfahrer sind unkalkulierbar, die Autofahrer achten nicht auf Zebrastreifen, und jetzt auch noch die *Scooter*...

Die Unterschiedlichkeit der Perspektiven fällt auf Schritt und Tritt ins Auge, nicht nur bei Einzelnen, sondern auch bei Gruppen, Unternehmen, Institutionen, ganzen Gesellschaften. In Gesprächen mit den verschiedensten Menschen wird deutlich, wie sehr ihre Perspektive von der beruflichen, kulturellen, sozialen und noch dazu *geographischen* Umgebung beeinflusst ist: In Spanien blicken Menschen anders auf die Welt als in Norwegen, in Europa anders als in Afrika, Amerika, Asien, Australien. Nicht nur räumlich, sondern auch zeitlich können ganze Länder in einer Perspektive gefangen sein, deren Verengung im historischen Rückblick kaum noch nachvollziehbar ist, wie etwa beim Tulpenfieber in Holland im 17. Jahrhundert oder in anderem Ausmaß bei der Kolonialhysterie in Europa im 19. Jahrhundert.

Mehrere Gründe für eine Verengung der Perspektive sind denkbar: Dinge können *dem Blick entgehen, obwohl sie gut sichtbar sind*. Das geschieht, wenn Menschen sich intensiv mit einem Thema befassen. Fokussieren zu können, ist die Voraussetzung für die konzentrierte Bewältigung einer Aufgabe, führt aber dazu, selbst das Naheliegende nicht mehr zu sehen. Ein Defokussieren, ein zweckfreies Umherschauen, sollte die Fixierung wenigstens gelegentlich unterbrechen, um auch wieder etwas Anderes in den Blick zu bekommen.

Dinge können ferner *hinter einer Wegbiegung verborgen sein*, tatsächlich oder bildhaft. Aus der Tatsache, dass etwas nicht sichtbar ist, folgt niemals, dass es nicht existiert. Das gilt nicht nur für das individuelle und gesellschaftliche Leben, sondern auch für das wissenschaftliche Wissen, wie die Geschichte der Wissenschaften beweist. Der Evolutionstheorie beispielsweise blieb lange verborgen, dass außer dem »Survival of the Fittest« auch das Prinzip der Kooperation die Evolution voranbringt, Lynn Margulis erbrachte 1967 den Nachweis dafür.

Es kommt zudem vor, dass Dinge *den Vorstellungen nicht entsprechen*, die Menschen sich von ihnen machen. Eine davon abweichende Realität zu akzeptieren, kann schwerfallen, auch wenn sie nicht zu leugnen ist. Im Privaten kann beispielsweise ein Ärger, der gemäß der Vorstellung von einer harmonischen Beziehung nicht vorkommen sollte, aus diesem Grund auch nicht bewältigt werden. Den verengten Blick etwas zu erweitern, sodass mehr Realität darin Platz hat, könnte Beziehungen alltagstauglicher machen.

Schließlich ist eine Verengung möglich, weil Dinge *den eigenen Interessen nicht entsprechen*. Zwar liegt es nahe, den täglichen Strom von Informationen zügig nach dem Prinzip zu kanalisieren: »Das geht mich etwas an, jenes nicht.« Beziehungen jeder Art sind jedoch darauf angewiesen, Informationen über die Interessen Anderer an sich herankommen zu lassen. Auch das liegt im eigenen Interesse, denn wenn es gelingt, besser zu verstehen, worum es Anderen geht, wird es möglich, ihnen bei Interessenkonflikten entgegenzukommen.

Heimat ist die Ich-Perspektive, mit der die Welt geordnet werden kann. Das gehört zu den Vorteilen einer Perspektive: In ihr bin ich daheim, aus ihr ergibt sich der Horizont, in dem ich mein Leben einrichten kann. Sie ist mein sicheres, überschaubares Zuhause in einer ungewissen, unübersichtlichen Welt. Von diesem Punkt aus, der mir bedeutsam erscheint, da meine Existenz daran gebunden ist, kann ich alles betrachten und einschätzen. Durch die Verengung des Gesichtsfeldes auf wenige Dinge werden mehr Details sichtbar, ein lupenartiger Effekt. Innerhalb dieses Ausschnitts der Wirklichkeit wächst die Vertrautheit mit Dingen und Verhältnissen, die in der Folge an Bedeutung gewinnen oder verlieren. Die Selbstverständlichkeit des Umgangs damit wird größer, das Leben wird einfacher. Daher kann es so befremdlich und sogar bedrohlich sein, wenn Andere etwas ganz Anderes sehen.

Die Tatsache, eine Perspektive zu haben, ist Menschen allerdings oft nicht bewusst. Ohne es zu ahnen, leben sie in Paralleluniversen. Aus subjektiver Sicht handelt es sich jeweils um die einzig mögliche und richtige Wahrnehmung dieser Sache, des Lebens, der Beziehung, der Arbeitswelt, der Welt überhaupt. Daraus resultieren Nachteile. Je enger die Perspektive wird, desto eher kann die Heimat, die sie verbürgt, zum Gefängnis werden. Jeder weitere Horizont geht verloren. Alles, was über die vertraute Welt hinausgeht, erscheint beunruhigend und beängstigend. Um der Enge einer einzigen, immer unvollständigen Perspektive zu entgehen und den Horizont zu erweitern, käme es darauf an, sich für die eigene Perspektive zu interessieren und sie zu überdenken. Ist es möglich, sich von ihr zumindest zeitweilig zu lösen, kommt ein *erweiterter Blick* zustande, der das Ich vor der Gefahr bewahrt, unbedacht in eine Sackgasse zu geraten. Irgendwann kann daraus vielleicht sogar ein *weiter Blick* hervorgehen, mit dem das Leben und die Welt bedeutend reicher werden, Weltläufigkeit und Gelassenheit entstehen auf diese Weise.

Für eine Erweiterung des Horizonts stehen Methoden des

Perspektivwechsels zur Verfügung, eine Besonderheit des Menschseins. In einer Zeit, in der es erforderlich ist, in vielen Welten leben zu lernen, erscheint es sinnvoll, sich in dieser Art von Abwechslung zu üben, um die Nachteile singulärer Perspektiven aufzufangen. Eine Übung kann sein, sich für *Kunst* zu interessieren, denn Kunst erkundet Möglichkeiten und eben auch ungewöhnliche Sichtweisen. Jeder Künstler, jede Künstlerin und jede Kunstausstellung gibt einen Eindruck davon. Auch in einem Kunsthaus, das ich schon kenne, sorgen wechselnde Ausstellungen für wechselnde Perspektiven. Den Wechsel zum Programm gemacht hat das *Museum of Modern Art* (MoMA) in New York, das seit 2019 anstelle der immer gleichen Bestände ständig andere Werke zeigt.

Eine weitere Übung ist der Gang in die *Natur*. Insbesondere die Berge halten ständig die Erfahrung bereit, dass sich hinter jeder Wegbiegung eine andere Perspektive auftut. Das lässt sich auf die Landschaft der Gedanken übertragen, sodass die Überprüfung der Sichtweisen zu einer möglichen Übung wird: Schaue ich in diese oder jene Richtung? Nehme ich auch in Medien nur wahr, was mir gefällt (»Echokammereffekt«)? Drehe ich mich in Gedanken auch einmal um? Wie nehmen Andere diese Welt und jene Situation wahr? Eine anspruchsvolle Ethik wie die Nächstenliebe (säkular: Empathie) hängt davon ab, sich die Welt aus der Sicht Anderer vorzustellen, um auf ihre Anliegen und Bedürfnisse eingehen zu können.

Anders wird die Perspektive vor allem durch den Umgang mit anderen Menschen: *Ich ist ein Anderer im Umgang mit Anderen*. Sie weiten meinen Horizont und steuern Gedanken bei, die mir nicht eingefallen wären. Im Gespräch mit ihnen kommen Aspekte zur Sprache, an die ich nicht gedacht hatte. Freimütig lassen Andere in einer Freundschaft mich wissen, wie sie mich sehen. In längeren Abständen überblicken sie die größeren Intervalle in meinem Leben und können mir sagen, wohin ihrer Meinung nach »die Reise geht«, ob ich auf dem richtigen Weg bin, der mir entspricht, oder ob ich davon abkomme und welche »Perspektiven«, welche Möglichkeiten ich aus ihrer Sicht habe. Von ihnen kann ich diesen Blick aufnehmen und ihn mir selbst zur Gewohnheit machen, sodass ich mich fortan nicht mehr nur von innen, sondern auch von außen sehe. Ohne diesen Blick ist die Versuchung größer, im Kreis der eigenen Wahrnehmungen und Überlegungen zu verharren.

Wer von außen kommt, sieht etwas Anderes als der, der »drin« ist. Ein Blick von außen, eine *Exovision*, wäre daher außer im eigenen Leben auch in allen Bereichen des gesellschaftlichen Lebens, in Institutionen und Unternehmen sinnvoll, um eine »Betriebsblindheit« aufzufangen, andere Perspektiven aufzuzeigen und zum Perspektivwechsel anzuregen, der ein sinnvolles Hilfsmittel für jedes Zusammenleben und -arbeiten ist. Vor allem Fachfremde bereichern ein Fach mit ihrem unverstellten, unvoreingenommenen Blick und bewegen *Insider* dazu, über sich, ihre Sicht-, Verhaltens- und Arbeitsweisen nachzudenken. Dort, wo Perspektiven sich begegnen, entsteht etwas Neues, die Experimentierfreude lebt auf, Überbrückungen werden nötig – eine Quelle der Kreativität, die Monokulturen nicht eigen ist.

Beim *freiwilligen* Perspektivwechsel hilft der Blick, den Andere, Kinder, Freunde, Kollegen, Coaches, Therapeuten und Seelsorger ins Spiel bringen können. Von selbst verändert sich die Perspektive bei willentlichen Veränderungen der Lebenssituation, durch die sich beruflich wie privat andere Perspektiven auftun. Wie die vorherige erscheinen auch sie wahr und können wie diese zur Heimat werden.

Ein *unfreiwilliger* Perspektivwechsel wird vollzogen, wenn etwas Unvorhergesehenes ins Leben hereinbricht und womöglich die gesamte Existenz in Frage steht. In einer Lebenskrise oder Krankheit sieht die Welt plötzlich völlig anders aus. Fragen brechen auf: Was war mein Leben, was ist es, was kann es noch sein? Das bisher gelebte Leben zerbricht und die Bruchstücke müssen neu zusammengefügt werden, damit das Ich wieder zu sich finden kann und das Leben anders lebbar wird. Menschen sind zu tiefgreifenden Veränderungen in der Lage, wenn das Leben davon abhängt.

Jeder Perspektivwechsel erschließt Selbst und Welt neu, und ein ums andere Mal geschieht es, dass ein Mensch danach nicht mehr verstehen kann, wie er zuvor anders denken konnte. Entwicklung findet auf diese Weise statt. Eine beunruhigende Frage kann sein, ob es denn immer nur um unterschiedliche Perspektiven geht, nicht auch um die *eigentliche* Wahrheit einer Wirklichkeit, einer Sache, eines Menschen, einer Beziehung? Aber vorstellbar ist, dass jede Wahrheit viele Aspekte in sich birgt, die am besten durch viele *Wahrnehmungen* zu erschließen sind. Ganz so, wie eine Kugel nicht mit einem einzigen Blick rundum zu erfassen ist, ergeben erst viele verschiedene Perspektiven einen verlässlichen Eindruck von der Wirklichkeit, die in Frage steht.

Um der Wahrheit willen erscheint es daher sinnvoll, sich für andere und gegensätzliche Perspektiven zu interessieren. Auch politisch ist das von Bedeutung: Es ist die Stärke demokratischer Verhältnisse, mit vielen Perspektiven einen besser begründeten Bezug zur Wahrheit zu erreichen, während die in autoritären Verhältnissen übliche Monoperspektivität in die Sackgasse einer allzu simplen Wahrheit führt, deren Konsequenzen die Geschichte zur Genüge aufgezeigt hat.

Auch *Gerechtigkeit* lebt von der Einübung in den Perspektivwechsel, von der Bereitschaft, sich wenigstens für einen Moment in die Wahrnehmung Anderer hineinzuversetzen, um besser zu verstehen, was sie bewegt, und ihr Verhalten aus ihrer Perspektive zu sehen: Wie nehmen sie an ihren Orten, in ihren Lebensbereichen sich selbst und die Welt wahr? Würde ich mich gerecht behandelt fühlen, wenn ich in ihrer Situation wäre? Zu oft wagen Interessengruppen diesen Schritt nicht. Sie hegen und pflegen ihre jeweilige Perspektive, ohne die Berechtigung anderer Perspektiven auch nur zu erwägen. Um aus der idiotischen Enge herauszukommen, bedarf es eigener Anstrengungen und realer Begegnungen mit Anderen, die andere Sichtweisen fassbar und nachvollziehbar machen.

Es ist nicht nur die Aufgabe verantwortlicher Politiker, die verschiedensten Perspektiven zu kennen und zwischen ihnen zu vermitteln, um die Gesellschaft zusammenzuhalten, deren Zerbrechen ruinös für alle wäre. Auch jeder Einzelne kann sich für die Perspektiven Anderer interessieren. Nietzsches »freier Geist«, der aus vielen Perspektiven zu blicken weiß, zeichnet sich dadurch aus. Der Gewinn für den, der sich darum bemüht, liegt im größeren Reichtum der eigenen Wahrnehmung. Der Gewinn für Andere liegt darin, wahrgenommen zu werden und endlich »eine Perspektive zu haben«, auch im übertragenen Sinne einer Aussicht auf Verbesserung der Lebensverhältnisse, für die das Wahrgenommenwerden die Voraussetzung ist. Perspektiven stehen für Entwicklungsmöglichkeiten, ohne die sich ein Sichtfeld bis zur Punktförmigkeit verengt. Wo keine Perspektiven mehr sind, wollen Menschen ihre Heimat verlassen. Wenn dann auch dort, wo sie ankommen, Perspektiven fehlen, werden sie keine neue Heimat finden und womöglich mit unkalkulierbaren Handlungen das eigene Leben und das Leben Anderer gefährden. Mit der Aufmerksamkeit auf Perspektiven aber wird es möglich, rechtzeitig auch das wahrzunehmen, was nicht im Licht steht, sondern verborgen im Schatten sein Dasein fristet und den eigenen Sehgewohnheiten zuwiderläuft.

Können Menschen auch im Reich der Schatten beheimatet sein?

Angestoßen wurde mein eigenes Nachdenken darüber von einer Szene, die mir nachhaltig in Erinnerung blieb. Meine kleine Tochter, vier Jahre alt, sprang plötzlich wie von der Tarantel gestochen umher. Sie schrie, sie werde verfolgt, aber da war niemand. Sie deutete auf die Steinplatten des Gehsteigs, und nun sah ich es auch: Hartnäckig war ihr Schatten hinter ihr her. Sie bemerkte ihn zum ersten Mal. Ich erklärte ihr, was es damit auf sich hat, aber dabei wurde mir klar, dass ich selbst immer haarscharf an dem Phänomen vorbeigeschaut hatte, und vermutlich nicht nur ich: Das Reich der Schatten ist ein so selbstverständlicher Teil des alltäglichen Lebens, dass es eher selten wahrgenommen wird. Ist es etwa bedeutungslos?

Frühmorgens und später am Tag, wenn die tiefer stehende Sonne die Schatten giraffenartig in die Länge zieht, vor allem aber im prallen Mittagslicht sind diese dunklen Gestalten zu beobachten, die mit den Menschen umherziehen und sie umtanzen, übereinander herfallen und wieder auseinanderstieben. Niemand wird verletzt, alle Zusammenstöße gehen glimpflich aus. Anders als im richtigen Leben haben die Dramen, von denen die Verursacher selbst kaum etwas ahnen, keine bösen Folgen. Lichtspiele huschen zwischendurch über den Boden, die von schaukelnden Blättern im Wind herrühren. Die ruhigeren Schatten der stationären Dinge verlagern ganz allmählich ihre Konturen mit dem Sonnenstand. Messerscharf treten die Umrisse von Gebäuden in der Sonne hervor und verblassen ohne sie wieder.

Erst im Laufe der Zeit wurde mir klar, wie weit die Schatten in die Kultur hineinreichen, und wieder gab meine Tochter Anna, inzwischen Studentin, den Anstoß dazu. Die Schatten, die sie einst verfolgt hatten, tauchten nun in Platons Höhlengleichnis auf. In einer Vorlesung wurde es, wie leider vieles in der Bildung, als bekannt vorausgesetzt. Ob ich es ihr erklären könne? Ich erzählte ihr davon, dass Platon im 4. Jahrhundert v. Chr. in seinem Werk *Politeia* (7. Buch) die Menschen mit Höhlenbewohnern verglich, die gebannt auf bewegte Bilder an der Wand starren und sie für das wahre Leben halten, da sie ihnen deutlich vor Augen stehen. Aber es sind Abbilder, schattenhafte Effekte des Feuers, das die unsichtbare Lichtquelle hinter dem Rücken der Unwissenden ist. Sie sind in ihrer Perspektive gefangen, die sie leicht durch einen Perspektivwechsel hätten erkennen können, aber bei Platon sind sie gefesselt.

Es ist das Schicksal von Menschen, Täuschungen zu unterliegen, wollte Platon damit sagen. Und dies nicht nur innerhalb der Höhle. Auf der ganzen Erde steht ihnen die Wirklichkeit der Natur vor Augen, die ebenfalls nur ein Abglanz ist, Schatten in diesem Sinne, der von einem Feuer erzeugt wird, vom Sonnenlicht, ohne das kein Grashalm wachsen würde. Aber Platon ging noch einen Schritt weiter und hielt selbst das Sonnenfeuer für einen Abglanz, für ein Schattenbild der

»überhimmlischen Idee«. Die scheint er als eine Art von *Universal-Algorithmus* verstanden zu haben, der alles im Himmel und auf Erden steuert, »Ursache alles Richtigen und Schönen«, wie es in *Politeia* heißt (517 c).

»Puh, sehr theoretisch«, stöhnt die Tochter. »Geht es auch praktischer?« Klar, sage ich: Wir alle halten Geräte in der Hand, die uns enorm wichtig sind. Jeder trägt seine persönliche Höhlenwand im Handy mit sich herum, auf der außer Informationen über die Wirklichkeit viele Illusionen zu sehen sind. Über die Displays huschen Schattenbilder. Entscheidend ist die *Idee*, die die Bilder in Bewegung setzt, der Algorithmus, der sie überhaupt erst erscheinen lässt. Das Smartphone selbst war ursprünglich nur eine Idee. Was darauf läuft, wird von den Ideen der Programmierer in Gang gesetzt, die den Ideen ihrer Auftraggeber folgen. Fesselnd sind offenbar die Schatten, die nicht nur beim *Gaming* auf dem Bildschirm tanzen, aber es wäre wichtig, sich immer wieder zu fragen: Was ist die Idee, die dahintersteckt? Welche Lichtquelle wirft diese Schatten? Nach welchen Regeln wird hier gespielt? Wer will, dass ich was mache? Um eventuell nach Alternativen zu suchen, denn so wie Regisseure Licht- und Schattenspiele variieren können, die zu Filmen werden, sind auch Programme veränderbar.

Guter Vergleich, meint die Tochter. Was aber ist mit den *Datenschatten*, die bei sämtlichen Bewegungen im digitalen Netz entstehen? Diese Schatten sind unsichtbar. All die Daten, die mithilfe von Sensoren, Cookies, Trackern, Kameras gesammelt und von Algorithmen durchkämmt werden, erlauben detaillierte Rückschlüsse auf jeden Einzelnen. Die harmloseste Konsequenz sind zielgenaue Produktempfehlungen auf dem Bildschirm. Weniger harmlos ist das Interesse von Arbeitgebern, Kreditinstituten, Versicherungen, Geheimdiensten, über alle Aspekte der Person Bescheid zu wissen, die für ihr Geschäft wichtig sind. Was verlieren Menschen, wenn sie sich in keine schattige Ecke mehr zurückziehen können?

Die Herrscher der Daten könnten dazu einiges sagen, antworte ich. Sie trachten danach, ihre *User* vollständig zu durchleuchten, ziehen es selbst jedoch vor, im Verborgenen zu bleiben, wie der Film *The Circle* (2017) nach dem gleichnamigen Buch von Dave Eggers zeigte, den wir gemeinsam im Kino sahen. Die Nutzer der Medien müssten stärker darauf pochen: *Mein Datenschatten gehört mir!* Das eigene digitale Verhalten müsste darauf abzielen, nur so viel Daten wie nötig zu produzieren. Nette Idee, sagt die Tochter, aber ob das die Internetkonzerne interessieren würde? Viele Menschen nehmen achselzuckend den Datenschatten in Kauf, den sie unentwegt selbst erzeugen. Immerhin führen auch wir unser Gespräch bedenkenlos zum größeren Teil per E-Mail und WhatsApp. Was soll daran schlimm sein? Wäre es nicht besser, grundsätzlich zu akzeptieren, dass es eben immer irgendwelche Schatten gibt?

Ich überlege: Ist das so? Tatsächlich kommt bei näherem Hinsehen eine ganze Kunst- und Kulturgeschichte der Schatten ans Licht, die ich ebenso übersehen hatte wie einst die Schatten auf dem Gehsteig. Die platonische Geringschätzung der Schatten hielt Menschen nie davon ab, von ihnen fasziniert zu sein. Selbst in der Epoche des Streamens suchen immer noch viele die *Kinos* auf, um sich an Licht- und Schattenspielen an der Wand zu ergötzen, vielleicht eine nostalgische Erinnerung an archaische Zeiten der Geborgenheit, als sich die Vorfahren im großen Pulk in Höhlen um das flackernde Feuer herum versammelten. Am Handschattenspiel versucht sich noch immer jedes Kind. Einer weit zurückreichenden

Tradition erfreut sich das Schattentheater in fernöstlichen Kulturen. Ein weltberühmtes westliches Tanztheater wie die *Amazing Shadows* feiert mit Schattenspielen große Erfolge.

Jede Art von Landschaft gewinnt Konturen im Spiel von Licht und Schatten und weiterhin gilt im wörtlichen und übertragenen Sinn, was eine althergebrachte Redewendung besagt: Wo Licht ist, ist auch Schatten. Es ist ein Wechselspiel, da dort, wo Schatten ist, auch Licht ist. Wird das Licht zu grell, suchen Menschen nach dem Schatten. Wird es zu schattig, suchen sie wieder nach dem Licht. Das Licht wiederum kommt erst zur Wirkung durch Schatten in allen Spielarten zwischen hellem Grau und tiefem Schwarz. Gäbe es nur Licht in der Welt, wäre kein *Festival of Lights* möglich, kein Feuerwerk welcher Art auch immer. Je dunkler die Schatten werden, desto wacher werden im Übrigen die Sinne, die nicht mehr vom Sehsinn dominiert werden: Ohne Licht hören Menschen besser, schmecken intensiver, riechen präziser, berühren zärtlicher. Auch aus diesem Grund lieben die Liebenden die Dunkelheit.

Im Schatten liegen die Geheimnisse verborgen, die ein Mensch nicht preisgeben will, um ungestört in dieser Landschaft wohnen zu können, die nur ihm allein geläufig ist. Die *Schattenheimat* ist der sicherste Rückzugsort der Welt – sofern die Geheimnisse nicht zur drückenden Last werden, von der der Geheimnisträger sich besser befreien würde. Auch der, der im Licht um sein Leben fürchtet, sucht sich eine Heimat im Schatten. Daran hielten sich bereits die entfernten, unscheinbaren, nachtaktiven Vorfahren der Menschen, solange die Dinosaurier den Tag beherrschten. Reste davon kommen noch in Menschen zum Vorschein, deren natürliches Habitat die Nacht ist. In der jüngeren Menschheitsgeschichte arbeiteten Schattengesellschaften wie die Freimaurer im Geheimen an einer besseren Zukunft, Mozarts *Zauberflöte* erzählt davon. Und nach wie vor ziehen Menschen sich in die Schattenexistenz zurück, die in autoritär regierten Ländern befürchten müssen, verfolgt zu werden.

Wie in der Natur, so lässt sich auch in der Kultur im Schatten das Leben bewahren und ein anderes Leben vorbereiten. Über lange Zeiten war die Welt der Homosexuellen ein Schattenreich, dessen Landschaften die Gesellschaft, die sich im Licht wähnte, kaum je zu Gesicht bekam. In fortgeschrittener Moderne tobt sich in *Darkrooms* aus, was das Licht scheut. Auch in der Schattenwirtschaft wollen Menschen nicht von allen gesehen werden. In den digitalen Katakomben des *Darknet* tummeln sich Menschen, die sich jeglicher Transparenz entziehen wollen. Im Schatten liegt die »Halbwelt«, nur halb zur Kenntnis genommen von der Welt des Lichts, die sozusagen die Ganzwelt für sich in Anspruch nimmt.

Ein ungewolltes Schattendasein führen viele, deren bedeutungsvolle Arbeit niemand sieht. Aber auch das Leben selbst wirft unerwünschte Schatten in Form von Enttäuschung, Leid, Krankheit und Tod. Schatten in diesem Sinne können »Schicksal« sein, ohne dass klar wäre, wer oder was hier etwas schickt. Kein Mensch soll nach moderner Überzeugung irgendeiner Schicksalshaftigkeit unterworfen sein, aber trotz aller Anstrengung und Vorsicht kann etwas geschehen, das niemand sich ausgesucht hat und nicht nach Belieben zu ändern ist. Allenfalls bleibt in diesem Fall, sich in das Geschehen zu schicken und so gut wie möglich damit zurechtzukommen. In der Oper *Frau ohne Schatten*, die Richard Strauss 1919 nach einem Libretto von Hugo von Hofmannsthal komponierte, erscheint die schattenlose Existenz ohne jedes Schicksal sogar gleichbedeutend damit, nicht wirklich Mensch zu sein.

Schatten sind die ständigen Begleiter der Menschen, die, wenn sie »über ihren Schatten springen«, etwas tun, das ihnen eigentlich nicht möglich ist. Bei einem Menschen, der nur noch »ein Schatten seiner selbst« ist, sind die Umrisse weiterhin erkennbar, sein Licht aber, die Energie seiner Ausstrahlung, ist erloschen. Schattenseiten in Beziehungen, wie etwa unliebsame Vorlieben, sind nach subjektiver Überzeugung meist beim Anderen zu finden. Aber auch im eigenen Ich ist stets mit Schattenseiten zu rechnen. Verborgene und verdrängte Anteile der eigenen Persönlichkeit bewusst zu machen, um besser damit umgehen zu können, ist das Anliegen der »Schattenarbeit« nach Carl Gustav Jung. Statt diese Seiten abzulehnen und zu verleugnen, wäre es ratsam, sie zu akzeptieren und so schonend wie möglich in das Selbstbild zu integrieren (»auch das bin ich«). Ist das unmöglich, drohen die Schatten so übermächtig zu werden, dass sie irgendwann unwillkürlich hervorbrechen und einen Menschen gegen seinen Willen, oft auch ohne sein Wissen, beherrschen.

Wo ist meine Heimat? Nicht im Schattenreich, das mir unheimlich erscheint, und nicht im grellen Licht, das mich blendet. Andere treten entschiedener aus dem Schatten hervor und suchen das Licht, das in digitaler Zeit vor allem in sozialen Medien zu leuchten scheint. Ich aber lebe lieber im Hin und Her zwischen Höhle und Öffentlichkeit und folge sowohl Epikurs Empfehlung, im Verborgenen zu leben, als auch Plutarchs Entgegnung, es sei widersinnig, so zu leben, dass nichts davon sichtbar wird.

Dass die relative Zurückgezogenheit ein ruhigeres Leben gewährt, bestätigt Benny, der ein B zur Popgruppe ABBA beisteuerte. In einem Gespräch von 2017 bedauerte er nachträglich die Frontfrauen Agnetha und Anni-Frid: »Sie mussten die

Songs singen und wurden von den Massen angestarrt. Björn und ich blieben im Schatten.« Dorthin zogen sich dann beizeiten auch die Frauen zurück. Für ein Comeback auf der Bühne der Welt Jahrzehnte später wählte die Gruppe die zu dieser Zeit neueste Version der Licht- und Schattenspiele: 3-D-Hologramme mit digitalen »Abbataren«. Sollte der seit der Corona-Pandemie 2020 forcierten Digitalisierung Rechnung getragen werden? Aber es war zuvor schon so geplant worden.

Meine Tochter lacht: Wirklich omnipräsent, die Schatten. Besser, sich mit ihnen zu befassen, statt ihnen entfliehen zu wollen. Sie haften am menschlichen Leben wie die Gestalten auf dem Gehsteig. Bedarf das 21. Jahrhundert, kommt mir in den Sinn, vielleicht einer Aufklärung, die Licht in diese Angelegenheit bringt und die Bedeutung der Schatten anerkennt? Die Frage aller Fragen würde auch sie jedoch nicht beantworten können: Sollte der Welt wirklich eine Art von Universal-Algorithmus zugrunde liegen – wer oder was hätte ihn programmiert? Oder anders gesagt: Wie kam es, dass eine Welt aus Licht und Schatten überhaupt erst entstand? Darüber will ich noch nachdenken. Zuvor sind einige Welten näher zu betrachten, in denen das Gefühl von Heimat auf je besondere Weise mit der Zuweisung von Bedeutung zu tun hat.

Heimat fühlen Menschen in der Natur

Wohnen im Gewächshaus:
Ökologische Heimat

»Ich bin dankbar dafür, dass ich verstanden habe, was das Allergeilste ist auf der Welt.« Der deutsche Rapper Marteria ließ 2017 in einem Interview wissen, was das ist, »und zwar in der Natur zu sein«. Für ihn als Hobbyangler lag das nahe, Andere erfahren es auf andere Art, Natur wird Mainstream, zurück zur Natur! Sie steht für das Beharrliche, das wertvoller wird, wenn Veränderungen das Leben dominieren. Sie ist das Nichttechnische, Ursprüngliche, nach dem Menschen sich sehnen, je mehr die jeweils neueste Technik das Leben bestimmt. In den ungreifbaren, unsinnlichen Welten der Virtualität wächst erst recht das Bedürfnis nach der greifbaren, sinnlichen Erfahrbarkeit einer Realität, die lange vor den Menschen da war und lange nach ihnen noch da sein wird. Sie ist das Basislager, von der das Menschsein ausgeht.

Die Natur wird wieder zur Heimat, die sie immer war, auch als sie nur noch das war, was draußen ist, wenn das Autofenster geöffnet wird. *Heimat heilt, und in besonderem Maße gilt das für die Heimat in der Natur.* Die Nähe zu ihr macht Menschen gelassener, lässt sie durchatmen, weitet ihren Blick, ihre Seele, ihren Geist und bringt sie den Ursprüngen wieder näher, denn woher sollten sie kommen, wenn nicht aus ihr? Wohin sollten sie zurückkehren, wenn nicht zu ihr? Der flüsternde Wald vermittelt Geborgenheit, die weite Ebene Freiheit. Menschen sind ergriffen beim Anblick von Landschaften, die lange vor ihnen da waren, und erfahren ihr Leben als einzigartige Gelegenheit, das alles sehen und daran teilhaben zu dürfen.

Jeder Mensch ist in der Natur verwurzelt, aber in der Moderne war davon nicht mehr viel zu spüren. Die Natur trug allenfalls zum Urlaubsvergnügen bei, die südliche Küste zum süßen Leben, das hohe Gebirge zum Staunen-Können über die Erhabenheit dessen, was ganz für sich allein existiert. Darüber geriet in Vergessenheit, dass die Natur Menschen auch befremden kann, wenn eine Katastrophe hereinbricht, die sie zur Ohnmacht verdammt und Leben zerstört, ohne dass der Natur irgendwelche Absichten unterstellt werden könnten. Die Natur gibt Menschen Heimat, kann sie ihnen aber auch nehmen, daran erinnerte die Tsunami-Katastrophe, die 2004 Hunderttausende in Südostasien das Leben kostete. Aber handelt es sich dabei immer um reine Natur? Wirkt nicht der Mensch selbst längst auf die Natur ein?

Das Sonnenlicht bricht sich im Metallgestänge und zerstiebt zu glitzernden Funken. Was ich vor mir sehe, ist ein Glas- oder Gewächshaus. Menschen haben es gebaut, Architekten und Gartenbauer, Heizungs-, Lüftungs-, Sanitär-, Elektro- und Automatisierungstechniker. Drinnen wachsen Tomaten, keine menschliche Erfindung, sondern wilden Ursprungs in Mittel- und Südamerika, kultiviert jedoch seit Jahrhunderten von Menschen. Jetzt werden ihre Eigenschaften mit Gentechnik optimiert. Von Schnüren in der Vertikalen gehalten, wachsen die Pflanzen vier oder fünf Meter empor, ganze Büschel grüner und roter Früchte hängen jeweils an einem kräftigen Stiel. Sie werden »ganzheitlich« angebaut, soll heißen, auf der Basis pflanzenwissenschaftlicher Grundlagenforschung, und sie dürfen immerhin im Erdreich wurzeln, das aber mit Mineralien und Nährstoffen angereichert wird. Schläuche winden sich umher wie auf einer Intensivstation. Ruft auch eine solche Natur Heimatgefühle hervor?

Insofern die Pflanzen kultiviert und optimiert werden, handelt es sich um *geschaffene Natur* (*natura naturata* im Lateinischen, eine mittelalterliche Begriffsbildung). Nicht nur höhere Mächte arbeiten an der Natur, sondern auch Menschen, die von alters her Pflanzen züchten, Haustiere domestizieren, Felder und Wälder bewirtschaften. Sie legen fest, wo etwas wachsen darf. Sie selbst sind bei alldem auch schon lange nicht mehr naturbelassen, sondern zumindest teilweise ein Produkt ihrer eigenen *Kultur*, die aus allem besteht, was sie organisieren, herstellen, erfinden, bearbeiten, pflegen und in diesem Sinne »kultivieren«, wie auch immer das zu bewerten sein mag. Die gesamte Kultur kann als eine Art von Gewächshaus betrachtet werden, in dem die menschliche Natur bearbeitet und »zivilisiert«, nämlich zum Zusammenleben in der Gesellschaft (*civitas*) befähigt wird.

Auf vielfache Weise kann der Mensch an der Natur arbeiten und darüber bestimmen, was entsteht. Unmöglich ist für ihn nur eines: Die Naturkraft zu erzeugen, die etwas entstehen lässt. Sie kann von ihm freigesetzt und gelenkt, aber nicht geschaffen werden. Bäume, Gräser, Gemüse, Tiere und Menschen wachsen zu lassen, vermag ausschließlich die Kraft der *schaffenden Natur* (*natura naturans*). Sie ist das Wesentliche jeder Art von Gewächshaus. Die unbändigen Kräfte der Natur legen Zeugnis ab von einer unzerstörbaren Energie, die in allem wirksam ist und von vielen »göttlich« genannt wird, auch wenn sie physikalischer Natur ist. Die Kräfte bleiben unsichtbar, sichtbar sind nur ihre Auswirkungen, die in der geschaffenen Natur vor Augen stehen und einen Gang ins Grüne wie einen Kirchgang erscheinen lassen.

Weltlich betrachtet, stammt die Energie dafür aus dem Kosmos, zu großen Teilen von der Sonne, die reine Natur ist, jedem menschlichen Zugriff entzogen. Menschen können die von ihr abgestrahlte Wärme im Glas- oder Gewächshaus speichern, sodass den Pflanzen drinnen mehr Energie zur Verfügung steht als draußen. Verspeise ich die Tomaten, kann ich, über biochemische Prozesse vermittelt, die Energie aufnehmen, die sich letztlich kosmischen, physikalischen Quellen verdankt. Auch alle Arten von Licht, mit denen die Tomaten bestrahlt werden, um ihnen die Energiezufuhr zu bieten, die sie am liebsten »sehen«, gehen auf solare Ursprünge zurück. Wird die Energie aus Solarkraftwerken bezogen, entstammt sie direkt dem Sonnenlicht. Wird sie konventionell aus Kohle, Erdöl, Erdgas »erzeugt« (in Wahrheit aber nur umgewandelt), ist sie Urwäldern zu verdanken, die vor Jahrmillionen bereits Photosynthese betrieben und im Erdreich versanken. Selbst Atomkraft, die auf spaltbarem Uran beruht, geht aus energiereichen Prozessen in Vorgängersternen der Sonne hervor.

Vor allem mit der Energie, die aus fossilen Stoffen gewonnen wird, ist der Mensch seit der Industrialisierung im 19. Jahrhundert zu dem Wesen geworden, das in seine Herkunftsheimat eingreift. Mit ihr versorgt er im 21. Jahrhundert immer noch Glas- und Gewächshäuser der robusteren Art, nämlich Kraftwerke und Industrieanlagen, die die Natur überformen. Man habe den Begriff *Industrielandschaft* erfunden, schrieb ein Dichter, »doch dieser Begriff, der so nüchtern klingt, ist nur eine romantische Verbrämung der Tatsache, dass die Industrie hier die Landschaft getötet hat, ohne eine neue zu bilden« (Heinrich Böll in: Chargesheimer, *Im Ruhrgebiet*, 1958). Und doch konnten die Halden des Kohlebergbaus im Ruhrgebiet mit einiger Arbeit zu Parklandschaften renaturiert werden. Aus den Mondlandschaften, die der Braunkohlentagebau im Umfeld von Leipzig hinterlässt, werden Seelandschaften, die die Menschen als Teil ihrer Heimat nicht mehr missen wollen. Wo Landschaften verschwinden, entstehen neue. Aus der Heimatzerstörung gehen neue Heimaten hervor, die Menschen etwas bedeuten. Aber können auch *ausgeräumte Landschaften* noch Heimat sein?

Die Frage stellt sich mit dem *Anthropozän* (Paul Crutzen, 2002), der »menschlichen Neuzeit« oder einfach *Menschenneuzeit*. Seit der Industrialisierung wirkt der Mensch (griechisch *anthropos*) in solchem Maße auf die Natur ein, dass er selbst zu einer geologischen und klimatologischen Macht wird. Er begründet damit ein neues (*zän* von neulateinisch *caenus*, altgriechisch *kainos*) Zeitalter in der Geschichte der Erde. Im vorigen *Holozän* (»gänzlich neu«, einer Epoche, die auf die Eiszeit des Pleistozäns folgte) gab die Natur dem Menschen noch vollständig den Lebensrahmen vor. Das Antlitz der Erde konnte er nur lokal verändern. In der Menschenneuzeit aber geschehen Veränderungen, anfänglich kaum bewusst, in so großem Stil, dass sie überall auf dem Planeten in ferner Zukunft noch nachweisbar sind.

Kleinste Partikel von Plastik lagern sich in Sedimenten ab, mit all den Schadstoffen, die sich daran binden, ebenso radioaktiver *Fallout* und Abfall, der über Jahrmillionen hinweg weiter strahlt. Eine vollkommen unberührte Natur existiert nirgendwo mehr, auch nicht in den entlegensten Gegenden. Der Einsatz von künstlichen Düngemitteln und Pestiziden reduziert dauerhaft die Artenvielfalt und kann ein Artensterben wie vor 65 Millionen Jahren zur Folge haben, damals ausgelöst von einem Riesenmeteoriten. Rückstände in den Nahrungsmitteln schaden den Menschen selbst. Am Ende könnten tatsächlich ausgeräumte Landschaften übrigbleiben, in denen nichts mehr gedeiht, auch Menschen nicht. Das wäre ein Rückfall in die Frühzeit der Erde, in der sie »wüst und leer« war. Diese Gefahr droht, so lange Menschen nicht davon ablassen, mit gedankenlosem Leichtsinn die Verwüstungen in Kauf zu nehmen.

Das größte Problem stellt die Erwärmung der Erdatmosphäre über das natürliche Maß hinaus dar. Hier zeigt sich das Glas- und Gewächshaus in voller Größe: Der gesamte Planet ist eines. Alle sind darin beheimatet. Den *Greenhouse effect* gibt es zwar auch von Natur aus, ohne ihn würde eisige Kälte herrschen und Leben kaum möglich sein. In der Moderne aber haben Menschen zusätzliche »Glasscheiben« in die hauchdünne Atmosphäre rund um den Planeten eingefügt und bemerkten es lange nicht. Dieses Quasi-Glas ist so transparent wie beim Gewächshaus vor meinen Augen, aber nicht anfassbar, nur messbar. 1977 wurde entdeckt (und gleich geleugnet), dass die Kohlendioxydmoleküle, aus denen es aufgebaut ist, sich mit der Verbrennung fossiler Energieträger in einem Maße vervielfachen, das klimarelevant ist.

Klimatische Veränderungen haben sich auf der Erde immer schon vollzogen und zu Wanderungen von Pflanzen, Tieren und Menschen geführt. In der Moderne aber stieß der Mensch selbst sie an und begann damit in kürzester Zeit die Atmosphäre zu überlasten, in der er auf Gedeih und Verderb seine Heimat hat. Das 21. Jahrhundert ist die Epoche einer Veränderung der Natur, die auf den Menschen, jeden einzelnen, zurückschlägt. Menschliche Tragödien spielen sich ab, wenn viele ihre angestammte Heimat verlassen müssen, weil das Leben in ihr unerträglich wird. Abgeholzte Wälder senken den Grundwasserspiegel ab, Wasserquellen versiegen, Böden trocknen aus, während anderswo Stürme toben und plötzliche Wasserfluten Erdrutsche auslösen. Die Eispanzer der Arktis und Antarktis schmelzen, steigende Meeresspiegel fangen an, Inseln und Tiefebenen zu überspülen.

Venedig, die schönste Stadt, die der Planet jemals gesehen hat, wird wie Atlantis für fernere Zeiten zum Mythos, wenn wahr wird, was der Klimarat der Vereinten Nationen 2019 für das Ende des 21. Jahrhunderts vorhersagte: Einen Anstieg des Meeresspiegels um einen Meter. Dann werden die Fluten nicht mehr nur bei *Acqua alta* über die Stadt hinwegwogen. Die Menschen werden sich auf die nahen Berge zurückziehen, von wo sie weit übers Meer blicken können. Aber ihre Stadt, ihr Land, ihr Eigentum, ihre Erwerbsquellen, ihre Kultur werden sie zurücklassen müssen. Die Generationen kommender Jahrhunderte werden die Küsten, an denen Menschen einst Urlaubserlebnisse sammelten, nur noch aus Dokufilmen kennen.

Kein Wunder, dass einige schon Richtung Mars aufbrechen wollen, aber klimatisch wird es keine Verbesserung sein. Warum ist es eigentlich so schwer, auf der Erde selbst entschieden umzusteuern? Hat nicht die Corona-Pandemie gezeigt, wie verletzlich die gesamte stolze Menschenwelt ist? Im frühen 21. Jahrhundert sind noch immer nicht alle Menschen von der Dringlichkeit einer Heimatpflege zur Bewahrung der Heimat in der Natur überzeugt. Die Auseinandersetzung hierüber gleicht einem Kulturkampf, der in jeder einzelnen Gesellschaft geführt werden muss, mit offenem Ausgang, der sich aber in jedem Fall planetar auswirkt.

Manche vertreten gar die Meinung, dass die Menschen aus der Natur austreten sollten, indem sie die natürliche Evolution durch eine technische *Exo-Evolution* ersetzen (Ausstellung 2015

85

im Zentrum für Kunst und Medientechnologie Karlsruhe, kuratiert von Peter Weibel). Aber ein Außerhalb (*exon* im Griechischen) zur Evolution der Natur steht nicht in der Macht von Menschen. Absolut alles, was Menschen schaffen können, bleibt in die planetarische und kosmische Evolution der schaffenden Natur eingebettet, die darüber entscheidet, wie weit die menschengemachte Evolution gehen kann. Der Mensch selbst ist nur eine Mutation, die erst noch unter Beweis stellen muss, dass sie sich bewährt, indem sie etwas zur umfassenden Evolution beiträgt. Die Natur folgt einer erkennbaren Logik, auch wenn ihr kein bewusstes Handeln zugeschrieben werden kann. Sie kategorisiert ihre einzelnen Elemente als dienlich, nicht dienlich oder egal für ihre Weiterentwicklung. Lange fiel der Mensch unter die Kategorie »egal«, er war nur ein kleines Licht. Das hat sich mit dem Anthropozän geändert.

Erweist er sich jetzt nicht als dienlich, sondern stört und zerstört natürliche Prozesse, wird er aussortiert, auf welche Weise auch immer. Alle Arbeit, die der Mensch an sich selbst und der Natur vornimmt, auch seine intelligenteste Technologie, ist eine Mutation, der die Selektion noch bevorsteht. Kaum begonnen, könnte die Menschenneuzeit sich daher auch schon dem Ende zuneigen. Der Mensch könnte seine Heimat in der Natur so sehr belasten, dass das Leben für ihn selbst zu schwer wird. Die eigenen Lebensbedingungen zu untergraben, wird sicher nicht zukunftsträchtig sein. Der Planet ist bereits das Grab vieler Wesen, etwa der Mammuts, deren Unbeweglichkeit ihnen zum Verhängnis wurde. Um ein solches Zurück zur Natur weniger wahrscheinlich zu machen, müsste das Anthropozän die Epoche eines veränderten Denkens und Handelns sein. Eingriffe in Zusammenhänge der Natur am jeweiligen Ort, in Regionen, auf Kontinenten und in Ozeanen dürften nur noch in einem Maß geschehen, das nicht die selbstverschuldete Zerstörung von schönem Leben zur Folge hat.

Ein anderes Zurück zur Natur, ein besseres Anthropozän ist vorstellbar, wenn Menschen es schaffen, so zu leben, dass sie sich wieder als Teil der Natur verstehen und sich bereitwillig ihren Vorgaben fügen. In diesem Fall bliebe der menschliche *Output* eine Episode, ein dünner Firnis in den Sedimenten des Planeten, eine schmale Schicht von Schadstoffen, die den Menschen künftiger Zeiten von einem Beinaheverhängnis am Beginn des 3. Jahrtausends berichten. Selbst diejenigen, die damals um keinen Preis von ihren chromglänzenden, benzinschluckenden Vehikeln lassen mochten, könnten ihren Enkeln und Urenkeln dann noch stolz davon erzählen, wie sie in der heroischen Zeit, als alles auf dem Spiel stand, mutig ihren Beitrag zu den erforderlichen Veränderungen leisteten.

So wird es kommen, binnen relativ kurzer Zeit. Weil die Not dazu antreibt. Das Bewusstsein wächst, dass der, der im Glashaus sitzt, nicht noch mit Steinen werfen sollte. Mehr als aus theoretischer Einsicht lernen Menschen aus praktischer Erfahrung, wie sich beispielsweise eine Klimaveränderung im eigenen Alltag anfühlt. Dann geht alles ganz schnell. Mit der entschiedenen Nutzung erneuerbarer Energien lassen sich die Folgen eindämmen, und da auch ärmere Länder in reichem Maße über Solar- und Windenergie verfügen, sind sie mit deren Einsatz in der Lage, ihren Bewohnern heimische Lebensperspektiven zu eröffnen.

Zugleich entdecken immer mehr Menschen wie Marteria in der Natur, die ihnen Vertrautheit und Geborgenheit vermittelt, endlich den Sinn, der ihnen im Leben fehlte. Die Erfahrung ist so nachhaltig, wie die Naturferne groß war, in der sie *modernetrunken* zu lange zu leben versuchten. Das Zurück zur Natur gibt Menschen ihre eigentliche Heimat zurück, in der sie beispielsweise die Wolken mit Interesse betrachten können, statt mit Schornsteinen und Triebwerken selbst welche zu fabrizieren, die den Klimawandel forcieren.

»Ich weiß nicht, ob ich jetzt etwas über Wolken lesen will. Mich beschäftigt, wie es möglich ist, dass Menschen in der Natur ihre Heimat finden.«
»Indem sie sich vor Augen führen, wie sehr ihr Leben auf sie angewiesen ist.«
»Wie konnten sie, wie konnten wir Natur ignorieren, wo sie doch die Lebensgrundlage ist?«
»Die Natur war so selbstverständlich da, dass sie nicht mehr wahrgenommen wurde.«
»Was hatte dieses Nichtwahrnehmen für Folgen für das Lebensgefühl?«
»Sich verloren zu fühlen in einer immer fremder werdenden Welt. Nach Sinn zu fragen, der zu einem guten Teil in den Zusammenhängen der Natur gespeichert ist.«
»Wie kommen wir wieder zu diesem Sinn?«
»Vielleicht eben doch, indem wir die Wolken betrachten und alles sonst, was tagtäglich und in Jahreszeiten an Zusammenhängen zwischen Mensch und Natur erfahrbar ist.«

Heimat unter einem Himmel: Wolkenlandschaften

Natur ist auch, was am Himmel geschieht. Eigentlich verhält es sich damit ganz einfach: Die Wettervorhersage zeigt an, was in den nächsten Tagen zu erwarten ist, und so ist es möglich, sich darauf einzustellen. Das interessiert viele, die Quoten der

Wetterdienste sind beachtlich, kaum jemand wirft noch selbst einen Blick zum Himmel, um Formen und Farben der Wolken, auch Windrichtung und Windstärke anhand des Wolkenzugs daraufhin zu deuten, was langjährigen Erfahrungen zufolge bevorstehen dürfte. All das gehört nicht mehr zur Grundausbildung des modernen Menschen, in der Stadt sowieso nicht, aber auch auf dem Land scheint sich das naturwüchsige Gespür für das Wetter in Luft aufgelöst zu haben. Die meisten Bewohner haben keine Ernte mehr einzubringen und verfügen über Fahrzeuge, in die sie bei schlechtem Wetter flüchten und wie in einem Tunnel darunter hindurchfahren können.

Problematisch an allen Wettervorhersagen ist nur, dass sich der entscheidende Akteur, das Wetter, nicht dafür interessiert. Daher weiß es nicht, was von ihm erwartet wird. So kommt es, dass die Vorhersage im Prinzip immer zutrifft, das Wetter sich jedoch häufig irrt. Es liegt auf der Hand, wie das Problem zu lösen wäre, *innovativ*, versteht sich: Die Vorhersage müsste im Freien auf riesige Leinwände projiziert werden, die vom Wetter nicht ignoriert werden könnten, sodass es wüsste, was zu tun oder zu lassen ist. Endlich wäre Schluss mit unerfüllten Hoffnungen auf Schnee an Weihnachten, Sonne am Wochenende und an allen Urlaubstagen. Kein Regenschauer würde es noch wagen, Menschen die gute Laune zu vermiesen.

Warum das Wetter nicht überhaupt wie gewünscht zurechtmachen? Das nötige Wissen, wie alternative Fakten zu schaffen sind, wurde in autoritären Systemen angehäuft. Sie vermögen Wolken und Menschen in die richtige Richtung zu schieben und Ansammlungen am falschen Ort aufzulösen, damit sie nicht etwa einer Machtdemonstration in die Parade fahren. Auch in Demokratien wird das *Cloud-Seeding* praktiziert, weitgehend unbemerkt und in kleinerem Maßstab: In Weinan-

baugebieten werden Wolken mit Silberjodid »geimpft«, um ab-
zuregnen statt zu hageln. In größerem Maßstab würde sich die
Frage stellen, in welche Richtung das Wetter gedrängt werden soll. Das Volk hat die Macht, aber es will, wie üblich, Ge-
gensätzliches. Bauern und Gärtner hoffen auf Regen, den die
Pflanzen brauchen. Arbeiter und Urlauber wünschen sich Sonne, ohne die sie schlechte Laune haben. Daraus resultiert eine
Spaltung der Gesellschaft, unversöhnlich könnten sich die Interessen gegenüberstehen.

Die Wiedereingliederung des Menschen in die Natur würde
eher erfordern, mit dem jeweils aktuellen Wetter zu leben. Immerhin liefert es Stoff für unverfängliche Gespräche, eine
seltene Ressource, die selbst unter den auseinanderlaufenden
Menschen der Moderne noch Gemeinschaft stiften kann, sei
es auf dem analogen Bürgersteig oder in digitalen Medien. Alle
machen Erfahrungen mit dem Wetter und teilen sie gerne mit
anderen Kennern der Materie: Zu heiß, zu kalt, zu regnerisch,
zu stürmisch, zu trocken. Auch der Mensch, der in virtuellen
Welten daheim ist, wirft gelegentlich einen Blick aus dem
Fenster und muss zu Besorgungen ins Freie, schon wächst seine meteorologische Kompetenz. Da andere Orte anderen Bedingungen unterliegen, floriert der Austausch darüber, »mfg
(mit freundlichen Grüßen) aus dem immer noch verregneten
Hamburg«. Der vielgereiste Empfänger der Message weiß sofort, dass damit keine Klage formuliert, sondern eine beruhigende Normalität signalisiert wird, denn wirklich schlechtes
Wetter herrscht in Hamburg nur, wenn die Heringe auf Augenhöhe schwimmen. Was auf dem Fischmarkt gelegentlich
vorkommt, aber nicht heute.

In einem naturgemäßen Leben sind Menschen sich bewusst, dass sie unter einem Himmel beheimatet sind. Dem

Geschehen am irdischen Himmel sind zahlreiche Momente von großer Schönheit in der Gleichförmigkeit des grauen Alltags zu verdanken. Tag für Tag, Stunde für Stunde steht das Wolkenbild vor Augen, oft hinreißend malerisch. Es sieht sehr beständig aus, aber anders als ein gemaltes Bild ist es zu keinem Zeitpunkt ein Stillleben. Lediglich auf den Live-Bildern von Raumschiffen und Satelliten, durch deren Objektive die weißblaugrau marmorierten, schraffierten oder getupften Wolkenlandschaften von oben zu sehen sind, vollziehen sich die Veränderungen in einem Schneckentempo, das nicht erahnen lässt, mit welchen Stürmen die Menschen dort unten in dem Moment zurechtkommen müssen, in dem die Wolken für den Blick aus dem Weltall gemächlich über sie hinwegziehen.

Aus Wolken kann es regnen, aber die meisten Wolken verzichten darauf. Sie begnügen sich damit, sichtbar zu machen, was Menschen ohne sie nicht sehen können: Die Bewegung der Luft, bei deren Erwärmung Feuchtigkeit aufsteigt, in der Höhe abkühlt und an winzigen Partikeln, so genannten Kondensationskeimen, unzählige Wassertröpfchen bildet. Den Luftströmungen liegen Regelmäßigkeiten zugrunde, die Wolken folgen ihnen. Über wärmer werdenden Ozeanen entstehen schwerer beladene Wolken, die ihre Wassermassen an Land abladen. Temperaturkontraste verursachen Winde, die sich nicht im Detail vorausberechnen lassen, generell veränderte Windrichtungen ergeben sich aus dem Klimawandel. Sollten die Wolken ihre Bahnen ändern, hat das nicht etwa damit zu tun, dass sie irrtümlich falsch abbiegen, sondern damit, dass Menschen die Strömungsverhältnisse falsch einschätzen.

Es ist eben nicht mehr alles Natur, was am Himmel geschieht, und das macht den Menschen zu schaffen, die darunter zuhause sind. Nicht immer ist klar, was das eigene Verhalten mit Meteorologie zu tun haben soll, aber jeder Einsatz von Technik, bei dem Kohlendioxyd freigesetzt wird, nimmt auf Umwegen Einfluss auf den Wolkenzug. Der wiederum wirkt ohne Umwege auf das menschliche Leben zurück und formt den Horizont, innerhalb dessen Sonnencreme oder Regenschirm angesagt sind. Die stärkere Erwärmung der arktischen Luft etwa schwächt in Europa den Westwind ab, auf dessen Konstanz lange Verlass war. Wochenlang stehende Hitze, die die Böden austrocknet, wechselt sich ab mit »schlingernden Tiefs«, die die Orientierung am Himmel verlieren. Ich beobachte sie auf dem Regenradar, einer *App*, die das aktuelle Wettergeschehen auf dem Bildschirm in meiner Hand wiedergibt. Geleitet von den unsichtbaren *Isobaren*, den Luftdruckverhältnissen, zieht eine breite Front majestätisch heran. Bei der Annäherung an die Wärmeglocke über meiner Stadt zerfasert sie und schüttet dann doch wie zum Hohn einen Ausläufer über mir aus, Himmelsdusche.

Alle wissen, wie das Wetter ihr Empfinden beeinflusst und welche Projektionsfläche für Gefühle es darstellt. Ein heiterer Himmel kann die Laune heben und Begeisterung wecken, dunkle Wolken hängen deprimierend tief und drücken auf das Gemüt. Besonders sensibel reagieren darauf die Künstler: *Nuages gris*, »Trübe Wolken« konstatierte und komponierte Franz Liszt an einem Sommertag 1881, eines seiner späten experimentellen Werke, ein kleines Klavierstück aus einsam tropfenden Tönen, die die vereinzelt aus dem verhangenen Himmel fallenden Regentropfen fühlbar machen, unter dem er an diesem Tag in Weimar litt, vermutlich verstärkt von den Folgen eines Treppensturzes ein paar Wochen zuvor.

Den Malern obliegt es festzuhalten, was sich so anschaulich am Himmel ihrer angestammten oder gewählten Heimat abzeichnet. Caspar David Friedrich zeigte sich 1820 von *Ziehenden Wolken* fasziniert. Als sein norwegischer Freund Johan Christian Dahl, mit dem er in Dresden zusammenwohnte, 1823 eine *Abendstimmung mit rötlichen Wolken* malte, antwortete er mit einem wolkendurchglühten *Abend*. Carl Blechen schloss sich dem Club der Wolkenmaler etwa zur gleichen Zeit mit Aquarellen an, Adolph Menzel folgte ihm beispielsweise mit seiner *Wolkenstudie* von 1851. Schriftsteller wie Adalbert Stifter und August Strindberg, die sich auch als Maler betätigten, sahen in den äußeren Dramen am Himmel die inneren gespiegelt. In England unternahm John Constable regelrechte *Skying campaigns*. William Turner legte ein in seiner Heimat naturgemäß ergiebiges *Skies-Sketchbook* an. Im 20. Jahrhundert trieb René Magritte mit der Wahrnehmung von Wolken durch ein Fenster, das sich in ein schwarzes Nichts öffnet, Schabernack: *La lunette d'approche* (*Fernglas*, 1963).

Selbstredend blieb es einem Engländer vorbehalten, Klassifizierungen vorzunehmen. Luke Howard, *On the Modifications of Clouds*, unterschied 1803 die federleichten Cirruswolken von ausgedehnten Stratusfeldern sowie die freundlich-weißen Cumulus-Schäfchenwolken von dunklen Nimbus-Regenwolken. Häufiger zu sehen sind jedoch die Mischformen *Cirrostratus*, *Stratocumulus*, *Cumulonimbus*, *Nimbostratus* und viele weitere Varietäten – sowie die neuere Kategorie *Homomutatus*, »menschengemacht«, die erst in der fortgeschrittenen Moderne hinzukam. Die Abgase der Flugzeuge liefern die nötigen Partikel für die Kondensstreifen, die damit gemeint sind. Menschengemacht, aber unsichtbar, sind im 21. Jahrhundert zudem die digitalen *Clouds*, die der Liebe zu realen Wolken jedoch nichts anhaben können. Seit 2005 sind die Wolkenliebhaber aller Länder, deren Leidenschaft das *Cloudspotting* ist, in der

Cloud Appreciation Society organisiert und erfreuen sich an der »Wolke des Monats«.

Um die wolkigen Gebilde zu fassen zu bekommen, werden Tagebücher geführt (Klaus Reichert, *Wolkendienst*, 2016) und Romane geschrieben (David Mitchell, *Wolkenatlas*, 2004). Viele Menschen lieben Wolken und fühlen sich daheim unter ihren jeweils charakteristischen Formationen. Jede Region der Welt hat ihren eigenen Himmel, dem kein anderer gleichkommt, mit bestimmten Regelmäßigkeiten, die für die Menschen untrennbar mit ihrer Heimat verbunden sind, etwa im *Land of the Living Skies*, der kanadischen Provinz Saskatchewan (*Sketchwon* gesprochen), wo die Weite der Landschaft einer endlosen Prärie, zweimal so groß wie Deutschland, dem Drama des Wolkenzugs eine ausladende Bühne darbietet. Nostalgisch erinnere ich mich an den prachtvollen Blick auf Cumulus in Reih und Glied bis zum fernen Horizont, den ich in meiner Arbeitsheimat als junger Gastdozent in Lettland von den Ufern des Flusses Lielupe in Jūrmala aus bewundern konnte.

Wer sich unter Wolken wohlfühlt, findet blauen Himmel öde. Wer der Ödnis zumindest zeitweilig entkommen will, wählt als Urlaubsheimat Schottland, wo der eben noch zartblaue Himmel im Nu hinter einem grauen Vorhang verschwindet. Bald darauf wechseln sich im Minutentakt weiße Wölkchen und dunkle Schlieren ab. Noch am selben Tag ziehen mächtig aufgetürmte Gebilde heran, Wolken in mehreren Stockwerken übereinander, blumenkohlartig, dann wieder zerfetzt, faserig, flockig, flaumig, fischgrätenähnlich, höckerartig. Im mittleren Europa muss der dramatische Aprilhimmel abgewartet werden, bis sich in einer solchen Polymorphie jede Monotonie auflöst. Das Leben mit dem Blick auf die jeweilige

Form der Wolkenlandschaft einzurichten, ist ein Kunstgriff, um dem Dasein etwas Schwebendes zu geben. Mit Leichtigkeit und Vielgestaltigkeit können die Wolken gerade dann die Existenz beflügeln, wenn sie schwer lastet und in Einförmigkeit versinkt. Auf ganz weltliche Weise wird die irdische Wirklichkeit von diesen himmlischen Möglichkeiten transzendiert.

Die größte Nähe zu Wolken, über und unter ihnen, neben und sogar in ihnen, ermöglichen die Berge. Auf ihrer Höhe ist zu verfolgen, wie sich aus blauem Himmel heraus weiße Knäuel am Horizont bilden und Nebelschleier durch die Täler schleichen. Unmerklich kommt eine Wetterfront näher, über Stunden hinweg oder in einer Viertelstunde. Gerade eben noch lag der See tief unten vor den Augen ausgebreitet, jetzt ist er nicht mehr zu sehen. Die Berge verschwinden im Nebel, als hätte es sie nie gegeben. Das Weiß dunkelt rasch, scharfe Konturen verwandeln sich in Schattenrisse, plötzlich weht kühle Luft ins Gesicht. Aus einem diffusen, giftigen Dunkelgrau-Schwarzblau heraus erreicht ein erstes dumpfes Grollen das Ohr. Tropfen fallen, Blitze zucken. Die Geborgenheit einer Momentheimat offeriert jetzt hoffentlich ein Felsüberhang oder Unterstand, der zufälligerweise am Wegrand liegt.

Angenehmer ist die Nähe zu den Wolken, wenn die dünne, aber verlässliche Wand des Flugzeugs wie ein Präservativ einen Hauch von Distanz garantiert. Immer schon mochte ich den Moment, wenn die schwere Maschine, von federleichter Wolkenwatte umhüllt, in den freien Raum zwischen Gebirgen aus Weiß vorstößt. Mit einem Mal stürzt der Blick jäh in die Tiefe hinab, bis auf den Erdboden, bevor sich die Nase des Jets in die nächste Steilwand aus dichtem Nebel bohrt. Die Höhenangst, die in mir auf ihre Chance lauert, wird aufgefan-

gen vom Flieger, der mich sicher über den Abgrund hinweg-
trägt. Einer aber hatte im 19. Jahrhundert noch kein Fluggerät
zur Verfügung, um sich dorthin begeben zu können, wo der
Himmel über ihm endlich so blau gewesen wäre, wie er es ersehnte.

Wolkenloser Himmel: Nietzsches Suche nach Heimat

Ein Brunnen rinnt ruhig vor sich hin vor dem Haus, das stolz
das Baujahr 1571 anzeigt. Von 1908 an, als auch das mondäne
Hotel Waldhaus hoch über Sils-Maria seine Pforten öffnete,
war dieses bescheidene Haus hier unten in Sils-Baselgia für
hundert Jahre eine Pension, Bad und Toilette auf dem Flur.
Eine Stunde nach dem abendlichen Sechsuhrläuten wurde das
»Nachtessen« serviert, und wer länger als bis 22 Uhr draußen
bleiben wollte, musste den Hausschlüssel mitnehmen. Einmal
habe ich ihn vergessen, das zog unvergessliche Erfahrungen
nach sich. Ausgiebig konnte ich den Sternenhimmel betrachten, der in einer Intensität herabstrahlte, als schwebten Myri-
aden von Lichtpunkten direkt über den Köpfen. Ob es auch
anderen Gästen manchmal so erging? Im Haus befand ich
mich in illustrer Gesellschaft: Theodor W. Adorno logierte in
der *Pensiun Chasté*, wenn auch Jahrzehnte früher. Er verfehlte
die Begegnung mit Paul Celan, aber da waren ja auch noch Ro-
mano Guardini, Georges Duby, Max Frisch und all die Anderen. Was sie alle hierher führte?

Nur wenige Schritte sind es zur Halbinsel Chasté im Silser
See. Über weiche Matten führt der Weg am Ufer entlang, wo
sich im flachen Wasser Hunderte von Halmen im Wind wie-
gen, als würden sie gestreichelt. Atemberaubende Ausblicke

auf die See- und Berglandschaft tun sich auf, in allen Richtungen ragen nackte Felsen empor. Diese Welt scheint in Stein gemeißelt zu sein und ist doch überaus zerbrechlich: Von den Bergspitzen rieselt es auf alle Arten herab, auch vom höchsten Berg, dem Piz Corvatsch dort drüben. Wo Schnee, Eis und Gletscherzungen sich zurückziehen, bleiben Felsbrocken, Geröll, Kies, Sand, Staub übrig. Schon Adorno zeigte sich davon berührt, und seither hat sich der Prozess infolge des Klimawandels erheblich beschleunigt. Gleichwohl liegt ein unendlicher Frieden über der Landschaft auf dem Hochplateau fast 2000 Meter über Meereshöhe, etwas höher gelegen als das nahe St. Moritz. Die Gesichtszüge entspannen sich von selbst, der Atem geht tiefer in der weichen, würzigen Luft. Dann biegt der Weg zum Wald der Halbinsel ab.

Nietzsche war es, der hier umherstreifte. Er erträumte sich ein Holzhaus auf den bewaldeten Felsen, auf denen die Römer im Zuge ihrer Märsche durch die schrecklichen Berge, *montes horribiles*, ein erholsames, schützendes Kastell errichtet hatten. Geblieben ist von ihren Durchzügen die rätoromanische Sprache, die noch immer das alte Latein bewahrt, auch aus diesem Grund dürfte sich der Altphilologe Nietzsche hier sehr heimisch gefühlt haben. In einem Brief vom Juni 1883 verkündet er, »dass hier und nirgends anderswo meine rechte Heimat und Brutstätte ist«. An der Südspitze der Halbinsel, wo beim Blick Richtung Italien ineinander verschachtelte, unterschiedlich schattierte Bergzüge im Dunst verschwinden, finden sich in Fels gehauen seine Verse von der unsterblichen Lust, die tiefer sei als das »Herzeleid«, das dem sterblichen Leben eigen ist (»Mitternachts-Lied«). Unsterblich ist hier zumindest Nietzsche, dessen Geist, wie mir scheint, nie von diesem Ort verschwunden ist.

Viele Gedanken Nietzsches gingen aus dieser Landschaft hervor und wurden von ihr geformt. Er selbst achtete darauf, wie die jeweilige Umgebung auf ihn und sein Denken einwirkte, und es war ihm wichtig, wo er einen Gedanken dachte. Er wünschte sich dafür »ein Gebirge zur Gesellschaft, aber kein todtes, eins mit *Augen* (das heisst mit Seen)« (sic!, *Zur Genealogie der Moral*, 1887, III, 8). 1886 schwärmte er von der »reinsten Helle« der geliebten Landschaft in Sils, vom »gesammten anmuthig ernsten Hügel-, Seen- und Wald-Charakter dieser Hochebene« (*Menschliches Allzumenschliches* I, »Der Wanderer und sein Schatten«, Aphorismus 338). Alle hier versammelten »silbernen Farbtöne der Natur« waren ihm innig vertraut, er nannte das die *Doppelgängerei der Natur.* »In mancher Natur-Gegend entdecken wir uns selber wieder.« Dafür war dies der perfekte Ort. Wer Nietzsche verstehen will, sollte ein paar Tage in seiner Wahlheimat verbringen. Eine *Biogeographie*, die sein Leben und Denken in Landschaften beschreiben würde, könnte ihm vermutlich am besten gerecht werden. Und es käme darauf an, auch sich selbst, wie Nietzsche, immer wieder zu fragen: Von welcher Landschaft will ich mich und mein Denken prägen lassen?

Seine Experimente mit unterschiedlichen Welten hatten ergeben, dass die große Stadt nichts für seine nervöse Grundkonstitution war, nicht Rom und schon gar nicht Berlin, wo er sich »wie ein verlorner Groschen« fühlte (Brief vom 18. Juni 1882). Der Himmel über ihm sollte möglichst wolkenlos sein, da »die Annäherung an die *Wolken* immer mit Verschlechterung meines Zustandes verbunden war«, wie er seinen Freund Franz Overbeck in Basel in einem Brief vom 8. April 1882 wissen ließ. Schlimme Anfälle von Kopfschmerz waren die Folge. Er brauchte eine Landschaft, die ihn gesunden ließ. In Sils

glaubte er, sie gefunden zu haben. So wurde die Hochgebirgs-
natur im Oberengadin zur bevorzugten Umgebung, in der er
an einer geistigen Heimat für all die »Heimatlosen« arbeitete,
die in dem allzu sehr auf Nationen fixierten Europa »*gute Europäer*« werden sollten (*Die fröhliche Wissenschaft*, 1882, V, 377).

Ein junger Engadiner hatte ihn 1881 auf Sils aufmerksam
gemacht. Nietzsche gefiel das zurückgezogene Leben, das er
dort in Anlehnung an das epikureische *lathe biosas* (»lebe im
Verborgenen«) führen konnte. Er begann, sein Leben auf einen »großartigen langen *Plan*« auszurichten und sich ganz auf
die von ihm gefühlte Aufgabe zu konzentrieren. Das verbirgt
sich hinter seiner Lebensformel, Eines sei notwendig, »*Eins*
ist nothwendiger, als das Andre« (sic!, Brief vom 30. Oktober
1888 aus Turin, das er nach Sils noch »zur Heimat gewählt«
hat, an Heinrich Köselitz in Berlin). Nietzsches wolkenlose-
tes Buch entsteht in dieser Zeit, *Die fröhliche Wissenschaft*. Der
Gedanke der Ewigen Wiederkehr, den es enthält, konnte ihn
am ehesten in dieser Landschaft überkommen, in der die großen Zusammenhänge vor Augen stehen, geologische Zeiträume der Erdgeschichte, kosmologische Äonen des Himmels,
unter dessen Gewölbe sich die Menschheitsgeschichte ab-
spielt und der einzelne Mensch sein Leben fristet, Lieblings-
sujet des damals in der Gegend malenden Giovanni Segantini.

Nietzsche bewegte die Frage, was das Resultat wäre, wenn
in unvorstellbar ferner Zeit alle Möglichkeiten der Entwicklung durchgespielt worden wären: Begänne dann alles von
vorne, *da capo*? Niemand kann das wissen, aber letzten Endes
ist die »Ewige Wiederkehr«, die er versuchsweise durchdenkt,
keine Frage der Wahrheit, sondern eine des Lebensstils: Sich
immer wieder zu fragen, ob das gegenwärtig gelebte Leben
selbst dann, wenn es ewig so wiederkehren würde, bejaht wer-

den könnte. Ist die Bejahung möglich, kann sie Nietzsche zufolge Menschen in der Welt beheimaten, ohne bei einer religiösen Transzendenz Zuflucht suchen zu müssen. Mir ist, als würde ich selbst von der Wucht dieses Gedankens erfasst, als ich am Silvaplaner See an der Stelle aus dem Wald trete, wo sich der spitz zulaufende Fels, der »pyramidale Block« befindet, den Nietzsche als Ursprungsort seiner Idee beschrieb. Aber es laufen nur harmlose seichte Wellen am Ufer aus. Von der Straße auf der anderen Seite des Sees, wo Silvaplana liegt, dringt ein wenig Verkehrslärm.

Morgens ging Nietzsche gerne an diesem See entlang, nachmittags kletterte er vom Fextal aus in den Bergen herum, wo er zu den Höhen der Erkenntnis gelangte, die sich in seinem Werk niederschlugen. Hinter jeder Wegbiegung erwartet dort den Wanderer, der ihm folgt, ein neuer Blick, es ist die erwähnte Lektion in Sachen Perspektive: Alles, was ist, kann unter verschiedenen Blickwinkeln betrachtet werden und birgt immer wieder andere Aspekte in sich. Berge tauchen vor den Augen auf, die zuvor gar nicht zu existieren schienen. Vor einem nahen Ziel tun sich unüberwindliche Schluchten auf. Von selbst stellt sich die Muße ein, die Gedanken sich selbst zu überlassen – oder aber einen einzigen festzuhalten und für eine Weile über Stock und Stein zu tragen. So gut tut die kühle klare Luft, so enthoben wähne ich mich vom Alltag, dass ich gar nicht mehr herabsteigen will. Der Impuls ist eher, noch höher zu steigen, um den Blick über alle Gipfel zu genießen, dieses Meer der Solitäre, von denen jeder einzelne kalt und stolz für sich existiert, während sie doch alle zusammenhängen.

Von den selbst bestiegenen Höhen aus *twitterte* Nietzsche seine knappen Sätze, die damals auf Papier abgefasst wurden und ihre Empfänger erst nach Jahren und Jahrzehnten erreichten. Seine Sentenzen waren für ihn »Gipfel«, zugespitzt auf jeden Fall: »Das Leben ist mir leicht geworden, am leichtesten, wenn es das Schwerste von mir verlangte« (*Ecce Homo*, »Warum ich so klug bin«, 1888, 10). Schon 1882 konzipierte er ein »Sentenzen-Buch«, denn er müsse »Vieles kurz sagen« (*Die fröhliche Wissenschaft*, V, 381). Die Kürze ist in seinen Augen ein Kunstgriff, um mit schwierigen Dingen zurechtzukommen, etwa mit Wahrheiten »von einer besonderen Scheu und Kitzlichkeit, deren man nicht anders habhaft wird, als plötzlich«. Er halte es damit »wie mit einem kalten Bade – schnell hinein, schnell hinaus«, also so, wie er selbst es wohl mit Bädern in den stillen Buchten der Halbinsel Chasté hielt. Dass sein Werk ein unerschöpfliches Reservoir an Weisheiten für alle Fragen und Lebenslagen darstellt, hat sicherlich maßgeblich zu seiner Verbreitung beigetragen.

Wolken machten ihm trotz allem auch in Sils zu schaffen, wo es mitten im Hochsommer mit einem Mal schneien konnte, während er im ungeheizten Zimmer saß, seine Mutter per Brief um wärmende Socken bat und seine Leiden mit *Ferrum phosphoricum* zu kurieren versuchte. Kein Wunder, dass er als Alternative zu Sils sogar Hochebenen in Mexiko (»z. B. Oaxaca«) ins Auge fasste, näher lag jedoch das Mittelmeer, auf nach Genua: »Meer und reiner Himmel!« Das habe seinem Kopf wieder aufgeholfen, berichtet er zunächst von dort. Dann leidet er erneut: »Eisige Regen, heftige Winde«.

Er vermochte zwar Wochen und Monate auszuharren, aber als die Anfälle zu heftig wurden, schiffte er sich 1882 nach Messina auf Sizilien ein, wo er nach schrecklicher Überfahrt als einziger Passagier eintraf. Jetzt zeigte er sich ganz und gar glücklich, alles passte, er richtete sich in seiner neuen Wahlheimat ein und berichtete an seinen Freund Overbeck: »In

Wahrheit, ich war noch nie so guter Dinge, wie die letzte Woche, und meine neuen Mitbürger verwöhnen und verderben mich auf die liebenswürdigste Weise.« Er wohnte am Domplatz, freute sich über Palmen vor seinem Fenster und nahm ein Bad im Meer. Und schon war auch dieses Glück wieder passé. Sein »großer *Feind*« traf ein, Scirocco, der heiße Südwind, der seinen Kopf peinigte.

Notgedrungen wurde Nietzsche zum Pionier der Heimat in wechselnden Welten. Was in der Moderne für eine wachsende Zahl von Menschen zum vertrauten Lebensstil wird, resultierte bei ihm aus einer Krankheitsgeschichte, ohne die er womöglich ein langweiliges Leben als Professor in Basel geführt hätte. Das war der Preis für seine Existenz als freier Denker, den er bereitwillig zahlte. Das stete Hin und Her zwischen Aufjauchzen und Niedergeschlagensein lässt auf eine manische Depression schließen. Wo immer er ankam, waren seine Zustände schon da, aber er akzeptierte sie und arrangierte sich damit. Sie waren seine ureigene Heimat, aus der niemand ihn vertreiben konnte. Seiner besorgten Mutter versicherte er, das Wort »niedergedrückt« passe nicht zu ihm. Sein Lieblingswort war eher Heiterkeit. Immer wieder bezieht er sich auf Epikur, der seinerseits mit Krankheit zu kämpfen gehabt hatte und wohl gerade deswegen die Lust zu leben rühmte. Die Gestalt des *Zarathustra* könnte der Epikur sein, den Nietzsche sich erfand, um in Gedanken ein solcher sein zu können. Wenn der freie Himmel über seinem Haupt nirgendwo von Dauer war, musste er ihn sich eben erdichten.

In seiner physischen Existenz unterlag er dennoch den Jahreszeiten, die seine Korrespondenz als Dauerthema begleiteten. Da sich der Winter in Sils lange hinzog, entfloh Nietzsche ihm Jahr für Jahr voller Sehnsucht nach einem heiteren Himmel gen Süden. Auf dem Umweg über Nizza fand er zuletzt eine Wahlheimat für sich in Turin, das ihm »auf eine unbeschreibliche Weise sympathisch« erschien, wie er am 10. April 1888 an Freund Overbeck in Basel schrieb. Der Charakter der Stadt ist auch im 21. Jahrhundert noch so, wie Nietzsche ihn schilderte: Ruhig, »honnett«, mit prächtigen Arkadengängen, die die Straßen flankieren und zum Flanieren einladen, mit Cafés so »großartig und glänzend, wie man keine Vorstellung bei Euch hat« (an die Mutter, 20. April 1888). Nach einem letzten Sommer in Sils kehrte er für den Herbst und Winter voller Euphorie nach Turin zurück. »Vollkommene Windstille der Seele!«, meldete er am 26. Dezember 1888. Am Tag danach fiel er auf der Via Po einem Pferd um den Hals, das vom Kutscher geschlagen wurde. Als er noch dazu mitten auf der Straße verkündete, dass er Gott sei, holte der treue Overbeck den Wahnsinnigen per Zug zurück nach Basel. Den Reigen der Jahreszeiten erlebte Nietzsche noch für einige Jahre, jedoch nicht mehr bei vollem Bewusstsein. Und ausgerechnet im Norden, den er nicht mochte.

Frühlingsglück: Niemand ist eine Insel, aber alle wollen dorthin

Im Süden wie im Norden Europas nährt ein frühes Zeichen im späten Winter die Hoffnung, dass das Warten auf die wärmere Jahreszeit nicht vergeblich ist. Die Amsel singt. Sie singt sehr kräftig, denn sie muss gegen den Straßenlärm ankommen. Sie singt volltönend, denn sie muss schöner *performen* als konkurrierende Artgenossen. Selbst die Beatles haben ihre Songs in *Blackbird* (1968) anerkennend gewürdigt. Sie habe nur darauf gewartet, dass dieser Moment kommt: »You were only waiting for this moment to arise.« Aber sie (*die* Amsel im Deutschen) ist eigentlich *er*, nicht dunkelbraun wie das Weibchen, sondern schwarz gefiedert. Sein Gesang soll *sie* beeindrucken, mit der er Nachkommen zeugen will, und er trachtet danach, jeden Anderen auf Distanz zu halten, der das auch will. Sie baut, er singt. Sie legt die Eier, er singt. Sie brütet, er singt. Sie füttert, er schaut auch mal vorbei. Proteste gegen ungerechte Geschlechterverhältnisse sind zwecklos, es ist Natur.

Die Melodie im Ohr, genieße ich die Strahlen, die ebenfalls vom Frühling künden. Nie wird deutlicher, wie sehr alles Leben auf der Erde auf die Sonne angewiesen ist. Das Licht, das ich sehe, ist in nur achteinhalb Minuten von dort hierher gerast. Das Energiequantum bleibt im Wesentlichen gleich, aufgrund der Neigung der Erdachse treffen die Strahlen jedoch in unterschiedlicher Intensität auf die Erdteile, daraus ergeben sich auf dem Weg um die Sonne die Jahreszeiten. In ihrer ewigen Wiederkehr finden die Menschen eine Heimat, denn das, was zuverlässig wiederkehrt, lässt viel Vertrautheit entstehen. Und doch ist nichts daran menschengemacht, an der Erdachse sind andere Größenordnungen von Kräften am Werk. Menschen können nur die Klimazonen etwas verlagern, um dann unter den Folgen zu leiden und noch eine Weile damit zuzubringen, die Veränderungen der Sonne zuzuschreiben.

Rund um den Planeten macht die Rückkehr des Lichts den Frühling zur Lieblingszeit vieler Menschen, unwiderstehlich analog auch in digitaler Zeit. Unvergesslich für alle, die die Corona-Pandemie erlebten, bleibt der Frühling, der früher als üblich eintraf, aber gerade rechtzeitig, um die Folgen abzumildern. Dankbar wie kaum je zuvor wurde er in jenem Jahr 2020 begrüßt, in dem alle Normalität zerbrach. Rund um den Planeten mussten die Menschen zuhause bleiben, allenfalls ein

Spaziergang war noch erlaubt. Und so wurden viele zu Zeugen des Erwachens der Natur, das sie lange nicht so intensiv wahrgenommen hatten. Natur war auch das Virus. Schlagartig verwies es die stolze Menschenwelt darauf, wie abhängig von übergreifenden Zusammenhängen sie ist, die sie nicht restlos kontrollieren kann.

Menschenwerk sind jedoch die Rituale, die alle Kulturen um den Frühling herum pflegen. Was vor allem im Westen des Planeten Ostern ist, Feier der christlichen Auferstehung oder der weltlichen Erhebung aus der Winterstarre, ist im Osten das Holi-Fest der Farben (Indien), das Frühlings- und Neujahrsfest (China) oder das Hanami-Kirschblütenfest (Japan). Mit ausgeprägten regionalen, familiären und individuellen Vorlieben gehen Menschen überall den vertrauten Vollzügen nach, in denen sie sich geborgen fühlen. Nicht nur die Liebe der Liebenden braucht nicht-alltägliche Aktionen, um bestärkt zu werden. Meine Familie liebt es, die Ostertage auf einer Insel zu verbringen. Nach dem langen Winterschlaf, nach dem endlosen Warten auf das Wiedererwachen der Natur verspricht die erste Reise des Jahres eine Regeneration der Kräfte. Wir sind damit nicht allein, Andere haben die gleiche Idee. Niemand ist eine Insel, aber alle wollen dorthin. Sie ist der Inbegriff der *Urlaubsheimat.*

Auf Hiddensee, im Windschatten der viel größeren Insel Rügen, umfängt den Besucher gen Osten die stille Natur am Bodden. Nur 200 Meter davon entfernt rauscht gen Westen die Ostsee, das Baltische Meer. Wer sich in der Frühlingsfrische die Füße warmlaufen will, kann kilometerweit nach Norden und Süden wandern, die schmale Insel ist lang und weitgehend frei von Autoverkehr. Wie auf jeder Insel, auch wenn sie nur ein paar Meter vom Festland entfernt ist, stellt der *Insel-*

blick sich ein. Die Weite der Landschaft erweitert auch die Gedanken. Umgeben von Wasser rückt stärker als sonst ins Bewusstsein, warum die Erde »Blauer Planet« genannt wird. Die Kontinente selbst sind dann nur noch überdimensionierte Inseln in den Weltmeeren, die den größten Teil des Planeten bedecken. »Festland« wird der emporragende Teil der Kruste genannt, die Magma einst an der Oberfläche gebildet hat, hart genug, um darauf Heimaten zu gründen und herumzureisen. In den ausgedehnten Senken der Kruste sammelt sich das Wasser, das jetzt die Wahrnehmung dominiert.

Mein Lieblingsweg führt an der Ostseite von Vitte (»kleine Siedlung«) vorbei. Ich finde es erhebend, auf dem Deich entlangzugehen, wo mir so ist, als würde ich weit über Meere und Landmassen blicken. Ich gehe langsam, um das Gefühl länger auszukosten. Das Fährschiff, das zwischen den Inseln kreuzt, ist auf dem Weg nach Schaprode auf Rügen. Hier oben, gut fünf Meter über dem Meer, bläst der Wind viel schärfer als dort unten in den Niederungen, wo in meinen Augen repräsentativ für die ganze Menschheit die Häuser von Vitte hingestreut liegen. Wohin ist nur die Sonne verschwunden, die eben noch vom Himmel brannte? In stets variabler Keilformation ziehen Wildgänse so zielsicher von ihren südlichen Winterquartieren nach Nordosten, dass sie sich dabei lautstark unterhalten können. Ein Schwanenpaar wuchtet sich mit schwerem Flügelschlag hinaus aufs Meer, oder sind es Albatrosse bei einer ihrer seltenen, aber intensiven Begegnungen? Natürlich, ich verwechsle jetzt die Meere.

Die Ruhe der Landschaft tragen auch die Menschen, die hier leben, in sich. Manche so sehr, dass sich der Gast als Unruhestifter fühlen kann, der sich ungerechtfertigterweise ihrer Heimat zu Zwecken der Erholung bedient. Das Gefühl findet

Bestätigung im Gespräch mit dem Inhaber des Cafés, das ich jeden Morgen aufsuche. Die Fremden, klagt er, nehmen sich das Recht heraus, nur zu Zeiten da zu sein, in denen es leicht ist, hier zu leben. Sie bleiben weg, wenn es stürmt und das Hochwasser über die Deiche zu treten droht. Klar, sie bringen Geld in »dat söte Länneken«, das süße Ländchen, nehmen dafür aber die schönsten Wohnungen in Beschlag und bauen Häuser, die sich die Einheimischen nie leisten können. Ich verstehe: Für seine *Inselheimat* ist unsere zeitweilige Urlaubsheimat eine Bedrohung. Die Präsenz von Fremden untergräbt die Welt, die ihm vertraut ist. Aber das setzt sich fort: Von Berlin, unserer eigenen Heimat, ergreifen ebenfalls Touristen Besitz. Sollen etwa alle nur noch an ihrem Wohnort bleiben? Nein, das nun auch wieder nicht, meint mein Gegenüber.

Also bleibt es bis auf Weiteres doch beim *Frühling*, wie Heinz Erhardt ihn besungen hat: »Wie wundervoll ist die Natur! / Man sieht so viele Blüten (...). / Ein süßer Duft ist überall, / nur hier im Zimmer stinkt es!« Deswegen sind wir auf der Insel. Ein Reiseführer aus den 1920er Jahren nannte Hiddensee das nordostdeutsche Capri. Südliche Gefühle stellen sich auf dem »Hochland« namens Dornbusch ein, dem eigentlichen Inselkern, einem Überbleibsel der Eiszeit vor etwa 12 000 Jahren. An Ginsterbüschen und Weißdornhainen vorbei führt der Weg hoch zum Leuchtturm mit dem roten Helm. Kiefern vertreten die südlichen Pinien in der nördlichen Landschaft, Fichten die Zypressen. Winzige Vögelchen fliegen dazwischen umher, Wintergoldhähnchen, die wie Kolibris schwirrend in der Luft stehen können. Über uns ziehen Seeadler ihre Kreise, die zu den größten Vögeln Europas zählen. Am Fuß der 60 Meter hohen Steilküste brechen sich die Wellen an vorgelagerten Felsen. Der Blick reicht weit übers blaue Meer bis zur

Kreideküste der dänischen Insel Møn, und im Osten ist zu sehen, wie weiteres Schwemmland entsteht, das die Fläche Hiddensees vergrößert und unter Naturschutz steht, der auch bester Heimatschutz ist.

Die angestammte zeitliche Heimat der Lebenslust ist der Frühling. Was lange Knospe war, bricht endlich auf, nicht nur auf der Insel. Frühblüher schießen aus dem Boden, Winterlinge, Schneeglöckchen, Veilchen, Anemonen, Märzenbecher, Krokusse, Schlüsselblumen, zuletzt Maiglöckchen. Der Nebel, der auf dem Festland über den Wäldern liegt, stammt von Pollen, deren bloßer Anblick ein Fluchtgrund für Allergiker ist. Wolken von Blüten umhüllen Büsche und Bäume, die zugleich frisches Grün hervortreiben, die winternackte Welt streift wieder Kleider über. Vom dunklen Grün der Nadelbäume hebt sich das helle Laub der Birken und Buchen ab. Gelblich grün schimmern die neuen Blätter von Kastanien und Linden, in Kerzen- und Doldenform wachsen deren Blüten heran. Bis zum Horizont leuchten Wiesen und Felder dottergelb vom Löwenzahn, zitronengelb vom Raps. Der misstrauische Wein, der sich lange totgestellt hat, wagt sich endlich hervor, mit Macht quellen Blätter aus den knorrigen Ästen. »Die Welt wird schöner mit jedem Tag« (*Frühlingsglaube*, Lied von Franz Schubert, komponiert 1820 nach einem Gedicht von Ludwig Uhland).

Nie steht der Sinn des Lebens weniger in Frage als in dieser Zeit. Die bereitwillige Öffnung der Sinne reicht dafür völlig aus. Die geballte Fülle sinnlicher Eindrücke, die die äußere Natur bereithält, ruft auch die innere Natur der Gefühle wach. Die Energiezufuhr durch Sonnenlicht lässt die Hormonspeicher überquellen und ist der neuerlichen Beheimatung der Liebenden beieinander und ineinander förderlich. Ihre Suche nach Nähe resultiert nicht mehr wie im Winter aus schierer Notwendigkeit, romantisch verbrämt, um Wärme zu finden, sondern aus reiner Freude, um den energetischen Überschuss mit dem Anderen zu teilen. Im Straßencafé legen Paare die Arme umeinander. Die Liebe läuft im Frühling zu großer Form auf, auch sie ist Natur. Kultur ist die Bedeutung, die Menschen dem Geschehen geben.

Gefühle und Gedanken nehmen in dieser Zeit nur Zusammenhänge wahr, alle Welt erscheint sinnvoll geordnet. Mit einem Rausch an Farben und Formen überwältigt mich Jahr für Jahr die Tulpenschau im Britzer Garten in Berlin. Wie Epikur komme ich mir vor, der unter weiß blühenden Kirschbäumen lustwandelt wie ein Gott unter den Menschen. Der antike Philosoph hätte seine Freude an diesem Garten gehabt, der größer und wohl auch schöner ist, als sein eigener in Athen es sein konnte. Kannte er schon *Tulipan*? Sicher nicht in dieser Vielfalt: Weiß, feuerrot, gelb, violett, orange, apricot, rosa, samtrot, fast schwarz mit einem rötlichen Schimmer, einfach oder gefüllt, lilienblütig oder perforiert. Eine Tulpe wähle ich jedes Jahr zur schönsten in meinen Augen, dieses Mal eine mit Blütenblättern von weißlichem Gelb auf der Außenseite und sattem Gelb innen. Die Ränder scheint ein Maler mit feinen roten Pinselstrichen verziert zu haben und einem Parfümeur gelang es, den erdig-schokoladigen Tulpenduft im Kelch einzufangen: *Beauty of Spring*, eine Darwin-Hybrid-Tulpe.

Der große Park im Süden Berlins wurde für die Bundesgartenschau 1985 angelegt, seither komme ich hierher, allein oder zu zweit, mit Kindern und Freunden. Der Britzer Garten hätte das Zeug zum Berliner *Central Park*, läge er nicht dermaßen dezentral. Die Buntheit des menschlichen Lebens wäre noch steigerungsfähig, die der gepflanzten Natur kaum. Ich liebe es, durch die Blumenfelder zu wandern, gemächlich und empfänglich für Anblicke und Düfte, die ich tief in mich hineinatme. Sie bestärken mich in der Gewissheit, in dieser Welt einen Platz zu haben. Abseits der geordneten Anpflanzungen blüht es auf sattgrünen Wiesen wild durcheinander, Zufall oder Gärtnerspaß. Aus Feldern von himmelblauen Traubenhyazinthen stechen vereinzelt kirschmundrote Tulpen hervor. Nicht nur für mich bin ich hier, sondern auch für meinen Vater, der sich ebenso von diesem Reichtum hätte erfüllen lassen, hätte er diesen Garten gekannt. Mit seinen Augen blicke ich, und ich sehe ihn in seinem Garten, in dem er Blumen umhegte und Gemüse zog, bis die Kräfte ihn verließen.

Der Höhepunkt des Frühlings aber ist der betörende Fliederduft, der weiträumig in meiner Heimatstadt umherzieht und sogar den berlintypischen Mief im Zwischengeschoss der U-Bahn übertrumpft. Das ist die eigentliche *Frühlingsheimat* für mich. Stecke ich meine Nase tief in die Blüten, rieche ich eine Spur von Vanille beim weißen Flieder, eine Anmutung von Veilchen beim blauen, einen Hauch von Honig beim seltenen rosafarbenen, eine herb-süßliche Note von Moschus beim satt lilafarbenen. Wochenlang offerieren viele Orte Gelegenheiten für odorantische Reaktionskaskaden, und wenn der Flieder so aussieht, als würde er verrosten, veranstalten die Lindenblüten noch eine finale olfaktorische Orgie. Zuerst platzen nur einige der kleinen Kügelchen auf, dann strömt es klebrig süß aus weißen oder hellgelben Blütenständen in den Bäumen, die in Berlin viele Straßen säumen. Mit dem Duft der Linden mutiert der zarte Frühling zum prallen Sommer.

»Und nun das Wetter: Viel Sonne und sehr heiß.« Das ist es, was Menschen im Sommer hören wollen. Vorausgesetzt, dass es nicht *zu heiß* wird. Die Botschaft klingt in etwa so wie: Regredieren erlaubt, zurück zur Kindheitsheimat, an die der Sommer glückliche Erinnerungen wachruft. Nackte Füße, kurze Hose, Hemdchen: Der Sommer ist ein kleines Kind, und jedes Jahr wachsen Kinder von Neuem in ihre künftigen Erinnerungen hinein. Aber auch die Erwachsenen tragen jetzt wenig Stoff auf sehr viel Haut. Überall findet sich ein Eis, um mit Hingabe daran zu lecken. Wasser macht selbst den heißesten Tag zum reinsten Vergnügen: Am Ufer eines Sees herumzuwaten, schwimmend den Körper vom kühlen Nass umspielen zu lassen, ziellos mit dem Schlauchboot umherzupaddeln, Rauchschwaden von Grillfleisch oder gerösteten Zucchini zwischen Bäumen und Sträuchern aufsteigen zu sehen.

Und wenn der Himmel sich zuzieht? Dann ist mit einem Mal herrlich viel Platz ringsum, der passende Song erklingt im Kopf: »In der Hitze ein Gewitter« (*Sommer ist*, Von Eden, 2015). Sollte es nicht mehr aufhören zu regnen, dann ist das eben so. Irgendwo findet sich ein Café, aus dem heraus die rinnenden Bäche geruhsam zu betrachten sind. Diese Zeit ist drinnen wie draußen schön, unerheblich, wie das Wetter ist. Frühling ist, wenn Blüten duften. Sommer aber, wenn die Zeit aufhört zu existieren. Der Sommer ist ein Loch in der Zeit. Manche halten das »Sommerloch« für etwas, das unbedingt gefüllt werden muss. In Wahrheit ist die Leere schon die Fülle. Alle haben nichts zu tun, und wenn doch etwas, täuschen sie es nur vor. Nichts ist los, die Ereignisse pausieren. Nicht nur Flüsse, auch E-Mail-Ströme dünnen aus und versiegen völlig.

Wer jetzt noch mailt, kann nur ein Sommermuffel sein. Alle Anderen sind *Zeitlosengewächse* ohne Termine, ohne Anrufe, ohne bedeutsame Nachrichten. Niemand hat es eilig, es empfiehlt sich auch nicht in der Hitze.

»Summertime / And the livin' is easy«, zieht eine Sängerin im Radio die Melodie aus der Oper *Porgy and Bess* (1935) von George Gershwin in die Länge. Das Leben fühlt sich leicht an, die Tage enden nicht. Dass sie vom kalendarischen Sommerbeginn an kürzer werden, ist lange nicht zu bemerken. Herrlich ist abends am Straßenrand unter hohen Platanen die blaue Stunde, die die Erinnerung daran weckt, wie die ewig arbeitsamen Eltern sich am Abend noch vor die Haustür setzten und die Fahrradkünste ihrer Kinder kommentierten, die die seltene Aufmerksamkeit genossen. Bis spätabends bleibt es am nördlichen Horizont hell. Noch um Mitternacht lachen, flanieren, telefonieren, joggen die Menschen. Auch wir haben nichts weiter zu tun, als da zu sein, zu plaudern, dem schwindenden Tag und den aufflammenden Lichtern zuzusehen, die kühler werdende Luft über die Wangen streichen zu lassen und die an- und abschwellenden Geräusche des Verkehrs wie rollende Wogen am Meer zu hören. Um dann nicht einschlafen zu können, weil die Hitze des Tages in den Räumen steht.

»Und es war Sommer«. Selbst Jahrzehnte nach 1976 ist Peter Maffays Song (der dem weniger bekannten *Summer* von Bobby Goldsboro folgt) im Ohr. Radiosender hielten den Text damals nicht für jugendfrei, aber die Jugendlichen liebten das Lied, das davon handelt, was im Sommer auf die eine oder andere Weise zum ersten Mal geschieht und unvergesslich bleibt. Sommer, Sonne, süßes Leben. Es ist die Zeit des Fleisches und der Hitze zwischen zweien, die mit Wonne in einem Meer von Schweiß und sonstigen Körpersäften davonschwimmen, eine Feier des menschlichen Daseins im schönsten Aggregatzustand. Auch in Früchten aller Art zu schwelgen ist Sommer: Prallvolle Kirschen, safttriefende Pfirsiche, zuckersüße Melonen, weiche Pflaumen, rotglänzende Johannisbeeren, schwarzleuchtende Brombeeren, schließlich Trauben, die vollgesogen vom Sonnenlicht den nahenden Herbst bereits erahnen lassen. Nur die Erdbeeren sind wieder und wieder eine Enttäuschung, sie schmecken nicht mehr wie in der Kindheit, als sie noch im eigenen Garten auf dem Land Aroma entwickeln durften.

Nur vereinzelt sind jetzt noch Freunde und Bekannte im heimischen Viertel anzutreffen. Die Stadt verliert ihre Bewohner an die ganze Welt und füllt die Leere mit Besuchern aus aller Welt. Es ist eine Völkerwanderung, auch wir schließen uns nach zwei, drei entspannten Wochen daheim der Karawane an. Die Badewanne der Berliner, die Ostsee, liegt nahe, salzarm wie ein Binnensee und ein paar Grade kühler als das Mittelmeer. An den Stränden der Insel Usedom wird der Strandkorb zu unserer *Mietheimat* im warmen, weichen Sand. Kalt und hart klingt die Kennung *G 70*, aber sie hilft, im bunten Durcheinander von Körben, Zelten, Sonnenschirmen, Badetüchern die Heimat wiederzufinden. Darum herum Zeugnisse der kindlichen Freude, in den Sand zu schreiben, Landschaften zu gestalten, Kanäle zu ziehen, Burgen zu bauen. Ein kleiner Junge rückt mit seinem Plastikkübel dem angespülten Seetang auf den Leib und häuft Berge davon auf, sei es, um den Strand zu säubern, oder nur um des Tuns willen etwas zu tun. Er weiß noch nichts von Sisyphus, aber auch der besaß vielleicht ein kindliches Gemüt, seine ewige Unverdrossenheit wäre gut damit zu erklären.

Die Ostsee ist meist kein wildes, wutschnaubendes Tier, wie

Nordsee, Atlantik, Pazifik oder Indischer Ozean es sein können. Sanft schaukelnd mit dem Wellengang schwimme ich
ein wenig hinaus und lehne mich tropfnass wieder im Strandkorb zurück. Die Badehose trocknet auf dem Dach des kleinen
Hauses. Geschützt im Gehäuse sitze ich und genieße das käuflich erworbene Recht, hier zu sein, und das wohlige Gefühl,
geborgen zu sein. Wenn doch mal ein kühler Wind draußen
an den geflochtenen Wänden rüttelt, ist es drinnen schön warm
und ruhig. Der Strandkorb ist eine Muschel, in der sich das
Rauschen des Meeres verfängt, und ein Ausguck in die Unendlichkeit, in der die Schiffe am Horizont dahinziehen. Ich habe
alle Zeit der Welt, ihnen dabei zuzusehen. Das kleine aufklapp-
bare Brettchen an der Seitenwand ist eine Ablage für meine
Gedanken.

Das ganze Leben wandert hier vor den Augen vorbei, und
ich bin sein Zuschauer, der staunt, wie magisch es Menschen
an den Meeresstrand zieht. In vormoderner Zeit strahlte das
Leben am Meer keine solche Anziehungskraft aus. Erst im
Maße des Fortschreitens von Industrie und Technik entdeck-
ten Menschen den Rhythmus der Natur in Form von Mee-
reswogen, um sich vom anstrengenden Takt des modernen
Lebens zu erholen. Im 21. Jahrhundert säumen Hotels und
Resorts überall auf dem Planeten die Ufer für die überwälti-
gend vielen, die ihre *Sommerheimat* dorthin verlegen wollen. Sa-
tellitenbilder zeigen die Perlenketten der Lichter in der Nacht,
die die Küstenlinien rund um die Erde säumen und so grell
aufleuchten, dass sie das Funkeln der Sterne überstrahlen. Ein
Grund für den *Run* auf die Meere könnte sein, dass dort auf
weltliche Weise zu finden ist, wovon moderne Menschen auf
andere Weise nichts mehr wissen wollen und wonach sie sich
dennoch sehnen: *Transzendenz,* eine Beziehung zum Unend-

lichen, das das Meer repräsentiert. Ein Leben ohne diese Beziehung ist möglich, aber offenkundig defizient, es fehlt ihm eine Dimension, daher die Liebe zum Meer. Auch diese Verbindung von Liebe und Landschaft geht mit der Erfahrung einer großen Intensität einher.

Für das Glück, am Meer zu sein und am Strand entlangzuwandern, reisen wir im Sommer auch an weiter entfernte Gestade und kühlere Gefilde. Wir entdecken Binnenlandschaften an der Küste, etwa kleine Fjorde, die beim Näherkommen erst erkennbar werden, Vorsprünge, die kühne Ausblicke ermöglichen, abstürzende Steilufer, schmale Sandbänke, gangbare Pfade, ungangbare Steinfelder, Bachläufe, die ins Meer münden. Auf den Klippen von Pembrokeshire am Atlantik in Wales blicken wir im ausgetrockneten, hellbraunen Gras über langstielige gelbe Blüten hinweg auf türkisblaues, aufgeschäumtes Wasser unter einem pastellfarbenen Himmel, über den weiße Cirruswolken ziehen. Hinter den Felsen herrscht Windstille, auf den Felsen braust es heftig. Immer wieder klettert die Gischt an einem einsamen Brocken hoch, immer wieder fällt sie zurück. Nur bei Flut vermag sie ihn unter weißem Schaum zu begraben, bei Ebbe umschmeichelt sie seine Füße. Scheinbar gleichförmig liegt der Rest des Meeres da und entschwindet fern am Horizont, und doch ist jeder Fleck, jedes Molekül in ständiger Bewegung. Der ideale Ort, um nachzudenken. Über Meere und Kontinente. Über Amerikas Nähe, von dieser Küste aus gesehen, und Europas Ferne. Und über die Liebe. Bis eine Möwe vorbeifliegt und sich kaputtlacht: *Denken!*

Am Tag darauf umwehen uns Nebelschwaden. So sieht eine Wolke von innen aus, nicht etwa unten am Meer, sondern oben auf dem legendären *Snowdon*. Die Bahn, die uns schnaufend den Berg hochgeschoben hat, lassen wir abfahren. Sobald sie weg ist, umfängt uns Stille. Es ist kühl, aber das Gehen wärmt. Vögel spielen fliegend mit dem Wind. Der Schiefer formt skurril gezackte Felswände und schauderhafte Abgründe. Unterhalb der Wolkengrenze weitet sich der Horizont bis zum Irischen Meer. Schafe grasen, wahrscheinlich die glücklichsten Wesen der Welt, zufrieden mit ein paar Grashalmen. Wenn sie genug davon gefressen haben, legen sie sich nieder und betrachten kommentarlos wiederkäuend die Welt. Wir tun es ihnen gleich und setzen uns mit Sandwiches ins weiche Moos. Es ist schön, ein Schaf zu sein und irgendwann dem Bedürfnis zu folgen, zur Tränke zu trotten. Bis zum »Coffi« mit »Homemade scones« im Halfway House Café ist es nicht mehr weit.

In einem anderen Sommer überwältigt uns die einsame Schönheit der schottischen *Highlands*, wo die Schafe sich in ausgedehnten Wiesen verlieren und Heidekraut die Hügel überwuchert. Flussläufe mäandern, Birken- und Kiefernhaine gehen in Fichtenwälder über, die an den Hängen emporwachsen, den tiefhängenden Himmel durchbricht nur manchmal ein blauer Fleck. Ein paar Häuser stehen um die Bahnstation herum, an der wir aussteigen, Strathcarron, zauberhaft am Loch Carron gelegen, einem der langgestreckten, glattgestrichenen Seen, in deren Oberflächen sich seit Urzeiten die Hügelkuppen und Bergspitzen spiegeln. Die zahllosen Schotten, die in früheren Jahrhunderten wegen Armut und Not und aufgrund der *Clearances* (»Bereinigungen« der Zahl der Kostgänger durch die Landlords) in Länder rund um die Erde auswanderten, müssen ihre heimatliche Landschaft sehr vermisst haben.

Kolonien von Rhododendronbüschen gedeihen in diesem nördlichen Klima, das seit langem der Golfstrom wärmt.

Nicht weit, und wir stehen auch hier am Meer, das tief ins Landesinnere vordringt und sich im Takt der Gezeiten wieder zurückzieht. Bei Kyle of Lochalsh führt eine himmelhoch gewölbte Brücke hinüber zu den Hügeln der Isle of Skye. Das klare Wasser schwemmt zahllose Quallen an und hinterlässt auf schlickigem Grund reiche Nahrung an Muscheln, Schnecken und kleinen Fischen für Schwärme von Möwen und Krähen. Farne überwuchern die Felsen. Es ist *overwhelming*. Und doch wird auch hier der Sommer zum Fragezeichen, ökologische Veränderungen belassen ihn nicht als denselben. Jahr für Jahr macht er im frühen 21. Jahrhundert mit Hitzerekorden von sich reden.

Vom Urlaub zurück in Berlin, erklärt uns der Kellner des Restaurants unter den Platanen den Klimawandel. Er hat einen Film darüber im Fernsehen gesehen. Nicht der Einzelne habe das verursacht, sondern die Gesellschaft »als Ganzes«. Er selbst sei Gottseidank schon grauhaarig, »friedhofsblond«, soll heißen: Sein Alter bewahrt ihn vor den Folgen. Die sind allerdings schon überall zu sehen, auch die Reaktionen darauf: Auf dem Land um die Stadt herum vertrocknet der Mais, wohingegen eine neue Wildkräutermischung auch in der Trockenheit bestens gedeiht, Insekten Nahrung bietet und sich fürs kommende Jahr selbst aussät. Mit der Biogasanlage ist Energie daraus zu gewinnen. Den lange vorherrschenden Weizen ersetzen immer häufiger Roggen und Wintergerste, die auf geringere Regenmengen eingestellt sind. Der Klimaexperte eines großen Rückversicherers empfiehlt das Pflanzen von Olivenbäumen. In Werder an der Havel bauen Winzer jetzt Weinsorten wie Müller-Thurgau, Shiraz und Sauvignon-Blanc an. Der Süden gewinnt an Boden im Norden zwischen Elbe und Oder.

Weit drastischer bemerken jedoch Menschen auf der anderen Seite des Planeten die Folgen der Klimaveränderung. Auch dort ist Heimat. »Hierher gehören unsere Herzen«, sagt der junge Mann auf der Insel Kiribati. Ich sehe ihn auf dem Bildschirm, der mir seine Welt näherbringt, einen Südseetraum von leichtem Leben unter heißer Sonne in exotischer Umgebung. Aber nicht nur der Traum ist fern, auch das sich anbahnende Trauma ist es und rückt doch unaufhaltsam näher: Die Südseeinseln gehen in steigenden Meeresfluten unter. Auch auf nördlichen Inseln wird irgendwann nur noch der Leuchtturm aus den Wogen ragen. In Berlin werden nicht sehr viele Menschen auf dem Teufelsberg Zuflucht finden. Einige werden sagen: »Dann ist das eben so, dann hat die Existenz des Menschen eben ihre Zeit gehabt.« In der Tat werden sich andere Inseln bilden, in höher gelegenen Regionen werden Menschen eine neue Heimat finden. Eine Alternative dazu wäre aber, ein ökologisch verträglicheres Leben zu führen. Wenn schon nicht um des Menschen, so doch um des Sommers willen.

Sie ist entzückend, diese Zeit. Bis sie früher oder später nervt, wie alles, was schön ist. Dann fällt es nicht so schwer, sich davon zu trennen. »Summertime / And the livin' is easy« – es ist in Wahrheit ein melancholischer Song. Die Leichtigkeit auf den Lippen macht die schweren Gedanken erträglicher, die sich gegen Ende des Sommers einstellen. Dass das Leben nicht so bleiben wird. Dass die Kinder ihr eigenes Leben führen werden. Dass ihre Eltern unweigerlich älter werden, mag Daddy auch, wie das Lied es will, reich sein und Mama gut aussehen. Dass das Leben letzten Endes vergeht. »Eines Morgens / Wirst du singend erwachen / Dann wirst du deine Flügel ausbreiten / Und du wirst in den Himmel fliegen.« Zeit für den Herbst.

»*Das Meer ist im Grunde eine ganz schön eintönige Landschaft.*«
»*Deswegen wirkt es vermutlich so beruhigend.*«
»*Es wirft einen aber auch auf sich selbst zurück, es gibt keine Abwechslung. Wie das wohl für die ist, die berufsmäßig wochenlang übers Meer fahren, nicht auf Kreuzfahrtschiffen, sondern auf Tankern und Frachtern?*«
»*Deswegen die Bedeutung des Schiffskochs.*«

Herbstmelancholie: Wenn die Welt im Nebel verschwindet

Die baumumstandene Rasenfläche, die die Hitze des Sommers gebräunt hat, ist von einem Tag zum anderen mit bunten Blättern übersät. Der Wind weht sie herbei, während mein jüngster Sohn und ich Fußball spielen. Eine Mutter findet sich mit zwei Knaben ein, die im Herbstwind ihre Drachen steigen lassen. Junge Männer gesellen sich dazu, packen ihre Gerätschaften aus und beginnen, jeder unter einem anderen Baum, Dudelsack zu spielen, zwei Frauen sorgen für den Trommelwirbel dazu. Ein paar Mädchen sind plötzlich da und tanzen. Am Rand des Platzes vor dem Schloss Charlottenburg in Berlin bleiben die Menschen stehen, wundern sich und spenden den Musikanten begeistert Beifall. Vielleicht haben die das geplant, aber der Rest ist ein zufälliges Zusammentreffen. Ein Herbsttag in der Stadt.

Auch in den Farben dieser Jahreszeit ist Heimat, *Herbstheimat*: Im Bernstein des Buchenlaubs, im Purpurrot des wilden Weins, im Feuerrot des Ahorns, im Orangerot und Dottergelb der Sanddornbeeren, in den 20 Farbtönen eines Essigbaums, im leuchtenden Rot der Vogelbeeren, Hagebutten, Berberitzen, Schneeballfrüchte und Stechpalmenbeeren, deren Farben (Carotinoide) umso mehr ins Auge stechen, je weniger Laub sie verdeckt. Kastanien prasseln von den Bäumen, deren Blätter als erste wie verrostet zu Boden segeln, Opfer der Miniermotte. Ausgiebig nasche ich von den Kornelkirschen, die weniger bitter schmecken, wenn ihr Rot ins Violette changiert. Im Britzer Garten brennt jetzt das »Dahlienfeuer« lichterloh mit Züchtungen wie *Pink Sylvia*, *Arabian Night* und *Mick's Peppermint*, durchsetzt mit ebenso zarten wie langstieligen Kosmeen in vielerlei Farben, sowie Büschen von gelben und braunroten Tagetes (»Studentenblumen«) mit herbem Herbstgeruch.

Es riecht nach Waldspaziergang, im Herbst mehr als sonst, eine Verlockung der Natur, um mit der würzigen Luft die Abwehrkräfte gegen winterliche Viren zu stärken, den Gedanken nachzuhängen und Ruhe, Gelassenheit und Sinn zu finden. Der dafür aus Japan importierte Begriff »Waldbaden« (*Shinrin-yoku*) verdankt sich dort nicht etwa einer Tradition, sondern einer Reaktion der Alternativkultur der 1970er und 1980er Jahre auf den Stress des modernen Arbeitslebens. Jahrzehnte später wurde in Deutschland »Waldness« daraus, der Wald als Wohltat, die ein Mensch sich nach getaner Arbeit zukommen lässt. Studien weisen nach, dass die Ausdünstungen der Pflanzen und Bäume, mit denen sie untereinander kommunizieren (Forschungsfeld *Talking Plants*), zusammen mit dem frisch produzierten Sauerstoff gesunde Auswirkungen auf Menschen haben. Botenstoffe, Duftstoffe und bioaktive Substanzen, so genannte Terpene, formen die charakteristische Geruchslandschaft des Waldes. *Sehet mich an: Ich habe eine kleine Zeit Mühe und Arbeit gehabt und habe großen Trost gefunden.*

Die Beine tun weh, die Kniegelenke schmerzen. Wie lange ist mir die Beweglichkeit noch vergönnt, die für solche Spaziergänge nötig ist? Wie wird es sich anfühlen, wenn ich nicht mehr nach Belieben unterwegs sein kann? Das Älterwerden ermöglicht mehr Muße, aber es ist auch mit Einbußen verbunden. Eigentlich war das schon im Frühling und Sommer so, aber ich habe es nicht bemerkt. Jetzt ist mit dem Grün auch die Selbsttäuschung abgeblättert. Angesichts feuchter, dunkler Baumstämme und nackten Geästs kommen Gefühle und Gedanken auf, die sich mit Vergangenheit und Vergänglichkeit befassen. Sie bedrängen mich nicht, noch ist es nicht so weit. Noch wärmt die Sonne. Es ist die Zeit des Noch. Ärgerlich ist allenfalls das Gebell der Hunde mitten im Wald am Grunewaldsee, aber es ist nun mal ein Hundeauslaufgebiet. In der Stadt wiederum dröhnen die Laubbläsermaschinen, Herbstmusik, kein Entkommen möglich. *Ach, wie gar nichts sind alle Menschen, die doch so sicher leben.*

Dann verblassen die Farben und die Sonne erbleicht. Eine Weile tänzelt sie noch, springt behände zwischen Wolkenschlieren hervor, die sie jagen, mit spitzen Fingern nach ihr greifen und sie hinter Schloss und Riegel bringen. Bis sie sich wieder freiwindet, mal über und mal unter einer dunkelgrauen Wand hervorlugt. Lange wogt das Fangenspiel hin und her, bis das versammelte Grau des Himmels kurzerhand den Vorhang vorzieht, Ende der Vorstellung. Weder die Sonne noch die Wolken wussten etwas von den Rollen, die sie in diesem Drama spielten. Kein Mensch hat das Stück geschrieben, niemand führte Regie. Allein in den Augen dessen, der gebannt von unten zusah, fügten sich die Elemente des Geschehens zu einem Schauspiel. Über den Wolken wäre nichts davon zu sehen gewesen.

Es ist Herbst, Zeit der Wehmut, die mir vertraut ist. Ich fühle mich darin zuhause, auch wenn dies keine Wohlfühlzeit ist.

Gehe ich nachts durch die spärlich beleuchteten Straßen, wähne ich mich allein im Kosmos, der sich um Menschen nicht schert. Wie könnte es dort gemütlich sein, wenn es auf Erden schon so ungemütlich ist? Es nieselt, es ist windig, es ist widerwärtig, warum gehe ich überhaupt hinaus in diese unwirtliche Welt? Um die Heimkehr genießen zu können. Wenn die Kälte übers Land kriecht, zieht sich das menschliche Leben gerne in die Höhle zurück, die beheizt werden kann. *Wie lieblich sind Deine Wohnungen.* Der Kontrast wird größer, wenn das Ausgesetztsein spürbarer wird. Ich halte Ausschau nach einem Licht, das Wärme und Freundlichkeit ausstrahlt. Entdecke ich eine Gaststätte, ein Café, und nähere mich voller Vorfreude, ist es nicht selten drinnen kühl und es zieht durch die Ritzen. Gibt es nirgendwo eine Nische, in der ich für ein, zwei Stunden Schutz vor der Einsamkeit und Kälte der Welt finden kann? Wärme ist Heimat, Kälte nicht. Auch Inuit lieben Iglus. Zuletzt nehme ich mit einem gesichtslosen Einkaufszentrum am Rande der Stadt vorlieb.

Die Gerüche des fallenden, verfaulenden Laubs rufen Erinnerungen wach. Eine Jugendliebe kommt mir wieder in den Sinn, der nur ein Herbst beschieden war. Eine Ahnung hatte uns zusammengeführt: Wer jetzt nicht liebt, muss den Winter alleine durchstehen. Den Anklang an Rilkes Gedicht *Herbsttag* (1902) mochten wir beide: »Wer jetzt kein Haus hat, baut sich keines mehr.« Wurden wir anfangs noch vom goldgelben Licht der späten Sonne verwöhnt, die die Liebe leicht macht, waren wir ein paar Wochen später froh, uns bei der einbrechenden Dämmerung im Park, unserer *Liebesheimat*, aneinander wärmen zu können. Aber die Liebe wird schwieriger, wenn das Feuer vom jeweils Anderen erwartet wird. Wer danach sucht, rückt näher an den Anderen heran, schlüpft in ihn hinein, um die Geborgenheit zu spüren, die vielleicht nur eine Betäubung der Verlorenheit ist.

Immer im nebligen, nasskalten Herbst denke ich daran, wie ich damals, als die Digitalisierung noch nicht einmal eine ferne Idee war, in der Dämmerung auf »unserer« Parkbank sehnsüchtig auf *sie* wartete. Wir konnten nur analog kommunizieren und als nach Tagen klar war, dass ich vergeblich wartete, blieben Kälte und Nässe allein übrig. Unversehens geriet der Ort, der eben noch Liebesheimat war, zur *Leidensheimat*. Ich kann den Park bis heute nicht trennen von den Gefühlen, die ich damals empfand, auch wenn die Verletzung, die mir zu schaffen machte, längst verheilt ist und die Gefühle in die allgemeine Melancholie der Vergänglichkeit übergingen. Etwas von dem Menschen, der für ein paar Wochen das Leben erfüllte, als sei ohne ihn keines denkbar, ging in mir auf und brachte mich ein Stück weiter auf dem Weg, den ich gegangen bin. Ein guter Grund, auch das zu schätzen, was einmal schmerzlich war.

Der Herbst ist die Zeit, um im Fühlen und Denken die Gründe und Abgründe der Existenz auszuloten. *Denn alles Fleisch, es ist wie Gras.* Es ist die Zeit, um in sich zu gehen und sich auf das Leben zu besinnen. Nicht um eine letzte Gewissheit zu gewinnen, sondern das Wissen von der Ungewissheit zu erneuern, die offensichtlich grundlegend für das Leben ist. Wie könnte es auch anders sein? Was wären das Leben und die Liebe, wenn alle Ungewissheit vollständig beseitigt werden könnte? Das Leben würde an Spannung verlieren und die Liebe sich erschöpfen, wie es allzu oft geschieht. Aber der Gedanke, an zu großer Gewissheit scheitern zu können, liegt sehr fern.

Dämpfe steigen aus den Wäldern auf. Baumwipfel verschwinden in weißgrauen Schwaden. Nebelbänke schweben schwerelos über Wiesen und Feldern, wobei der Nebel nichts weiter ist als eine schwere Wolke, die nicht mehr hochkommt. Das Gemüt fühlt sich ebenfalls zu schwer an, um sich noch zu erheben. In meinen Augen wird die Landschaft im Nebel zum unendlichen Raum, der Nebel zum Schleier, der die Wahrheit der Endlichkeit verhüllt. Mit der Umgebung löst sich auch das eigene Leben im Dunst auf. Und sollte gerade kein äußerer Nebel zur Hand sein, sind die Gedanken mühelos zur Projektion von innerem Nebel in der Lage, der etwas vernebeln kann, dessen Anblick bei klarer Sicht unerträglich erscheint. *Herr, lehre doch mich, dass ein Ende mit mir haben muss und mein Leben ein Ziel hat.*

Ständig ist mir in dieser Zeit das *Deutsche Requiem* von Johannes Brahms im Sinn, der diese Verse vertont hat. Die Texte für das eigenwillige und eigensinnige Musikstück stellte er selbst aus der Luther-Übersetzung des Alten und Neuen Testaments zusammen, statt sich an den traditionellen christlichen Kanon einer lateinischsprachigen Totenmesse zu halten. Das sollte das »Deutsche« im Titel signalisieren, das er am liebsten durch »Mensch« ersetzt hätte, wie ihm zu spät erst einfiel (Brief vom 5. Oktober 1867 an den Dirigenten Carl Reinthaler). Brahms hat eigentlich ein *Menschen-Requiem* geschrieben, der Rundfunkchor Berlin präsentierte es 2012 konsequenterweise als *human requiem*. Schon die ersten Aufführungen des Werks hatten nicht in Kirchen, sondern in der Gesellschaft der Musikfreunde in Wien und im Leipziger Gewandhaus stattgefunden. Anstatt den »Tag des Zorns«, *Dies irae*, als göttliches Gericht anzudrohen, pries Brahms im mittleren der sieben Sätze die »lieblichen Wohnungen«, in die nach Psalm 84 die menschliche Seele Eingang findet. Die Komposition zu dieser tröstlichen Verheißung sandte er unmittelbar nach dem kreativen Akt schon mal als Klavierauszug an die verehrte, verwitwete Clara Schumann.

Trostbedürftig sind Menschen angesichts der Vergänglichkeit des Lebens. Gemeinsam mit einem Freund suche ich im fortgeschrittenen Herbst das Grab seiner viel zu früh verstorbenen Frau auf. In Gedanken höre ich dazu die Stimmen, die vom »Seligsein« singen. Mit ihnen klingt das Requiem von Brahms so ruhig aus, wie es eingesetzt hat, und es ist davon die Rede, dass die Toten, die die ewige Ruhe gefunden haben, den Lebenden etwas hinterlassen, *denn ihre Werke folgen ihnen nach.* Die Werke bewahren das Leben, das die Toten nicht mehr leben können. Die leben dafür ein anderes Leben, wenngleich wohl kaum als Person und eher nicht im biologischen Sinne. Selig sind sie, insofern ihre Seele unsterblich ist, womit die Energie gemeint sein könnte, die endlos transformiert, aber nicht vernichtet werden kann. Seelisch, energetisch, könnten die Lebenden daher weiter mit den Verstorbenen zusammensein. Mein Freund und ich sind uns einig, dass wir dieses potenzielle übersinnliche Sein jetzt mit einem realen sinnlichen Mahl feiern sollten.

Das irdische Leben hört indes nicht auf, den Jahreszeiten zu folgen, die an den Einfallswinkel der Sonnenstrahlen gekoppelt sind. Der Herbst, der mit ihnen einen glühenden Anfang nahm, findet bei ihrem Ausbleiben ein klirrendes Ende. Eines Morgens liegt aus »nebelsatten Lüften« heraus ein »weißer Schatten« über der Landschaft, wie Gottfried Benn das Phänomen in seinem Gedicht *Rauhreif* von 1912 poetisierte. Es ist noch lange kein Schnee, aber schon eine Verzauberung, die die »dunkle Welt« erlöst, indem sie aus ihr eine »bleiche Schönheit« macht. Erneut ein Moment des Übergangs in eine andere jahreszeitliche Heimat.

Unter dem ausladenden Zeltdach am Potsdamer Platz in der neu gebauten Mitte Berlins erstrahlt ein blauer Kegel aus Licht, darunter tanzt die Eiskönigin ganz in Weiß, ein Zepter in Form eines voluminösen Schneekristalls in der Hand, ein glitzerndes Diadem auf dem Haupt, funkelnde Leuchtdioden im Kleid. Kitschig? Idee einer PR-Agentur? Egal, es ist *adorable*. Hingerissen folgen Leute ringsum der Performance mit ihren Smartphones und sind entzückt, als die Tänzerin sich zum Schluss unter sie mischt und ihnen künstlichen Schneestaub ins Gesicht pustet. Draußen ist Regen und keine Spur von Schnee, hier drinnen ist Bescherung.

Was am helllichten Tag trostlos aussieht, wird mit Einbruch der Dunkelheit zur strahlenden Lichterlandschaft. Am benachbarten Leipziger Platz sind die kahlen Bäume in schimmernde Teppiche gekleidet, zumindest auf der Seite der *Mall of Berlin*, für die sich die Investition auszahlt. In den luxuriösen Hallen des Einkaufszentrums betören Lichtgirlanden die Sinne. Entlang der nahen Allee *Unter den Linden* markieren Leuchtstreifen Stämme und Äste und gipfeln vor dem Brandenburger Tor im illuminierten Prachtexemplar eines Weihnachtsbaums, den traditionell das Land Thüringen der armen Hauptstadt spendet. Im Westen versetzen Lichtwolken aus Abertausenden von Glühbirnen im Geäst über dem *Ku'damm* die Menschen in die Stimmung, das Geld auszugeben, mit dem diese seltene Wolkenart finanziert wird. Es muss sich rechnen, die Stadt selbst hat keine Extrakasse für das Upgrade eines Lebensgefühls.

Allein schon für die Lichter, die auch privat auf vielen Balkonen installiert werden, liebe ich diese Jahreszeit. Sie sind meine *Winterheimat*, lassen auf fühlende Menschen schließen und auf eine kosmische Kraft, da jedes Licht auf Erden seine Energie von der Sonne bezieht, also wirklich aus dem Kosmos, wenn auch auf Umwegen. Und warum die Inflation der Lichter? Damit die Dunkelheit nicht übermächtig wird. Die Gefahr ist erst mit der Wintersonnenwende gebannt, die Vorfreude darauf ist der Anlass für die Vorweihnachtszeit.

Dass die Rückkehr der Sonne, die in Wahrheit die Drehung der Erde in ihr Licht ist, schon vor Jahrtausenden gefeiert und vermutlich religiös gedeutet wurde, bezeugt etwa der Steinkreis von Stonehenge. Im alten Rom fand das populäre Fest des unbesiegten Sonnengottes *Sol invictus* am Tag der Wintersonnenwende statt. Dem zur Staatsreligion im Römischen Reich ernannten Christentum erschien es ratsam, den Festtag beizubehalten, der durch Kalenderumstellungen vom 21. auf den 25. Dezember verrutschte. Die Verehrung eines Kindes, das nach christlicher Deutung der Welt das Licht bringt, setzt die säkulare Tradition fort. Wer der religiösen Deutung nicht folgen will, kann sich ohne Weiteres rein weltlich auf Weihnachten freuen.

Es ist ein herrlich leichtes Gefühl in dieser Zeit. Das Jahr ist gelaufen, die Anspannung fällt ab. Aufpassen muss ich lediglich noch auf die Viren, für die der entspannte Zustand eine günstige Gelegenheit ist, das Immunsystem zu überwältigen. Ansonsten kann ich mich jetzt zurücklehnen und *besinnen*. Etwa darauf, dass ich die Kräfte, mit denen ich lebe und arbeite, nicht selbst geschaffen habe. Ich will für sie danken, aber wie und wem? Die Rituale und den Raum dafür finde ich in der Kirche, die sich nicht daran stört, dass ich ihr nicht zugehöre. Die Gebete, die Geschichten, die Worte des Priesters, die Bilder und Lieder handeln von der Macht der Energie, die alle und alles erfüllt. »Denn Dein ist das Reich und die Kraft und die Herrlichkeit in Ewigkeit.« *Dein?* Ist es eine persönliche Macht? Das glaube ich nicht, aber ich habe kein Problem damit, sie *wie* eine Person anzusprechen.

Wie in China zum Neujahrsfest wollen viele Menschen in christlich geprägten Ländern an Weihnachten daheim sein. Auf eine fast mystische Weise ist das Fest Heimat für sie, derer sie sich dieses eine Mal im Jahr rückversichern wollen. Andere fliehen davor an die Strände der Kanarischen Inseln oder sonst wohin weit weg. In jedem Fall zeigt sich, was ein Fest für das Leben von Menschen bedeutet: Es bietet Orientierung in der *Zeit*, denn meist ist ihm ein genau terminiertes Datum eigen, sei es Weihnachten, Neujahr, Ostern oder das persönliche Geburtstagsfest. Und es bietet Orientierung im *Raum*, denn an ausgesuchten Orten wird es mit Ritualen ausgestaltet und mit Dingen geschmückt, die ihm einen feierlichen Charakter verleihen. Jedes Fest ist eine Ausnahme, eine willkommene Auszeit vom Alltag, um dem Zusammensein, auch dem Anderssein, dem Ungewöhnlichen und Unmäßigen etwa des Essens und Trinkens Raum zu geben. Um dann wieder den gewöhnlichen, gemäßigten Alltag herbeizusehnen, in dem jeder seinen eigenen Angelegenheiten nachgeht.

Alle feiern Feste auf ihre besondere Weise, das gilt vor allem für die Gestaltung des Tages, der »Heiligabend« genannt wird. Nach Einbruch der Dunkelheit wandere ich mit meinen Kindern, die lange schon erwachsen sind, durch die ruhig gewordene Stadt. Kirchenglocken läuten von irgendwoher. In einem Café wärmen wir uns auf und kommen dabei Jahr für Jahr mit anderen Gästen ins Gespräch, bevor wir zuhause mit Heißhunger die traditionelle Fleischwurst (oder das vegane

Äquivalent) mit Kartoffelsalat verspeisen. Den ganzen Abend verbringen wir bei Punsch und Plätzchen mit dem Auspacken, Begutachten, Bewundern und Kommentieren von Geschenken. Ist es nicht auch das Fest der Liebe? Als Ausdrucksform der Energie, die bei diesem Anlass gefeiert wird, hat hier die Liebe in allen Varianten ihren Platz. Auch weltlich kann von einer *Heiligen Nacht* die Rede sein.

In den Tagen danach sitze ich Abend für Abend vor dem Weihnachtsbaum und strahle ihn an. Mit den Lichtern, die wir ihm aufgesteckt haben, strahlt er zurück. Er strahlt Zuversicht aus, vermutlich meine eigene, und ist vollbehangen mit vielen Erinnerungen. Als die Kinder klein waren, hatten sie größte Freude daran, den Baum auszuwählen, dieses Stück Natur heimzuholen, aufzustellen und mit allem zu schmücken, was ihnen gefiel, selbst gebastelten Figuren, frühen Zeichnungen und ersten Schreibversuchen. Im Laufe der Jahre sammelte sich noch viel mehr an. Da ich Vögeln zugetan bin, bevölkern Eulen, Meisen, Schwäne, bunte Paradies- und silbern glänzende Phantasievögel den Baum. Mancher von ihnen mag sich im Sturzflug über eine kuriose Gurke aus grün bemaltem Glas wundern oder neugierig das weiße Porzellanschwein und den lila Hasen aus der kreativen Glasbläserei fixieren. »Selig ist der Mann«, verkündet Johann Sebastian Bach in seiner Kantate zum zweiten Weihnachtstag (Bach-Werke-Verzeichnis BWV 57). Ja, so fühle ich mich, und Wehmut erfasst mich, wenn zwei Wochen später die Zeit gekommen ist, den Baum der Müllabfuhr zu überantworten.

Warum folgt auf Weihnachten wenige Tage später schon der Jahreswechsel? Die Jahreszeiten sind Natur, der Jahreswechsel ist es nicht. Der Umlauf der Erde um die Sonne kennt für sich genommen keinen Anfang und kein Ende, jedenfalls nicht in menschlicher Zeit. Alles kommt auf die Festlegung an: Dies ist der Moment, in dem ein Jahr endet und ein anderes anfängt. In Kulturen, die ihrer Kalenderrechnung den scheinbaren Sonnenlauf zugrunde legen, kann als Anfang des neuen Jahres der Zeitpunkt bestimmt werden, an dem die Sonne wieder deutlich sichtbar zu steigen beginnt, also schon bald nach der Wintersonnenwende. Würde die Zählung der Tage nicht auf null gestellt, sondern einfach fortgesetzt, 366, 367, 368 und so weiter, *ad infinitum*, wären astronomische Zahlen die Folge. Die Jahreszeiten würden wiederkehren, aber es gäbe keinen Einschnitt mehr. Besser, es bleibt beim bewährten Verfahren. Die unabsehbare Zeit, dieses gestaltlose Etwas, gewinnt damit Form, wenn auch nur in der Vorstellung. In handlichen Häppchen wird sie überschaubar und handhabbar. In der entstehenden Struktur können Menschen eine zeitliche Heimat finden.

»Gottlob! nun geht das Jahr zu Ende«, Bach hält auch jetzt die passende Kantate bereit (BWV 28). Er meint es nicht despektierlich, er blickt dankbar zurück und zuversichtlich voraus. Ich tue es ihm gleich, indem ich mich in ein Café zurückziehe und mir das vergangene Jahr noch einmal vergegenwärtige, den analogen Kalender in der Hand, der die Zeit sichtbar und anfassbar macht. Tag für Tag lasse ich Revue passieren, bis ich die ganze Fülle fühle, die sie repräsentieren, auch wenn einige Tage komplette Ausfälle waren. Im schlimmsten Fall kann, angelehnt an Ernst Jandl, sogar von einem »Scheißenjahr« die Rede sein. Darüber geht die Sonne unter und es wird Zeit, den Ort zu wechseln. Mit dem städtischen Bus fahre ich hinaus aus Berlin, symbolisch hinaus aus dem alten Jahr, das mir vertraut ist, hinein ins neue Jahr, das in der Dunkelheit verborgen liegt, unbekannt und etwas beängstigend. Ich versuche ihm dort näherzukommen, wo ein großer Stern an der kleinen Dorfkirche leuchtet: Lübars.

»Binde deinen Karren an einen Stern«, soll Leonardo da Vinci einmal gesagt haben. Habe ich meinen Stern, an dem ich mich orientieren will, im Blick? Oder sind mir die Höhen meiner Möglichkeiten in den Niederungen der alltäglichen Wirklichkeit aus dem Blick geraten? Wie werde ich mein Leben sehen, wenn ich am ultimativen Punkt stehe, von dem aus nur noch ein Blick zurück möglich ist, ohne jedes Wissen davon, was kommt? Wird es ein schönes, bejahenswertes Leben gewesen sein, ganz und gar oder wenigstens überwiegend? Und was kann ich jetzt dafür tun? Bin ich auf dem Weg, den ich als meinen eigenen erkenne, oder sollte ich etwas ändern? Was war nochmal meine Idee vom Leben? Wo stehe ich jetzt? Wohin will ich gehen? Was könnte das kommende Jahr bringen, worauf sollte ich achten, worauf gefasst sein und mich dafür wappnen? Was kann ich selbst vorbereiten und somit gestalten?

Darüber denke ich auf den Wegen um das Dorf herum nach. Sie sind unwegsam, aber ich kenne sie seit vielen Jahren und kann mich ihnen anvertrauen. Es ist eine eisige, aber sternenklare Nacht, ich erkenne den Großen und Kleinen Wagen und das Kreuz des Nordens über mir, Sternbilder, die mein Vater mir einst gezeigt hat. Böller blitzen auf und donnern von fernher. Im Dorfgasthof nehme ich mir nun das neue Jahr anhand eines Taschenkalenders vor und fühle mich Tag für Tag in die kommende Zeit hinein. Ich gewinne eine erste Vertrautheit damit und notiere mir, woran ich zur rechten Zeit denken sollte. Aus dem Blick fürs Ganze des Lebens resultiert die Orientierung für das kommende Jahr, bevor sie im alltäglichen Getriebe wieder zu kurz kommt. Wie sonst sollte ich mich in der unübersichtlichen Lebenslandschaft bewegen, diesem dschungelartigen Biotop, in dem ständig alles in Bewegung ist? In Frage steht kein rationaler Lebensplan, sondern das poetische Lebenskonzept, »Dichter des eigenen Lebens zu sein« und damit, wie die Romantiker es sich erträumten, das Leben zum Roman zu machen. Der Jahreswechsel selbst ist mir dann nicht mehr so wichtig.

Der Auftritt des Hauptdarstellers im Winter, sehnsüchtig erwartet, verzögert sich jedoch weiter. Schuld daran ist schon wieder der Klimawandel, aber dann ist der Schnee endlich da: Flauschig schneit er vom Himmel herab oder weht scharf von vorne ins Gesicht. Binnen von Minuten verwandelt er vollständig die Landschaft. Dabei sind es nur pulverisierte Regentropfen, die sich als Flocken weiß verkleiden, und schon ist alles weichgezeichnet, nicht nur die äußere Landschaft, sondern auch die innere: Ich selbst werde weicher, wie mir scheint, meine Seele wird in Watte verpackt. Könnten Welt und Selbst nicht immer so sanft sein wie jetzt? Je größer die Flocken, desto zauberhafter der Effekt. Unendlich friedlich nehmen sich die Dinge aus in dieser weißen Pracht, die die Laute dämpft und die Fortbewegung hemmt. Zu allen Zeiten hat die verzauberte Welt Menschen in ihren Bann geschlagen. Winterlandschaften sind Seelenlandschaften, so stellten Maler wie Caspar David Friedrich oder Gustaf Fjæstad und viele andere sie dar, und so teilen sie sich jedem mit, der sie durchquert.

Eine halbe oder ganze Stunde braucht eine Schneeflocke, um von ihrer Heimatwolke zur Erdoberfläche herabzuschweben, jeder Fallschirmspringer ist schneller. Je größer die flockige Oberfläche, desto höher der Luftwiderstand, der sie bremst. Unten angekommen, erwartet sie allerdings ein Martyrium, sofern sie das Pech hat, auf menschlichen Wegen zu landen. Viele lieben es, auch ich, wenn der Schnee in der betörenden Stille und trockenen Kälte unter den Füßen knirscht. Das Geräusch rührt vom Zerbrechen der Kristalle her. Menschen zertreten, was sie bewundern, ist es nicht so? Dabei gäbe es allen Grund, zu verweilen und zu staunen. Jede Flocke, zu der viele einzelne Kristalle verkleben, auch jedes Kristall selbst ist eine einzigartige Landschaft für sich. Wohl noch nie, seit es Schnee gibt, sind zwei absolut gleiche Kristalle vom Himmel gefallen. Die 100 Trillionen Wassermoleküle, aus denen jedes einzelne besteht, sind immer anders angeordnet, sagen die Experten dieses Aggregatzustandes.

Schnee ist im Übrigen nicht weiß, er sieht nur so aus. Die Eiskristalle, deren Verbund zur Schneeflocke wird, sind durchsichtig, aber ihre Oberflächen reflektieren und streuen das Licht auf eine Weise, die den Eindruck von Weiß erzeugt. Zwischen den Kristallen ist viel Luft, daher der Effekt der Schalldämmung. Die Flocken, die frisch vom Himmel der Möglichkeiten herabschneien, leuchten in der Farbe der Reinheit, die der Schmutz der Wirklichkeit noch nicht verfärbt hat. Bewunderung erfährt nie der verdreckte, immer nur der weiße Schnee. Er trägt keinerlei Last auf seinen Schultern, die dafür ohnehin viel zu schwach wären, und nährt auch in mir die Illusion einer unberührten Welt, in der ich die ersten Spuren hinterlasse. Die mühselige Ebene des alltäglichen Lebens überragt er mühelos, daher ist Weiß zur Farbe geworden, die Erhabenheit anzeigt. Der höchste Würdenträger der katholischen Kirche, der in ihr selbst als Stellvertreter Gottes auf Erden gilt, ist selbstverständlich in Weiß gekleidet.

Zuletzt tritt die andere Seite des Winters hervor: Er will nicht enden. Sein langer Atem trifft auf den wachsenden Unwillen der Menschen, ihn zu ertragen. Von weißem Schnee kann bald keine Rede mehr sein, Matsch regiert die Welt. Der graue Alltag zeigt den Menschen die Möhrennase, die vom liebevoll gebauten Schneemann noch übrig ist. Jeder Lichterglanz ist erloschen. Jede noch so kleine Gelegenheit, ein paar Sonnenstrahlen zu erhaschen, wird genutzt. Fasching soll den Winter austreiben, aber auf diese letzte Ekstase folgt zwangsläufig eine längere Askese, aufgrund von Erschöpfung. Der schwere süßliche Geruch der Hyazinthen, im Blumenladen erstanden, dringt bis in die hinterste Ecke der Wohnung, aber der Mief des Winters will nicht weichen.

»Lass uns fliehen!«
»Wohin denn?«
»Dorthin, wo kein Matsch ist, Sizilien.«
»Gute Idee. Ich bin dort daheim, wo die alten Philosophen waren.«

Rund um den Vulkan:
Heimat im Garten am Rande des Abgrunds

Dort oben soll Empedokles gestanden haben, um sich hinabzustürzen. Von dem sizilianischen Philosophen aus dem 5. Jahrhundert v. Chr. ist nur bekannt, was an Textfragmenten und Legenden überliefert ist. Eine Rauchsäule steigt von dem etwa 3300 Meter hohen Berg auf, als wir uns von Süden, von Syrakus her nähern, unserem Basislager für Erkundungen. Der Ätna ist einer der aktivsten Vulkane der Welt, irgendein Feuerwerk geht immer hoch. Sollte es damals schon mehr als einen Krater gegeben haben, hatte Empedokles die Wahl. Wie eine Fata Morgana überlagern die Schneefelder des breiten Kegels die Wolken, durchbrochen von schwarzen Flecken aus freigeschmolzenem Vulkangestein oder Ablagerungen von Asche. Das sei ein sehr freundlicher Vulkan, sagt man uns. Hat er nicht auch einmal die ganze Stadt Catania zu seinen Füßen verschüttet? Ja, aber das mache er nicht so oft.

Auf der Höhe des Städtchens Trecastagni mit dem weithin sichtbaren spitzen Turm riecht die Luft erstmals »vulkanig«, also verbrannt. Auch in den Augen beginnt es etwas zu brennen. Als die letzten Dörfer hinter uns liegen, führt die gut ausgebaute Straße durch Lavafelder in Serpentinen nach oben. Die Bergstation *Rifugio Sapienza* auf 1900 Metern entpuppt sich als Talstation des Wintersports. Mit der Seilbahn geht es noch höher und von einem kleinen Restaurant aus fahren wir mit geländegängigen Raupenfahrzeugen weiter, die wohl auch für eine Mondexpedition geeignet wären, bis zum *Torre del Filosofo* auf 2900 Metern, einer Anhöhe mit einem verschütteten ehemaligen Unterschlupf von Vulkanologen. Das Licht ist fahl, die Sicht reicht nicht weit, als wir unter dem Hauptkrater ankommen. Überall Geröll wie auf dem Erdtrabanten. Ein scharfer, eisiger Wind pfeift, der mir fast die Mütze vom Kopf reißt. Plötzlich ein Donnergrollen von oben her, ein Fauchen und Zischen, das uns vor Schreck erstarren lässt. Eine dunkle Wolke verlässt den Höllenschlund, den wir nicht sehen.

Hier soll Empedokles gewesen sein, in dieser unheimlichen Umgebung? Dass er sich damals ins Feuer gestürzt haben soll, ist in gewisser Weise nachvollziehbar: Es war die einzige Möglichkeit, sich in dieser Kälte einige Wärme zu verschaffen, wenngleich zu einem hohen Preis. Der aus Agrigent geflohene Denker und Politiker könnte sich aber auch eine Einsiedelei eingerichtet haben, um erst am Ende seiner Tage spurlos im ewigen Feuer zu verschwinden. Sollte er am Berg heimisch geworden sein, dann am ehesten ein paar hundert Meter weiter unten. Die wenigen, die womöglich von seinem Aufenthaltsort gewusst hatten, könnten sein Verhalten als Rückkehr zur Natur gedeutet haben, ganz im Sinne seiner Philosophie.

Natur, das waren für Empedokles die vier Elemente Feuer, Erde, Wasser, Luft, die »einander durchwandern«. Er sah darin die Wurzeln, die *Rhizome* des Lebens, aus denen alles, was in Erscheinung tritt, gebildet wird. Die innere Logik seines Denkens könnte ihn also zum Ätna gezogen haben, wo die vier Elemente in höchstem Maße präsent sind: Das Feuer aus dem Erdinneren und das Feuer, das von der Sonne herabbrennt; die Erde, die aus dem Zerfall der Lava entsteht; das Schmelzwasser aus Eis und Schnee, das viele Flüsse speist; die Luft eines weiten Himmels. Sollte er sich tatsächlich ins Feuer geworfen haben, wäre das für ihn kein schreckliches Ende gewesen, sondern eine »Vermischung« (*mixis*), wie sie zum Spiel der Elemente gehört, aus denen auch der Mensch besteht. Durch das vulkanische Feuer hindurch hätte er in die göttliche Sphäre, die der Kosmos aus seiner Sicht war, Eingang gefunden.

Was oben aus dem Erdinneren hervorquillt, ist energiegeladene Natur. Seit unvordenklichen Zeiten verfestigt sich in Vulkanausbrüchen Energie zu Materie, die für Menschen begehbar wird. An den Nahtstellen von Kontinentalplatten erschüttern Erdbeben die Oberfläche und durch die Risse schießt Magma empor. Auf Island, wo der Graben begehbar ist, der durch das Auseinanderdriften von Amerika und Europa entsteht, künden die von Vulkanen gestalteten Landschaften von der Bewegung der Natur. So geht die Geschichte der Erde ihren Gang, eine geologische Geschichte der unvorstellbar langsamen und doch unwiderstehlichen Auffaltung von Gebirgen, in denen Ablagerungen von Meeresböden zu finden sind, die emporgehoben wurden. Urflüsse stürzten in grauer Vorzeit kilometerbreit von damals noch viel höheren Bergen herab, bevor diese zu erodieren begannen. Als der Superkontinent Pangaea vor 150 Millionen Jahren auseinanderbrach und das Stück namens Afrika im Norden gegen Europa stieß, entstand das Mittelländische Meer. Es trocknete aus, als sich vor rund fünf Millionen Jahren die Verbindung zum Atlantik verschloss. Es wurde geflutet, als der Pfropfen platzte.

In dieser Landschaft bewegen wir uns jetzt. Sie ist nicht nur ein beliebtes Reiseziel, sondern auch ein Gegenstand geologischer und archäologischer Forschungen. Historiker wie Fernand Braudel (*Das Mittelmeer*, 1949) haben sich daran versucht, die Geschichte dieses Natur- und Kulturraumes zu schreiben und »diese Beziehungen zwischen Geschichte und Raum darzustellen«. Cyprian Broodbank (*Die Geburt der mediterranen Welt*, 2018) berichtet von der Entwicklung der klimatischen Verhältnisse und vom Erscheinen des Menschen, der sich im Laufe seiner Geschichte in die vorgegebene Landschaft einfügte, über das Meer fuhr und an dessen Rändern siedelte. Der wachsende Austausch, auch die Auseinandersetzung zwischen den sich herausbildenden Kulturen beförderte die erstaunliche Entwicklung großer, organisierter, städtischer Gesellschaften rund um das Meer in der Mitte, das Mittelmeer.

Indem die Menschen die Natur kultivierten, schufen sie sich eine Heimat im Garten am Rande des Abgrunds, am Rande der immer möglichen Vernichtung durch die Launen der Natur, am Rande der immer drohenden Not aufgrund klimatischer Veränderungen, am Rande eigener kriegerischer Auseinandersetzungen und sowieso am Rande der immerwährenden Konfrontation mit Krankheit und Endlichkeit. Sie gewöhnten sich an den Blick in die Ungewissheit und Unwägbarkeit des Lebens. Der unsicherste Boden der Natur erwies sich zugleich als der fruchtbarste, der viele Menschen ernähren kann. Nicht oben am Kraterrand, wo Hölderlin im ausgehenden 18. Jahrhundert den Naturphilosophen verweilen ließ, um seiner Tragödiendichtung *Der Tod des Empedokles* Spannung zu verleihen, sondern in der Gärtnerei am Fuß des Berges, in deren Gästezimmer wir logieren, zeigt sich, was für ein Garten Eden auf dem zerbröselnden Vulkangestein gedeiht. Beschirmt von hohen Pinien, umgeben von monströsen Kakteen, von Aloe Vera mit riesigen Blütenständen und Kamelien mit zahllosen Knospen und Blüten, tragen Orangen- und Zitronenbäume reiche Frucht.

Hier ist das schöne Land, *bel paese*, in dem wir uns sofort wohlfühlen. Niemand hat in diesen Landschaften einen Anlass, nach dem Sinn des Lebens zu fragen. Seit Jahrtausenden treibt diese Natur Menschen in besonderem Maße zu kulturellen Entwicklungen an. Mit Werken aller Art schaffen sie die Basis für ein blühendes Leben und arrangieren sich hierzu mit der Natur, die nun mal die Lebensgrundlage ist. Diese Konstellation brachte auf dem griechischen Festland wie auch auf Sizilien Stadtstaaten hervor, etwa *Agrigento*, die Stadt, »die von den Höhen sich herabsenkt«, gemäß einem auf Empedokles zurückgeführten Liedvers, denn dort an der südlichen Küste, weit weg vom Ätna, war er zuhause. Angeblich zog er, der Königssohn, ein einfaches Leben der schwelgerischen Prasserei in seiner Heimatstadt vor. Vielleicht wurde die Geschichte von seinem Sturz in den Vulkan nur erfunden, weil er nach einem politischen Streit ins Exil musste und über seinen Verbleib nichts bekannt war.

In Agrigent ist heute noch zu sehen, wie Menschen einst ihre Kultur in die Natur einfügten und die Häuser den vorgefundenen Hängen geradezu anschmiegten. Äußerst dekorativ geht am Tempel der *Concordia* die Sonne unter. Ein kühles Lüftchen weht. Das nach der Ost-West-Achse ausgerichtete Bauwerk erstrahlt in Gelb, dann in rötlichem Licht. Der etwa 440 v. Chr. erbaute Tempel könnte konzipiert worden sein, als Empedokles noch hier lebte. Nach einem siegreichen Krieg gegen Karthago, das an der nordafrikanischen Küste gegenüber lag, sollte er von Ambition und Wohlstand zeugen, die keine Grenzen mehr kannten. Dennoch ist der Tempel nicht aus dem in Griechenland üblichen Marmor, sondern aus dem bräunlichen Sandstein vor Ort errichtet worden, der mit Marmormustern bemalt wurde. Heute bröckeln und bröseln die Ruinen umso eindrucksvoller vor sich hin.

Auf der Rückfahrt quer durch Sizilien schaukelt der Zug den Weg entlang, den Empedokles genommen haben müsste, sollte er wirklich zum Ätna gegangen sein. Von Enna an steht das mächtig ausladende Bergmassiv wieder vor Augen, die rußige Rauchfahne zieht nun gen Osten. Was wäre, wenn der Vulkan auf einmal emporgehoben und zerschmettert werden würde? Eine Katastrophe biblischen Ausmaßes wäre die Folge. An einem anderen Ort weiter im Osten ereignete sich genau das vor langer Zeit. Zuvor war da eine Insel, »die runde« genannt, ungefähr so rund wie ein Spiegelei, und an der Stelle des Dotters ragte ein Berg in die Höhe, ein Vulkan, der auf einmal mit den Menschen, die auf ihm und um ihn herum lebten, in die Luft flog, eine Erschütterung der gesamten damals bekannten Welt rund ums Mittelmeer, durch das eine verheerende Flutwelle lief. Die Welt der Naturkräfte hat keine menschlichen Proportionen.

Berstende Heimat: Das geschah auf der Kykladeninsel Santorin, die Atlantis war. *Atlantis?* Ja, das könnte hier gewesen sein, aber seit Platon in den Dialogen *Timaios* (25 c-d) und *Kri-*

tias (108 e) etwa 360 v. Chr. davon erzählte, streiten sich die Experten darüber. Es lag damals schon lange zurück, aber die Naturkatastrophe gab es wirklich, von der Platon sagte, sie habe an einem einzigen Tag und in einer unglücklichen Nacht das gesamte Inselreich Atlantis mit seiner stolzen Seemacht zerstört. Von einem Balkon werfe ich einen Blick auf das Desaster. Es ist unfassbar schön. Das Loch, das die Explosion um 1600 v. Chr. riss, hat sich vermutlich sofort mit Wasser gefüllt. Was vom Spiegelei übrigblieb, ist erkennbar, aber vom Eiweiß sind nur die Ränder erhalten, und auch die nur zur Hälfte. Die Abbruchkanten, die Orte Gia im Norden und Akrotiri im Süden, leuchten weiß. Von der anderen Hälfte zeugt das Felsfragment der Insel Thirasia im Westen. Vom Dotter ragt ein verkohlter Rest aus dem Meer.

Der Balkon, auf dem ich stehe, ist genau genommen die kleine Stadt Fira mit etwa 17 000 Einwohnern. Sie hängt oben am abgerissenen Kraterrand, blickt auf das Stein gewordene Drama und ist aus zahllosen ineinander verschachtelten weißen Bauklötzen unter mir, neben mir, über mir zusammengewürfelt, zwischendurch viele kleine weiße Tonnengewölbe und Kuppeln von Kapellen, durchbrochen vom Blau einiger Swimmingpools. Einen herrlichen Blick auf Stadt- und Naturlandschaft haben dort drüben die Gäste des Hotels Atlantis, nur ein armdickes Seil baumelt quer vor ihrer Nase, vermutlich ein Bündel von Elektrokabeln, die Einheimischen selbst stört das nicht. Wer hier geboren wird, liebt seine Heimat über alles. Wer hier zu Gast ist, fühlt sich rasch zuhause. Diese Freundlichkeit! Dieser weite Horizont!

Die weißen Kreuzfahrtschiffe in der Bucht unten bilden einen unwirklichen Kontrast zu dem schwarzen Monstrum, dem *Dotterrest*, der etwas unheimlich mitten im Wasser liegt.

Rauchschwaden mit Schwefelgeruch wehen aus Erdspalten hervor, sorgfältig von Instrumenten registriert. Wenige Jahrhunderte nach Platon nahm der Vulkan in Form des Gesteinshaufens, der von ihm übrig war, seine Tätigkeit wieder auf. Seither bricht er in unregelmäßigen Abständen aus, immer jedoch gut verträglich für die Menschen, die im Laufe der Zeit die Kraterwände von Neuem besiedelten. Die Natur kann eine ganze stolze Kultur unter sich begraben. Aber ohne Kultur können die Menschen nicht leben. Daher machen sie sich nach jeder Zerstörung unverdrossen an den Wiederaufbau und versuchen erneut, sich mit Kultur eine Heimat in der Welt zu schaffen und darin zu wohnen.

Heimat wird geschaffen mit Kunst und Kultur

Außer mir: Heimat in Menschenlandschaften

»Mich fasziniert am stärksten das alte Gemäuer.«
»Was macht das mit dir?«
»Es gibt mir ein Gefühl von Transzendenz. Es ist so viel älter als ich und wird mich auch weit überdauern.«
»Aber ich muss immer daran denken, was die andere Seite dieser alten Kultur war: Blutrünstigkeit und Gewalt ohne Ende, gerade bei den Tyrannen von Syrakus. Gibt es Kultur nur mit solchen Gegensätzen?«
»Die Frage ist, ob sie so krass sein müssen. Kultur ist, wenn Spannungen abgemildert und zivilisiert werden. Das war die Idee der Inszenierung von Tragödien in den Amphitheatern der griechischen Antike. Auch in modernen Stadien können Menschen ihre überschießenden Energien gewaltlos abreagieren.«
»Ob das ausreicht?«

Wer hinabschauen will, muss hinaufsteigen. Die Tribünen sind aus dem Fels gehauen, der seit Urzeiten da war und auf dem man der Einfachheit halber direkt sitzt, ohne weiteren Komfort. Die Sonne neigt sich zum kühleren Abend hin, die Ränge füllen sich mit Menschen, die den grauweißen Kalkstein mit farbenfrohen Kleidern erblühen lassen. Überall in Griechenland gibt es solche Theater, aber wir sind in Syrakus auf Sizilien, wo dieses hier im 3. Jahrhundert v. Chr. erbaut wurde, und im 21. Jahrhundert n. Chr. noch immer oder von Neuem bespielt wird. Tragödien wie *Die Perser* des Aischylos wurden in alter Zeit auf einer kleineren Vorgängerbühne aufgeführt. Die größere Anlage zeugt von der Bedeutung, die die Kolonie in Syrakus gewann. Ins Theater strömen zu können, auch fern von Griechenland: Das war für die Griechen Heimat. 15 000 Menschen saßen damals auf denselben Steinstufen wie wir. Sonne und Regen vieler Jahrhunderte haben den Stein ausgewaschen und gerundet, aber nicht zersetzt. Eine festliche Stimmung liegt in der Luft, niemand nervt, alle Aufmerksamkeit konzentriert sich auf die Bühne dort unten, die von allen Plätzen des Halbrunds gut zu sehen ist. Hoch gewachsene Zypressen verdecken den Blick aufs Meer.

Unweit des griechischen Theaters wurde eine römische Arena ausgegraben, die die Eroberer der Stadt im 3. Jahrhundert n. Chr. errichteten, aber die dort ausgetragenen Kämpfe zwischen Gladiatoren und wilden Tieren waren kein subtiles Vergnügen. Die Arenen des 21. Jahrhunderts folgen noch immer diesem Modell, nur die Lust an der Grausamkeit hat sich darauf reduziert, Mannschaften gegeneinander antreten zu lassen, die einen Ball traktieren und den Gegner mit Toren statt durch Tod besiegen, während die Ränge vor Begeisterung johlen oder vor Enttäuschung verstummen. Für den Beton, aus dem die modernen Stadien gegossen sind, ist eine Haltbarkeit wie für antike Anlagen zweifelhaft, zumal wenn *E-Sport* auf Bildschirmen sie überflüssig macht. Was sich jedoch hält, ist die überlieferte römische Formel, wonach Menschen Unterhaltung brauchen. Kaum ist das Brot verdient, locken die Spiele, die dem Leben Sinn geben. An der Anfield Road in Liverpool bekunden Fans: »Andere Klubs haben ein Stadion, wir haben eine spirituelle Heimat.« Legendäre Trainer wie Bill Shankly und Jürgen Klopp haben sie darin bestärkt.

Im Berliner Olympiastadion ist von höher gelegener Warte,

weiter vom Spielfeld entfernt, am besten zu sehen, wie sich die Ränge füllen. Auch für die Fans des Berliner Sport-Clubs (BSC) Hertha war dieses Stadion lange Heimat, und auch im neuen wird es ein bestimmter Platz in diesem oder jenem Block sein, mit dem sozialen Umfeld, dem der Einzelne sich zugehörig fühlt. Es ist beeindruckend, was der Fußball für die Beheimatung von Menschen in Zeit und Raum tut. Die Spiele und ihre Übertragungen im TV oder Livestream strukturieren Wochenabläufe und Jahrespläne.

Eines Tages beschließe ich, die leidenschaftlich geliebte Wahlheimat so vieler Menschen kennenzulernen. Die Philosophen haben sich zu sehr auf ihre Theorien kapriziert, während es doch darauf ankommt, mitten im Leben zu philosophieren und sich mit der Menge zu vermählen, wie Sokrates meinte. Also hinein in das brodelnde Stadion, Ostkurve, idealer Ort für das Nachdenken über das Leben. Sofern da noch ein Gedanke ist. Was ich erlebe, ist die Auflösung des denkenden Ich. Ich bin nicht mehr ich. Ich bin außer mir, außerhalb meines Ich, und ich bemerke: Auch dort, im Wir, kann Heimat sein.

Als einer von Tausenden fühle ich mich geborgen in der Masse. Ich ströme einfach mit, ohne genau zu wissen wohin. Es ist tiefenentspannend, nichts überlegen, nichts entscheiden zu müssen, nur zu tun, was alle tun. Jetzt verstehe ich, soweit ich noch verstehen kann, warum Menschen so gerne ins Stadion gehen, auch ich, wenigstens dieses eine Mal: Um den Rausch der Auflösung des Ich zu erleben. Ich bin nur noch offener Mund, aus dem Schreie und unverständliche Laute dringen, wie in Samuel Becketts Theaterstück *Nicht Ich* (1972). Ich gröle die Schlachtgesänge mit, als hätte ich nie etwas Anderes getan, und springe auf, wenn *La Ola* durch das Stadion wogt. Auch ich will Welle sein, bevor gleich wieder die Stimmung umschlägt. Es sind die potenzierten Energien vieler Einzelner, die eine »gehobene Stimmung« erzeugen. Jeder Spielzug entscheidet von Neuem über mein Sein, Frohsein, Verzweifeltsein. Frenetische Freude flammt auf, wenn das Tor auf der richtigen Seite fällt. Nacktes Entsetzen macht sich breit, wenn auf der falschen. Sollte es beim Rückstand bleiben, steht der Sinn des Lebens in Frage. Oder die Gerechtigkeit Gottes. Ersatzweise die des Schiedsrichters.

Je nachdem, in welche Richtung der Ball gestoßen wird, tobt das Stadion vor Begeisterung oder Wut. Schon ein leichtes Antippen verändert mit dem Lauf des Leders den der Dinge. Manches Vorgehen erscheint planvoll, bis wieder das Unvorhergesehene geschieht, wie im wirklichen Leben, bereits aus diesem Grund ist das Fußballspiel so lehrreich. Es erzieht zur *Akzeptanz der Kontingenz*, zur Hinnahme der Zufälligkeit, die immer am Entstehen von Wirklichkeit beteiligt ist, mit der Menschen aber noch nie fertiggeworden sind. Taktik und Strategie können günstige Zufälle wahrscheinlicher machen und dennoch ungünstige nicht ausschalten, das beweist jedes Spiel. Wer Fußball spielt, spielt mit dem Schicksal, das je nach Bedeutung des Spiels nicht nur den Platz und das Stadion, sondern auch den Ort und das ganze Land erschüttert. *Hamburg* und nicht etwa nur der Hamburger Sport-Verein HSV steigt ab oder schafft den Aufstieg. *Deutschland* und nicht nur seine Nationalmannschaft gewinnt oder verliert. Der Einzelne ist sterblich, aber sein *Heimatverein* ist es nicht. Es ist eine Form von Wahnsinn, aber die große Zahl der Beteiligten macht daraus eine Wahrheit.

Ein kollektiver Wahnsinn ist nur durch Ausbruch abzubauen. Die Erfahrung des Spiels sorgt wie im antiken Theater für die *Katharsis*, die Reinigung und Läuterung, die Abfuhr der Affekte, darin liegt der Sinn des Fußballspiels. Erforderlich ist dafür das Hin- und Hergerissensein zwischen Freude und Zorn, Hoffen und Bangen, Triumph und Wut, Lust und Schmerz. Ein gutes Spiel ruft die Lebensgeister wach. Die aufwallenden Gefühle dienen der Steigerung des Lebens. Sieg und Niederlage sind Mittel zu diesem Zweck. Es ist im Grunde wie mit der Liebe, die voller Spannung ist, solange sie sich aus widersprüchlichen Gefühlen nährt. Der Unterschied ist nur, dass der Fußball die Leidenschaften dauerhafter aufrührt. Wie unverzichtbar deren Präsenz ist, führten die leeren Stadien zur Zeit der Corona-Pandemie vor.

Und nicht nur der Fußball, auch viele andere Sportarten haben in modernen Stadien ihre Heimat gefunden. Rock- und Popkonzerte füllen die Arenen, monströse Verstärkeranlagen bringen den Herzschlag auf Touren, Lightshows durchzucken das Gehirn. Viele Menschen geben viel Geld dafür aus, außer sich zu sein. Sie fühlen sich wachgerüttelt und verjüngt, eine Katharsis auch in diesen Fällen. Ins Hintertreffen sind demgegenüber die Theater geraten, in denen Menschen in moderner Zeit weit weniger als in alten Zeiten ihre Heimat sehen. Das Interesse am Geschehen auf der Bühne ist in dem Maße geschwunden, in dem die Inszenierung der eigenen Existenz in den Vordergrund trat. Vielleicht fühlt sich das moderne Theater aber auch zu sehr der Anklage der Besucher verpflichtet, die immer zu wenig tun, um die Welt zu verändern. Einfach nur ins Theater zu gehen, um die Sinnlichkeit des Schauens zu genießen (wie Robert Wilson dies mit jeder Produktion ermöglicht), zu träumen, sich zu amüsieren, von einem Spektakel beeindruckt zu sein und spielerisch zu lernen, gilt vielen Theaterleuten als fragwürdige »Affirmation«, als Bekräftigung bestehender Verhältnisse.

Moderne Amphitheater, die Menschen eine kulturelle Heimat bieten können, werden eher für klassische Konzerte geschaffen. In der von Hans Scharoun erbauten *Philharmonie* in Berlin lausche ich in mich hinein, während die Musik von überallher über mich kommt. Außer mir zu sein, ist hier ein innerliches Einssein mit allem, ohne dass dies mit äußerlicher Exaltation einherginge. Auf intime Weise ermöglicht dies die Neuinterpretation des Amphitheaters, wie im 2017 eröffneten *Pierre-Boulez-Saal* in Berlin, einer dezenten Antwort auf die im selben Jahr erstmals bespielte, spektakuläre Hamburger *Elbphilharmonie*. Ebenerdig ziehen Barhocker diejenigen an, die nur mal die Lokalität für einen Abend wechseln wollten. Rasante Treppen führen vom Vorraum aus nach ganz oben, von wo der Blick in den Saal wie in eine Schlucht hinabreicht. Eigentlich ist der Raum eine große leere Schuhschachtel, in hellem Holz getäfelt. Schwung verlieh ihm der Architekt Frank Gehry durch eine ovale, auf- und abschwingende Galerie auf halber Höhe. Unten gruppiert sich das Publikum um die Musiker, kein Podium. Der Konzertsaal wird zur Wohnzimmerwelt, in der sich alle sofort heimisch fühlen. Der Komponist und Klarinettist Jörg Widmann, der seinem Instrument beim Soloauftritt alles abverlangt, bezeichnet diesen Saal als seine zweite Heimat.

Jetzt aber setzt sich der Maestro selbst an den aufgeklappten schwarzen Flügel, auf dem in goldenen Lettern BARENBOIM prangt, denn nach seinen Vorstellungen wurde er konstruiert. Ihm ist auch der Saal zu verdanken, der nach seinem 2016 verstorbenen Freund, dem französischen Komponisten Pierre Boulez, benannt ist. Als Pianist erarbeitet der Chefdirigent der Deutschen Staatsoper die Musik körperlich und kommentiert sie mit Mimik. Vielleicht hat er auch nur seine täglichen Übungsstunden hierher verlegt. Kameras schauen ihm von allen Seiten zu, wie er Franz Schuberts Sonate in a-Moll, Deutsch-Verzeichnis 537, sodann die Sonate in A-Dur, DV 664, aus den Fingern schüttelt. Befreit hüsteln und räuspern sich die Zuhörer nach jedem Satz. Den Abschluss markiert der Pianist mit finalem Körpereinsatz, verneigt sich ringsum zum tosenden Applaus und trippelt davon. Keine Zugabe.

Durch mich hindurch: Heimat in Klanglandschaften

Es geht auch anders. Der Pianist öffnet den Klavierdeckel und – legt die Hände in den Schoß. Er senkt den Blick. Kein Ton erklingt. Was jetzt? Von draußen dringen Geräusche ans Ohr, der vertraute *Basso Continuo* der Stadt, aus dem ein Hupen hervorsticht, auch eine helle Kinderstimme, das Lied einer Amsel in immer anders variierten Strophen, Stimmen im Hinterhof. Das geöffnete Fenster zur Welt liefert die Komposition, auf die der Komponist selbst verzichtet hat. Die Aufmerksamkeit auf das, was von draußen kommt, verteilt sich auf drei Sätze, jeweils durch Öffnen und Schließen des Klavierdeckels angezeigt. Das Stück endet damit, dass der Pianist nach vier Minuten und 33 Sekunden definitiv den Deckel herabsenkt. *4'33"* heißt das Stück von John Cage, uraufgeführt 1952. 40 Jahre später, als er starb, erlebten wir eine Aufführung zum Gedenken an ihn in Berlin.

Cage sah einen Teil seiner Mission darin, Klanglandschaften, *Soundscapes*, hörbar zu machen, die so typisch für eine Umgebung sind, dass Menschen sie überhören, obwohl sie in ihnen beheimatet sind. Wenn er selbst sich an die Komposition von Stimmen und Klängen machte, überließ er die Zusammensetzung der einzelnen Elemente, *compositio* im wörtlichen Sinne, gerne einem Zufallsgenerator. Zweieinhalb Stunden mit der Regionalbahn westwärts von Berlin hören wir, wie das klingt. Nicht weit vom Harzgebirge wird noch für längere Zeit das Stück *As slow as possible* aufgeführt, in der Diktion Cages *As SLow aS Possible*, Stückbezeichnung *Organ²/ASLSP*, womöglich eine Anspielung auf *Asap*, »As soon as possible«, eine Beschleunigungsformel der Wirtschaftswelt seiner Zeit. Statt alles so schnell wie möglich zu erledigen, soll in Halberstadt in der alten Burchardikirche mit dem nackten, brüchigen Mauerwerk alles möglichst langsam ablaufen. Die meditative Stimmung, die sich beim Herumgehen und Hinhören im ehemaligen Kirchenraum einstellt, macht die Zeit vergessen. »Wenn du es zelebrierst, ist es Kunst«, meinte Cage, »wenn nicht, ist es keine.«

Gilt das auch für die Heimat? Macht das den Unterschied? Was hier zelebriert wird, ist die Langsamkeit. Das Stück soll gespielt werden, bis die erforderliche Orgel vor Altersschwäche auseinanderfällt. Die erste Großorgel der Welt wurde im Jahr 1361 tatsächlich in Halberstadt installiert, und im Jahr 2000 existierte definitiv nichts mehr von ihr, 639 Jahre später. Auf diese Zahl von Jahren wurde das Projekt also veranschlagt, bei dem der Aufbau der Orgel und die Aufführung des Stücks parallel vonstattengehen. 2001 konnte das Experiment gestartet werden. Jeder einzelne Ton wird seither jahrelang von einem Gewicht auf der Taste gehalten. Jeder Tonwechsel wird zum Fest, zu dem Besucher aus aller Welt anreisen. Die anvisierte Zahl von Jahren ist in Form von eisernen Täfelchen präsent, die an den Innenwänden des Kirchenraums wie an einer Schnur aufgereiht sind, versehen mit Namen und Gedanken von Unterstützern. »Wie kurz das Stück ist«, merkt jemand an.

Stimmt, angesichts der Ewigkeit davor und danach. In einer Art von Erinnerung an die Zukunft sicherte ich mir zu meinem 500. Geburtstag das Jahr 2453. Jeder Ton, der erklingt, bringt mich auch der Stadt näher, die ich wieder und wieder besuche. Eine kleine Kaffeerösterei vor Ort erhöht den Anreiz dafür.

Heimat ist überall, dafür sorgt die Musik, die seit jeher in allen Kulturen der Welt zelebriert wird und im 21. Jahrhundert an fast jedem Ort *gestreamt* werden kann. Jedes Werk, jede Komposition, Interpretation und Rezeption ist eine Arbeit am Gesamtkunstwerk der menschlichen Kultur, die Brücken über die Abgründe einer möglichen Sinnlosigkeit baut. Für jeden Menschen können bestimmte Werke so sehr an Bedeutung gewinnen, dass er begeistert ausruft: »Das ist meine Musik!« Die mit ihrer Band *Heliocentric Counterblast* Jazz spielende, früh verstorbene Berliner Musikerin Kathrin Lemke nannte ihre 2016 publizierte Sammlung von Liedern aus vielen Kulturen und Zeiten *My Personal Heimat.* Bis zuletzt verstand sie es damit, eine Atmosphäre der Vertrautheit und Geborgenheit um sich herum zu erzeugen.

Heimat entsteht durch die Gewöhnung an Tonfolgen, Tonarten, Akkorde, Melodien und Rhythmen. Die Vertrautheit mit bestimmten Stimmen und Klängen kann allerdings zur Folge haben, andere befremdlich zu finden. Wohl aus diesem Grund wollen Menschen ihren Musikgeschmack kaum je ändern und ihr Lieblingsmusikstück genau so immer wieder hören. Manche versuchen gegenzusteuern, indem sie sich bewusst für sämtliche Musik der Welt interessieren. Anhaltend schwer hat es jedoch die Neue Musik des 20. und 21. Jahrhunderts, der auch John Cage als Schüler Arnold Schönbergs zugerechnet werden kann. Anders als ein Großteil der Musiker entdeckt ein großer Teil des Publikums kein Zusammenstimmen darin und fühlt sich nicht im selben Maße darin beheimatet wie in klassischen Soundscapes früherer Zeiten. Wird sich das jemals ändern? Kann dies die Musik einer kommenden Zeit sein, eine akustische Heimat für künftige Generationen? Müssen »neue Ohren für neue Musik«, wie Nietzsche meinte (*Der Antichrist*, Vorwort), erst noch wachsen? Wurde nicht auch schon Bachs Musik von einigen seiner Zeitgenossen als »verworren« abgetan?

John Cage markiert mit dem Versuch, den Zufall komponieren zu lassen, einen signifikanten Pol der Kompositionsgeschichte. Johann Sebastian Bach steht für den Gegenpol, nichts dem Zufall zu überlassen. Heimisch fühle ich mich auch in seiner Musik und an Orten, an denen seine Kantaten gesungen und Orgelstücke gespielt werden. In Leipzig, von Halberstadt aus leicht zu erreichen, ist die Thomaskirche zum Gottesdienst am Sonntagmorgen nur spärlich gefüllt. Mir ist, als würden die steinernen Emporen und die zwölf hohen oktogonalen Pfeiler, die den riesigen Raum in drei Schiffe teilen, noch Bachs Atem in sich bergen, so eng ist sein Leben mit dieser Kirche verwoben. Die Knaben und jungen Männer des Thomanerchors ziehen ein und singen vor dem Altar mit glockenhellen Stimmen: *Locus iste a Deo factus est* – »Dieser Ort ist von Gott geschaffen«. Der Text könnte von Bach sein, die Musik aber ist von Anton Bruckner von 1869. Sofort greift die Musik durch das Ohr hindurch nach den Gefühlen und Gedanken und weitet sie ins Unendliche. Ging das Menschen auch zu Bachs Zeiten so?

Dessen Herkunftsheimat war Eisenach. Nach zehn Jahren als Organist und Konzertmeister in Weimar wurde er wegen Halsstarrigkeit in Ungnaden entlassen. Die folgende geruhsame Arbeitsheimat am Fürstenhof in Köthen wuchs ihm ans Herz, aber er wollte mehr. Auch Bach war nicht von Anfang an *Bach*, er hatte noch viel dafür zu tun, es zu werden. Für die begehrte Stelle des Thomaskantors in Leipzig war er nicht erste oder zweite, sondern nur dritte Wahl. Die Widerstände gegen seine neuartige Musik (zu experimentell, zu komplex, zu modern) waren groß, ein Übermaß an Verpflichtungen sollte ihm Kraft rauben. Bach hatte Stress. Das forderte ihn heraus. Die Anfeindungen nutzte er als Motivation zur Weiterentwicklung.

Mit großem Eifer arbeitete er an den Klanglandschaften, mit denen er sich selbst eine Heimat schuf. In der sächsischen Metropole hatte er dafür mehr Bedarf als anderswo. Binnen weniger Jahre komponierte er einen Großteil seiner Kantaten, denen seine Kritiker »ein aus vielerley Schreib-Arten zusammengestoppeltes Wesen« bescheinigten. Mit ihnen durchschritt er die Landschaften seines Lebens und fand Ausdrucksformen für seine Erfahrungen: »Ich hatte viel Bekümmerniß« (BWV 21). Sah er sich selbst in irgendeiner Versuchung, ermahnte er sich: »Widerstehe doch der Sünde« (BWV 54). Grenzenlos war sein Gottvertrauen, Basis aller Entscheidungen: »In allen meinen Taten lass' ich den Höchsten raten« (BWV 97). Für moderne Menschen völlig unverständlich ist sein Verhältnis zum Tod: »Komm, du süße Todesstunde« (BWV 161). Die Texte stammten selten von ihm, aber er wählte sie aus, und dies mutmaßlich mit Hintersinn, wenn er etwa verkündete: »Ich bin vergnügt mit meinem Glücke« (BWV 84) – wohl mit dem Glück eines erfüllten familiären und beruflichen Lebens.

Nicht nur an seiner *musikalischen*, sondern auch an seiner *sozialen Heimat* arbeitete er, der als Knabe bereits beide Eltern verloren hatte, mit großem Nachdruck und bemerkenswerter Zeugungskraft: Sieben Kinder brachte seine erste Frau Maria Barbara zur Welt, 13 weitere nach deren plötzlichem Tod seine zweite Frau Anna Magdalena. Alle Söhne, die überlebten, unterrichtete er in Musik, um mit ihnen die Sprache teilen zu können, in der die Bachs seit Jahrhunderten zuhause waren und aus der sie in schlimmen Zeiten Trost schöpften. Mit den Söhnen konnte er kompositorisch fachsimpeln und bei seiner Frau (die zweite war eine ausgebildete Sängerin) auf jede Art von Unterstützung bauen. Was er zu Gott sagte, mochte er im Stillen auch zur geliebten Frau an seiner Seite sagen: »Ich freue mich in dir« (BWV 133).

Was seine musikalische Heimat angeht, pendelte er unentwegt zwischen zwei Orten: Einerseits der Kirche mit ihrer peniblen Distanz zu allem Weltlichen, andererseits dem Kaffeehaus mit notorischer Freude genau daran. Was die Orte verband, war Bachs inniges Anliegen, mit allen Werken Gott zu ehren. Seine Standardsignatur *S.D.G.*, *Soli Deo Gloria,* sollte vermutlich auch heißen: »Für ihn allein, nicht für euch Ignoranten arbeite ich.« Seine eigentliche Heimat war die Religion, die Liebe zum Wesentlichen (von der noch die Rede sein soll), und es kam ihm nicht darauf an, ob das geistlich oder weltlich zu verstehen war.

Als der ständige Ärger wegen übermäßiger Arbeitsbelastung größer wurde, verschob Bach den Schwerpunkt von der Kirche weg zum Kaffeehaus, wo er sich frei genug fühlte, sich über seine Kritiker lustig zu machen: »Geschwinde, geschwinde, ihr wirbelnden Winde« (BWV 201). Woche für Woche konzertierte er mit befreundeten Musikern im Zimmermann'schen Kaffeehaus in der Katharinenstraße (im Winter) oder im Kaffeegarten am Grimmaischen Steinweg (im Sommer). Seit

1711 mit dem *Coffe Baum* die erste dieser neuen Art von Vergnügungsstätten in Leipzig eröffnet hatte (und 300 Jahre später noch immer existiert), gab ein Lokal nach dem anderen der Leidenschaft für das dunkle Gebräu Raum. Wie schon der französische Barockkomponist Nicolas Bernier 1703, so widmete Bach mutmaßlich in dessen Todesjahr 1734 dem umstrittenen Genuss, dem ebenso himmlische wie satanische Wirkungen nachgesagt wurden, eine humorgetränkte »Kaffeekantate« (BWV 211).

Vor einem Café an der Ostspitze der Thomaskirche sitzend, stelle ich mir vor, wie Bach am Sonntagmorgen vorbeieilt, einen Packen Notenpapier unterm Arm, die Tinte noch feucht. »Anno 1783« steht hoch oben in der Ecke des alten Hauses aus Sandstein, errichtet also 33 Jahre nach Bachs Tod. Ein Goldschmied bot darin einst seine Preziosen an, erst zu Zeiten der DDR, der »Deutschen Demokratischen Republik«, wurde ein Teehaus im Stil Wiener Kaffeehäuser daraus, eine luxuriöse Seltenheit im sozialistischen Reich. Nach der von Leipzig aus erstrittenen Wende von 1989, als ich an der Universität der Stadt zeitweilig eine *akademische Heimat* fand, wurde diese Ecke zum Bezugspunkt in einer fremd anmutenden Umgebung für mich. Aber das Intérieur ging eines Nachts in Flammen auf, alteingesessene Verteidiger der Heimat im Osten gedachten, den Neuankömmlingen aus dem Westen das Leben schwerzumachen. Später stand der westliche Käufer der Immobilie selbst wegen Betrügereien in großem Stil vor Gericht. Aber das Café lebt, der Kaffee ist simpler Robusta, kräftig geröstet, wie ihn die »Kaffeesachsen« lieben und in rauen Mengen trinken.

Es ist ein ruhiger Ort, jedenfalls jetzt am Sonntagmorgen. Eine junge Mutter bleibt mitten auf der Straße stehen, damit die Nachbarin das Baby im Kinderwagen ausgiebig bewundern kann. Zu Bachs Zeiten wäre in diesem Moment eine fürstliche Kutsche durchs Bild gefahren, heute ist es der bürgerliche Luxusvan mit ähnlichem Anspruch. Bach tangiert das nicht mehr. Er ruht (so die Annahme) unter einer Marmorplatte im Altarraum der Thomaskirche. Im steinernen Taufbecken zu seinen Füßen wurden viele seiner Kinder getauft. Der 18. Nachfolger des Thomaskantors wird zwischenzeitlich in sein Amt eingeführt, und zum alljährlichen Bachfest schallt die sonntägliche Kantate vom nahen Markt herüber, wo Bach selbst große öffentliche Konzerte unter freiem Himmel dirigiert hatte.

John Eliot Gardiner, der 2016 sein Buch über ihn allen »Reisegefährten durch Bachs Klanglandschaften« widmete, vergleicht aus seiner Perspektive als Dirigent das Eintauchen in eine andere Welt, sobald die Musik Bachs erklingt, mit einem Tauchgang, der unter Wasser eine andere, exotische Welt erschließt. In dieser Musik hat alles Sinn, alles ist vollkommen durchkomponiert, alles ineinander verwoben, und das überträgt sich auch auf den Hörer. *Wer Bach hört, zweifelt nicht mehr am Sinn des Lebens.* Der Kosmos wird hörbar, und der Mensch fühlt sich in ihm aufgehoben. Die monumentale *h-Moll-Messe* bietet vielen Menschen gerade deshalb eine spirituelle Heimat, weil sie »unabhängig von der orthodoxen Glaubenslehre ist«, wie Gardiner meint. Aber nicht nur in Klanglandschaften, sondern auch in Bildern, die reale oder visionäre Landschaften darstellen, können Menschen beheimatet sein.

Weltweite Umfragen haben zutage gefördert, welche Bilder Menschen an den Wänden ihrer Wohnungen vorzugsweise sehen: Landschaften, in denen sie gerne sein würden. Es sind offenkundig Gefühlslandschaften, die in diesen Bildern anschauliche Form gewinnen, »innere Gärten« etwa der Melancholie oder der Sehnsucht, in denen das Leben wohnlich eingerichtet wird: Dort wäre ich am liebsten, dort ist es schön, das ist *meine Welt*, an dieser pittoresken Küste, unweit von wellenförmigen Wüstendünen, unter schroffen Felszacken, auf diesem bewaldeten Höhenzug, in tief verschneiten Bergen. Wo ist das? Möglicherweise nirgendwo, es kann ein stilisiertes oder komplett erfundenes Bild sein, *Sehnsuchtsheimat.*

Darstellungen von Landschaften haben ihre eigene Geschichte und waren lange der Malerei vorbehalten. Im Mittelalter dienten sie meist der Einbettung religiöser Erzählungen in eine irdische oder himmlische Umgebung. Zur Zeit der Renaissance setzte Leonardo da Vinci seine *Mona Lisa* vor einen irgendwie außerirdischen Hintergrund, der noch mehr nach Interpretation verlangt als ihr maliziöses Lächeln. Zu beiden Seiten ihres Hauptes schlängeln sich Wege durch kantige, kahle Berge zum Meer, eine fahle Sonne beleuchtet die Szenerie, die mit schroffem Kontrast die Makellosigkeit ihrer Gesichtszüge hervorhebt. Die Dame blickt aus einer Welt heraus, die niemand kennt, während sie ihr bestens vertraut zu sein scheint, anders wäre ihre Selbstgewissheit kaum denkbar. Niemand kann ihr dorthin folgen, niemand ihr nachstellen. Wer sich für sie interessiert, muss Distanz zu ihr wahren.

Menschen in ihrer angestammten Umgebung zu zeigen und die eigenständige Bedeutung ihrer Heimat anzuerkennen, unternahmen flämische und niederländische Maler wie Pieter Bruegel der Ältere im 16. und Hendrick Avercamp im 17. Jahrhundert. Als die industrielle Revolution die realen Landschaften umzupflügen begann, entwarfen deutsche Maler wie Caspar David Friedrich und Philipp Otto Runge im frühen 19. Jahrhundert romantische Idyllen als *Rückzugsheimat* der Menschen. Im späten 19. Jahrhundert stellten die Impressionisten ihre Staffeleien direkt in die Landschaft, scheinbar ein Zurück zur Natur, aber entscheidend waren ihre subjektiven Eindrücke, lichte »Impressionen«, die sie den industriellen Verdunkelungen durch den Ruß aus Schloten und Schornsteinen entgegensetzten. Der gewaltige Zuspruch, den die Bilder von Édouard Manet, Claude Monet, Paul Cézanne, Edgar Degas und Anderen im 20. Jahrhundert in aller Welt erfuhren, lässt darauf schließen, wie sehr sich viele Menschen nach einer solchen Heimat im schönen Bild sehnen.

Einer der Impressionisten hatte als Autodidakt das Licht und die neuen Stilmittel erst mit einiger Verzögerung entdeckt. Dann aber bannte Vincent van Gogh mit flutenden Pinselstrichen das Sonnenlicht an den Ufern der Seine auf die Leinwand und ließ als Zeichen der Zeit eine Dampflokomotive durchs Bild fahren (*Brücken über die Seine bei Asnières*, 1887). Wo in der neu angebrochenen Zeit konnte noch Heimat sein? Von dieser Frage im Leben wie in der Malerei umgetrieben, versuchte er mit dickem Farbauftrag die Welt der Natur festzuhalten, jeder Pinselstrich ein Ausrufezeichen: Das ist die Heimat des Menschen! In seinen Augen ist die Menschenwelt ein Teil der Natur, die unter Aufbietung aller Kräfte von Menschenhand kultiviert werden kann. Die Menschen aber bleiben eingebettet in den Kreislauf von Werden und Vergehen, verkörpert von säenden und erntenden Bauern in südfranzösischen Landschaften. Kann sein, dass die Heimat, die er darstellte, bereits zu seiner Zeit eine nostalgisch verklärte Illusion war. Kann aber auch sein, dass die Industrie, die in der Natur nur noch auszubeutende Kohlegruben sah, von vornherein zum Scheitern verurteilt war.

Unverdrossen schichtete van Gogh mit satten goldgelben Farben Weizenfelder auf und versenkte eine grellgelbe Sonne hinter qualmenden Schornsteinen: *Sommerabend* (1888). Mit den Bauern mähte er die Felder ab und machte ohne sie einen Ausflug ans Meer, um dort in allen Schattierungen von Blau zu schwelgen: *Das Meer bei Saintes-Maries* (1888). Ähnlich wie Nietzsche im norditalienischen Turin geriet er in einen Schaffensrausch und brach fast zur selben Zeit wie der Philosoph im Dezember 1888 in Arles zusammen. Nietzsche saß fortan nur noch stumm am Klavier, van Gogh knallte den Pinsel noch heftiger auf die Leinwand, nun in Auvers-sur-Oise. Die Striche bogen und wölbten sich und versetzten Weizenfelder, Bäume und Wolken in heftige Turbulenzen. Selbst der Bauer, der im Jahr zuvor noch in Ruhe sein Korn schneiden konnte, schwang nun geradezu hektisch die Sichel: *Der Schnitter* (1889). Die Einbettung von Menschen in die Natur konnte der Maler dennoch nur auf Tableaus beschwören, nicht wirklich wiederherstellen.

Landschaften waren in der Malerei schon oft dargestellt worden, van Gogh aber machte die Farben selbst zur Landschaft. Nach eigenem Gesetz entstanden Farblandschaften aus einer kräftigen Palette: *Olivenbäume* (1889). Mitten im Sommer kräuselte sich Getreide in grünen und braunen Farben, als könne es nicht mehr reifen: *Weizenfelder mit Blick auf Auvers* (1890). Von demselben Blau wie die Kornblumen waren die Hügel dahinter, der Himmel leuchtete lindgrün: *Weizenfeld mit*

Kornblumen (1890). So malte in der Geschichte der Malerei nur einer. Dieser Pinselstrich war nur ihm eigen. Mit völliger Selbstverständlichkeit ging er ihm von der Hand. In den Farben erkannte er sich selbst. In den Bildern schuf er sich selbst eine Heimat. Der einzige Ort, an dem er sich bis zuletzt heimisch fühlte, war die Leinwand. Sein Leben bestand darin zu malen, was sonst sollte der Sinn des Lebens sein? Sollte auch dieser Sinn irgendwann in Frage stehen, konnte er nicht mehr weiterleben.

Fremd wurde ihm die Malerei seines Freundes Paul Gauguin, der die Rückkehr zur Natur in gewollt »primitiven« Formen und einem amourösen Leben auf Südseeinseln suchte. Die einzige Beziehung, in der van Gogh noch vollkommene Vertrautheit und Geborgenheit erfuhr, war die zu seinem Bruder Theo. Vergebens versuchte er eine Rahel genannte Gabrielle oder Gaby, die er offenbar in Paris kennengelernt hatte und der er nach Arles folgte, für sich zu gewinnen. Dabei brachte er ihr doch sein Ohr dar, etwa so, wie ein Stierkämpfer seiner Angebeteten das Ohr des erlegten Stiers verehrte. Ein Aufenthalt in der Psychiatrie konnte nichts daran ändern, dass alle Bindungen an Andere, an Tradition und Konvention sich auflösten. Eine letzte verzweifelte Selbstbehauptung van Goghs war die Folge.

Mit Kunst und Kultur sind Menschen in der Lage, sich Heimaten zu schaffen, in denen sie leben können. Nackte Ichs bleiben jedoch übrig, wenn keine schützende Hülle sie mehr umgibt. Erkennen moderne Menschen sich aus diesem Grund in diesen Bildern wieder? Die radikal subjektive Wahrnehmung und der Eigensinn der individuellen Vorgehensweise charakterisieren ein Ich, das sich in keine äußere Natur und keine soziale Gemeinschaft mehr eingebettet fühlen kann. Ein

Fanal könnte jedoch sein, was aus dem auf sich reduzierten Ich van Goghs wurde. Er hielt es nicht mehr darin aus. Die Form des Ich wurde zu eng für die freigesetzten Energien, die darin tobten. Von ihnen zeugen die lodernden Pinselstriche, die über die Leinwand züngeln, und die flammenden Farben, die als Feuer in diesem Maler brannten: *Kornfeld mit Krähen* (1890). Die Explosion seiner Kreativität fand ein jähes Ende mit dem Schuss in die eigene Brust, dem er 1890 erlag, erst 37 Jahre alt.

Was nicht mit ihm starb, war das Problem der verlorenen Heimat und die selbstgestellte Aufgabe, sich in der Kunst eine zu schaffen. Die Maler der Künstlergruppe *Die Brücke* wählten dafür ebenfalls äußere Landschaften als Motiv. Ernst Ludwig Kirchner griff den Impuls van Goghs auf, dessen Gemälde er in einer Ausstellung 1905/06 in Dresden studiert hatte, und trug die Farbe genauso pastos auf, bevor er seinen eigenen Malstil entdeckte. Wie die Kollegen entfloh er der modernen Stadtlandschaft und hoffte, die verlorene Beziehung zwischen Mensch und Natur in Bergen, Wäldern, Feldern, an Flüssen, Seen und Meeren wiederzugewinnen, »unmittelbar und unverfälscht«. Aber in Davos beendete 1938 auch er sein Leben, den Worten seiner Frau Erna zufolge »im luftleeren Raum«.

Das moderne Ich war damit freilich noch lange nicht am Ende, wie sich zeigen sollte. Es trumpfte vielmehr auf wie nie zuvor, Paul Klee gab ein Beispiel dafür: »Ich bin Gott. So viel des Göttlichen in mir gehäuft, dass ich nicht sterben kann. Mein Haupt glüht zum Springen. Eine der Welten, die es birgt, will geboren sein« (*Tagebücher*, Eintrag Nr. 155 von 1901).

Landschaften nur abzubilden, war dafür keine Option mehr. Um Heimat für ein Ich zu sein, zerlegte Paul Klee sie in ihre Farb- und Formelemente und setzte sie völlig neu zusammen

(*Südliche Gärten*, 1919). Im 21. Jahrhundert nahm David Hockney die Tradition englischer Landschaftsmaler wie John Constable und William Turner wieder auf, eignete sich aber seine Herkunftsheimat Yorkshire, die er am Anfang seiner Karriere in dezenten Farben dargestellt hatte, mit iPad-Zeichnungen in der knalligen Palette der Popart neu an (*Die Ankunft des Frühlings in Woldgate, East Yorkshire*, 2011).

Herman de Vries wiederum komponiert Bodenproben von Heimaterden, die er in vielen Regionen des Planeten gesammelt und zu feinem Staub zermahlen hat, auf riesigen Wandflächen zu vielfarbigen Bildern: Heimat Erde (*Biennale* in Venedig 2015). Katharina Grosse schließlich sprüht dreidimensionale, begehbare, zeitlich limitierte Acrylfarblandschaften großflächig in Ausstellungsräume und über sie hinaus, die Betrachter halten mit Selfies ihr Selbst in diesem Farbenrausch fest (*It Wasn't Us*, Hamburger Bahnhof, Berlin 2020).

In der digitalen Moderne wird eine *Bilderheimat* oft mit Fotos von Landschaften herzustellen versucht. Auf *Instagram*, der Plattform für die schönen Seiten des Lebens, widmen sich Menschen in aller Welt mit großer Leidenschaft der Landschaftsfotografie, Reisende folgen ihnen auf dem Fuß. Wer selbst fotografiert, weiß allerdings, wie eine Landschaft im Sucher zu arrangieren ist, damit sie so erscheint, wie sie zur *Wunschheimat* werden kann: Weiter nach links, rechts, oben, unten, mehr Licht, weniger Licht, mehr Farbe, kräftigere Kontraste. Die wirklich vor Augen stehende Landschaft ist zu unübersichtlich und stellenweise uninteressant, Strommasten und Fabriken stören den Eindruck. Auch ich rücke die Landschaft so lange zurecht, bis sie mir gefällt. Tausende Bilder entstehen unterwegs, kaum finde ich die Zeit, sie noch einmal am Bildschirm anzusehen, schon verschwinden sie im Speicher, der sich definitiv nicht mehr auf dem Dachboden befindet. Wozu noch fotografieren? Warum blicke ich nicht nur? Weil ich mich in Beziehung zu diesem Ausschnitt der Welt setzen und den Moment für immer bewahren will. Das Bild suggeriert etwas Bleibendes. Es dokumentiert die Momentheimat, auch wenn sie nur noch Erinnerung ist. Den gespeicherten Augenblick kann ich durch Raum und Zeit transportieren und mit Anderen darüber kommunizieren. Beides, Speicherung und Weitergabe, leistete einst die Kulturtechnik der Schrift.

Bücherlandschaften: Heimat in den Katakomben des Geistes

Mein Problem ist nur: Ich kann nicht schreiben. Klingt kokett, ist aber Tag für Tag meine Erfahrung. Dennoch schreibe ich, es ist nun mal meine Arbeitsheimat. Mit Buchstaben und Zeichen baue ich an der Welt, in der ich leben kann. Einen Text zu schreiben heißt, mir etwas von Bedeutung, also eine Heimat zu schaffen. Die Textur der Schrift ist die Landschaft, in der ich mich geborgen fühle, an jedem Ort und zu jeder Zeit. Und nicht nur meine eigene Schrift ist mir vertraut, sondern auch die des geliebten Menschen, die mir zu Herzen geht, wenn ich sie nur sehe. Wenn ich schreibe, werde ich ganz nebenbei inhaltlich vertraut mit dem, worüber ich schreibe, sowohl in Grundzügen als auch in Details. Wider Erwarten geht das Schreiben leider nicht leicht von der Hand. Sobald ich etwas geschrieben habe, bemerke ich, dass es nicht genau das ist, was ich sagen will. Darüber, was das ist, muss ich mir erst klarer werden. Daher modifiziere ich zehnmal, 20-mal, bis die Annäherung größer wird. Erscheint mir die Arbeit zu schwer, ermahne ich mich: Andere müssen auch schwer arbeiten.

Es gibt Gründe dafür, dass das Gesagte und Geschriebene selten mit dem identisch ist, was ich sagen will. Alles kann zugleich existieren, aber nicht zugleich zu Sprache und Schrift werden. Was gesagt und geschrieben wird, unterliegt der Notwendigkeit der Festlegung und Abfolge, dem Prinzip der *Definition und Sukzession*. Ich muss die Dinge benennen und kann nur nacheinander von ihnen erzählen, während sie namenlos nebeneinander bestehen und untrennbar miteinander verflochten sind. Wenn ich von einer Wirklichkeit spreche und schreibe, schweige ich von einer anderen. Das ist das Dilemma der Sprache: Die Welt der Worte ist zu eng, um der Weite der Welt, der Vielfalt der Dinge, der Geschehnisse, Beziehungen, Empfindungen, Gedanken und Phantasien gerecht zu werden. Und doch sind die Worte unverzichtbar, um von alldem zu erzählen. Was bleibt, ist der Kampf um das treffliche Wort und den klingenden Satz, nie kann es schon gleich ein ganzer Text sein. Tiefe Befriedigung, geradezu Erfüllung empfinde ich, wenn etwas sich fügt, tiefe Unzufriedenheit, wenn nicht. Sprechen und Schreiben ist ein Leben mit dem Misslingen und Neubeginnen.

Was der Sprecher und Schreiber als allzu begrenzt erfährt, kann dem Hörer und Leser unendlich reich erscheinen. Auch ich verbrachte als Kind schon jede verfügbare Zeit in Büchern, sie waren meine Wohnung in Worten, meine *Bücherheimat*, in der ich mich täglich bewegte. Kein Kind in meiner realen Heimat machte so etwas, aber das hinderte mich nicht daran, weiter zu lesen, meine frühe Art der Heimatpflege. Ich war besessen von Büchern und wollte umgehend selbst welche schreiben. Es war meine Welt, die nur in Zeichen existierte, aber für mich war sie wirklicher und vielfältiger als die Umgebung, die nur aus einer einzigen Wirklichkeit bestand und keine andere kennen wollte, als wäre das schon ausreichend für ein Leben. Eine Heimat in Sprache und Schrift, eine Vertrautheit und Geborgenheit darin, kommt auch dann zustande, wenn die dargestellte Welt allein der Phantasie entsprungen sein sollte. Nur eine einzige schmerzliche Enttäuschung mutet das Lesen dem Lesenden zu: Irgendwann zurückzumüssen in die gewöhnliche Umgebung, zurück aus der uferlosen Welt unbegrenzter Möglichkeiten in die eingedämmte, allzu begrenzte Wirklichkeit. Also das nächste Buch.

Jede Kultur, mit der Menschen sich eine Heimat schaffen, beruht auf bedeutungsvollen Gesten, Lauten, Bildern, Symbolen, Buchstaben und auch Zahlen. Die Erfindung von Zeichenwelten war der große Kultursprung der Menschheit. Mit ihnen wurde es möglich, die gegebene Welt zu deuten und andere Welten zu erfinden, sich mit Anderen zu verständigen und über Räume und Zeiten hinweg Informationen weiterzugeben, etwa mit Zeichen auf Höhlenwänden, Tontafeln und Papyri. Papier wurde zum meistgenutzten Zeichenträger. Es ist auch meine Heimat, egal ob leer, beschrieben oder bedruckt. Sollte es irgendwann seine Bedeutung verlieren, bleibt weiterhin die der Zeichen erhalten, dann eben transportiert von anderen Medien. Wie sehr die Zeichenwelten an Heimatgefühlen beteiligt sind, kann jeder in anderen Kulturen erfahren, die ihm fremd und unzugänglich erscheinen, da er (oder sie oder divers) ihre Zeichen nicht versteht und vielleicht nicht einmal wahrnimmt. Zweifellos gibt es ein Leben auch ohne Zeichen, aber es geht mit dem Gefühl einher, ausgeschlossen zu sein.

Besuch beim gemeinnützigen Verein »Lesen und Schreiben« in Berlin-Neukölln. Er hilft jungen Menschen und Erwachsenen bei der Überwindung von Schwächen beim Lesen,

Schreiben und Rechnen. Jeden Tag gehen hier Leute ein und aus, die erlebt haben, wie sehr es das Leben erschwert, Zeichen nicht entziffern und nicht verwenden zu können. »Ich war Busfahrer«, sagt Alex, 26 Jahre alt, »und wäre gern mehr gefahren. Aber weil mein Lesen nicht ausreichte, konnte man mich nur dort hinschicken, wo ich mich auskannte.« Er konnte die Umgebung wiedererkennen, die er durch eigene Erfahrung kannte, nicht aber sich mithilfe abstrakter Zeichen in einer Umgebung orientieren, die ihm unbekannt war. Er fand sich dort zurecht, wo er schon mal war, aber Schilder und Stadtpläne sagten ihm nichts.

Die mangelnde Zeichenkenntnis, die meist entweder Buchstaben oder Zahlen betrifft, selten beide zugleich, wirkt sich auf die gesamte Lebensführung aus. Die einfachste Organisation des Alltags bereitet Mühe, kein Notizzettel kann entziffert, kein Kontostand überprüft werden. Die Welt der Unmittelbarkeit herrscht vor. Ohne Abstraktionsvermögen ist es schwer, Distanz zu einem Geschehen und zu sich selbst zu gewinnen, wie es beispielsweise für eine friedliche Lösung von Konflikten nötig wäre. Jeder Schritt in die weite Welt der Zeichen stärkt aufgrund neu erworbener Kompetenzen jedoch das Selbstgefühl. Jeder noch so kleine Fortschritt, der mithilfe eines simplen, aber wirkungsvollen »Schreiblernsystems« zu erreichen ist, wird zum Anlass enthusiastischer Freude, die jetzt den jungen Busfahrer bewegt. Es ist staunenswert, wie die Welt sich für jemanden weitet, der sich in der Welt der Zeichen zu bewegen beginnt, die unendlich groß erscheint, obwohl sie doch mit einer sehr kleinen Zahl von Zeichen, etwa den Buchstaben des Alphabets, gestaltet wird.

Die erste Schwierigkeit besteht darin, in den Zeichen der jeweiligen Kultur *heimisch* zu werden. Die zweite aber, sie auch *durchschauen* zu lernen, also zu erkennen, dass mit ihnen ein Trugbild der realen Welt geschaffen werden kann. Dann erst kann ein Mensch nachvollziehen, wie abstrakte Zeichen in Form von Worten, Bildern und Zahlen konkrete Dinge ersetzen können, ohne noch eine Rückbindung zur Realität zu haben. So herzhaft zum Reinbeißen, wie auf dem Plakat abgebildet, schmeckt der wirkliche Cheeseburger nur selten. Über Geschmacksverstärker und Zusatzstoffe, die der Gesundheit wenig zuträglich sind, informieren allenfalls winzige Zeichen. Wer die Zeichen nicht durchschaut, ist den simulierten Welten des Marketings, der Werbefilme und Influencer ausgeliefert, die ein tolles Leben mit den angepriesenen Produkten versprechen. In der modernen Welt, in der Zeichen allgegenwärtig sind, ist eine eigene *Zeichenkompetenz* unverzichtbar, um den Mächten, die sich der Zeichen mit Täuschungsabsicht bedienen, nicht ohnmächtig ausgeliefert zu sein.

Vorzugsweise durch den Gebrauch von Büchern wurde sie traditionell erworben. Lesen war das Grundelement der *Bildung*, also der Möglichkeiten, sich ein Bild von sich und der Welt zu machen, möglichst zutreffend, um gut damit umgehen und auch selbst sich und die Welt bilden, nämlich gestalten zu können. Die *Bildungslandschaft* einer Kultur offerierte mit einem umfangreichen Buchwissen viele Möglichkeiten dafür. Der Lebensweg eines Menschen war ein Weg durch diese Landschaft mit all ihren Bildungseinrichtungen am Rande von Haupt- und Nebenstraßen, Um-, Ab- und Holzwegen. Meine eigene *Bildungsheimat* fand ich in Büchereien und Bibliotheken beinahe mehr noch als an Schulen und Universitäten. Als ich bemerkte, wie sehr ich mich in dieser Umgebung zuhause fühlte, verbrachte ich so viel Zeit dort wie nur möglich. Es waren Orte des Lesens und Lebens für mich. Sie ermöglichten den Rückzug von aller Welt, um mich der Welt zuzuwenden, die in Büchern repräsentiert war.

Anders als in den sehr viel umfangreicheren Internetbibliotheken war in den Regalen realer Bibliotheken der hochgestapelte Geist aller Zeiten sinnlich erfahrbar. Ich lebte inmitten der versammelten Denker, atmete dieselbe Luft wie sie und setzte darauf, dass schon durch meine bloße Anwesenheit etwas von ihrem Wissen auf mich übergehen würde. Ich hatte an ihren Denkprozessen teil, nahm einiges von ihnen auf und machte mir mit dem Stift in der Hand eigene Gedanken dazu. Daran, dass die Bibliothek (die »Bib«, wie eine jüngere Generation sie kurz und zärtlich nennt) selbst ein arbeitendes Gehirn ist, erinnert am sinnfälligsten die Form der 2005 eröffneten Philologischen Bibliothek von Norman Foster an der Freien Universität Berlin. Die Bücher sind die Neuronen, die vielfältigen Bezüge dazwischen die Synapsen. Den oberirdischen Beständen entsprechen viel umfassendere in den unterirdischen Katakomben des Geistes etwa der Staatsbibliothek (»Stabi«) zu Berlin. In dem nach Plänen von Hans Scharoun 1978 erbauten Gebäude an der Potsdamer Straße saß ich oft mit geschlossenen Augen, ohne wirklich zu schlafen. In meinem Kopf arbeitete es wie wild.

Die Zukunft der Bibliotheken aber ist nicht an Bücher gebunden. Über der Bildungslandschaft sind virtuelle *Clouds* aufgezogen, aus denen überall und jederzeit Wissen herabregnen kann. Die Bildung und Weiterbildung durch bewegte Bilder erscheint spannender als das Blättern in Büchern. Die Bildung endet nicht mit den alten Medien, sie erneuert sich in der Bildung durch Bildschirme und Podcasts, die leisten müssen, was einst Romane und Sachbücher verbürgen konnten: Herzensbildung, die das Einfühlungsvermögen und Lebenswissen fördert, und wissenschaftliche Bildung, die die neuesten Erkenntnisse vermittelt. Bedeutung bemisst sich nun daran, etwas oder jemanden »auf dem Schirm zu haben«. Dass Bilder die Worte überflüssig machen könnten, ist nicht zu befürchten. Eine Kultur *beyond words* müsste auf jede detaillierte Form der Darstellung und Verständigung verzichten. Selbst eine drahtlose Kommunikation zwischen Gehirnen wird auf die Ausformulierung von Gedanken angewiesen sein, wenn sie sich nicht im Austausch von Stimmungen erschöpfen soll.

Was aus Büchern noch werden kann, wird sich zeigen. Damit Büchereien und Bibliotheken aber nicht zu Gemäuern verfallen, die mit ähnlichem Interesse besucht werden wie antike Katakomben, geben sie dem bücherlosen Leben neuen Raum, etwa als *Idea Stores* wie in London. Die Besucher können alle möglichen Medien nutzen, Podcasts hören und selbst produzieren, Lernvideos ansehen, Musik und Filme streamen. Mehr als je zuvor werden Büchereien neben Wohnungen und Arbeitsstätten zu »Dritten Orten« (Ray Oldenburg, 1989), perfekt realisiert in der 2020 eröffneten *Folkebibliotek* Deichman in Oslo, dem Architekten Einar Hagem zufolge »ein großes Wohnzimmer für Oslos Bevölkerung«. Heimat ist an diesen integrativen Orten ohne »Bezahlschranke« und ohne Konsumzwang zu erfahren. Hier ist Gesellschaft, auch wenn die Einzelnen ganz für sich sind. Hier werden Werte wie Offenheit und Zugehörigkeit verwirklicht, die die Basis einer lebendigen Demokratie darstellen.

Im 21. Jahrhundert muss sich die Zeichenkenntnis auch auf Daten und Programmiersprachen erstrecken. Größer als das Problem, dass ich nicht schreiben kann, ist das Problem, dass ich nicht programmieren kann, denn so kann auch ich nicht recht durchschauen, was Andere mir vorsetzen, die in digitalen Sprachen zuhause sind. Ich bin hilflos wie der Busfahrer, sobald ich die Datenpfade verlasse, mit denen wohlwollende Andere mich vertraut gemacht haben. Das Verführerische an Daten und Zeichen ist, Welten von unendlichem Reichtum bilden zu können, die ganz für sich selbst existieren. Und doch sind Leben und Welt mit ihren endlos verzweigten Zusammenhängen und Wechselwirkungen bei weitem nicht nur das, was Daten und Zeichen zu erfassen vermögen. Zur Kompetenz, mit Daten umzugehen (*Data Literacy*), gehört daher auch die Kompetenz, sie in die analoge Lebenslandschaft einbetten zu können, in der es um sinnliche Erfahrungen, Gefühle, Deutungen, Bewältigung des Alltags, Umgang mit sich und Anderen, Kommunikation, Kooperation und Konfliktfähigkeit geht. Statt sich allzu sehr von neuen Techniken beunruhigen zu lassen, kommt es darauf an, eine Vertrautheit des Umgangs mit ihnen zu entwickeln und sie ins Leben zu integrieren, wie das auch bei älteren Techniken möglich war, die Menschen jüngst noch viel bedeutet haben.

Eine Handvoll Heimat: Von der Telefonzelle zum Smartphone

Für die Jüngeren ist es eine Erzählung aus sagenumwobener Zeit. Die Älteren können noch für eine Weile eigene Erfahrungen beisteuern. Der Ablauf war damals allen geläufig: Aus der Gemeinschaft der dahinströmenden Menschen scherte einer aus, steuerte zielstrebig auf das knallgelbe Häuschen zu, zog mit einem Ruck die Tür auf, die ihm beim automatischen Zuziehen in den Rücken fiel, und dann war es still. Kalter Zigarettenmief hing in der Luft. Wichtig war, die Geldstücke bereitzuhalten, sie einzeln in den Schlitz zu manövrieren, auf ihre klackende Ankunft in der Münzenschlange zu warten und, wenn sie durchrutschten, zu fluchen, ihre Kante aufzurauen, sie erneut einzuwerfen und endlich die Zahlen einzutippen. Banges Warten, ob der Andere sich meldete, um schließlich mit seiner Stimme allein zu sein.

Kommunikation ist Kultur. Ihr dienten einst die Telefonzellen, diese Orte der Sehnsucht, die es erlaubten, in geschützter Öffentlichkeit in den Gehörgang eines anderen Menschen zu kriechen. Manche richteten sich in diesem Geviert ein, als wäre es ihr Wohnzimmer, während bei den Wartenden draußen vor der Tür die Geduld zur Neige ging. Wo immer es Gründe dafür gab, die Kommunikation aus der eigenen Wohnung auszulagern, bot die Telefonzelle eine Heimat für intime Momente. Das weithin leuchtende Gehäuse stach nicht nur ins Auge, weil es sich markant von der Umgebung abhob, sondern auch, weil das Auge danach suchte. Es war ein Versprechen: Du bist nicht allein, du kannst Verbindung aufnehmen und dem Anderen sagen, wie es dir geht und was du machst, ihn fragen, wie es ihm geht und was er macht, den Blick in die leere Ferne gerichtet, als müsste er, dessen Stimme so nahe war, dort zu sehen sein. Trivial? Nein, eine wechselseitige Versicherung der Existenz, ein Schutzwall gegen die Einsamkeit, solange die Geldstücke reichten. Dass die Telefonzelle selbst vereinsamen und in Vergessenheit geraten könnte, gehörte ins Reich der Undenkbarkeit.

Aber Menschen sind notorisch untreu. Kaum war das Handy erfunden, ließen sie die Telefonzellen links liegen. Binnen weniger Jahre schrumpften die großen Zellen zu kleinen Kästchen, die jeder bequem in der Hand halten konnte, während die Geldstücke unhörbar auf dem Konto klackten. Niemand weinte über den Verlust, so groß war die Begeisterung für das

Neue. Wie eine Vergangenheit entsteht, auf die Menschen zurückblicken können, war hier zu beobachten. Im Jahr 2001, just zum Beginn des neuen Jahrtausends, tauschte die deutsche Telekom in einer Blitzaktion viele Telefonzellen aus. Was an die Stelle der Zelle trat, wurde »Säule« genannt, mit einem Telefonhörer dran, von freischwebenden Glasscheiben flankiert, die nicht einmal notdürftig vor Lärm, Mithörern und der Witterung schützten. Außer Dienst gestellt wurden sogar Prachtexemplare wie die englische Telefonzelle mit deutscher Apparatur am Tegeler See in Berlin, wo ich einst im kalten Winter ein wärmendes Gespräch mit der Geliebten führte, die meine Frau wurde. 2018 war sie weg. Die Zelle, meine ich. Sie wurde zur Seite geschoben, ein loses Kabel baumelte sinnlos dort, wo einmal ein Hörer war.

2019 waren alle gelben Zellen verschwunden. Ihre sterblichen Überreste liegen, nein, stehen auf einem Friedhof für Telefonhäuschen in Michendorf bei Potsdam herum. Hätten die schmählich im Stich gelassenen Liebesboxen nicht wenigstens ein paar Tränen verdient? Für wenig Geld lässt sich jede einzelne von ihrem traurigen Schicksal erlösen. Dass viele zu Bücherboxen umfunktioniert werden, ergibt Sinn, da ja auch das Bücherlesen eine Art von Fernsprechen ist – mit dem Autor, auch ohne ihn persönlich zu kennen, und mit der Zeit, in der das Buch geschrieben wurde. Wer sich ein Häuschen als Schmuckstück in den Garten stellen oder zuhause zur Sauna umbauen will, sollte sich beeilen. Irgendwann wird auch hier die große Retrowelle anrollen und an die *Exheimat* in der Zelle erinnern, dann erweist sich der frühe Erwerb als kluges Investment. Wenn nicht, ist die Telefonzelle endgültig tot. Ihre Überbleibsel werden unbemerkt im Boden versinken, wie es mit jeder untergehenden Kultur geschieht. Erst in ferner Zeit werden Archäologen sie wieder ausgraben und sich den Kopf zerbrechen, was es damit wohl auf sich hatte.

Viel mehr als ein Menschenalter war ihr nicht vergönnt. Die erste Telefonzelle wurde 1881 in Berlin in Betrieb genommen, »Fernsprechkiosk« genannt, für dessen Benutzung »Telephon-Billets« zu erwerben waren. Ein letztes Exemplar, Modell *TelH78* (*Tel*efon-*H*äuschen, erstmals *1978* in Dienst gestellt), fristet seinen Lebensabend am Museum für Kommunikation in Berlin, Leipziger/Ecke Wilhelmstraße, auf schwarzem Sockel in postgelbem Putz, noch nicht in Magentarot, das erst mit *TelH90* eingeführt wurde. Telefonieren kann hier keiner mehr, es handelt sich um eine leere Hülle, sicherlich ein Kunstprojekt. Das mit schwarz lackierten Steinen gepflasterte Umfeld, das an die Unwirtlichkeit einer Mondlandschaft erinnert, soll wohl signalisieren, dass das Telefonieren in der Telefonzelle nur noch etwas für ahnungslose Außerirdische ist. Einmal sprühte jemand grellgelb »SEX« auf den geschwärzten Randstein hinter der Zelle. Der zugehörige Pfeil zeigte rechtsherum, Richtung Finanzministerium, aber das konnte nicht gemeint sein, *no sex at all.* Wollte der Sprayer darauf hinweisen, was in der Zelle alles möglich war? Aber jede Toilette war geräumiger.

Einstweilen reduziert sich der Sex darauf, dass alle mit allen in Kontakt sind, überall und jederzeit, stehend, gehend, fahrend, essend, liegend, allein oder im Beisein Anderer. Aus der Zellenliebe wurde eine *Mobilmanie,* aus Gesprächen im Ausnahmezustand eine Kommunikation allüberall, an jeder Ecke, ohne Anfang und Ende. Einst konnten die Draußenstehenden aus Mimik und Gestik derer, die drinnen am Hörer agierten, ihre Schlüsse ziehen. Jetzt werden Andere ungefragt zu stummen Zeugen fortwährender Ich-Reportagen. Niemand hat die Absicht, etwas zu verbergen. Das entrückte Lächeln in *kommunikativer Ekstase* gilt keinem Anwesenden. Selten weint ein Mensch in sein Gerät hinein, häufig ist die Fröhlichkeit so überdreht, als müsste das eigene Selbst erst noch von ihr überzeugt werden. Eine Auszeit zum Atemschöpfen, eine *kommunikative Askese*, wie die Telefonzelle sie einst schon mit ihrer Unbequemlichkeit erzwang, ist in die Handgeräte nicht eingebaut worden. Und doch ist auch diese Sichtweise eine Frage der Perspektive. In südlicheren Kulturen scheint die totale Kommunikation kein Problem zu sein: Sitzt man an einem Tisch mit Anderen, kommt eben ein weiterer Gesprächspartner hinzu, sobald das Kästchen schrillt.

Weit mehr, als die Telefonzelle es je war, wurde das handliche Format zur Heimat für alle, zu einem Basislager, das praktischerweise überallhin mitgeführt werden kann. *Heimat ist, wo das Handy ist.* Seither hat jeder sein Zuhause selbst in der Hand, wo immer er geht und steht. Der Klingelton hatte für eine Weile die Funktion, ein Stück Heimat hörbar zu machen, etwa das Miauen der Katze, die zuhause wartete. Klingeltöne waren das große Ding, das den Erfindern viel Geld einbrachte. Alle ergötzten sich daran, wie es klang, tönte, schepperte, säuselte, quietschte, wieherte. Bis viele bemerkten, dass es nur noch nervt – und dass sie selbst dazu beitragen. 2010 tobte die Klingelzeit noch, 2015 war sie weitgehend ausgestanden, eine bessere Welt ist möglich! Aber wo ist das Museum, in dem die Heimatvertriebenen ehemaliger Klangwelten noch einmal das Quietschen der Telefonzellentür und all die verklungenen Klingeltöne nachhören können?

Ein Akkordeonspieler ist jetzt auf dem Gehsteig zu hören. Ah, nein, eine Frau mittleren Alters wühlt hektisch in ihrer Handtasche, reißt ihr Handy heraus und knallt es sich ans Ohr. Es ist wie mit dem Haustürschlüssel, der sich immer in der Tiefe irgendeiner Tasche befindet. Auch der Zugangscode zum Handy schließt eine Wohnung auf. Die *virtuelle Wohnung* bietet Platz für alle, die um das Lagerfeuer des Displays herum versammelt sind. Fast alles, was in der realen Wohnung möglich ist, ist es auch in der virtuellen. Jedenfalls ist das so, seit die Handys Bildschirme erhielten und fortan *Smartphones* hießen. Diese Disruption hat ein Datum und trägt einen Namen: Steve Jobs stellte das neue Gerät am 9. Januar 2007 in San Francisco vor, ein einziges Gerät für alles. Seither kann jeder jederzeit an fast jedem Ort kommunizieren, recherchieren, navigieren, sich informieren und, ja, auch sich echauffieren, sein Konto kontrollieren, fotografieren, spielen, einkaufen, surfen, daten, posten, das Wetter beobachten, nachts Sterne und Satelliten identifizieren: *Usability*, digitale Lebenskunst.

Wie sehr es auch meine transportable Heimat geworden ist, wird mir jedes Mal klar, wenn mich der Gedanke durchzuckt, ich könnte es verloren haben. Mühselig müsste ich mein Leben wieder analog organisieren. Als *Trageheimat* ist das Smartphone mein Haltegriff auch im öffentlichen Leben. Andere Leute ansprechen bei einer Vernissage? Anstrengend! Ich gehe lieber ein paar Schritte zur Seite und tauche ab in die Welt, die ich in der Hand halte und in der ich mich auskenne. Das Gerät ist mein Schneckenhaus, in das ich mich zurückziehe und ganz bei mir bin. Ich habe mich schon dabei ertappt, dass ich den Blick auf den Bildschirm wie ein Signal für die Anwesenden verstand: »Ich brauche euch nicht. Meine Freunde sind interessanter als ihr.« Sollten die Anderen genauso denken, bilden die Anwesenden am ehesten noch durch ihre kommunikative Abwesenheit eine Gemeinschaft.

»Vor lauter Handy vergessen die Menschen die ganze Welt um sich herum«, höre ich auf dem Gehsteig eine Frau sagen.

Meint sie mich? Bin ich auch schon zum *Handy-Zombie* mutiert? In der Telefonzelle war die Weltvergessenheit noch umhüllt von einem schützenden Gehäuse, das Handy aber lässt mich ungerührt gegen einen Laternenmast laufen. Es ist der perfekte Ausdruck der Ortlosigkeit eines modernen Menschen, seiner Befreiung von der Bindung an einen definierten Raum. Eine neue Unbestimmtheit ergibt sich aus der Dynamik der Moderne, eine Auflösung nicht nur der Beziehungen zueinander, sondern auch zu Orten. Alle flimmern wie Quanten durch die Welt und durchqueren Transiträume, statt an bestimmten Orten zu bleiben. Unentwegt unterwegs weiß auch ich zwischendurch nicht mehr, wo ich bin. *Zuhause ist, wo WLAN ist.* Bis ich mich von einem Anrufer aufgefordert fühle, den Ort zu benennen.

»Ja, hallo, ich sitze gerade im Zug nach X, jetzt kommt der Bahnhof Y, heute Abend bin ich in Z.« Viele Gespräche, auch meine eigenen, beginnen so. Es handelt sich um eine Selbstvergewisserung: Jetzt erst, da ich es erklären soll, wird mir klar, wo ich mich befinde, zuvor schwebte ich in einer verträumten Wolke der Unbestimmtheit. Vorbei die Zeiten, in denen mich die Nabelschnur des Festnetztelefons an einem bestimmten Ort festhielt. Jetzt bin ich dort daheim, wo mein Handy ist, egal wo, aber wo ist der Andere? Weiß ich, in welcher Situation ihn mein Anruf erreicht? Eigentlich ist es immer unpassend, wie ich aus eigener Erfahrung weiß, im Restaurant, beim Einsteigen in den Bus, an der Supermarktkasse. Eine Kommunikation wird hier begonnen, eine andere dort unterbrochen.

Schon das Telefon war nicht nur ein Instrument der Kommunikation, sondern auch der *Kommunikationsstörung*, wenn der Anruf zur Unzeit kam. Erst recht ist das eine Eigenschaft der Handykultur, bei der noch der Unort hinzukommt. Entscheidende Fragen kann jedoch jede und jeder sich selbst stellen: Wozu will ich ständig Andere erreichen und für sie erreichbar sein? Aus reiner Freude daran? Oder bin ich ungern mit mir selbst allein? Hoffe ich insgeheim auf grundstürzende Neuigkeiten, die Bewegung in mein Leben bringen? Wohl aus solchen Gründen fällt auch mir eine Abstinenz schwer: Ich würde mich abgekoppelt vom Leben fühlen. Besser, die Kommunikation hört niemals auf. Das ist möglich, wenn das Leben vollständig auf Bildschirme verlagert wird.

Aufbruch ins Neuland: Auf Bildschirmen beheimatet

Bald nach dem Mauerfall (eigentlich Mauersturz) 1989 in Berlin, in einer Zeit, in der so vieles ins Rutschen geriet, das für alle Zeiten unerschütterlich erschien, tauchte ein verrückter Typ in Berlin auf, der nur deshalb nicht weiter auffiel, weil Verrücktheit damals normal war. Alle Gespräche mit ihm kreisten um einen einzigen Gedanken, den er in amerikanischem Englisch endlos wie ein kaputter Plattenspieler wiederholte: *Connecting people!* Er wackelte dazu mit Daumen und Zeigefinger, um die verbindende Funktion anzuzeigen, die er mithilfe von Computern zu bewerkstelligen hoffte. Ich wusste, dass es Computer gibt, verstand aber nichts von alldem und meinte, die Menschen könnten doch einfach miteinander reden. Er zog ostwärts weiter, aber es handelte sich nicht um Mark Zuckerberg, da bin ich mir sicher. Der machte einige Jahre später genau das: *Connecting people!* 2004 gründete er Facebook und konnte sich später vom Verdacht loskaufen, er habe die Idee dazu von Anderen geklaut.

176

1989 hatte unbemerkt von irgendwelcher Öffentlichkeit Tim Berners-Lee am Cern in Genf das *World Wide Web* erfunden, eine Nutzung des Internet, in dem Plattformen mit der Vernetzung von Computern wiederum Menschen vernetzen. Historisch gesehen war das neu, ein uferloser digitaler Raum ohne nennenswerte reale Räumlichkeit, eine Art Wiederkehr der Metaphysik nach ihrem Ende in der Moderne. Ohne offenen Horizont können Menschen offenbar nicht leben.

Als die deutsche Bundeskanzlerin Angela Merkel 2013 von einem »Neuland« sprach, wurde sie dafür heftig angefeindet. Viele hielten dieses Land damals für bestens bekannt, bevor sie bitter erfahren mussten, wie unbekannt ihnen insbesondere die problematischen Seiten waren. Neuland wird durch Revolutionen gewonnen, und alle sind dann Lernende in der neuen Welt, die nur durch Erfahrungen zu erschließen ist. So war es beispielsweise bei der Französischen Revolution von 1789, und so verhält es sich mit dem digitalen Neuland, nur dass Revolution nun *Disruption* heißt. Kaum wird das Handy zum Smartphone, der dicke Computer zum dünnen Notebook, wandern bereits die ersten Chips unter die Haut, während eine fernere Zukunft in all den smarten Dingen nur die archaische Zeit der digitalen Anfänge sehen wird.

Wie üblich wurde das Neuland zunächst von Abenteurern und Hasardeuren erobert, *Digital Pioneers*. Auf dem Fuß folgten Heerscharen junger Menschen, die sich über den Freiraum freuten, den die Älteren noch nicht besetzten, ja, oft noch nicht einmal kannten. Die *Digital Natives* wuchsen im Neuland auf und begriffen es als ihre angestammte Heimat. Erst mit dem gemächlich dahinziehenden Tross trafen die Älteren ein, *Digital Immigrants* (wie die *Natives* eine Begriffsprägung von Marc Prensky, 2001), deren Herkunftsheimat noch die analoge Welt war, in die sie sich jederzeit wieder zurückziehen konnten. Auch kommende Generationen werden jeweils in einem technischen Neuland aufwachsen, in dem sie als jüngere *Natives* die älteren *Immigrants* mit freundlicher Nachsicht in der Handhabung der neuesten Techniken unterweisen können. Wieder und wieder werden die Jüngeren mit der neuen Welt von klein auf vertraut sein, die Älteren aber den Verlust ihrer vertrauten alten Welt beklagen.

Nicht mehr nachvollziehbar, bald schon vergessen wird das Erstaunen sein, als zum ersten Mal *E-Mails* auf dem Bildschirm aufleuchteten. Niemand wird sich noch an die Suche nach stationären Bildschirmen erinnern, um auf Reisen »Mails zu checken«. Damals schossen Internet-Cafés weltweit so schnell aus dem Boden, wie sie wenig später darin versanken, als die digitalen Briefchen jederzeit per Smartphone ausgetauscht werden konnten. Mails waren auf Anhieb so erfolgreich, weil sie anders als analoge Briefe nicht tagelang unterwegs waren und anders als Telefonate nicht unkalkulierbar hereinbrachen und keine zeitliche Festlegung erforderten. Flexibilität, Zauber dieser Zeit! Für eine Weile blieb wie beim alten Briefkasten die gespannte Erwartung erhalten, welche Neuigkeiten der *E-Mail-Account* enthält, bevor die Befürchtung überhandnahm, er könnte mal wieder geflutet worden sein.

Stand der Bildschirm einst nur als TV im Wohnzimmer, sodann als PC im Arbeitszimmer, liegt er seither ständig in der Hand. Die *Bildschirmheimat* ist zu einem Teil des Lebens geworden. Waren für die Älteren noch Moderator und Talkmasterin auf den klassischen TV-Kanälen Familienmitglieder, so sind es für die Jüngeren zahlreiche Influencer auf allen anderen Kanälen. Und jeder kann selbst Sender sein, der auf Bildschirmen sein Leben erzählt, postet, bloggt, tweetet, instagrammt, zu jeder Tages- und Nachtzeit und von jedem beliebigen Ort aus. Wer es zur Erholung vorzieht, Empfänger zu sein, kann Serien schauen, eine willkommene Auszeit von der Anstrengung, selbst leben zu müssen, »ein Stück Heimat« für viele: Anderen dabei zuzusehen, wie sie Lebensmöglichkeiten durchspielen, für sich selbst Bestätigung zu erfahren, Anregungen aufzunehmen, Alternativen abzuwägen. Die Deutung und Interpretation des eigenen Lebens kommt in Gang, auch unbewusst, selbst beim *Binge Watching*, beim Serienglotzen, solange das Koma noch nicht eingetreten ist.

»Ich bin ein Internet-Mensch«, sagt eine 27-Jährige im Gespräch. Abends nach der Büroarbeit begibt sie sich ins Netz, schaut Fotos und Videos an, hört Musik und chattet. »Das Internet ist mein Zufluchtsort. Ich liebe es und will es nicht verlieren.« Es ist ihre *digitale Heimat*, die ihrem Leben neue Räume eröffnet hat, wie jedes Neuland, das erobert wird, dieses hier aber in ungewöhnlichem Ausmaß.

Jedes Neuland beruht auf einer *Entgrenzung*, und die neuen Möglichkeiten werden zunächst unmäßig genutzt, aufgrund romantischer Träume von einem schöneren Leben, aber auch aufgrund des Suchtpotenzials, das typisch für Entgrenzungen ist und irgendwann neue Begrenzungen erforderlich macht. Die Geburt einer neuen Lust macht die Nacht zum Tag, und erst die Erfahrung kann zeigen, wie viel Leben damit zu gewinnen ist, ohne sich in den Labyrinthen finsterer Räume zu verlieren. Übermäßiger Austausch auf allen Kanälen kann auch Überdruss zur Folge haben. Immer mehr Anwendungen und Erleichterungen können die Leichtigkeit des digitalen Seins unerträglich schwer machen.

Manche sind so hingerissen vom Geschehen auf Bildschirmen, dass sie ihr Leben komplett dorthin verlagern. Bis sie entdecken, dass ihnen etwas abhandengekommen ist. »Deine Generation hat einen Vorteil, der uns verlorengeht«, sagt eines Tages mein älterer Sohn Jonathan: »Ihr wisst noch, wie reales Leben geht.« Tatsächlich, darüber täuscht die gesamte Digitalisierung hinweg: Dass das Leben dennoch real bewältigt werden muss. Die konkrete Erfahrbarkeit *irl, in real life*, ist auch unter digitalen Vorzeichen unverzichtbar. Das verlorene Lebenkönnen kann immerhin mit mehr Bewusstheit als je zuvor wiedergewonnen werden, wenn es gelingt, der Digitalisierung Grenzen zu setzen und das Leben abseits der Technik nicht aus den Augen zu verlieren. Ohnehin muss analogen Notwendigkeiten Tribut gezollt werden. Ein Mensch muss essen, trinken, schlafen, mit sich zurechtkommen und Beziehungen zu Anderen pflegen, die nur partiell zu digitalisieren sind. Eine pragmatische Strukturierung des Alltags mithilfe von Zeiteinteilung und Gewohnheiten gibt dem Leben Rhythmus und einen Rahmen, in dem Techniken ihren Platz finden, wo immer sie gut zu gebrauchen sind.

Als große Errungenschaft empfinden viele die *Entgrenzung des Ich*, dessen Resonanzboden alle Welt ist. Virtuelles Flanieren ist eine der Gangarten im Netz und sorgt für überraschende Begegnungen, etwa mit der New Yorker Künstlerin Leah Schrager. Im neu entstandenen Genre der Netzkunst schreibt sie mit ihrem *Infinity Selfie* das klassische Selbstporträt fort, immer neu, vorzugsweise nackt. Sie bezeichnet sich als »sex-positiv«, ihr Portal bewertet ihre Bilder allerdings als negativ und löscht sie, denn im prüden 21. Jahrhundert müssen sie *SFSM, Safe For Social Media* sein. Lediglich die obszöne Position der Selfiestange im *Infinity Selfie 3* scheint den Zensoren und ihren Algorithmen entgangen zu sein. Also wieder zurück zum analogen Buch, entschied die Künstlerin und betitelte es mit dem Wahlspruch aller Flaneure im Netz: *Pics or It Didn't Happen* (2016), »zeig' Bilder, oder es hat nie stattgefunden«. Dieser Forderung folgen alle gerne. Vorzugsweise mit Selfies, bei deren Entstehung *Selfie-Museen* in Budapest, Hollywood, Amsterdam (»Youseum«) und anderswo assistieren und zugleich dokumentieren, mit welchen Mitteln der Kampf um Sichtbarkeit geführt wird.

Der Reiz des Selfies beruht darauf, dass das Ich sich so inszenieren kann, wie es von sich und Anderen gesehen werden will. Es dient der raschen Vergewisserung der Selbstheimat. Mehr Mühe mit Selfies haben sich in der Geschichte Maler wie Albrecht Dürer und viele Andere gegeben. Selfies befriedigen den Narzissmus, der sich gerade dadurch (hoffentlich) in Grenzen hält. Mit der kommunikativen Einbeziehung Anderer, denen sie zugesandt werden, entwickelt sich ein *vernetztes Ich*, das nicht mehr nur auf sich bezogen ist. Das Internet ist eine weltumspannende Erfolgsgeschichte, weil der Einzelne sich jederzeit mit Anderen verbunden fühlen kann und nie mehr Heimat entbehren muss, wo immer er sich auch aufhält, eine Intensivierung des Lebensgefühls. Umso heftiger fällt jedoch ein so analoges Gefühl wie Verlassenheit aus, wenn der permanent Vernetzte plötzlich allein ist, weil da kein Netz ist, kein digitales und kein analoges. Just die Entgrenzung lässt das Ich an neue Grenzen stoßen.

Eine Herausforderung ist die Unzahl möglicher Begegnungen im Netz. Neuland ist kein kleines Dorf, sondern die größtmögliche Weltstadt. Eine *soziale Entgrenzung* geht damit einher. Die Möglichkeiten sozialer Beziehungen, die den »sozialen Medien« ihren Namen gegeben haben, sprengen alle Grenzen der Zahl, der Entfernung, des Status, der Nationalität. Verführerische Optionen eröffnen sich bei der Suche nach Liebe für eine Nacht oder fürs Leben. Individuelle Interessen lassen sich augenblicklich abgleichen, zu akzeptieren ist lediglich, dass Andere mit dem Selbst genauso verfahren, wie das Selbst mit ihnen: Wisch und weg. Auch Freundschaft kann *online* gefunden und *offline* vertieft werden und erfüllt vielleicht am ehesten die Sehnsucht nach echten und verlässlichen Beziehungen. Alltägliche Begegnungen und die Zusammenarbeit am Arbeitsplatz sind mit digitalen Medien mühelos zu organisieren. Eine nachbarschaftliche Vernetzung ist bei vielen Alltagsfragen willkommen. Der Umgang mit Behörden und Dienstleistern kostet keine Wartezeit mehr, die Begegnung mit überlasteten Menschen hinter einem Schreibtisch wird nicht von vielen vermisst.

Das Netz erleichtert die Kontaktaufnahme mit Anderen und ermöglicht, das Leben mit vielen zu teilen. Aber es ist unmöglich, alle persönlich kennenzulernen, und schon gar nicht, auf sie bauen zu können, wenn das Leben schwierig wird. Soll eine vertraute Heimat im Umgang mit Anderen zustande kommen, braucht das soziale Leben eine *Begrenzung*, eine Definition der wichtigsten Beziehungen, um sie zu pflegen, auch mithilfe sozialer Medien. *Abgrenzung* ist nötig gegen Anfeindungen im Netz, die die Selbstverständlichkeit des Lebensgefühls Betroffener aushebeln können. Die Entgrenzung des sozialen Lebens hat die Feindseligkeiten erst ermöglicht, die zur digitalen Pandemie geworden sind. Wer Andere nach Belieben öffentlich anschwärzen und anfeinden will, ohne dafür einstehen zu müssen, findet auf sozialen Plattformen die ideale Bühne. Der Hass auf Andere und alle Welt, der in manchen Menschen auch anlasslos tobt und lange zwischen vier Wänden blieb, weil die eigene Stimme nicht viel weiter reichte, kann in alle Welt hinausgeschrien werden, wo er Resonanz findet und weiteren Hass erzeugt. Filter sind unumgänglich, um den Effekt in Grenzen zu halten.

Die Entgrenzung hat außerdem Probleme der *digitalen Entsicherung* herbeigeführt. Zu viele Anbieter im Netz machen aus dem Dienst am Kunden einen Nachrichtendienst, um sein Verhalten auszuspionieren. Selbst der »Gefällt mir«-Button muss dafür herhalten. Auch seriöse Provider ziehen aus automatisch generierten »ortsbezogenen Vermutungen« (*Geoscoring*) Rückschlüsse auf die Kreditwürdigkeit des Users und loten Spielräume der Preisgestaltung für ihre Angebote aus. Eine alte Frage stellt sich damit neu: Wie ist die Heimat am besten zu schützen? Auch die digitale Heimat bedarf einer *Absicherung*, wenn sie bewahrt werden soll. In realen Räumen wird mit Mauern operiert, zum Schutz virtueller Räume werden *Firewalls* errichtet. Ein absoluter Schutz vor Missbrauch und Übergriffen ist allerdings illusorisch. Geht es um Datensicherheit, kann auf nichts und niemanden vertraut werden. Am ewigen Katz- und Maus-Spiel ist gleichwohl nichts zu bedauern: Gäbe es die perfekte Absicherung, wären auch kriminelle Machenschaften nicht mehr aufzudecken.

Das größte Problem der Entgrenzung könnte jedoch die *digitale Entsinnlichung* sein. Im virtuellen Raum werden die Sinne vernachlässigt, bereits der Blick auf den Bildschirm selbst ermüdet den Sehsinn. *Video-Fatigue* hat ihren Grund darin, dass es am Austausch von Energien etwa durch nonverbale Kommunikation fehlt. Gemessen daran, was die Sinnlichkeit für die Erfahrung von Sinn im Leben bedeutet, ist es kein Zufall, dass die Sinnfrage dort am drängendsten wird, wo die Digitalisierung am weitesten geht. Es fehlt an sinnlicher Erfahrung des *Raums*, in dem viele sich nicht mehr wirklich bewegen. Da

Entfernungen irrelevant sind, geht mit dem Raumgefühl auch das Gefühl für sich selbst in Relation zum Raum verloren. Ebenso fehlt es an sinnlicher Erfahrung der *Zeit*, die zur bloßen Gegenwart im Hier und Jetzt schrumpft. Die Vergangenheit erscheint uninteressant, die Zukunft ist in Gestalt des Neuesten immer schon da. Eine künftige Zeit wird sich noch wundern, wie wenig die Menschen der digitalen Epoche miteinander kommunizierten, da davon nicht viel übrigbleibt, die Datenträger werden bald nicht mehr entzifferbar sein. Gegensteuern kann der Einzelne selbst, der vom *Gaming Chair* rutscht und sich real in Bewegung setzt, sich für Geschichte und seine eigene Herkunft interessiert und manches auf herkömmliche Weise dokumentiert.

Die Entsinnlichung kann die Wiederentdeckung der Sinnlichkeit zum Erlebnis machen. Je digitaler die Welt, desto größer die Sehnsucht nach dem Handfesten, Konkreten. Das Anfassbare triumphiert. Die neu erwachte Leidenschaft vieler fürs Kochen und Fermentieren könnte so zu erklären sein, auch die Beschwörung einer neuen Echtheit durch die Rückkehr zum Handwerk (oft mit digitaler Unterstützung) in der *Craftsbewegung*, um gut gemachte Dinge wie Brot, Bier, Kaffee, Seifen, Uhren, Möbelstücke wieder wertzuschätzen. Der in der Praxis unbeholfene Computernerd wird abgelöst vom handwerklich versierten Praktiker, der sich auch digital gut auskennt. Auf die Beheimatung in virtuellen Welten folgt das Bedürfnis nach Ausgleich in der realen Welt, auch nach einer neuen Beheimatung im Sinne willentlicher Verwurzelung an einem Ort. Wiederentdeckt wird die Natur, zumindest ihre Beschreibung (*Nature Writing*), die Liebe zu Bienen und zum »Waldbaden«, zum Draußensein überhaupt, zu Land und Garten oder wenigstens zu Balkon- und Zimmerpflanzen.

Digitalisierung war gestern, auf sie folgt eine *Analogisierung*, die sie ergänzt und korrigiert. »Analoger Konsum« heißt die Antwort auf die digitale Bestellwut. Retro wird Trend. Kaum hat sich das *Streamen* durchgesetzt, wird die Schallplatte wieder interessant. *Lo-Fi*-Musik mit simpler Technik konterkariert Hi-Fi. Das *E-Book*, das das altbackene Buch ablösen sollte, kommt über einen begrenzten Anteil am Buchmarkt nicht hinaus. Auch in der virtuellen Welt sind haptische Erfahrungen wichtig, um heimisch werden zu können: Berührungen des Bildschirms verlangen nach sinnlichen Rückmeldungen, winzigen Vibrationen, um als vollzogen wahrgenommen zu werden.

Selbstverständlich kann Sinnlichkeit auch simuliert werden, aber wirklich erfüllend wirkt nur ein sinnenfrohes Leben. Zur Wiederauffrischung der Sinne organisieren *Experience Services* Exkursionen, Begegnungen, Konzerttickets, Restaurantbesuche für alle, die sich in der analogen Welt nicht mehr selbst zurechtfinden. Für eine starke Wiederauffrischung sorgte die Corona-Pandemie 2020, als Einschränkungen der Bewegungsfreiheit den Wert analoger Erfahrungen wie Bewegung, Berührung, Beziehung bewusstmachten. Als wertvoll erwies sich jedoch ebenso, die kulturelle Welt, Konzerte, Ausstellungsbesuche, Schulunterricht, Studium, Konferenzen und alle Kommunikation zum Teil in die digitale Welt verlagern zu können, als Zusammenkünfte zur Gefahr wurden.

Zuletzt unterliegt die Digitalisierung selbst der Disruption. Mit ihrer Durchsetzung beginnt der Abschied von ihr. Jede Gegenwart wird irgendwann zur Geschichte. Fragen brechen auf: Was hat es gebracht? Was haben wir verloren? Was wollen wir wiedergewinnen? Aus der *Entzeit*, der Zeit der totalen Entgrenzung, wird die *Wiederzeit*, die Zeit der Wiederentdeckung all dessen, was zur Rettung des Menschen vor seiner Technik beitragen kann. Die neuerliche Analogisierung bietet Schutz vor der Verletzlichkeit von Systemen und Funktionen und bewahrt das Ich davor, dass ihm sein Leben völlig entgleitet. Wer die Freude am wirklichen Leben wiederentdeckt, übertreibt es nicht mehr mit der Digitalisierung. Die Entwicklung neuer Techniken hält das nicht auf, aber sie können sinnvoller ins Leben integriert werden, mit neuem Interesse für das praktische Leben vor Ort, wie etwa auf *myheimat.de.*

Auch Technik ist ein Bestandteil der Kultur, kunstvoll hergestelltes Menschenwerk, eine mit geistiger Anstrengung geschaffene Erweiterung menschlicher Fähigkeiten, um die Wirklichkeit des Lebens zu sichern und neue Möglichkeiten zu gewinnen. Wo die *technische Entgrenzung* jedoch Menschen selbst bedroht, wird sie ethisch und politisch begrenzt werden müssen. Das gilt auch für die »Künstliche Intelligenz« (KI), deren Intelligenz zunächst die der Programmierer ist, die sich technischer Mittel bedienen, um Rechenoperationen in riesiger Zahl durchführen zu lassen und Muster in ungeheuren Datenmengen zu erkennen. Auch selbstlernende Systeme und die neueste KI, die mithilfe »Künstlicher Neugierde« lernt, sind programmierte Systeme. Kreativ sind allein die Köpfe, die dahinterstecken und Intuitionen und Ideen haben. Künstliche neuronale Netzwerke können sogar Kunstwerke malen und komponieren? Ja, aber es bedeutet ihnen nichts. Menschen hingegen brauchen Bedeutung. Bedeutung ist ihre Heimat, in der Moderne mehr noch als sonst, um auch mit Technik leben zu können. Die Frage ist nur, was aus alten, analogen Kulturtechniken wird, die in Gefahr stehen, mit der Digitalisierung unterzugehen. Was wird beispielsweise aus der Zeitung?

Der erste Gang am Morgen, die ersten tiefen Atemzüge, wenn die Haustür hinter mir zufällt. Ich gehe in die Welt hinaus, um mir die Welt ins Haus zu holen. Mich jagen keine *Breaking News* schon im Bett. Für mein morgendliches *Update* bewege ich mich körperlich, und so kann ich mit dem Zeitschriftenhändler schon mal gleich die Lage der Welt in ein paar knappen Sätzen erörtern. Geliebte Gewohnheit, jeden Morgen. Gewohnheiten sind wichtig fürs Leben, mit ihrer Hilfe lässt sich vieles besser bewältigen. Natürlich sollen sie nicht überhandnehmen. Sie sind nicht dazu da, das Leben zu ersticken, sondern sollen ihm einen Rahmen geben, an dem die schönen Blüten der Genialität sich emporranken können, falls da welche sind – bis sie die »hinreichende Schöpfungshöhe« erreichen, die Landgericht und Oberlandesgericht München 2019 als Bedingung für Originalität einforderten.

So war das einmal mit dem Morgenritual, so wird es nie mehr sein. Der YouTuber Rezo, der sich 2019 mit einem Video an der »Zerstörung« großer deutscher Parteien versuchte, mit enormer Resonanz, nahm sich damals gleich noch die Printmedien vor: »Ich bin so froh, dass das kein Teil von meinem Leben ist, dass diese ganze Printwelt ganz fern von mir ist, Alter.« Lange war diese Welt ein Teil meines Lebens, aber für die heranwachsenden Generationen ist Papier keine Heimat mehr. Mit einem nostalgischen Blick zurück will ich meinen noch nicht geborenen Enkeln von dieser alten Welt erzählen, falls sie sich künftig dafür interessieren.

Die Printausgabe war für mich die Welt, in Falten gelegt. Ich fühlte mich wohl in dieser Welt. Täglich kehrte sie in identischem Format wieder, täglich zur gleichen Zeit. In der vorwärts stürmenden Zeit stellte sie ein zyklisches Element dar. Wenn ich sie entfaltete, knisterte sie und lag ausgebreitet vor mir, nüchtern und sinnlich zugleich. Auch ein *E-Paper* konnte beim Weiterwischen rascheln, aber was trägt ein Fake der Sinnlichkeit zum Leben bei? Es ist wahr, der Aufwand war unvertretbar groß, eine Zeitung herzustellen. Sehr viele Leute mussten Informationen sortieren, Massen von Papier bedrucken, ausliefern, austragen, Remittenden wieder einsammeln und verrechnen. Aber das Produkt war meine *mediale Heimat*. Es war übersichtlich in Bereiche unterteilt und vermittelte ein Gefühl von Ordnung und Überblick. Das half bei der Bewältigung des Lebens. Die Zeitung war Lebenshilfe.

Horizontale und vertikale Linien leiteten die Fluten der Informationen in ein geregeltes Flussbett. Titel und Untertitel wiesen in genau definierten Größen Bedeutung zu. Anders als ein kleiner Bildschirm vermittelte das Printformat einen Eindruck von der Größe der Welt. Ich fand es wichtig, dass das große Ganze präsent bleibt und nicht nur kleine Ausschnitte zu sehen sind. Und ich wollte nicht abgleiten an der glatten Oberfläche eines Displays, sondern einhaken bei den gedruckten Lettern auf Papier. Dass das gedruckte Wort sich stärker einprägt als das bildschirmglatte, das schneller und oberflächlicher aufgenommen wird, ergab ebenfalls im Jahr 2019 die europäische Studie *E-Read*.

Von vorne? Von hinten? Das war die Gretchenfrage unter Zeitungslesern. Was mich angeht, warf ich nur einen kurzen Blick auf die erste Seite, um die Überschriften zu überfliegen. Dann widmete ich mich ausgiebig der letzten Seite, dem »Bunten aus aller Welt«. Weltpolitische Ereignisse standen vorne, Eifersuchtsdramen hinten. Von hinten, wo es menschelte, arbeitete ich mich nach vorne, wo die Politik so tat, als wäre sie frei davon. Das dauerte, aber die Zeit dafür nahm ich mir. Zeitunglesen war eine gute Gelegenheit, *müßig* zu sein, passiv, rezeptiv. Darauf beruhte die spannende Entspannung, die es versprach.

Die Printausgabe ermöglichte, in aller Seelenruhe hin und her zu blättern und beiläufig mehr Weltwissen zu gewinnen, mehr Zusammenhänge zu verstehen und das Geschehen der Welt gelassen zu betrachten. Der Einblick in viele Bereiche des Lebens, der schnelle Überblick auf einigen Seiten: Das war ein permanentes *Studium generale*, ein jederzeit verfügbares Instrument der Weiterbildung. Gerne nahm ich Anregungen auf: Gute Autoren brachten Aspekte ins Spiel, an die ich nicht gedacht hatte, unternahmen Deutungen, die mich überzeugten, und vertraten Meinungen, die meine Gegenmeinung herausforderten. Ich pickte heraus, was ich interessant fand und brauchen konnte: Was geschieht in der Stadt, im Land und anderswo in der Welt? Wo finden welche Events statt, worauf sollte ich achten? Was sollte ich wissen, was sind die neuesten Erkenntnisse? Nebenan stand nur die Kaffeetasse, das einzige Genussmittel, das der Lust des Zeitunglesens das Wasser reichen konnte.

Zugestanden, Print war unhandlich. Dennoch nutzte ich die *Online-Ausgabe* meiner Zeitung nur, wenn ich die Druckausgabe auf Reisen nirgends bekommen konnte. Denn das Netz, das um *Online* herum flirrte, verbreitete mit seinen uferlosen Möglichkeiten eine strukturelle Unruhe, die mich nervös machte. Lockende *Links* verführten mich zu Klickkaskaden und wieder mitten hinein ins Chaos des Netzes, in die ungeordnete Gleichzeitigkeit, in der alles gleich bedeutend und unbedeutend war. Sekundenschnell konnte ich erfahren, was geschah, während ich *chattete*, unterwegs durch die News *scrollte* und nur mal schnell die Nachrichten *checkte*. Ich konnte zusehen, wie alles im Fluss war, sehr aufregend, aber immer ging es um jetzt, jetzt, jetzt! Immerzu ploppte etwas auf, das auch noch wahrgenommen werden wollte. Ständig blinkte und winkte ein Werbespot. Permanente Aktualisierungen prügelten mich durch den Tag. Nie erlöste mich das Gefühl, die letzte Seite zuklappen zu können und fertig zu sein für heute.

Niemand hält es auf Dauer aus, wenn nie etwas feststeht, wenigstens bis morgen. Daher war Print so wichtig. Zeitung war Ordnung, das war ihr Sinn. Die Kunst, Zeitung zu machen, bestand darin, der Wirklichkeit eine überschaubare Form zu geben, nicht sie vollständig abzubilden. Sie war nicht in erster Linie Möglichkeitswelt, sondern eine Definition der Wirklichkeit, bevor diese vom Sog der Ereignisse wieder fortgerissen wurde. Dem entsprach die Kunst, Zeitung zu lesen, die ihren höchsten Genuss darin fand, wenigstens morgens um sieben die Welt noch für überschaubar zu halten. Klar war die Welt nicht in Ordnung, aber für einen Moment brauchte ich sie so, um Orientierung zu gewinnen. Auf dieses Festland konnte ich flüchten, um nicht im aufgewühlten Meer des Weltgeschehens unterzugehen.

Online rennt der Zeit hinterher, *Print* hatte immer etwas mehr Zeit dafür, Schneisen in den Dschungel der wuchernden Informationen zu schlagen, Komplexität in einem vertretbaren Maß zu reduzieren, Information von Desinformation zu unterscheiden, Themen zu gewichten, Bedeutung einzuschätzen und unterschiedliche Sichtweisen zu berücksichtigen. Mit mehr zeitlicher Distanz war in diesem *Distanzmedium* die bessere Auswahl möglich, was eine Nachricht ist und was nicht. Zwar wurde auch die Printausgabe der Zeitung unter Zeitdruck hergestellt. Dann aber war sie die Zeit in gedruckter Form, die Verlaufsform der Zeit in diesem Moment, in dem sie festgeschrieben wurde. Die Zeitung hielt die Zeit an, wenn auch nur für einen Tag und nur in meiner Wahrnehmung, schwarz auf weiß und nicht von der nächsten Aktualisierung gleich wieder hinweggewischt. *Slow Media* statt Fast Food.

Zugegeben, der distanzierte Blick hatte auch eine problematische Seite: Zeitungsmacher und ihre Leser wurden bisweilen von Allmachtsgefühlen befallen, als wären sie Götter, die belustigt oder verärgert, nicht selten herablassend, von oben auf die Komödien und Tragödien des wuseligen Lebens da unten blicken. Billigeres Zeitungspapier wurde manchmal zu Bergen aufgeschichtet, von deren Gipfeln Feldherren (sehr selten Feldfrauen) ihre Bataillone befehligten und in politische Schlachten schickten. Dieser Versuchung musste widerstehen können, wer den Gewinn des distanzierten Blicks bewahren wollte.

Das Netz aber hat mehr als eine problematische Seite, zumindest damals war es so. Aus Mangel an Distanz kann es ein *Ignoranzmedium* sein. Aufwühlende Geschichten können *viral* gehen, ohne realen Grund. Überall lauern *Clickbaits*, Klick-Köder, die die sofortige Aufregung befeuern: »Das wird dich zu Tränen rühren!« Viele Schreibende und Sendende halten eine heftige Betroffenheit für wichtiger als den nüchternen Bericht von einem Ereignis. Ihre Meinung bilden sie sich nicht erst durch umfangreiche Information und profunde Kenntnis dessen, was sie beurteilen. Und auch bei gut gemeinten, verdienstvollen Websites und YouTube-Kanälen stellen sich für mich Fragen: Haben sie Experten für alle Bereiche? Wie kontrollieren sie sich? Was sind ihre Auswahlkriterien? Verfügen sie über die Ressourcen für gründliche Nachforschungen? Stehen sie Anfeindungen durch? Handelt es sich um Institutionen mit gesicherten Strukturen auch für schwierige Zeiten, wie bei Zeitungshäusern, oder muss ich mir schon bald wieder neue Gewährsleute suchen, da alle Adressen im Netz »strukturell instabil« sind (Felix Stalder, *Kultur der Digitalität*, 2016)?

Auf die Stimmigkeit der Geschichten, von denen ich Kenntnis bekomme, muss ich mich verlassen können, da ich nicht selbst alles überprüfen kann. Dafür gebe ich Geld aus. Wenn es sein muss, auch *online*, wenngleich dort die umfangreiche Arbeit kompetenter Leute nicht so sinnlich wie bei der gedruckten Zeitung mit Händen zu greifen ist. Anders als beim Print, wo die Autoren meist deutlich sichtbar mit ihrem Namen für Aussagen bürgten, habe ich es im Netz zu oft mit anonymen Algorithmen im Hintergrund zu tun. Ihnen vertraue ich nicht. Der Umgang mit Informationen ist seit alten Zeiten eine Frage des Vertrauens. Die Auswahl der Informationen darf keine beliebige, sondern muss eine begründete und überlegte sein, die ich nachvollziehen kann. Medienmacher müssen vieles ignorieren, ja, aber das sollen sie mit Kompetenz tun, mit *kompetenter Ignoranz*.

Stets droht die Gefahr der Flüchtigkeit, befördert von mir selbst, wenn meine Ansprüche flüchtiger werden. Daher vergewissere ich mich auch jetzt immer wieder über »mein Medium«, surfe durch Onlinedienste, höre mich durch Radiowellen und Podcasts, schaue mir Websites, YouTube, Instagram an, zappe durch TV-Kanäle, lese Tweets: Meine persönliche *Crossmedialität*. Dem Medium vertraue ich gerne, in dessen Ordnung ich mich heimisch fühle. Das war für mich eben Print. Die Vertrautheit des Rahmens begründete ein Vertrauen auf die Inhalte. Hier fand ich mich rasch zurecht und entdeckte auch das, wonach ich gar nicht gesucht hatte. Ich brauchte eine Zeitung für den Tag, um über die Aktualität und die Geschehnisse vor Ort informiert zu sein. Eine weitere über den Tag hinaus, die mehr Zeit für aufwändige Recherchen hatte. Und zwei oder drei Medien für Häppchen zwischendurch.

Nie wollte ich glauben, dass nur das existiert, worüber berichtet wird. Wenn ich selbst etwas ignorierte, versuchte ich die Ignoranz halbwegs kompetent abzumildern durch das Bewusstsein, dass alles, was ich missachtete, dennoch interessant sein konnte. Irrtümer waren möglich, wenn sich etwas als wesentlich herausstellte, das ich ignoriert hatte. Aber das ging in den Schatz meiner Erfahrungen ein, die allmählich meine Medienkompetenz verfeinerten. So konnte ich ein Gespür für das entwickeln, was relevant war, um mich mit diesem zu befassen und mit jenem nicht, dies zu vertiefen und jenes nur oberflächlich zur Kenntnis zu nehmen. Ein Überlebensimpuls im Übermaß der Informationen.

Was aber geschah, als im frühen 21. Jahrhundert immer mehr User und Medienmacher die Zeitung in gedruckter Form für verzichtbar hielten? Erst verschwand die Tageszeitung, dann die Wochenzeitung, dann das Papier überhaupt. Aber auch die Online-Ausgaben der Zeitungen konnten sich ohne analoges Standbein nicht lange halten. Auch sie waren ein Kulturgut, aber kein befestigtes. Irgendwann tat es mehr und mehr jüngeren Menschen leid. Das hatten sie nicht gewollt. Sie hätten gerne wieder echtes Papier in Händen gehalten. Print wäre ihnen als Auszeit von ihrem Alltag auf *Screens* willkommen gewesen. Besonders ärgerte sie die Stimmungsmache auf allen Kanälen, der aufdringliche Einsatz von *Social Bots*, mit denen Namen und Themen gepusht wurden. Wo waren noch verlässliche Informationen zu bekommen, um sich frei und unabhängig eine eigene Meinung zu bilden? Wäre es vielleicht besser gewesen, Print nie aufzugeben? Und wie konnten die Meinungen so vieler Menschen noch so gebündelt werden, dass daraus auch mal eine greifbare Politik wurde? Wäre es ratsam gewesen, auch Parteien nie aufzugeben, statt jeden Tag über jede Frage im Netz neu zu *voten*?

Meinungen und Parteien: Heimat in politischen Landschaften

Nicht alle Menschen sind an Politik interessiert. Es gibt spannendere Spiele, in echt und auf Bildschirmen. Und ständig ist der Alltag zu bewältigen, der mit politischen Fragen wenig, mit der Aufteilung und Erledigung lästiger Arbeiten viel zu tun hat. Doch dann soll eine Lücke in der Häuserzeile unserer Straße geschlossen werden, »urbane Verdichtung«. Was jetzt? Ich will keinen Neubau neben unserem Haus (das eben erst neu gebaut worden ist). Sollen sie anderswo bauen! Wie kann ich den Neubau verhindern? Alleine sicherlich nicht, also gründe ich mit Gleichgesinnten eine *Neubauverhinderungsbewegung*.

Prompt stoßen wir auf ein Problem: Andere Leute, Immobilienbesitzer, Investoren, Architekten haben bereits eine *Neubauförderungsbewegung* gegründet! Es kommt zur Auseinandersetzung. Worte fliegen wie Pfeile mit vergifteter Spitze hin und her. Wir nennen sie »Gentrifizierer«, das klingt irgendwie schlimm. Sie nennen uns »Gentrifizierungsgegner«, das klingt modernefeindlich. Da löst sich eine Frau mittleren Alters aus unserer Gruppe und wechselt die Seite. Den Medienvertretern, die nervös auf den Showdown warten, gibt sie zu Protokoll: »Ich habe mir eine politische Heimat gesucht, die meiner bürgerlichen Grundstruktur besser entspricht.«

In der obersten Etage des Büroturms, der diese Szenerie überragt, ist es ganz still. In den klimatisierten Räumen brüten Menschen in weißen Hemden vor Bildschirmen. Das Treiben dort unten interessiert sie nicht. Zwar sind sie ebenfalls in der Immobilienbranche tätig, haben aber mit dem ewigen Für und Wider von kleinen Neubauten hier und da nichts zu tun. Sie lenken globale Finanzströme, Wagniskapital, *Venture Capital*, parallel zu den endlosen Menschenströmen, die sich rund um den Planeten wälzen und mal hier, mal da Wohnungen und Büros brauchen. Wo die Rendite stimmt, kaufen und bauen sie in großem Stil, woanders verkaufen sie ganze Stadtteile oder lassen sie verfallen, wie in Detroit. Dass sie dabei Landschaftspflege betreiben, liegt nicht auf der Hand, aber es ist eine Pflege der besonderen Art. Mit ihrer Hilfe lassen sich große Pläne ohne nervtötende öffentliche Diskussionen durchsetzen. Nichts Neues, als »Pflege der politischen Landschaft« hatte der Vertreter eines großen deutschen Konzerns schon 1983 die systematische Beeinflussung der Politik durch verdeckte Spenden bezeichnet.

Es bräuchte Medien mit eigenem *Standing* wie damals, um ein solches Verständnis von politischer Landschaft aufzudecken. Und es bräuchte standhafte Politiker, um solchen Versuchungen zu widerstehen. Die politische Landschaft macht oft den Eindruck, als würden sich feindliche Heere in einem Krieg gegenüberstehen, eben zum Beispiel Neubauverhinderer und -förderer. Aber alle sind auf die Organisation des Zusammenlebens in der *Polis*, im Dorf, in der Stadt, im ganzen Land angewiesen. Sich darum zu kümmern, ist eine eigene Kunst, die schon im antiken Griechenland *Politike techne* genannt wurde. Auch die Politik ist ein Teil der Kultur. Sie dient der Vermeidung von Bürgerkrieg, aus dessen Verheerungen fast alle als Verlierer hervorgehen würden. Politiker übernehmen die Aufgabe, in allen Bereichen und auf allen Ebenen der Polis die Interessen und Meinungen zu bündeln, zu repräsentieren und kompromissfähig zu machen. Alle Anderen dürfen sich damit begnügen, die Resultate oder ihr Ausbleiben zu kommentieren und sich ansonsten auf das eigene Leben zu konzentrieren.

In der politischen Landschaft ist Heimat zu finden, wenn Meinungen mit Anderen geteilt werden. Die *Meinungsheimat* hängt auch vom sozialen Umfeld ab, in dem aufgrund von Herkunft, Bildung, Tätigkeit und Einkommen am ehesten Begegnungen zustande kommen, bei denen Einzelne in der Gemengelage des Lebens zu ähnlichen Schlüssen gelangen. Vermutlich aus diesem Grund hat die eben erwähnte Frau die Seiten gewechselt. Verfestigt und verstetigt sich die Verbundenheit mit Anderen, kann eine Partei daraus werden. In einem Programm formulieren deren Mitglieder für sich und Andere, welche Richtung eine Stadt, eine Region, ein Land grundsätzlich einschlagen sollte (*Vision*), und arbeiten Vorschläge aus, wie Probleme am besten zu lösen wären (*Pragmatik*). Sie entwickeln die Professionalität und Kontinuität, ohne die es bei bloßen Bewegungen für und gegen Neubauten bleibt und bei jedem weiteren Problem alles wieder von vorne beginnt. Von Zeit zu Zeit fragen sie sich, ob sie noch übereinstimmen und ob die »grobe Richtung« stimmt, in die sie sich bewegen wollen, etwa für mehr oder weniger Wohnungsneubau, für mehr oder weniger staatliche Steuerung zugunsten sozialer Gerechtigkeit oder unternehmerischer Freiheit, auch für mehr oder weniger nationale Einhegung.

Die konservative Richtung (»rechts«) zeichnet sich meist dadurch aus, dass sie auf die Bewahrung von *Macht* setzt und

Inhalte für verhandelbar hält, während die fortschrittliche Richtung (»links«) auf die Bewahrung von *Inhalten* in reiner Form achtet und dafür gerne auf Macht verzichtet, auch wenn sie sich damit der Möglichkeit zu Veränderungen beraubt. Unabhängig von der Richtung kann eine Partei für ihre Mitglieder zur *familiären Heimat* werden, wenn ihre Verbundenheit untereinander weniger auf ähnlichen Meinungen, mehr auf Sympathien füreinander beruht, Ansichten nebensächlich. Für die Wähler kann die Partei zu einer *Wahlheimat* im Wortsinn werden, wenn sie ihr bei Wahlen wiederholte Male ihre Stimme geben, da sie ein Anliegen gut von ihr vertreten sehen. Nur zur Momentheimat werden Parteien für »Wechselwähler«, die darüber von Fall zu Fall neu entscheiden.

Aber nicht nur politisch beheimatet, sondern auch *befremdet* können Menschen sich fühlen. Ein aufgeklärtes, kritisches, tolerantes Umfeld sei für sie immer Heimat gewesen, erklärt eine jüngere Frau. Seit einiger Zeit verliere sie nun jedoch das Gefühl der Zugehörigkeit zu den damit verbundenen Leuten, die von den bisher geteilten Werten offenbar nichts mehr wissen wollten. Diskussionen darüber seien nicht möglich, denn sie würden den stummen Konsens in Frage stellen, für die richtigen Inhalte einzutreten, die allein als moralisch gelten. »Und wer braucht schon Argumente, wenn er die Moral auf seiner Seite hat?« Sie nehme das wie eine Vertreibung aus dem politischen Paradies wahr, denn sie hatte sich in ihrem Milieu immer auf der richtigen Seite der Geschichte gefühlt. Nun müsse sie erkennen, dass auch die Menschen, die sie bisher für Gegner hielt, sich nicht immer auf der falschen Seite befänden.

Politisch heimatlos geworden zu sein, bekennt auch einer, der aus Russland nach Deutschland kam, um hier mit Bestürzung festzustellen, dass seine eher »linken« deutschen Freunde den 2014 begonnenen Feldzug des russischen Präsidenten gegen die Ukraine rechtfertigten und deren proeuropäische Politik ablehnten. In den Sympathien für einen Autokraten sieht er eine Abkehr westlicher Intellektueller von den Idealen der Aufklärung und eine Sinnentleerung der modernen Gesellschaft. Erinnere das nicht daran, dass der Staatsrechtler Carl Schmitt in der Zeit des Nationalsozialismus der Machtfülle des »Führers« das Wort redete, vermutlich um einer eigenen Sinnleere zu entkommen? Selbst ein gebildeter Geist verkörpere eben nur ein Potenzial. Die Schlüsse, die er ziehe, können in der Realität dennoch eine Dummheit sein (Boris Schumatsky, *Der neue Untertan. Populismus, Postmoderne, Putin*, 2016).

Wie Menschen reagieren, denen die politische Heimat abhandenkommt, zeigte sich an der Berliner Volksbühne, die nach dem Fall (Sturz) der Berliner Mauer 1989 für viele Jahre das Reich der unumschränkten Herrschaft eines Intendanten war. Frank Castorf hatte es mit plakativen Videobotschaften in berserkerhaften Inszenierungen vermocht, einem begeisterten Publikum seinen ungehemmten Narzissmus als anarchischen Sozialismus zu verkaufen. So konnte man fünf Stunden lang der Sinnlosigkeit auf der Bühne zusehen, statt sie zuhause zu ertragen. Als er 2017 sein angestammtes Dominium aus Altersgründen abgeben musste, schmetterte ein enttäuschter, entwurzelter Theatergänger dem Nachfolger ins Gesicht: »Ihr Programm ist der Ausdruck des Verlusts meiner politischen Heimat.« Hämisch berichteten die Feuilletonisten darüber, die derselben Meinung waren. Das Ende der neuen Intendanz war schnell besiegelt.

Aber nicht nur Theater, auch Cafés und Restaurants können zu realen Orten einer ideellen politischen Heimat werden, deren Bewohner sich bevorzugt dort treffen. Setzt einer dennoch mal seinen Fuß in das Lokal der Anderen, können die atmosphärischen Irritationen groß sein. An einen besonders sichtbaren Ort wird die politische Heimat hingegen dann verlagert, wenn das eigene Anliegen Andere partout nicht interessiert. Dann muss beispielsweise das Brandenburger Tor in Berlin für eine Demonstration der Neubauverhinderungsbewegung herhalten. Die physische Präsenz ist wichtig, Demonstrieren im Internet regt niemanden auf. Die Neubauförderungsbewegung wiederum versucht, die Besetzung dieses Ortes durch die Platzierung ihrer Körper zu verhindern. Als es zur Konfrontation kommt, müssen Polizisten die Vertreter beider Gruppen davon abhalten, aufeinander loszugehen. Aber sie können nicht verhindern, dass die Demarkationslinien der politischen Heimat manchmal mitten durch die sozialen Landschaften von Familien, Freundschaften und Bekanntschaften verlaufen.

Eine Gruppe in der politischen Landschaft nennt sich »Heimatpartei«? Aber für welche Heimat ergreift sie Partei? Was will sie bewahren oder verändern? Will sie sich für die Verbesserung der sozialen, ökonomischen und ökologischen Bedingungen einsetzen, die das Heimatgefühl stärken können? Ist das Heimatgefühl aller oder nur bestimmter Personen gemeint? Was wird aus meiner Heimat, wenn die »Heimatpartei« andere Werte, historische Bezüge, Verhaltensweisen und Gewissheiten vertritt als die, die in meinen Augen die Heimat ausmachen? Will sie einem diffusen Gefühl des Heimatverlustes das Wort reden, weil ihrer Meinung nach fremde, zugewanderte Menschen das Sicherheitsgefühl auf den Straßen sowie einige Vertrautheiten des Sprachgebrauchs, des Lebens- und Kleidungsstils in Frage stellen?

Sind auch diejenigen, die etwa im Gefolge der »Flüchtlings-krise« von 2015 in Deutschland solche Befürchtungen äußer-ten, eine schützenswerte Minderheit? Oder gehöre ich selbst bald zu einer solchen und muss darauf hoffen, dass staatliche Institutionen meine Heimatrechte wahren? Dürfte ich auch in einer radikal veränderten politischen Landschaft noch darauf hoffen? In einem Staat können die unterschiedlichsten Men-schen nur dann beheimatet sein, wenn er nicht nur die jeweils aktuelle Mehrheit schützt. Für ungeschützte Minderheiten aber verengt sich der Raum der Heimat auf die jeweilige Wohnung, bis selbst dort Übergriffe drohen, wie sie die jüdischstämmige Bevölkerung in nationalsozialistischer Zeit erleiden musste, mit mörderischen Konsequenzen. Demokratie ist mühsam, aber sie gibt der Freiheit eine Heimat. Was Freiheit ist, wissen vor allem die, die sie entbehren müssen. In der Entbehrung kommt zu Bewusstsein, was lange als Selbstverständlichkeit erschien.

Was tun, wenn die vertraute Heimat fremd wird?

Um 6.44 Uhr bricht die Hölle los. Ich hätte darauf gefasst sein müssen, aber so mitten aus dem Schlaf gerissen, bin ich für einen Moment desorientiert. Dass es nicht wirklich mit der Hölle zu tun hat, ist sofort klar, es ist eher der Ruf des Him-mels. Die sich überschlagende Stimme schraubt sich in schril-le Höhen und schöpft alle Möglichkeiten der Halbtonskala aus, um den Höchsten zu preisen. Sie schallt direkt durch das geöffnete Fenster ins Hotelzimmer, und nicht nur sie, son-dern auch andere Stimmen aus größerer Distanz. Täusche ich mich oder wetteifern sie miteinander, wer die tollsten Über-schläge zustande bringt und den schrillsten Halbton am längsten hält? Sicher tun nur die Besten ihren Dienst auf den Minaretten der Blauen Moschee und anderer Gotteshäuser im näheren und weiteren Umkreis.

Vermutlich hat Istanbul so viele Moscheen wie Rom Kirchen, aber Anzahl und Abmessungen von Gotteshäusern sind immer auch Fragen der Macht. Daher musste die altehrwürdige *Hagia Sophia*, der »Heiligen Weisheit« gewidmet, unbedingt wieder zur Moschee werden. Lange Zeit Kirche, dann Moschee und für einige Zeit Museum, hat sie im Laufe der Zeiten schon so manches kommen und gehen sehen. Unangetastet bleibt bis auf Weiteres die benachbarte, noch ältere *Hagia Eirene*, dem »Heiligen Frieden« gewidmet und schon aus diesen Gründen weiterhin ein Museum. Erbaut, als Kaiser Konstantin das Christentum zur Staatsreligion des Römischen Reiches erhob, beschloss 381 n. Chr. ein Konzil in diesen Mauern inmitten einer unversöhnlichen, »arianisch« genannten innerkirchlichen Auseinandersetzung das christliche Glaubensbekenntnis, das viele Jahrhunderte später noch immer in allen Kirchen gebetet wird.

Das im 20. Jahrhundert vom »Vater der Türken«, Atatürk, säkularisierte Land sollte im frühen 21. Jahrhundert wieder islamisch werden. Dass die Demokratie nur ein Mittel zu diesem Zweck war, tat der autokratische Staatspräsident bereits als Oppositionspolitiker Mitte der 1990er Jahre kund. 2016 nutzte er einen gegen ihn gerichteten Putsch, um sein Projekt mit einem Staatsstreich von oben zu vollenden, nachträglich legitimiert von einer Mehrheit des gewählten Parlaments. Wie fassungslos darüber die säkularen Intellektuellen waren, wurde in Gesprächen deutlich, an denen ich in jenem Jahr rund um die Buchmesse in Istanbul teilhaben konnte. Gerade eben waren alle Universitätsdozenten aufgefordert worden, an einer Sympathie-Kundgebung für die Regierung teilzunehmen. Wer sich weigerte, wurde entlassen. Tausende saßen bereits im Gefängnis, Terrorunterstützungsverdacht. Diejenigen, denen das ebenfalls drohte, erkannten ihr Land nicht wieder, die vertraute Heimat war ihnen fremd geworden. Sie bot keinen Schutz mehr. Auf nichts konnten sie noch länger bauen und vertrauen.

Das Heimatgefühl ist darauf angewiesen, dass »die Heimat«, was auch immer genau darunter verstanden wird, dem Einzelnen wohlgesinnt ist. Die Heimat gibt Kraft und raubt sie nicht. Es sei denn, ihre Selbstverständlichkeit löst sich auf, die Wohnung wird aufgebrochen, vertraute Beziehungen zerbrechen und die ganze Umgebung beginnt abweisend zu wirken. Sobald auch Nachbarn, Kollegen, Gemeindevertreter oder Behördenmitarbeiter einem Menschen feindselig entgegentreten, kann das nicht mehr seine Heimat sein. Wo er sich wohlgelitten wähnte, macht sich ein Unwohlsein breit. Das Leben wird sehr ungemütlich. *Hayat çok güzel*, das Leben ist schön, was sollte das jetzt noch bedeuten? Es ist, als würde einem der Boden unter den Füßen weggezogen. Was bis zur Langeweile verlässlich war, wird bis zum Entsetzen bedrohlich. Die geliebte Heimat kann so zur fremden werden. Muss sie verlassen werden, wird das Heimweh übergroß. Das wissen die Mächtigen.

Was bleibt, wenn die bisherigen Sichtweisen und vertrauten Deutungen ins Leere gehen und die Liebe zur Heimat zur Enttäuschung wird, ist Bitterkeit, Ungewissheit, Angst, ohnmächtige Wut. Außer den wenigen, die die Macht haben, und den vielen, die davon profitieren oder denen »die Politik« egal ist, fühlt sich niemand dort heimisch, wo Unfreiheit, Ungerechtigkeit, Überwachung und Unterdrückung herrschen. Fragen stellen sich: Was tun, wenn das Leben im eigenen Land in Frage steht? Wie darauf reagieren? Widerstand leisten? Wie? Mit welchen Erfolgsaussichten? Was würde ich selbst tun, wenn mein Land in die Hände rabiater Machthaber geriete?

Über die möglichen Antworten diskutierten wir damals mit Verve. Ich plädierte für einen Rückzug ins Private, um die Kräfte für andere Zeiten zu bewahren. Ist das feige? Oder ist der Kampf gegen den Mächtigen unklug, da der sich daran berauscht? Steigert es nicht seinen Narzissmus ins Unermessliche, wenn jeder sich ständig mit jedem Wort und Wink von ihm befasst? Ist nicht die *Renitenz* lästiger für ihn, die nicht fassbare Nichtkooperation, die ihn ins Leere laufen lässt, sodass er seine Machtbasis letzten Endes durch Erschöpfung verliert? Aber wann genau? In zehn Jahren? »Das dauert zu lange!«

Andere sprachen sich für offenen Widerstand aus, lieber aufrecht untergehen, alles Andere wäre Verrat. Das klang sympathisch in seiner Kompromisslosigkeit und Entschlossenheit. Aber was ist mit den vielen, denen es nicht gegeben ist, mutig und willensstark Widerstand zu leisten? Was ist mit all denen, die eine Familie zu schützen haben, für die das Leben schwer wird ohne den geliebten Menschen, der im Gefängnis sitzt? Ist es nicht sinnlos, die eigenen Kräfte zu vergeuden und dann kraftlos dazustehen, wenn es darauf ankäme, im Moment der Schwäche des Mächtigen die Macht zu übernehmen? Ist es nicht sinnvoller, sich in aller Stille mit Anderen zu vernetzen, um auf diesen Moment vorbereitet zu sein?

Außer der *inneren* Emigration, dem Rückzug auf das Leben mit sich, der Familie, den Freunden und vielleicht den Büchern, stünde auch die *äußere* Emigration zur Verfügung, die Schwächung der Macht durch Weggehen, durch den willentlichen Exodus, solange nicht auch diese Bewegungsfreiheit eliminiert wird. Ein *Braindrain* kann das Land intellektuell ausbluten und es dem Niedergang ausliefern – oder nützt das erst recht dem Herrscher? Aber ich hatte gut reden, ich konnte in meine Heimat zurückkehren. Mehr als je zuvor wurde mir bewusst, wie froh ich sein kann, nicht fremd im eigenen Land zu sein. Wird es für immer so bleiben? Darauf zu vertrauen, wäre töricht. Aber auch mir würden wohl kaum andere als die diskutierten Möglichkeiten bleiben. »Ich gehe nicht weg«, rief damals einer in die Runde. »Unser Land kann sich wieder ändern und dann möchte ich dabei sein.«

Dem Alltagsleben in Istanbul war von solchen Diskussionen nichts anzumerken. Es war laut, bunt und quirlig, als wäre nichts geschehen. Für irgendwelche Zweifel daran, dass eine Mehrheit der Menschen im Land dieses Regime befürwortete, gab es keine Anhaltspunkte. Mir selbst stellten sich gerade aus diesem Grund weitere Fragen. Warum war das Bedürfnis so vieler Menschen offenbar so groß, autoritär regiert zu werden? Hatten die Intellektuellen selbst etwas dazu beigetragen? War es nicht in vielen europäischen Ländern und den USA so, dass die Geistesarbeiter, auch ich, zu sehr mit ihren »Diskursen« beschäftigt waren, die außer ihnen schon lange niemand mehr nachvollziehen konnte, der keine geisteswissenschaftlichen Seminare besucht hatte? Übersahen wir in der Begeisterung über neue Möglichkeiten des Lebens und Denkens, dass Andere exakt davon befremdet waren?

Bevor die Intellektuellen ihre Heimat verloren, fühlten sich womöglich viele, die sich von ihnen missachtet sahen, fremd im eigenen Land, nicht mehr beheimatet in ihrem gewohnten, traditionellen Leben. Sie begannen, erst stumm, dann mit dem Stimmzettel dagegen zu revoltieren. Ein Nachdenken über den eigenen Anteil an dieser Entwicklung wäre nötig, um Korrekturen vorzunehmen und sich nicht mit einer selbstgerechten Entrüstung über die ungeheuerliche Entwicklung zu begnügen oder gar, wie eine Teilnehmerin an den Debatten in Istanbul, die Demokratie für etwas zu halten, das nun mal nicht für alle Menschen geeignet sei. Viele seien nicht ausreichend gebildet dafür. Wie aber hätte man sich ein Gremium vorzustellen, das darüber entscheidet, wer reif für die Demokratie ist und wer nicht?

Einstweilen geschieht weiterhin Geschichte, die noch nie eine kontinuierliche Bewegung war, immer schon ein Hin und Her zwischen Gegensätzen, die sich im besten Fall zum Besseren hin aufschaukeln. Auch eine autoritäre Herrschaft kann von unerwarteter Seite untergraben werden, wenn beispielsweise ihre finanzielle Basis ins Wanken gerät. Für die türkische Ökonomie waren offenbar Baufirmen wichtig, die mit staatlicher Billigung und gefördert durch Infrastrukturprogramme alte Stadtviertel abrissen und Betonwohnburgen hochzogen. Die exorbitanten Gewinne strichen die Unterstützer des Systems ein, und ein guter Teil der Bevölkerung profitierte von der florierenden Wirtschaft durch gut bezahlte Arbeitsplätze. Aber alteingesessene Bewohner wurden um ihre Rechte betrogen, heimatlos fanden sie sich in ihrer Heimatstadt wieder, etwa beim Projekt »Brooklyn Dream« im Istanbuler Viertel Fikirtepe. Als die Betrogenen immer zahlreicher wurden und das Verständnis Anderer fanden, mochten ausländische Investoren nicht mehr auf eine gedeihliche Entwicklung vertrauen, die Wirtschaft brach ein. 2019 verlor die islamische Regierungspartei bei Kommunalwahlen die Großstädte, Istanbul vorneweg, ein erster Lichtblick im langen Schatten der Alleinherrschaft.

Damals lag das in der Zukunft. Zum Abschied saß ich unten am Bosporus, im *Kahve ve Çay Salonu* am Fährhafen, wo es kräftigen türkischen Kaffee gibt, unweit des Bahnhofs Sirkeci, an dem einst der Orient-Express aus dem Westen eintraf, mit dem ich selbst vor 40 Jahren zum ersten Mal angekommen war. Der ebenerdige Bahnhof war nun verwaist, unterirdisch fuhr die neu gebaute Metro, die die Verkehrsprobleme der enorm gewachsenen Stadt aber auch nicht löste. Vom Fährhafen aus konnte man zum asiatischen Teil Istanbuls übersetzen, etwa nach Kadıköy, und unterwegs die herrliche Kulisse der Stadt bewundern. Auf dem Hügel Camlica, dem »Dach Istanbuls«, wurde die größte Moschee der Welt mit Platz für 50000 Menschen errichtet, die Kuppel war erkennbar, die sechs Minarette standen schon. Von dort würde der Ruf des Muezzins weithin schallen, bis nach Europa sollte er dringen.

Ich aber verharrte an den europäischen Gestaden. Dieser Kontinent hat aus bitterer Erfahrung gelernt, was es bedeutet, wenn Heimat zerstört wird. Aus historischer Einsicht hält er sich von Abenteuern fern und bemüht sich, wenngleich es von Mal zu Mal und von Nation zu Nation schwerfällt, denen eine Heimat zu geben, die in ihrer eigenen nicht mehr leben können.

Zerstörung von Heimat: Landschaften in Zeiten des Krieges

In äußerster Bedrängnis setzen Menschen darauf, dass ihnen die Heimat mit allem, was sie aufbieten kann, beisteht. Als 1940 im französischen Dunkerque (Dünkirchen) am Ärmelkanal 350000 britische Soldaten von deutschen Truppen umzingelt wurden, blieb ihnen nur noch die Hoffnung, übers Meer entfliehen zu können. Nach tagelangem Warten tauchten am Horizont tatsächlich Hunderte von Booten auf, um sie nach England heimzuholen. *Home*, murmelt andächtig ihr Oberbefehlshaber im dokumentarischen Spielfilm *Dunkirk* (Regie Christopher Nolan, 2017). Alles, was unsichtbar und unausgesprochen in diesem Wort steckt, wurde in diesem Moment sichtbar und erfahrbar: Verlässlichkeit, Geborgenheit, freundliche, hilfsbereite Menschen, die vertraute Sprache, eine Tasse Tee, Sandwiches, eine wärmende Decke, ein bereitstehender Zug, die Zeitung, ein Bier, ein Leben in Sicherheit vor denen, die es auf die Zerstörung von Leib und Leben abgesehen haben.

Kann ich meinerseits eine Heimat bejahen, die diese Zerstörung im Sinn hatte und damit eine so schlimme Geschichte wie den Zweiten Weltkrieg mit millionenfachem Leid und der systematischen Ermordung zahlloser Menschen anzettelte? Die Frage stellt sich noch lange danach. Meine Antwort darauf ist, mich bis ins Detail für diese Geschichte zu interessieren und Sorge dafür zu tragen, dass etwas Besseres aus meiner Heimat wird, die nun mal diese Vergangenheit hat. Stolz bin ich darauf, dass mein Land seine Verantwortung für die Geschichte nicht leugnet, sondern zu einem Teil seines Selbstverständnisses gemacht hat. Nichts wird beschönigt, sondern alles unternommen, um Wahrheiten ans Licht zu bringen, auch wenn sie schrecklich sind, beispielsweise was die Verstrickung von Soldaten der Wehrmacht in Massaker gegen jüdische Menschen, Kriegsgefangene, Partisanen, Zivilisten, Frauen und Kinder angeht, dokumentiert in einer umstrittenen Ausstellung 1995 und 2001.

Vor jedem Urteil über das Verhalten Anderer will ich erst mich selbst fragen: Wie hätte ich mich in dieser Situation verhalten? Dies vorausgesetzt, versuche ich ähnlich wie Nora Krug (*Heimat. Ein deutsches Familienalbum*, 2018) den Spuren meiner Familie nachzugehen. 1945 kehrte mein Vater aus Frankreich zurück, wo er an der Atlantikküste bei Biarritz in einer Nachschubeinheit stationiert gewesen war. Da er mir viel von seinen Erfahrungen erzählte, suche ich die Orte auf, die er beschrieb und von denen er mir Fotos zeigte. Nicht aus dem Krieg zurückkehren konnte sein geliebter Bruder, der 1940 in Belgien verwundet und trotz Kriegsversehrtheit 1944 zur Niederschlagung des Warschauer Aufstandes abkommandiert worden war. Die polnischen Widerstandskämpfer fingen den Transport ab, und so verlor er in einem Waldstück unweit von Opole (Oppeln) das Leben. Er hinterließ eine Frau und zwei kleine Kinder. Hätte er Widerstand leisten sollen? Der hätte ihn in ein Konzentrationslager gebracht. Er hatte keine Chance. Zur Erinnerung an ihn trage ich seinen Vornamen, den meine Eltern mir bei meiner Geburt einige Jahre nach dem Zweiten Weltkrieg gaben.

Die Erinnerung an unsere Familiengeschichte und daran, was unser Land so vielen Menschen angetan hat, will ich meinerseits weitergeben. Aufbruch mit der Familie nach Frankreich. Im hübschen Städtchen Verdun überqueren wir die Brücke über die Meuse (Maas), die bei der berüchtigten Schlacht von Verdun im Ersten Weltkrieg, den Deutschland mit zu verantworten hatte, teilweise den Frontverlauf markierte. Wir fahren einen Hügel hoch und durchqueren den Wald, in dem das Dorf *Fleury-devant-Douaumont* lag. 1916 geriet es zwischen die Fronten, die Bevölkerung musste fliehen und konnte nie zurückkehren, so vollständig wurde ihre Heimat zerstört. Von den Granaten ohne Zahl, die auf den Höhen bei Verdun einschlugen, zeugen die von Moos und Gras täuschend sanft bewachsenen Krater zwischen den Bäumen. Markierungen zeigen an: Hier war ein Bauernhof, dort ein Bäcker, da drüben ein Winzer. Zu Hunderttausenden starben hier junge Franzosen, die ihr Land bis aufs Blut verteidigten, und junge Deutsche, von denen sie so sinnlos wie gnadenlos angegriffen wurden, aufgehetzt von »Führern«, gegen die sie sich nicht zur Wehr setzen konnten oder mochten.

Mein Großvater war an diesem Krieg beteiligt, aber nicht hier, sondern bei Lemberg in der Westukraine, dem damals österreichischen Galizien. Er erzählte nie davon, bekannt war nur, dass er zur Leibgarde eines Generals gehörte (vermutlich Leopold von Bayern) und dass er wie mein Vater nicht an der Front kämpfen musste, ein Glück, das sehr vielen Anderen nicht zuteilwurde. Bevor sie ihr Leben gelebt hatten, mussten sie es in jugendlichem Alter lassen. *Zur Heimat* nannte der Berliner Maler Hans Baluschek, selbst ein Kriegsfreiwilliger, verbittert sein Bild von 1917, auf dem Soldaten einen Sarg in einen Eisenbahnwaggon heben.

Nicht nur brüchig wird die Welt im Krieg, sondern sie zerbricht. Kaum ein Stein bleibt heil, erst recht kein Mensch. Alles Leben stürzt ins Nichts. Die völlige Auflösung von Sinn und Bedeutung entwurzelt nicht nur die Bäume, sondern auch jeden einzelnen Menschen. Ich denke und fühle mich hinein in diese Welt. Wie trügerisch die Landschaft ist, in der jeder grüne Strauch die Tarnung eines »Feindes« sein könnte und der kleinste Laut Tod bedeuten kann. Entsetzen, stelle ich mir vor, macht sich anfänglich noch breit beim Anblick eines zerfetzten Körpers, dann setzt Verrohung ein, jede erdenkliche Grausamkeit wird möglich, sei es aus bloßer Willkür oder animalischer Selbstbehauptung. Was kann dann noch Heimat sein?

Denen, die angegriffen werden, bleibt nichts Anderes übrig, als ihre Liebsten, ihre Orte und die Art ihres Lebens gegen die Aggressoren zu verteidigen, die ihrerseits glauben, dies für ihre Heimat tun zu müssen, daher gibt es Krieg. Die Behauptung der eigenen Kultur, die Sinn und Bedeutung vermittelt, rechtfertigt anscheinend die Zerstörung jeder Kultur auf der Gegenseite. Denkbar ist, dass der Krieg selbst zur Heimat für diejenigen wird, die den Kampf verherrlichen und daraus den Antrieb ihres Lebens beziehen. Zumindest beschrieb einer wie Ernst Jünger aus freien Stücken die umgepflügten Landschaften des Ersten Weltkriegs als seine zweite Heimat, die für so viele Andere unfreiwillig zur letzten Heimat in anonymen Gräbern wurde. In seinem Kriegstagebuch der Jahre 1914-1918 hielt er fest, wie wenig ihn der Tod Anderer und der jederzeit mögliche eigene Tod berührte, während er sich vom Blick in die Abgründe der menschlichen Existenz unwiderstehlich angezogen fühlte.

Was der Krieg zurücklässt, sind Trümmerlandschaften, äußere und innere. Menschen irren umher und suchen nach der Heimat, die meist der Ort ist, an dem sie lebten und wo sie ihre Familie vermuten. Sie lieben ihre Heimat so sehr, dass sie alle erdenklichen Strapazen auf sich nehmen, um zu ihr zurückzukehren. Mein Vater schilderte detailliert, auf welchen Wegen er von der Atlantikküste nachhause fand. Die Rückkehr ins Leben ist schwer, wenn das Geflecht des Gewöhnlichen zerrissen ist. Aber kaum jemand scheut die Anstrengung, die zerstörte Heimat wiederaufzubauen und etwas von Bedeutung zu schaffen, mit dem sich das Gefühl der Verlorenheit in den Abgründen der Welt erneut überbrücken lässt. Es ist das tiefe Bedürfnis nach einer Umgebung, in der Wärme erfahren und gewöhnlichen menschlichen Dingen nachgegangen werden kann. Kaum sind die Trümmer beiseitegeräumt, bricht sich die Lebensfreude insbesondere bei Jüngeren wieder Bahn und bringt nach dem Ersten Weltkrieg die wilden 1920er Jahre, nach dem Zweiten Weltkrieg die Kultur des *Rock 'n' Roll* hervor.

Das Leben geht weiter, die Geschichte auch. Von Verdun fahren wir zum luxemburgischen Schengen, einem kleinen Ort, idyllisch an der träge dahinfließenden Mosel gelegen. Hier im Dreiländereck von Luxemburg, Frankreich und Deutschland wurde 1990 das Abkommen unterzeichnet, das uns erlaubt, Grenzen zu passieren, ohne noch viel von ihnen zu bemerken. Ganz Europa wird so zur Heimat, zum Raum der Vertrautheit, Geborgenheit, Beständigkeit und Verlässlichkeit. Wir können auf der Caféterrasse des *Musée Européen* sitzen, ohne Vorwürfe anderer Europäer befürchten zu müssen. Der einzige Sinn, der sich dem sinnlosen Tod so vieler Menschen im Nachhinein noch geben lässt, ist dieser eine: Nie mehr aufeinander loszugehen. Nach dem gemeinsam zu verantwortenden Ersten und dem allein zu verantwortenden Zweiten Weltkrieg lernten auch die Deutschen diese Lektion, und Franzosen wie Jean Monnet setzten sich für eine Aussöhnung ein, daher gibt es die Europäische Union.

Noch eine Wegstrecke weiter hat die Maas, die schon Verdun durchfloss, der Stadt Maastricht in den Niederlanden ihren Namen gegeben. Ein Denkmal an der Uferpromenade erinnert an die Befreiung der Stadt von der deutschen Besatzung 1944 durch die US-Armee. 1992 wurde im festungsartigen Gebäude der Provinzregierung Limburg der Maastricht-Vertrag unterzeichnet, die zweite Gründungsurkunde der Europäischen Union nach den Römischen Verträgen von 1957, mit denen sechs Staaten sich zur Europäischen Wirtschaftsgemeinschaft (EWG) zusammengeschlossen hatten. Der neue, lichte Platz *Plein 1992*, den eine öffentliche Bibliothek und reizvolle Gelegenheiten für *Coffeelovers* flankieren, steht für dieses Ereignis. Hier an der Maas hat Europa seine Binnenverhältnisse geregelt. Probleme bereitet ihm jedoch der Zustrom der Menschen von außerhalb, die auf der Flucht vor existenziellen Bedrohungen nach solch einem sicheren Hafen suchen, wie Europa ihn für sich gebaut hat.

Menschen auf der Flucht: Heimat und Menschenwürde

»Nachdem ich auf meinem Weg zum Café den fünften Checkpoint überwunden hatte, wurde schon der sechste vor mir errichtet.« Der syrische Schriftsteller Niroz Malek wollte in seiner Heimatstadt ausharren, als viele aus ihr flohen. Er hätte sonst, sagte er, seine Seele zurücklassen müssen (*Der Spaziergänger von Aleppo*, 2017). Viele Menschen verlassen ihre Heimat selbst dann nicht, wenn das Leben in ihr zur Hölle wird. Sie können oder wollen nicht anderswohin gehen. Sie bleiben, auch wenn sie wissen, dass sie anderswo sicherer und besser leben könnten. Sie lieben das Leben an diesem Ort, an dem sie sich nicht fremd fühlen müssen, und versuchen unter den unmöglichsten Umständen, ihre alltäglichen Gewohnheiten beizubehalten, die ihnen die Illusion eines normalen Lebens ermöglichen. So erfahren sie noch ein wenig Geborgenheit in der Umgebung, die sie schön finden, auch wenn die Schönheit nur noch Erinnerung ist und der Tod zu einer Art von Erlösung wird, »die den Neid der Lebenden weckt« (Khaled Khalifa, *Der Tod ist ein mühseliges Geschäft*, 2018).

Denen, die trotz allem Hoffnung in ihre Heimat setzen,

stehen Andere gegenüber, die in der Flucht größere Überlebenschancen sehen, und so wurde dies zur bestimmenden Erfahrung in Deutschland 2015: Menschen, die in großer Zahl ins Land strömten, die meisten vertrieben durch Bomben in dem Bürgerkrieg, der in Syrien 2011 zu toben begann und die Hälfte der Bevölkerung zu Flüchtlingen machte. Das ist wohl die schlimmste Vertreibung aus dem Paradies, das auch ihre Heimat für sie war. Nicht nur die zerstörte Stadt Aleppo versuchten danach einige wenigstens virtuell wiederaufzubauen. Zur Vorbereitung auf den erhofften realen Wiederaufbau dehnten syrische Wissenschaftler in Berlin die digitale Rekonstruktion ihrer Heimat auch schon gleich auf ihr gesamtes Land aus (*Syrian Heritage Archive Project*).

Für den, der Krieg und Bürgerkrieg entkommt, wird jeder Ort zur neuen Heimat, an dem er nicht mehr verfolgt wird und Perspektiven gewinnt. Heimat, meinte der nach Deutschland geflüchtete syrische Journalist Hussein Ahmad 2018, ist »nicht nur da, wo ich geboren wurde, sondern dort, wo ich mich sicher und wohlfühlen kann, wo ich mich weiterentwickeln kann, wo es viele Möglichkeiten gibt«. Im neuen Land wollte er die Sprache lernen, Beziehungen aufbauen, eine Arbeit finden, Familie gründen und die alte Heimat in Bildern und Erinnerungen bewahren. In dem Land, das um Worte stritt (Flüchtlinge oder Geflüchtete?), trafen die Neuangekommenen auf unterschiedliche Reaktionen. Es war entscheidend und hing doch auch vom Zufall ab, ob sie jemanden fanden, der ihnen weiterhalf, wenn sich Fragen stellten: Was sind »Meldepflichten«? Was ist »Mülltrennung«? Wie funktionieren Busse und Bahnen? Was heißt »Zimmerlautstärke«, was »Sonntagsruhe«? Was ist ein »Bundesland«?

Mangels Ansprechpartner waren erste Antworten auch online abrufbar, *handbookgermany.de*. Aber es blieb schwierig, sich zurechtzufinden. Im fremden Land ist alles anders als zuhause. Alles muss erst neu erklärt und verstanden werden. Nichts ist selbstverständlich. Das Essen schmeckt anders, die Düfte sind andere, die Gesichter sehen anders aus, die Sprache besteht aus unverständlichen Lauten, die Mentalitäten kollidieren, wenn die in arabischen Kulturen übliche Pflege der Gemeinschaft auf die in westlichen Kulturen hochgeschätzte Individualität trifft. Mein Freund Achmed berichtet noch von einer anderen Irritation, als er, der aus einer palästinensischen Familie im Norden Libanons stammt, sich zum ersten Mal in Berlin umsah, wo er vor vielen Jahren Asyl beantragte. Es war Dezember und alle Bäume waren kahl. Aus seiner Herkunftsheimat kannte er nur immergrüne Bäume, Zedern vor allem. Bäume ohne Grün mussten tot sein. Warum, fragte er sich, lassen die Deutschen ihre Bäume absterben?

Die Sprache zu erlernen, um sich verständigen zu können, hält er aus eigener Erfahrung für die Basis der Integration. Sie erleichtert es (zu oft erschwert jedoch von Behörden, die keine Arbeitserlaubnis erteilen), eine Erwerbsarbeit zu finden, um den Lebensunterhalt selbst zu verdienen. Vor allem die Arbeit macht aus lästigen Flüchtlingen wertvolle Kollegen, und sobald Menschen sich durch gemeinsame Anstrengungen besser kennenlernen, stehen sie auch eher füreinander ein. Nicht nur irgendwie anwesend zu sein, sondern Anderen etwas zu bedeuten und etwas Sinnvolles zu tun, ist die wahre Ankunft in der neuen Heimat. Wenn es aber unmöglich ist, an irgendeinem Punkt anzudocken, bleiben Fremde so fremd, dass das Draußensein für sie zum Dauerzustand wird (Philipp Ther, *Die Außenseiter. Flucht, Flüchtlinge und Integration im modernen Europa*, 2017).

Einige kehrten nach Syrien zurück, »weil wir nur in unserer Heimat Würde haben«. Das bekundeten Menschen, die 2015 aus der zerstörten Stadt Homs geflohen waren – und im Jahr darauf wieder zwischen den Ruinen anzutreffen waren. Was bindet die Menschenwürde an die Heimat in einer zerstörten Kultur? Es kann sich nicht um die Menschenwürde handeln, die ein Staat garantiert, der dort ein Totalausfall ist. Eine Achtung der Würde erfahren Menschen vielmehr an dem Ort, mit dem sie sich innig verbunden fühlen. Hier wird ihnen die Wertschätzung Anderer zuteil, mit denen sie eine Kultur verbindet, und diese Wertschätzung erleichtert es ihnen, sich selbst für wertvoll zu halten. In der Fremde hingegen fehlt sie ihnen. Dort werden sie nicht geachtet als Menschen, deren Geschichte andere Menschen kennen. Sie sind nicht vertraut mit dem Umfeld, mit den Gesten und Verhaltensweisen, die für alle Anderen selbstverständlich sind. Zwar wird die Menschenwürde für unteilbar gehalten, sie kommt allen zu – aber vor Ort kommt sie den Einen mehr, den Anderen weniger zu.

Die meisten kehren nicht in ihre Herkunftsheimat zurück, auch wenn dort kein Krieg tobt. »Warum sollte ich in ein Land zurückkehren, in dem es so viel Ungerechtigkeit gibt«, sagt ein junger Afrikaner in Marcel Odenbachs Film *Im Schiffbruch nicht schwimmen können* (2011). Menschenwürde heißt für ihn, gerecht behandelt zu werden. Die Chancen dafür sind größer in einem Land, das Schutz vor Übergriffen durch Andere oder durch staatliche Institutionen selbst bieten kann.

Damit der Zufluchtsort zur neuen Heimat werden kann, ist jedoch mehr erforderlich. Der funktionale moderne Staat ist kein guter Adressat für Heimatgefühle, auch für viele Bürger in den Zuwanderungsländern selbst nicht. Wohl auch aus diesem Grund ist »Heimat« im 21. Jahrhundert zum Sehnsuchtsbegriff geworden. Aber jeder Einzelne kann selbst für Heimatgefühle sorgen, etwa indem er Anderen nicht das Recht abspricht, hier zu sein, auch wenn er ihre Meinungen und Lebensweisen nicht teilt. Die Art des Umgangs miteinander erzeugt die Vertrautheit und Geborgenheit, die eine Verankerung ermöglicht. Nicht alle können oder wollen dazu beitragen, aber es kommt auf ausreichend viele an.

In Frage stehen auch konkrete Orte, an denen Heimat erfahrbar wird. *Making Heimat*, unter diesem Titel kuratierte das Deutsche Architekturmuseum den Deutschen Pavillon auf der Architektur-Biennale 2016 in Venedig. Wie kann eine Umgebung geschaffen werden, die Flüchtlinge nicht an den Rand der Gesellschaft drängt, wo sie sich ausgeschlossen fühlen müssen? Die damals projektierten Bauten sollten im Ankunftsland Deutschland die Massenunterkünfte in Fabrikhallen oder vergammelten Häusern ablösen, die keine menschenwürdigen Wohnräume sein konnten. Aber auch zu schön sollten die Neuen nicht wohnen, um den Neid der Alteingesessenen nicht zu erregen, deren Bedürfnis nach Heimatgefühlen in ansprechenden und bezahlbaren Wohnungen ebenfalls berechtigt war.

Und wo sind die Neuangekommenen nun wirklich daheim? Müssen Menschen entscheiden, welches ihr Heimatland ist? Können sie nicht außer der *Ankunftsheimat* auch ihrer *Herkunftsheimat* verbunden bleiben? Viele fühlen sich dazwischen zerrissen, und auch das kann zum vertrauten Zustand werden: *Heimat in der Zerrissenheit*. Aufrechterhalten können sie für sich die seelische Heimat in den engsten Beziehungen, unabhängig vom äußeren Ort, und die geistige Heimat in der Sprache und den Denkweisen ihrer Herkunftskultur. Bis die zweite oder dritte Generation nach der Migration dann doch zum integralen Bestandteil der neuen Heimat wird und mit ihr verschmilzt. In einer Stadt wie Berlin geschieht das vielleicht rascher als anderswo, denn die Berliner Identität ist eine *Integrität*. Die Mehrheit der Berliner besteht seit jeher aus Zugewanderten, daher gilt hier: Wer nicht auf der Durchreise ist, sondern bleiben will, gehört bereits dazu und kann sagen: »Ich bin ein Berliner.«

Sie hieß Duvinage, er Mikusch. Sie war eine freundliche alte Dame, er ein mürrischer junger Kater. Frau Duvinage liebte ihn und fütterte ihn täglich. Das war mir angenehm, denn ohne engeren Bezug zu ihm hatte ich ihn einfach nur vom Vormieter übernommen. Aber ihm verdankte ich, mit Frau Duvinage ins Gespräch zu kommen, durch die das anonyme Berlin, in das ich gezogen war, zur Vertrauen erweckenden Person wurde. Sie berlinerte dermaßen, dass ich nie auf den Gedanken kam, sie könnte nicht von hier stammen. Sie selbst war geborene Berlinerin, aber ihre entfernten Vorfahren waren aus Frankreich geflohen, und dass es sehr viele waren, ist einem Zeitzeugnis von 1686 zu entnehmen, Berlin sei »angefüllt mit Franzosen«. Es waren Protestanten, *Hugenotten* genannt (vielleicht nach dem Genfer Freiheitskämpfer Hugues), die ihr Land verlassen mussten, da der König es rein katholisch haben wollte. Der Kurfürst von Brandenburg hieß sie willkommen, er brauchte mehr Volk. Auch Theodor Fontane, der verehrte Dichterfürst von Brandenburg und Berlin, stammte von Hugenotten ab und sprach seinen Namen zeitlebens französisch aus, mit stummem *e* am Ende.

Die Flüchtlinge erhielten bereits 1689 ein eigenes Französisches Gymnasium und Kirchen wie den Französischen Dom am Gendarmenmarkt, Institutionen von großer Beständigkeit. Aus der Sprache, die sie mitbrachten, drangen etliche Wörter so tief ins Deutsche ein, dass niemand auf den Gedanken käme, sie könnten anderen Ursprungs sein. Etwas ist »alle«, wenn es davon nichts mehr gibt (von *c'est allé*, »das ist ausgegangen«). Jemandem ist »blümerant«, wenn ihm unwohl ist (von *bleu mourant*, einem sterbenden, blassen Blau, das als ungesunde Gesichtsfarbe gilt). Zuweilen machen Menschen Krach und streiten, »krakeelen« also (von *la querelle*, dem Streit). Andere Leute wiederum »kuschen«, sind also unterwürfig (von *coucher* für niederlegen). Und Kartoffelstampf oder Stampfkartoffeln hören sich deutlich weniger weich an als *purée* für Brei. Das passte einst nicht allen, Brandstiftung und zerschlagene Fenster konterkarierten die Integration, die dennoch gelang.

Flucht und Vertreibung haben auch Deutsche selbst erfahren. Heimatvertriebene waren alle, die nach dem Zweiten Weltkrieg die so genannten Ostgebiete verlassen mussten (Peter Glotz, *Von Heimat zu Heimat*, 2005). In Deutschland fanden sie jedoch eine *Kalte Heimat* vor (Andreas Kossert, 2008), wohl auch die Folge einer zuvor überhitzten Heimat. Bis zu einer wohltemperierten Heimat war der Weg noch weit. Andere waren vor den Nationalsozialisten in die USA und andere Länder geflohen, etwa in die Türkei, wo »Heimatlos« zum Begriff für Exilanten wie den späteren Berliner Regierenden Bürgermeister Ernst Reuter wurde, der Film *Haymatloz* (Regie Eren Önsöz, 2015) erinnerte daran. Thomas Mann fand sich laut Eintrag in sein Tagebuch vom 19. September 1939 mit Amerika als »Schicksals- und Notheim vielleicht für den Rest meines Lebens« ab. Hannah Arendt notierte 1943 in New York in ihrem Aufsatz *We Refugees*, dass mit der Vertrautheit des Alltags auch das Vertrauen verlorengehe, »in dieser Welt irgendwie von Nutzen zu sein«. Stefan Zweig zog im südamerikanischen Exil 1942 die radikale Konsequenz, sein Leben zu beenden: »Ich gehöre nirgends mehr hin!«

Über Jahrhunderte hinweg hofften auch Deutsche auf die Überwindung von Elend und Not durch Auswanderung. In manchen Regionen wie dem Westerwald war der Hunger so groß, »dass selbst die Mäuse mit Tränen in den Augen vom Speicher zurückkamen«. Nicht nur in Schwaben (Württemberg) waren die »Donauschwaben« beheimatet, die zwischen dem 17. und 19. Jahrhundert über die Donau in Länder am Schwarzen Meer einschließlich Georgiens gelangten. Hunderttausende wanderten im 19. Jahrhundert nach Südamerika aus, etwa nach Brasilien, wo rund ein Zehntel der Bevölkerung deutsche Wurzeln hat. Auf der Suche nach Freiheit und Glück, insbesondere infolge der gescheiterten Revolution von 1848, entschieden sich mehr als fünf Millionen Deutsche für einen riskanten Neuanfang in Nordamerika, eine regelrechte Kontinentalverschiebung. Im *German Triangle* zwischen St. Louis, Cincinnati und Milwaukee schufen sie sich eine neue Heimat mit eigener Infrastruktur, und sie bewahrten lange ihre Sprache und Kultur. Als ein Teil ihrer Nachkommen im Ersten Weltkrieg mit der alten Heimat sympathisierte, stellte Präsident Roosevelt in einer Rede von 1915 klar: »Wir haben nur Platz für eine Sprache und das ist die englische Sprache.«

Gibt es ein *Recht auf Heimat*? Wo könnte es eingeklagt werden? Bevor die Heimat im 19. Jahrhundert zu einem Gefühl wurde, war sie lange in der Geschichte tatsächlich ein Recht. Allerdings war dieses Heimatrecht an Besitz gebunden, Besitzlosigkeit ging mit Heimatlosigkeit einher. Erst seit dem 20. Jahrhundert ist das »Bleiberecht« ein anerkanntes Menschenrecht, um Menschen an ihrem angestammten Ort vor Vertreibung zu schützen. In der Form eines Rechts auf Asyl soll es ihnen im Fall von Flucht und Vertreibung zumindest ein Aufenthaltsrecht an anderen Orten garantieren, um eine neue Heimat finden zu können, wenn eine Rückkehr in die alte nicht mehr möglich ist. Kommt es jedoch zu einer Rückkehr in die Heimat, ist die Freude dort oft nicht groß: »Ihr habt es euch gutgehen lassen, während wir hier ausharrten.« Offen oder stumm trifft die Heimkehrer der Vorwurf, sich davongemacht zu haben und nun mit Ideen zurückzukehren, die der Heimat fremd sind.

Was die Zuwanderungswelle in Deutschland 2015 angeht, misslang manches. Einige der Neuangekommenen wussten die Aufnahmebereitschaft nicht zu schätzen und wurden straffällig. Andere waren enttäuscht, da sich das Land ihrer Meinung nach zu sehr abschottete (*Eure Heimat ist unser Albtraum*, herausgegeben von Fatma Aydemir und Hengameh Yaghoobifarah, 2019). Dass dennoch viele eine neue Heimat fanden, war dem Engagement einer großen Zahl von Menschen zu verdanken, beispielsweise für ein Projekt wie das Augsburger *Grandhotel Cosmopolis*, in dem Asylbewerber, Künstler und Hotelgäste zusammenfanden, oder das ähnlich ambitionierte *Bellevue de Monaco* in München. Selbst in kleinen Dörfern organisierten Bewohner Arbeitsgruppen, um Zuwanderern beizustehen, sei es mit einer Kanne Milch, die morgens im Nachbarhaus für sie bereitstand, oder mit Sprachkursen, die ihnen kostenlos angeboten wurden. *Heimat ist, wo Menschen mit Menschlichkeit sind, egal wo.* Heimat ist das entgegenkommende Gesicht Anderer, das im Meer der Fremdheit zum rettenden Ankerpunkt wird. Ist ein solches Entgegenkommen auf dem Land sogar eher möglich als in der Anonymität der Stadt? Ist die Fähigkeit zur Integration dort größer, wo das Selbstbewusstsein der Heimat ausgeprägter ist?

Heimat ist das ruhige Leben auf dem Land

Der kleine Ort liegt zauberhaft eingebettet zwischen Bergen und spiegelt sich in einem See. Heute ist Feiertag, Fronleichnam, frisches Maiengrün überall. Gerne möchte ich an der Messfeier und der anschließenden Prozession teilnehmen. Ich kenne dieses Ritual aus meiner Kindheit und Jugend, es ist mir nicht fremd. Und doch fühle ich mich wie ein Fremder: Wo ist hier in Goldegg im Pongau in Österreich mein Platz? Vor der Kirchentür spreche ich einen älteren Mann an: Wo darf ich mich drinnen hinsetzen? Er antwortet freundlich, es sei wie in der Gaststätte, wer zuerst komme, besetze den Platz. Aber ich weiß, welcher Unmut entsteht, wenn jemand seinen gewohnten Platz nicht einnehmen kann, lieber stehe ich – und versperre in der vollbesetzten Kirche Anderen den Blick. Wie müssen sich erst diejenigen fühlen, die weder mit dem Ritual noch mit dem Ort noch mit der Sprache vertraut sind?

Auf dem Land ist das eher ein Problem als in der Stadt, wo die Anwesenheit von Fremden Alltag ist und auch die meisten Bewohner einander fremd sind. Heimat auf dem Land heißt, »unter sich zu sein«, in der Stadt, es nicht zu sein. Auf dem Land werden Fremde umgehend als »nicht von hier« identifiziert. In der Stadt können sie lange unbeachtet bleiben. Die Unterschiede sind mir vertraut, beide Welten sind meine Heimat, das kleine Dorf, das ich nie verlassen wollte, und die große Stadt, in die es mich dann doch zog. Wer vom Land kommt, trifft unvorbereitet auf das städtische Leben und muss erst lernen, mit beiden Seiten der *urbanen Freiheit* umzugehen: Viele Möglichkeiten zu haben, sich aber auch in ihnen verlieren zu können. Wo vieles möglich ist, steht vieles in Frage, ein festes Fundament fehlt. Wer umgekehrt aus der Stadt aufs Land kommt, ist oft nicht gefasst auf die beiden Seiten der *ruralen Romantik*: Viel Ruhe zu haben, die aber jeden Lärm umso hörbarer macht. Und wo wenig möglich ist, steht auch wenig in Frage, die Fundamente erscheinen unverrückbar.

Die Begriffe sind relativ. Aus der Sicht der größeren Stadt ist alles, was kleiner ist, »Land«. In einer Kleinstadt in der Märkischen Schweiz erzählt eine junge Frau davon, dass Berlin ihr Fluchtpunkt war. Aber nach einigen Jahren kehrte sie in ihre Herkunftsheimat zurück. In der Großstadt, so habe sie erkannt, »kannst du alles sein«, aber man versinke komplett in der Anonymität. Von niemandem werde man gesehen, jetzt auf dem Land hingegen wieder von jedem, jederzeit und überall. »Man macht irgendetwas – und hat alle Aufmerksamkeit.« Es ist, wie sie weiß, nicht immer eine freundlich gesinnte Aufmerksamkeit, aber sie ist froh, das vertraute Netzwerk der Familie und Freunde wieder um sich zu haben. In der Stadt hat sie ein »familienfreies Leben« ohne Zwänge genossen, aber hier auf dem Land können ihre Kinder mit denen der Nachbarn im Garten spielen. In der Stadt ist sie bei jedem Schritt aus dem Haus unzähligen Menschen begegnet, an denen sie gleichgültig vorbeiging, die schiere Zahl macht ein Interesse füreinander unmöglich. Auf dem Land aber kennt sie fast jeden und kann mit allen ein paar Worte wechseln, bei der überschaubaren Zahl ist Gleichgültigkeit keine Option.

Im Leben von Menschen wie ihr treten die Gegensätze beider Kulturen hervor, die eine *ewige Ambivalenz* in Menschen verursachen, hin- und hergerissen zwischen dem Sog vibrierender Lebensmöglichkeiten in der Stadt und der Sehnsucht nach einem ruhigeren Leben auf dem Land. Es ist eine Herausforderung, die widerstreitenden Welten im eigenen Ich zusammenzuführen. Mit persönlichen Mischformen lassen sich Brücken zwischen den Kulturen schlagen, um ihre Gegensätze zur Inspiration statt zur Qual zu machen. Die endlose Unentschiedenheit, wo es sich wohl besser leben lässt, ist am besten zu beenden, wenn ein Schwerpunkt für das eigene Leben festgelegt wird, unter Verzicht darauf, immer wieder negative Begleiterscheinungen der Festlegung zu beklagen. Fortan kann die jeweils andere Kultur ins Leben integriert werden, um vom gewählten Schwerpunkt Stadt aus auch ländliche Elemente zu pflegen, beispielsweise mit gelegentlichen Ausflügen, und umgekehrt.

Auf dem Land ist die Wucht der Elemente stärker erfahrbar, die die Welt des Menschen etwa bei einem Wolkenbruch verschwindend klein erscheinen lassen. Im konstanten Krach der Stadt hingegen fällt so ein Ereignis kaum auf, misslich ist allenfalls, dass Taxen plötzlich Mangelware sind. Die von Menschen geschaffene Welt dominiert dermaßen, dass eine andere kaum vorstellbar ist. Alle möglichen Wirklichkeiten, Kulturen, Lebensentwürfe existieren nahe beieinander und vermitteln einen Eindruck vom Reichtum des menschlichen Lebens. Stadt, das ist die Verdichtung von Möglichkeiten der Tätigkeit und Untätigkeit, der Begegnung und Unterhaltung. Die Kurzweiligkeit hilft dem trägen Denken auf die Sprünge und bietet ständige Abwechslung und Anregung, erschwert aber auch jede Kontinuität. Viele Leben passen in den Raum der Stadt, der dafür immer kleiner parzelliert werden muss. Um so viel wie möglich erleben zu können, weichen die Menschen in die Zeit aus, die in der Folge ebenfalls immer weiter zerstückelt wird und bald so knapp bemessen ist wie der Raum.

Was auf dem Land dominiert, ist die Weite des Raums und die sich hinziehende Zeit, strukturiert von üblichen Tages-, Wochen- und Jahresabläufen. Wichtiger als in der Stadt sind Konventionen, Traditionen und die alteingesessene Religion. Rituale, Verlässlichkeit und das Festhalten an Beziehungen machen mehr Kontinuität möglich. Alles ist eine Frage längerer Wege. Kein *Späti* (*Urban Late-Store*) liegt an der nächsten Ecke, wo auch nach Ladenschluss noch das Nötigste besorgt werden kann. Da es an Hektik fehlt, lädt kaum ein Café zur Entschleunigung ein. Um der Langeweile zu entgehen, muss nach Abwechslung gefahndet werden. Die Vielfalt der Lebensentwürfe hält sich in Grenzen. Zu wissen, wie zu leben ist, bringt die Versuchung mit sich, abweichende Lebensweisen mit Argwohn zu betrachten, wenngleich längst nicht mehr mit der Härte früherer Zeiten: »Die Art, wie du bist und lebst, gehört nicht hierher.«

Auf dem Land ist jeder Einzelne in jedem Lebensstadium vor den Augen aller präsent. Man weiß, wo ein Kind zur Welt kommt, sieht es heranwachsen, kennt den Jugendlichen und den Erwachsenen, der seinerseits Kinder bekommt. Alle begegnen allen über Jahre und Jahrzehnte und nehmen wahr, wie das Gesicht Anderer in Falten gelegt wird, wie sie gebeugt werden und womöglich dahinsiechen, schließlich sterben und begraben werden. Je nach Beliebtheit nehmen wenige oder viele an einer Beerdigung teil. In der Stadt hingegen pulsiert Tag und Nacht das Leben. Bei den meisten Anderen, denen man im Alltag begegnet, fehlt jeder Vergleich zu einem Früher. Sterben und Tod sind der Sichtbarkeit entzogen. Hier wird auf die Spitze getrieben, was Nietzsche sich wünschte:

Dass die Menschen nicht an den Tod denken sollen, um möglichst unbeschwert leben zu können (*Die fröhliche Wissenschaft*, IV, 278).

Aus vielerlei Gründen setzte in moderner Zeit eine große Landflucht ein (Geert Mak, *Wie Gott verschwand aus Jorwerd. Der Untergang des Dorfes in Europa*, 1999). Das lokale und regionale Problem der Entvölkerung ländlicher Gebiete erwies sich als ein globales, rund um den Planeten ist eine Übervölkerung der Städte die Folge. So vorherrschend ist deren Sog, dass es zur politischen Aufgabe wird, den ländlichen Raum zu stabilisieren. Immer mehr muss *Heimatpolitik* mit Fördermitteln dafür sorgen, dass Menschen dort, wo für sie Heimat ist, Arbeit finden, einkaufen und einen Arzt aufsuchen können. Ländliche Entwicklung soll ihnen ein Leben an dem Ort ermöglichen, an dem sie sich zuhause fühlen. Gelänge es, Orte und Regionen so zu stärken, dass weniger Menschen sie verlassen, könnte der Trend weg vom Land umgekehrt werden. Die modernsten Kommunikationsmittel könnten dazu beitragen.

Einer der großen urbanen Architekten attestiert der *Countryside* weltweit eine große Zukunft (Rem Koolhaas, Ausstellung Guggenheim-Museum, New York, 2020). »Die Zukunft des Landes gestalten«, *Building a Future Countryside*, ist auch ein chinesisches Projekt, das aus der Einsicht resultiert, dass die wachsenden Probleme der Städte mit einer Vernachlässigung ländlicher Gebiete zu tun haben. Auf der Architekturbiennale 2018 in Venedig führte der chinesische Beitrag Beispiele für eine Aufwertung von Regionen vor, in denen Millionen von Menschen jahrzehntelang gezwungen waren, in die entstehenden Megastädte abzuwandern, um Arbeit zu finden. In Tausenden von Dörfern werden verfallene Häuser wiederaufgebaut, traditionelles Handwerk und eine zeitgemäße Biolandwirtschaft erhalten neuen Raum, architektonische Experimente etwa beim Bauen mit Bambus werden gewagt. Auf dem Land steht der Freiraum für vieles zur Verfügung, wofür in den Städten kein Platz mehr ist.

Im Westen wirken mit fortschreitender Moderne die unterschiedlichen Arten von Heimat stärker aufeinander ein, ländliche und städtische Kultur bleiben dabei nicht dieselben und können nicht mehr so leicht wie einst gegeneinander ausgespielt werden. Dass so viele die Heimat auf dem Land für ein Leben in der Stadt aufgegeben haben, hat zu einer *Ruralisierung der Stadt* geführt. In Berliner Stadtteilen lässt sich beobachten, dass viele Zugezogene ihr gewohntes ländliches Leben beibehalten. Im Stadtteil Lichterfelde blühte nach dem Zuzug aus der früheren Hauptstadt Bonn das rheinische Vorstadtleben neu auf.

Parallel dazu bahnt sich eine *Urbanisierung des Landes* an, auch befördert von den Städtern, für die das Land nun die Bedeutung von Heimat gewinnt. Eine jederzeit verfügbare Mobilität und zahlreiche kulturelle Initiativen ermöglichen auch in der so genannten Provinz einen urbanen Lebensstil, etwa im Alten Land südlich der Elbe, »drei Meilen« nördlich von Hamburg. Riesige Schiffe überragen auf dem Weg zum Hamburger Hafen oder zur Nordsee die Apfel- und Kirschbaumfelder. Noch höhere Strommasten transportieren die Windenergie des Nordens gen Süden.

Ein Roman, der vom neuen alten Leben dort erzählt (Dörte Hansen, *Altes Land*, 2015), wirkte stilbildend für die »neue deutsche Heimatliteratur«, wie der Literaturkritiker Denis Scheck sie nannte. Auch Autoren wie Andreas Maier, der mit dem Romanzyklus *Ortsumgehung* seit 2010 an seinem »Heimat-Herkunfts-Projekt« in der hessischen Region Wetterau arbeitet, sowie Katharina Hacker (*Eine Dorfgeschichte*, 2011), Juli Zeh (*Unterleuten*, 2016) und viele Andere haben als Heimat nicht mehr die Stadt, sondern das Land im Blick. Ein Hin- und Herzug setzt ein: Da läuft einer von Berlin aus zu Fuß zurück zum 600 Kilometer entfernten Ort seiner Kindheit, um eine Antwort auf die Frage zu finden, wohin er in dieser Welt gehört (Jörn Klare, *Nach Hause gehen. Eine Heimatsuche*, 2016). Eine Andere gibt ihrer Sehnsucht nach der Stadt nach, wo »was los ist«, während in der verschlafenen Provinz die Tage »wie stehendes Gewässer« wirken (Silvia Szymanski, *652 Kilometer nach Berlin*, 2002). Ein Genre blüht auf, das ein weiterer Autor, der von seinem Leben in ländlicher wie städtischer Landschaft berichtet, »Autogeographie« nennt (Ulf Erdmann Ziegler, *Wilde Wiesen*, 2007).

Gemeinsam ist dieser Literatur: *Heimat muss erzählt werden, bloße Theorien werden ihr nicht gerecht.* Und vor der Erzählung liegt die Erfahrung. Wer auf dem Land lebt, findet Abwechslung in der Stadt. Wer in der Stadt lebt, erholt sich gerne auf dem Land. Auch wir wollen jetzt für ein paar Tage raus aufs Land, um dem allgegenwärtigen Lärm und der unentwegten Unruhe der Stadt zu entfliehen, eine Atempause. Endlich kommen wir in dem kleinen Dorf in der Lüneburger Heide an, das uns im Internet so »schnuckelig« erschien, wie es tatsächlich ist. Die Besitzer des Häuschens, das wir gemietet haben, drücken uns rasch die Schlüssel in die Hand. Sie sind selbst auf dem Sprung – in die Stadt, um der Eintönigkeit für ein paar Tage zu entkommen, »endlich mal was Anderes«, sie freuen sich auf Hamburg.

Alles eine Frage der Atmung, der Ausflug in die Stadt wie auch die Losung »raus aufs Land«, am Wochenende fast ein Verzweiflungsschrei: Nichts wie weg hier! Es ist ein akuter Fall von Schnappatmung schon beim Einstieg in die Regionalbahn, die mal wieder brechend voll ist. Auch ich trage dazu bei, wenn ich einen Sonntagsausflug unternehmen will. Auf Tuchfühlung mit halb Berlin hoffe ich darauf, dass die Häuserketten beiderseits der Bahn endlich abreißen. Hinter Charlottenburg ist es so weit: Nur noch grüner Wald, der dem Grunewald seinen Namen gegeben hat. Eine Lichtung tut sich auf, Wannsee, dort und in Potsdam lichtet sich auch der Pulk im Zug und draußen kommen sogar Wiesen in den Blick. Eine halbe Stunde Fahrt, und ich bin fast am Ziel. Noch zwei Kilometer Fußweg, *Unter den Linden* entlang, über die Brücke und die kopfsteingepflasterte Inselidylle der Altstadt in *Werder* hat mich wieder. Der mutmaßlich althochdeutsche Name ist Programm: »Von Wasser umflossenes Land«.

Erst mal ein doppelter Espresso, natürlich in »meinem« Café, ein bisschen plaudern, »lange nicht gesehen«. Zum Mittagessen auf dem kleinen Marktplatz neben dem plätschernden Brunnen der übliche Hinweis auf der Speisekarte: Es könne etwas länger dauern, alles werde frisch zubereitet, und Stress wie in der Stadt müsse man hier nicht suchen. Ich bin mit allem einverstanden und liebe das Leben. Am liebsten mit Zander aus der Havel, der hier so lecker zubereitet wird wie nirgendwo sonst, filetiert und paniert auf Spinat, wenn auch mit notorisch zerkochten Salzkartoffeln. Dazu ein Kirschbier, denn Werder, das sind Kirschen und was es sonst noch an Obst und Gemüse gibt. Und die Wasserlandschaft der Havel, umsäumt von Bäumen, im Hintergrund Hügel. Kein Wunder, dass der Landschaftsmaler Karl Hagemeister, Malerfreund Max Liebermanns, von hier stammte. Hier ist alles da, was eine Landschaft zur Heimat macht, für mich zur *Ausflugsheimat*, in der ich, wie viele Berliner, gerne zu Gast bin.

Es sind nur wenige Schritte bis zur Uferpromenade. Die Havel sieht aus wie ein See. Ein minimales Gefälle macht aus ihr ein Fließgewässer, das auf der Suche nach mehr Gefälle durch das Land Brandenburg irrt, bis es bei Havelberg die Elbe entdeckt, sich an sie schmiegt und in ihr zerfließt. Gleißend tanzen Sonnenstrahlen auf der geriffelten Wasseroberfläche. Die Ruhe des Wassers markiert den Gegenpol zur Unruhe der Stadt, balanciert die Seele aus und animiert das Nachdenken. Die Luft ist so würzig, als sei sie ein Sud ausgekochter Heilkräuter, von kundigen Händen gesammelt. Erstaunlich, dass das nichts kostet, großartig, dass der Geschäftsinstinkt eine Caféterrasse an der richtigen Stelle platzierte. Stundenlang dort zu sitzen, Zeitung zu lesen, zu schauen, zu trinken, zu essen, zu denken: Das bin ich. Was geht mich meine Arbeit von gestern, heute und morgen an! Endlich kann ich Ernst machen mit der Existenz eines Kaffeehausliteraten, es muss ja nicht für immer sein. Morgen bin ich wieder wie sonst, aber dass morgen wieder Alltag ist, interessiert mich heute nicht.

Im Süden der Inselstadt liegt auf dem italienisch anmutenden Mühlenberg der traumhaft schöne Ort der Toten. Weit mehr Grünflächen als Gräber machen aus dem Friedhof der Heilig-Geist-Kirchengemeinde einen stillen Park. Dass trotz Friedhof nicht immer nur Frieden herrscht, signalisiert ein Zettel am Eingangstor, auf dem jemand Beschwerde darüber führt, dass nun schon zum zweiten Mal ein Blumengebinde vom Grab gestohlen worden sei. Weiter hinten stehe ich vor dem frisch aufgeschütteten Erdhügel für eine Frau, die im Alter von 45 Jahren starb. Die Zeichnung eines kleinen Jungen für seine »beste Mama« steckt zwischen Blumen. Auch bei späteren Besuchen rührt mich dieses Grab jedes Mal zu Tränen. Der Tod kann wirklich eine Sense sein, die einen Menschen wie ein Büschel Gras vom Leben trennt.

Die Sonne brennt herab, ich suche Schutz im kühlen Inneren der roten Backsteinkirche mit den bildschönen Spitztürmen. Dass sie »als Landschaftsdekoration« von seltener Schönheit sei, meinte Theodor Fontane im 19. Jahrhundert in seinen *Wanderungen durch die Mark Brandenburg* (Havelland, Der Schwielow und seine Umgebungen). Ins Auge fällt vorne rechts das Gemälde mit dem sonderbaren Motiv »Christus als Apotheker«. Der märkische Autor, selbst gelernter Apotheker, fand das Bild von etwa 1700 geschmacklos, er verstand keinen Spaß in Glaubensfragen. Jetzt aber probt ein Paar hingebungsvoll mit Violine und Violoncello für ein Konzert. Ich höre zu und leihe ihnen zwischendurch meinen Stift für eine Notiz auf dem Notenblatt. Gelegentlich finden hier auch *Rock-'n'-Church*-Konzerte statt, die das altehrwürdige Gebäude erdröhnen lassen, nicht zur Freude aller Gemeindemitglieder. Im Gemeindebrief betont der Kantor, alle Kunst in der Kirche diene der Verkündigung des Glaubens und sei nicht etwa nur eine »geschmäcklerische Verhübschung«, offenkundig eine Antwort auf Vorwürfe aus der Gemeinde. Der asketische Protestantismus lebt!

Ein anderes Relikt aus der Vergangenheit gleich nebenan weckt familiäre Erinnerungen. Unsere Kinder liebten es, in dem hölzernen Bauwerk der Bockwindmühle herumzuklettern. Sie heißt so, weil sie auf einem Holzbock aufruht, auf dem sie in den Wind gedreht werden kann. Eine Tafel informiert darüber, dass die Rekonstruktion der Mühle, die ums Jahr 1500 Mahlrechte erhielt, dem Engagement heimatverbundener Bürger zu verdanken sei. Jetzt aber ist Windstille, die x-förmige Stellung der Flügel signalisiert eine »lange Arbeitspause«. Weiter unten an der Uferstraße des inneren Havelarms, Föhse genannt, sorgen knatternde Motorräder und leistungsstarke Musikboxen einer Gruppe Jugendlicher dafür, dass die Ruhe der Landschaft nicht überhandnimmt. Raus aufs Land heißt nicht zwingend raus aus dem Lärm.

Auf dem Rückweg zum Bahnhof suche ich einen Dichter auf, der auf der Bismarckhöhe am Galgenberg residiert, wo er seine *Galgenlieder* ersann. Er ist nicht persönlich anwesend, Bücher und Memorabilien vertreten ihn, er selbst starb bereits 1914 in Meran in Südtirol. Was hatte Christian Morgenstern, 1871 in München geboren, in die Havellandschaft verschlagen? Von Berlin aus, wohin er 1894 gezogen war (eine Gedenktafel am Stuttgarter Platz 4 erinnert an ihn), unternahm er mit einigen Freunden Ausflüge hierher. Inspiriert vom Ort, gründeten sie den »Bund der Galgenbrüder«. Morgenstern selbst definierte: »Ein Galgenbruder ist die beneidenswerte Zwischenstufe zwischen Mensch und Universum.« Auf dem Hügel, auf dem wohl einst ein Scharfrichter tätig war, entwickelte er den Galgenhumor, den er, zeitlebens kränklich, während seiner vielen Reisen zwischen Norwegen und Sizilien fürs Leben brauchte: »Pfeift der Sturm? / Keift ein Wurm? / Heulen / Eulen / hoch vom Turm?« Jetzt schlagen, gurren, schluchzen, trillern, ziepen, pfeifen Nachtigallen zu Ehren des Dichters aus dem Gebüsch auf der Anhöhe des womöglich schönsten Ausblicks der Mark Brandenburg.

Was Morgenstern und seine Freunde um 1900 »raus aufs Land« trieb, lag im Trend der Zeit und betraf nicht nur Sonntagsausflüge. Die Städte erstickten im Qualm der Fabriken, die vielen Menschen vom Land Arbeit boten, aber um welchen Preis? Die empfindlicheren Gemüter wagten um der Gesundheit willen sogar den kompletten Auszug aus der Stadt. Der Idee nach war es ein *Auszug aus der Moderne*, um eine Heimat dort zu gründen, wo noch nichts und niemand von Modernisierung heimgesucht worden war. So entstand nahe Bremen etwa die Künstlerkolonie Worpswede. Auch der Jugendstilkünstler Heinrich Vogeler zog sich 1894 dorthin zurück, um handwerklich gut gemachte, stilvoll gestaltete Möbel für alle herzustellen, die sich dann allerdings nur die betuchten Bremer Bürger leisten konnten.

Am anderen Ende der Republik, im Schwarzwald, ließ der Philosophieprofessor Martin Heidegger in verdächtiger Zeit 1934 nach Hitlers Machtergreifung die Öffentlichkeit wissen: »Warum wir in der Provinz bleiben.« Eine Berufung nach Berlin lehnte er mit dem damals geläufigen Grundtenor ab: Die Stadt ist voller Heimtücke, Gestank, Gewalt, Zerstörung, Egoismus, Lärm, Verzweiflung, Hoffnungslosigkeit, ja, Gottlosigkeit. In der Provinz hingegen leben die Menschen in Ruhe in intakten Gemeinschaften und kümmern sich zuverlässig umeinander.

»Raus aufs Land« heißt im 21. Jahrhundert die Hoffnung, die die Siedlungen am Stadtrand Berlins immer weiter ins Grüne verschiebt. Andere erfüllen sich die grünen Wünsche gleich mit einem Umzug in die Uckermark. »Ist es leichter, auf dem Land zu leben?«, frage ich meinen Freund, der mit seiner Frau nach Lychen entschwand. Er als Stadtkind hat auf dem Land seine neue Heimat gefunden. Freiwillig würde er nicht mehr zurückkehren, meint er. Müsse er nach Berlin, erledige er seine Angelegenheiten dort so schnell wie möglich. Er ertrage die vielen Menschen, den Krach und die schlechte Luft nicht mehr. Ja, ein Auto sei nötig, am besten ein geländegängiges, das hier anders als in der Stadt auch sinnvoll sei. Ein Problem seien die Kollisionen zwischen den Lebensstilen der Alteingesessenen, die ihr Bier in der alten Kneipe trinken, und den Neuhinzukommenden, die ihren Latte im neuen Café schlürfen. Er selbst arbeitet am Laptop im Wintergarten seiner Mietwohnung mit Blick auf den See, bei gutem Wetter auch unten am Ufer. Dort steigt er zu jeder Jahreszeit morgens erst einmal ins Wasser. Noch mehr Seen passieren wir bei einem Spaziergang um den Ort herum.

In der Nähe der Klosterruine Chorin ist es das Ökodorf Brodowin, in dem viele Landliebhaber ihre neue Heimat gefunden haben und Lebensmittel produzieren, die in Kisten in die Stadt gebracht werden. Auch wir haben eine abonniert, wöchentlich werden uns frisches Obst und Gemüse, Milchprodukte und Eier an der Wohnungstür überreicht. Dass das Land die Stadt versorgt, war Jahrhunderte früher bereits die Idee für den Obstanbau in Werder gewesen. Die Mönche des Zisterzienserklosters im nahen Lehnin begannen damit, nachdem ihnen die Insel 1317 einer urkundlichen Erwähnung zufolge vom Markgrafen geschenkt worden war.

Dort bin ich nun für diesen Sonntag den Erkentnissen der »Erholungsforschung« (Jessica de Bloom und Andere) gefolgt. Ich bin ein Anderer, wenn auch nur für diesen Tag. Musste ich mich morgens mühsam vom Bahnhof zur Insel schleppen, fliege ich abends leichtfüßig den Weg zurück. Die Bahn hat mal wieder Verspätung? Meine neu ummantelten Nervenstränge tastet das nicht an.

Werder ist ein Berliner Vorort, jedenfalls sehen Berliner das so. Aber was ist *jwd*, »janz weit draußen«, wie sie das nennen? Das Land hat viel Landschaft für alle, die Sinn dafür haben. Fontane meinte, der Reisende müsse in der Mark Brandenburg »mit einer feineren Art von Natur- und Landschaftssinn ausgerüstet« sein, damit ihm ihre Schönheiten nicht verschlossen bleiben (*Wanderungen*, Die Grafschaft Ruppin). Wirklich schön sind im Norden die idyllischen Seen zwischen den Hügeln der Uckermark und im Ruppiner Land, Fontanes Herkunftsheimat. Im Süden der hügelige und waldreiche Fläming. Im Südosten der von baumgesäumten Kanälen durchzogene Spreewald. Im Osten die Märkische Schweiz und das trockengelegte Sumpfgebiet, *das* Oderbruch genannt. Auf dem Weg nach Westen der Ort in der Nähe des Sumpfes, slawisch *berlo*, der den Namen Berlin erhielt. Im Westen dann die sattgrünen Wiesen der Havellandschaft und mittendrin das Kleinod, das vielen etwas sagt, weil fast jedes Schulkind dieses Gedicht kennt und liebt. Natürlich von Theodor Fontane: »Herr von Ribbeck auf Ribbeck im Havelland, / Ein Birnbaum in seinem Garten stand ...«

Wenige Häuser, ein Schloss und eine Kirche umstehen den geräumigen Dorfanger. Ein Café mit viel Liebe zum Tand, das alte Waschhaus, präsentiert Marken auf Blechschildern aus der Steinzeit des Marketings: »»Nur Miele Miele‹, / sagte Tante, / die alle Waschmaschinen kannte.« Die Betreuung der Gäste aus Berlin übernimmt heute ein Kellner, der eigentlich Musiker ist, Künstlername *Mückenfett*. Er weiß, dass nichts schlimmer ist als unzufriedene Berliner. Und nichts schwieriger, als sie zufriedenzustellen. Bestenfalls sagen sie: »Da kann man nicht meckern.« Würden sie nämlich lieber tun. Zu ihrer Befriedung besingt Mückenfett nun also zur Gitarre den »Brandenburger Charme«, während wir Kartoffelsuppe mit Birne, dann Birnenkuchen zum Kaffee mit Birnensirup genießen bis zum finalen »Birnout«.

Abseits von Ribbeck sind viele Dörfer Brandenburgs im Schlaf versunken. Seit Fontanes *Wanderungen* hat das weite Land um Berlin wenig von sich reden gemacht, also rafft sich die Landesregierung 2017 zu einer Marketingkampagne für die Mark Brandenburg auf. Werbemaßnahmen sollen mehr Großstädter aufs Land locken, das darunter leidet, dass der »Speckgürtel« um Berlin herum immer fetter und reicher wird, der Rest des Landes Brandenburg immer magerer und ärmer. Welche Markenstrategie verspricht Erfolg? Mit gefühlvollen Inhalten kann die Bedeutung erzeugt werden, die ein Angebot zum begehrten Produkt macht, etwa so: »Brandenburg ist ein schönes Land, dort erfüllt sich deine Sehnsucht nach Natur, nach Weite, nach Lebensfreude.«

Jede Marke lebt davon, dass sie Heimat ermöglicht. Wo Menschen sich unbehaglich fühlen, entsteht kein Heimatgefühl. Signet, Schriftzug, Texte und Bilder, die verwendet werden, müssen Verlässlichkeit und Vertrautheit signalisieren. In der *Markenheimat* ist die Welt in Ordnung, mag sie auch noch so sehr in Unordnung sein. Einmal etabliert, macht es den Erfolg der Marke bei ihren Kunden aus, sich im Altbekannten, das einen erwartet, geborgen fühlen zu können. Die Marke ist wie eine gute Freundin, die man immer wieder gerne trifft. Sie hält, was sie verspricht, und dies anhaltend, sonst gerät die Beziehung ins Wanken. Niemand will eine Spritztour aufs Land unternehmen und dann ist da nichts, keine Gaststätte, keine Gastlichkeit. Ein Markenrepräsentant könnte als Person die Inhalte verkörpern und für ihre Einlösung in der Wirklichkeit bürgen. Der respektable Ministerpräsident könnte der Markenführer sein. Er unternimmt auch eine »Zukunftstour Heimat« durch das Land.

Aber irgendwie will die Mark Brandenburg nicht so recht zur Marke werden. Einen Grund dafür kenne ich selbst. Seit vielen Jahren zieht es mich immer wieder in ein kleines Städtchen in der Prignitz, Bad Wilsnack, auf halber Strecke nach Hamburg. Dort kann ich mich regenerieren und konzentrieren, gerade dann, wenn die Denkarbeit schwerfällt. Immer im selben Landhotel, denn ich bin ein Gewohnheitstier und fühle mich daheim, wenn die Stiege so vertraut knarrt wie immer. Aber auch dann, wenn ich zum 30. Mal an der Rezeption stehe, höchst erfreut, wieder hier zu sein, darf ich nur auf ein knappes Kopfnicken hoffen, das so viel heißt wie: Ah ja, schon mal gesehen. Der Brandenburger ist nicht gesprächig, niemals enthusiastisch, über fremde Menschen kann er gut hinwegsehen. Man nennt das auch »märkisch trocken«. Es erzeugt eine Atmosphäre, die nicht auf Anhieb anheimelnd ist.

Aber das schreckt mich nicht. Es muss ja nicht Liebe sein, die die Beteiligten zwar bindet, aber auch enttäuschungsanfällig ist, wenn Ideale sich als unrealistisch erweisen. Ein bisschen Freundschaft ist auch sehr schön, getragen von Sympathie. Was finde ich sympathisch an Brandenburg? Was *like* ich? Die unvergleichlichen Landschaften, die sich unter dem endlosen Himmel erstrecken. Die Menschen, die auf andere Weise Brandenburger sind, offen und herzlich. Dafür komme ich gerne wieder und genieße die analogen Erfahrungen, die das Land bereithält, in dessen Weite sich die digitalen Möglichkeiten verlieren. Zumindest war das so, als Satelliten noch nicht zu Abertausenden die Welt bis in die letzten Winkel Brandenburgs hinein lückenlos vernetzten.

Im frühen 21. Jahrhundert eignen sich Wanderungen durch die Marke oder die Mark Brandenburg noch bestens für digitales Detox. Wanderungen sind *en vogue*, viele Menschen suchen nach Sinn und finden ihn in der Sinnlichkeit des Gehens. Es ist die einfachste Art aufzubrechen, die intensivste Art, Landschaft zu erkunden, und eine gute Methode, auf andere Gedanken zu kommen. Beim Autofahren huschen die Landschaften nur so vorbei. Genauer wahrnehmbar werden sie durch die langsame Bewegung, die in jedem Moment unterbrochen werden kann. »Wer geht, sieht im Durchschnitt anthropologisch und kosmisch mehr, als wer fährt«, schrieb Johann Gottfried Seume, der zu Anfang des 19. Jahrhunderts von Grimma bei Leipzig aus einen »Spaziergang« nach Syrakus unternahm. »Wo alles zu viel fährt, geht alles sehr schlecht: man sehe sich nur um. So wie man im Wagen sitzt, hat man sich sogleich einige Grade von der ursprünglichen Humanität entfernt«, meinte er auf einem weiteren Trip rund um die Ostsee, als der Wagen noch eine Kutsche war (*Mein Sommer 1805*, Vorrede, IV ff.).

Das Gehen erschließt Heimat, anders als das Fahren kann es eine Beziehung zur Umgebung begründen. Mit wachsender Beliebtheit der Jakobs-Pilgerwege überall in Europa in Richtung Santiago di Compostela in Spanien erlebt es in fortgeschrittener Moderne eine Renaissance. In früherer Zeit war auch Bad Wilsnack ein großes Pilgerziel, aber diese Geschichte ist längst Vergangenheit, als Fontane 1887 in seinen *Wanderungen* (Fünf Schlösser, Quitzöbel, 1. Kapitel) davon erzählt. Vor der Gaststätte Deutscher Hof erinnert ein Stein mit der Jahreszahl 1396 daran, dass damals die Kirche abgebrannt war, in Brand gesteckt von einem Ritter. Die Hostien blieben verschont, wiesen aber Blutspuren auf, ein Wunder. Als die Nachricht vom »Wunderblut« in Wilsnack die Runde machte, gab es in dieser religiös nervösen Zeit kein Halten mehr. Der Stein mit der Jahreszahl ist die Nachbildung eines Wegekreuzes mit der Inschrift *orate ibi pro nobis*, »betet dort für uns«. In der Hoffnung auf ewiges Seelenheil wurde der dringliche Wunsch den vielen Pilgern mit auf den Weg gegeben.

Die Menschen, die im 21. Jahrhundert nach Bad Wilsnack pilgern, frönen einer anderen, weltlichen Religion, auch ich. Ihre Fortbewegungsmittel sind Auto und Zug. Ihr Tempel ist die *Kristalltherme* mit Solewasser aus tausend Metern Tiefe und eine große Saunalandschaft. Hinter der Therme führt der Weg am Bahndamm entlang in den *Karthane-Park* mit Fitnessgeräten, Aussichtsturm, Bänken für die Rast und dichtem Buschwerk, in dem kleine Vögel sich vor den großen verstecken. Auf den Wiesen starren Kühe mich an und schütteln den Kopf. Vielleicht wegen der lästigen Fliegen. Oder sie können nicht verstehen, wie eine Nichtkuh so viel gehen kann, wo doch das Glück der Erde im Gras liegt, das sich unentwegt wiederkäuen lässt. Auf der Brücke über das fast stehende Gewässer der Karthane verweile ich lange. Wasserläufer rennen, Libellen und Schmetterlinge tanzen, Frösche quaken und Tauben gurren im Schatten von Erlen und Weiden. Da wird sie doch noch zur Wirklichkeit, die Marke Brandenburg. In dieser Ruhe auf dem Land kann ich jedem Detail des Lebens mehr Aufmerksamkeit widmen als in der fiebrigen Betriebsamkeit der Stadt.

Langsam gehe ich weiter. Das Gehen selbst kann Heimat sein, es ist mir vertraut und gibt meinem Leben Rhythmus und einen Rahmen. Alle Ebenen des Menschseins kommen dabei zur Geltung. Zahllose Muskeln wandeln gespeicherte Energie in Bewegung um und werden durch die Beanspruchung gestärkt. Die bewegten Muskeln sind in der Lage, Stresshormone abzubauen, ein Grund für die seelische Erfahrung der Beruhigung durch das Gehen. Innere Stimmen beginnen zu sprechen und finden Gehör.

Das häufige Gehen steigert den »neuromuskulären Zugriff«, also die geistige Fähigkeit, auf den Körper einzuwirken, denn die scheinbar simple Aktion erfordert eine äußerst komplexe Koordination zahlreicher Komponenten des Gehirns und des Körpers. Das Denken kann sich zudem mit der kognitiven Sinngebung beschäftigen, während noch vereinzelte Tropfen des nächtlichen Regens schwer von den Bäumen fallen und mit ihrer Sinnlichkeit neuen Sinn vermitteln. Der eigene Schritt wird zum Maßstab für Nähe und Ferne und erlaubt, eine Beziehung zur Umgebung einzugehen, statt sie mit einer schnellen Durchquerung auf der Seite liegen zu lassen. Das Gefühl für Raum kehrt zurück, und ich lerne wieder, mich darin zu orientieren (Ulrich Grober, *Vom Wandern. Neue Wege zu einer alten Kunst*, 2006).

In der Prignitzer Landschaft um Bad Wilsnack herum erprobe ich die verschiedenen Arten des Spaziergangs, je nach Tagesform und Bedarf. Nicht alle dienen der Muße, und kaum einen realisiere ich in reiner Form, die Motive mischen sich. Der *Gewohnheitsspaziergang* ist nur dazu da, mit Regelmäßigkeit den Tag zu strukturieren und für mich selbst, vielleicht auch für Andere, die das beobachten, Vertrautheit zu schaffen, Typus Kant. Der *Zerstreuungsspaziergang* erfüllt seinen Zweck bereits dadurch, die Unbewegtheit am Schreibtisch zu unterbrechen, der Konzentration eine Atempause zu gönnen und den Körper nicht zu vernachlässigen. Das geht gut zusammen mit einem *Panoramaspaziergang*, bei dem es auf das Schauen ankommt, der Blick schweift über die Landschaft mit ihrer Flora und Fauna. Beim Schaulaufen eines *Promenadenspaziergangs* steht das Anschauen Anderer und Angeschautwerden durch sie im Fokus. Der *Berührungsspaziergang* wiederum ist dazu da, mit dem vertrauten Anderen zu gehen, ihn oder sie zu fühlen, vielleicht Hand in Hand oder Arm in Arm. Das verträgt sich gut mit einem *Gesprächsspaziergang*, um gemeinsam durch die Straßen und Landschaften zu wandern und auf jede Weise zu »diskurrieren«.

Unbekümmert um Wind und Wetter bin ich beim *Elementarspaziergang* unterwegs, bei dem die Elemente durch rüttelnde Böen und sprühendes Nass spürbar werden. Der noch heftigere *Entladungsspaziergang* baut Spannungen ab und entlädt Affekte. Es könnte auch ein Wutgehen sein, wichtig ist in jedem Fall der schnelle, feste, zuweilen stürmische Schritt, Typus Beethoven. Beim *Strategiespaziergang* versuche ich, während des Gehens Projekte zu entwerfen, teils mit wildem Assoziieren, um überhaupt auf Ideen zu kommen, teils mit gezieltem Nachdenken, um mich auch im übertragenen Sinn »auf den Weg zu machen«. Jeder kleine Schritt findet fortan seinen Sinn in einem größeren Horizont, auch wenn Andere nicht sehen, »dass ich einen Weg eingeschlagen habe, auf dem ich ohne Ende und ohne Mühe immer weiter gehen werde, so lange es noch Tinte und Papier in der Welt gibt«, wie Michel de Montaigne (*Essais*, III, 9) das zu einer Zeit formulierte, als der Pilgerstrom in Wilsnack gerade eben nach etwa 150 Jahren abgerissen war. Der neue protestantische Pfarrer hatte den Wunderglauben zum Aberglauben erklärt und die Bluthostien 1552 kurzerhand verbrannt.

Am liebsten spaziere ich in dieser Ausflugsheimat durch den Kiefernwald. Er wird den Klimawandel nicht überleben, Mischwald mit »Habitatskontinuität« wird ihn ersetzen. Aber die knorrigen Bäume, die einen würzigen, harzigen Geruch verströmen, faszinieren mich. So krumm und schief, wie sie sind, wirken sie wie menschliche Lebenswege. Die Büschel langer Nadeln an bizarr verwinkelten Ästen lassen viel Licht passieren und spenden doch auch ein wenig Schatten. Aller Ärger gleitet am Gleichmut der hohen Stämme ab, die mit sich selbst beschäftigt sind, völlig unbeeindruckt von unbeantworteten Fragen, ohne jede Frage zu ihrer eigenen Existenz. Sie alle sind einfach nur Baum und formen mit hohen Säulen einen Dom. Vereinzelt sind Vogelstimmen zu hören. Jedes Mal, wenn ich hier bin, gehe ich den Weg entlang, der vor Jahren bei Waldarbeiten gebahnt wurde und von Moos überwuchert worden ist, auf dem ich bei jedem Schritt wie auf einem tiefen Teppich einsinke.

Es ist ein *Lustwandeln*, das kein Ziel hat und keinem besonderen Zweck dient. Die Lust entsteht eher beiläufig, während sich etwas in mir verwandelt. Das Gefühl der Verbundenheit mit allem stellt sich ein. Ich bin wandernde Natur inmitten von belebter Natur. Hier ein schöner Ausblick, dort ein wimmelnder Ameisenhaufen beim Zerlegen einer toten Blindschleiche, wilde Brombeeren, der Wind in den Wipfeln. Ein Aasgeruch dringt stechend in die Nase, aber auch im Wald, der immer lebt, gibt es Tod, der sich als Übergang zu neuem Leben erweist. Wie sollte es mit der menschlichen Natur anders sein? Trost finde ich im Gefühl des Umhülltseins durch die umfassende Natur, die größer ist als der einzelne Mensch, ja, als die Menschheit überhaupt. Alles, was schwer ist, ist aufgehoben in ihr. Es gibt keine menschliche Existenz für sich allein, auch wenn es im Beton der Städte und der Seelen oft anders erscheinen mag. Selbst die größte ökologische Zerstörung kann die Natur insgesamt nicht vernichten. Die wird vielmehr die stolzen Errungenschaften menschlicher Existenz,

Bahnen, Autobahnen, Kraftwerke, Fabriken, Städte irgendwann überwuchern und zuletzt noch dem Friedhof des Menschen Schatten spenden.

Lustwandeln heißt für die Gedanken, dass sie nach Herzenslust kommen und gehen können. Ich schaue ihnen interessiert zu, wenn sie mir bewusst werden, aber über ganze Strecken träume ich nur so vor mich hin und nehme weder die Umgebung noch mein Denken wahr. Alle paar Minuten durchschneidet das Rauschen eines Zuges die Landschaft. Gleichmäßiges Rauschen zeigt einen schnell durchfahrenden Zug an, lärmiges, rumpeliges Rauschen einen Güterzug, an- und abschwellendes Rauschen die Regionalbahn, die am Bahnhof hält. Das Rauschen stört mich nicht, es hält die Verbindung zur Welt aufrecht, ohne die ich mich verloren fühlen könnte. Wenn ich wollte, könnte ich jederzeit einsteigen und abfahren, und genau aus diesem Grund bleibe ich. Ich liebe die Mark, auch wenn hier »nicht alles Chanel« ist, wie Rainald Grebe 2005 in seinem Spottlied *Brandenburg* sang. Auf dem Land zählen Dinge, zu denen eben nicht unbedingt Marken gehören. Jedenfalls war das noch so, als ich selbst in einem kleinen Dorf im Süden Deutschlands aufwuchs.

Wahres Leben auf dem Land und kulturelle Unterschiede

»Heilige Maria, Mutter Gottes, bitte für uns Sünder jetzt und in der Stunde unseres Todes, Amen!« Ein knappes Dutzend Menschen, fast nur ältere Frauen, kein Priester, sprechen in der Dorfkirche abwechselnd, aufgeteilt in zwei »Chöre«, die Gebetsformeln des Rosenkranzes, eine katholische Tradition. Draußen ist es dunkel und regnerisch, nur vereinzelt brennen

Lichter im Kirchenschiff und lassen die Vergoldungen der Marienstatue und die weißen Lilien zu ihren Füßen matt schimmern. Das »Ewige Licht« glimmt vorne am Altar vor sich hin. Zu Ehren aller Verstorbenen wird gebetet, um ihr Andenken zu bewahren und ihr Seelenheil zu sichern. Therapeutische Wirkung hat das Ritual jedoch bereits für die Seelen der Betenden selbst. Die geduldige Repetition erzeugt ein zirkuläres Zeitgefühl, sehr beruhigend für die, die sich als Momente in einem endlosen Kreislauf begreifen können.

In dieser Kirche kenne ich jedes Detail und bemerke jede Veränderung. Mein Vater war hier »Mesner« (Kirchendiener). Wie meine fünf Geschwister wurde ich in diesem Raum getauft und tollte später mit ihnen durch die Bänke, toleriert vom Vater, der ruhig seine Arbeit tat. Ich wurde Ministrant, Oberministrant, Chormitglied. Dort vorne am Altar heiratete ich ein erstes Mal und der Chor sang »So nimm denn meine Hände«. Dort standen auch die Särge, als die betagten Eltern starben, und der Chor sang wieder dieses Lied, »bis an mein selig Ende«. Für mich ist es die schönste Kirche weit und breit. Voll von strahlendem Barock sind auch die Kirchen der Nachbardörfer, aber sie sind anders. Ihre Türme erscheinen mir trotz ähnlicher Gestalt fremd. Nur der meiner Heimat ist mir vollkommen vertraut. Wo er aufragt und seine Glocken klingen, ist mein wahres Zuhause. Dort bin ich aufgewachsen, zwischen Wiesen und Feldern, die sich zur Morgen- und Abendseite hin zu sanften Hügeln aufschwingen.

Als Kind wünschte ich mir einen See dazu, an dessen Ufern ich hätte spielen können, aber er war halt nicht da. So nahm ich mit dem kleinen Flüsschen vorlieb, das ich mit Freunden auf selbstgebauten Flößen befuhr, sofern wir nicht im flachen Wasser strandeten. Am wohlsten fühlte ich mich im Wald, wo ich im Schatten der Bäume mit allem, was da kreucht und fleucht, verschwistert war. Wie gerne ich dorthin aufgebrochen bin! Halbe Tage habe ich im Wald verbracht, von ganzen Tagen hielten mich nur die Schule und die Arbeit auf dem elterlichen Hof ab. Und für immer bleibt eine Brücke über das Flüsschen mit dem ersten *Date* verbunden. Es war nicht Liebe, es war nur höchste Zeit dafür. Im Kino in der nahen kleinen Stadt verbürgte sich Oswalt Kolle dafür, dass es nicht verwerflich ist.

Bis zur Pubertät hatte ich mir nicht vorstellen können, jemals meine Heimat zu verlassen. Das Leben hatte eine verlässliche Struktur, einen Rhythmus das ganze Jahr hindurch, mit Kirchenfesten wie Ostern, Fronleichnam, Erntedankfest, Weihnachten. Ankerpunkte waren auch althergebrachte Bräuche wie das Kartoffelfeuer im Herbst und das »Maibaumsetzen«, bei dem in der Nacht zum 1. Mai eine junge Birke mit Widmungstafel etwa am Gartenzaun der Liebsten befestigt wird. Ich kannte alle Wege in der Landschaft, mit einem Meterzähler am Fahrrad hatte ich sie vermessen und auf einer selbst gefertigten Landkarte eingezeichnet. Mit den Irritationen der Pubertät aber erwachte das Heimweh nach der großen Stadt. Ich war noch nie dort, aber ich fühlte, dass ich dort zuhause sein würde. Jedes Mal, wenn ich auf dem Weg zum »Bedarfshalt« der Bahn bin, denke ich daran, wie ich von hier aus den Gang in die große weite Welt antrat. In meinem Kopf sangen die Beatles: »When I find myself in times of trouble …« Die Band löste sich mit *Let it be* 1970 auf, jeder ging fortan seinen Weg. Ich auch.

Habe ich in der Stadt Sehnsucht nach altvertrauten Ritualen und liebevoll gepflegten Gebräuchen, an denen man sich festhalten kann, suche ich meine Herkunftsheimat wieder auf. Eine Kostbarkeit sind die Krippen, die die Weihnachtsgeschichte darstellen. In vielen Häusern werden die oft selbst gefertigten und arrangierten Kunstwerke mit hingebungsvoll aus Lindenholz geschnitzten Figuren über Generationen hinweg weitergegeben. Die Krippen zu besichtigen geht gut zusammen mit dem Brauch des »Christbaumlobens«. Schon das Wort macht den christlichen Bezug deutlich, denn niemand käme auf den Gedanken, einen »Weihnachtsbaum« zu loben. Der Vorgang birgt dennoch heidnische Elemente in sich, denn die Lobsprüche werden mit Schnaps begossen, dank kultureller Neuerungen kann es auch Fruchtsaft sein. Die wechselseitigen rituellen Besuche büßen allerdings an Attraktivität ein, seit sie mit der Bequemlichkeit von Fernsehabenden zuhause konkurrieren müssen.

Das Leben auf dem Land bietet das Glück der Überschaubarkeit in einer unübersichtlichen, ungewissen Welt. Die Menschen schätzen es, fern von den Aufgeregtheiten der Zeit und den Orten der Entscheidung zu sein. Das Weltgeschehen ist in ihrer Sicht meist identisch mit Fehlentwicklung. In der großen Welt sind Intrigen und Verschwörungen im Gange, von denen man so manches ahnt, nichts sicher weiß und auch froh ist, nichts zu wissen. Umso mehr lässt sich »denen« alles anlasten, was das Leben in der kleinen Welt erschwert. Im Grunde aber können »die« machen, was sie wollen, denn hier wird man immer die eigene Lebensweise beibehalten und sich zur Not aus dem Garten versorgen können. Hier ist das wahre Leben.

Und doch kennt das Leben auf dem Land ganz andere Seiten, mag das auch lange her sein. Meine Mutter erzählte manchmal davon, wie es war, als Fremde ins Dorf »einzuheiraten«. Nicht dass sie von weither gekommen wäre. Es war nur ein anderes Dorf, einige Kilometer entfernt. Mein Vater tat alles dafür, sie zu gewinnen, und hörte nie auf, sie zu verehren. Sie

sollte sich am fremden Ort heimisch fühlen, und da sie Zwetsch-
gen liebte, »importierte« er Triebe von Bäumen aus ihrem Hei-
matdorf und pflanzte sie auf dem Hof ein, den er erben würde
und mit ihr bewirtschaften wollte. Gemeinsam mit den Kindern wuchsen auch die Bäumchen heran und trugen reichlich
Früchte. In der neuen Heimat aufgenommen zu werden, erwies
sich dennoch als schwer. Man ließ sie spüren, dass sie nicht da-
zugehörte. Ungefähr so lange blieb sie fremd, bis sie im Kir-
chenchor unverzichtbar war. Über Jahrzehnte hinweg verwuchs
sie schließlich so sehr mit dem Ort, dass er ohne sie nicht mehr
vorstellbar war. Als ihr Leben hochbetagt zu Ende ging, strömten die Leute, um ihr die letzte Ehre zu erweisen.

Andere Seiten des Landes, die mich teilweise an eigene frühe Eindrücke erinnerten, sah ich in einem ungewöhnlichen Film
wieder, einem Schwarzweißfilm, denn zur älteren Welt passt
irgendwie das schreiende Bunt neuerer Zeiten nicht. *Satanstango*
(Regie Béla Tarr, 1994, nach einem Buch von László Kraszna-
horkai) ist ein Film der langen Dauer. Die sich ins Endlose er-
streckende Zeit, die das Leben auf dem Land kennzeichnen
kann, fasst er in Bilder, siebeneinhalb Stunden lang, ein wahres Exerzitium. Zum Raum wird hier die Zeit: Was Richard
Wagner in der Musik versuchte, praktiziert der Regisseur in
diesem Film. Bald beginnen sich die Lebensverrichtungen auf
der Leinwand mit denen davor zu vermischen: Man isst und
trinkt, geht zur Toilette und nickt auch mal ein. Das Leben
fällt aus der Zeit, und das ist vielleicht der stärkste Eindruck,
den dieser eindrucksvolle Film bereithält.

Der ungarische Heimatfilm inszeniert das Land nicht als
Idylle. Die Uhr tickt vor sich hin. Wind pfeift um verfallende
Mauern. Kühe trotten durch den Schlamm. Hühner picken
über den Hof. Von ferne sind Glockentöne zu hören, akus-

tisch zerdehnt. Jedes Wort, das gesagt wird, steht wie ein unwiederholbares Ereignis einsam in der Einöde. Zum Event wird die Intimwäsche im Halbdunkel des Morgens, die Fliege, die in der Küche kreist, der Regen, der auf die Fensterscheiben prasselt. Aller Regen der Welt scheint nur auf diesen Flecken Erde in der ungarischen Tiefebene niederzugehen. »Pass auf, heute passiert noch was« – das ist ein vollmundiges Versprechen, das in dieser Welt nicht einlösbar ist. Das Drama des Alltags kennt Handlungen, aber keine Höhepunkte. Es steuert auf nichts zu, sondern dreht sich im Kreis. Leben heißt zuzuschauen, wie das Leben vergeht. Kleine Katastrophen kennt dieses Leben, die groß herauskommen, wenn etwa ein böses Wort fällt, das alles zu ändern vermag, da zwei Menschen nun nie mehr miteinander sprechen werden.

Schrittweise, kaum merklich, wandert die Kamera zur Musik einer Ziehharmonika über eine unabsehbare Ebene, einen morastigen Weg entlang, den der Dauerregen aufweicht. Es ist weit bis zur nächsten menschlichen Siedlung. Wenn das ein erholsamer Film ist, dann, weil er die Augen in langen Einstellungen ruhen lässt und den Zuschauer nicht zwingt, flackernden Sekundenschnitten hinterherzuhasten. Er schildert nur das Leben und erklärt es nicht. Nach drei, vier Stunden, vorher nicht, hat der Zuschauer das ganze Dorf vor Augen, die Gestalten und Geschichten fügen sich ineinander. Niemand käme hier auf die Idee, das Leben schön zu nennen. Mangels anderer Vorstellungen wird es eben gelebt. Gelegentlich kommt es zur Konfrontation mit den Behörden in der Stadt, deren Auftrag »die Ordnung« ist, im Namen des Gesetzes. Gegenspielerin der Ordnung ist »die Freiheit«, vor der sich die Menschen jedoch ängstigen, denn dann würde ihr festgefügtes Leben aus den Fugen geraten.

Dem Regen draußen entspricht ein »innerer«, von dem in der gottverlassenen Gaststätte ein Mann erzählt, der seine zerschlissene Lederjacke nie auszieht, da sie das Einzige ist, was ihn noch zusammenhält. Der innere Regen, sagt er, falle aus dem Herzen und wasche die Organe. Der Gastwirt steht unbewegt wie ein Buddha hinter dem Tresen. Die Nerven verliert er nur, wenn keiner zusieht. Dann schlägt er in seinem Flaschenlager alles kurz und klein, räumt die Scherben auf und kehrt hinter den Tresen zurück. Eine Frau lässt sich zum Tanz hinreißen mit dem »inneren Regen«, der für eine Weile die Organe zu waschen vergisst. Ganz langsam fährt die Kamera auf ihr herbes, schönes Gesicht zu, in dem ein ganzes Leben geschrieben steht. Ihre vollen Brüste hüpfen wie wild, und das ganze Dorf beginnt zu tanzen, nämlich den titelgebenden satanischen Tango in Tateinheit mit einem so derben Besäufnis, dass letztlich alle Leute sich übergeben müssen. Wäre dies das antike Griechenland, würde man von *Dionysien* sprechen, bei denen das Leben restlos ausufert.

Drei Teile hat der Film. Wird im ersten Teil dieses Triptychons in aller Breite die Stille entfaltet und im zweiten Teil die dramatische Bewegung, die zur ekstatischen Auflösung der statischen Wirklichkeit führt, stellt der dritte Teil die *Katharsis*, die Reinigung dar, aus der das Leben neue Kraft schöpfen soll. Das beginnt im Privaten und wird dann ins Allgemeine, zugleich jedoch ins Surreale überdreht. Die schöne Frau wendet sich vom »inneren Regen« ab und einem prophetenhaften Typ zu, der aus dem Nichts auftaucht, die Freiheit preist und mit ihr der Sinnlichkeit frönt. Man sieht die beiden im schutzlosen Moment »danach«, beim Zuknöpfen der Kleidung, ohne ein Wort und ohne jeden weiteren Blick.

Damit der private Aufbruch ein allgemeiner werden kann,

verspricht der neue Führer allen eine glorreiche Zukunft. Und so brechen sie auf, verlassen ihr Dorf und ziehen frohgemut in die unbestimmte Weite, die ihr Land bereithält: »Schön, wunderschön bist du, Ungarland.« Aber der Aufbruch missglückt. Das gelobte Land erweist sich als das Land von gestern, und so kehren alle in ihr desolates Zuhause zurück. Wer zuvor schon zu viel trank, trinkt weiter, ewige Wiederkehr des Gleichen. Geblieben ist die Bohnensuppe mit Eisbein, die das Leben über den Tag hinweg zu retten vermag. Die einzige wirkliche Neuerung ist ein Fernsehgerät, das plötzlich in der alten Gaststätte flimmert.

Es ist, als hätten der Autor und der Regisseur die Entwicklung der folgenden Jahrzehnte vorausgeahnt. Der Abgesang auf den Aufbruch just Anfang der 1990er Jahre, als der Film gedreht wurde, ist bemerkenswert. Die surreale Überzeichnung hat einen realen Hintergrund. Ungarn spielte 1989 eine bedeutende Rolle beim Fall des »Eisernen Vorhangs«, durch den Ost- und Westeuropa nach dem Zweiten Weltkrieg getrennt worden waren. Mehr und mehr traten dann jedoch die kulturellen Unterschiede hervor, die sich unmerklich im Laufe der Auseinanderentwicklung zwischen östlichen und westlichen Ländern im getrennten Europa ergeben hatten. Es waren nicht zuletzt die Unterschiede zwischen einer ländlich geprägten Kultur, die der real existierende Sozialismus immer weiter verfallen ließ, und einer städtisch geprägten Kultur, zu der hin sich die marktwirtschaftlich orientierten Länder im Westen Europas entwickelten.

»Europa« galt in östlichen Ländern wie Ungarn als Sehnsuchtsheimat. Gemeint war damit aber nicht das liberale Gebilde des ausgehenden 20. Jahrhunderts, sondern die idealisierte Kultur der vorsozialistischen Zeit, die im Vergleich zur sozialistischen Erfahrung als »gute alte Zeit« erschien. Der Sozialismus hatte sein Glücksversprechen nicht halten können, und die Menschen wollten nicht länger warten. Die Marktwirtschaft hatte »das größte Glück der größten Zahl« offenbar schon erreicht, also fliegender Wechsel der Systeme. Als deutlich wurde, dass mit der »größten Zahl« eigentlich nur die Verfügung über Geld gemeint war und das Glück sich wieder nicht einstellen wollte, riss der Geduldsfaden der Menschen endgültig (Ivan Krastev und Stephen Holmes, *Das Licht, das erlosch*, 2019).

Die Enttäuschung darüber, dass Europa so anders geworden war, brachte nicht nur in Ungarn, sondern auch in anderen östlichen Ländern wie Polen, Rumänien oder zeitweilig der Slowakei illiberale Parteien an die Macht, die moderne Ideen von freier Gesellschaft, kritischer Öffentlichkeit, Gleichberechtigung und Rechtsstaatlichkeit offen verachteten. Der Osten sollte nun den kulturlos gewordenen Westen von seiner Moderne erlösen, auch im Westen selbst sahen das manche so. Der Europäischen Union, der diese Länder beitraten, gestanden sie nur eine Rolle als Finanzkuh zu. Mit der Berufung auf die »Heiligkeit« ihrer jeweiligen Nation hofften sie, die Welt wiederherzustellen, wie sie einmal »in Ordnung« war. Dazu gehörten für sie Grenzzäune und die Abweisung derer, die »nicht dazugehören«, um in diesem Rahmen das neue Stück *Bruttonationalglück* aufzuführen, ungestört von internationalen Verflechtungen.

In den westlichen Ländern war das Land in den Jahrzehnten nach dem Zweiten Weltkrieg einer »forcierten Modernisierung« ausgesetzt (Werner Bätzing, *Das Landleben. Geschichte und Zukunft einer gefährdeten Lebensform*, 2020). Sie war schmerzlich, konnte aber bewältigt werden, weil sie nicht über Nacht hereinbrach. Alle hatten die Neuerungen Schritt für Schritt vor Augen und konnten sich darauf einstellen. Mit der fortschreitenden Technisierung der Landwirtschaft und des Alltagslebens ging eine Lockerung vormals festgefügter sozialer und mentaler Strukturen einher. Die um sich greifende individuelle Automobilität trug wesentlich dazu bei, äußere und innere Engpässe aufzubrechen und die Grenzen zwischen Land und Stadt zu verwischen. Der Horizont der Heimat wurde erweitert.

Garniert mit Lobliedern auf »die Bauern«, agierte die Politik im Sinne einflussreicher Verbände, in denen sich vor allem die größeren Höfe organisierten, um zu noch größeren Agrarproduzenten zu werden. Zahllose kleinere Betriebe verschwanden und mit ihnen viele Arbeitsplätze. Die davon ausgelöste Landflucht brachte gleichwohl mehr Wohlstand mit sich, denn die Arbeitsplätze in den Städten waren besser bezahlt als die harte Arbeit in der Landwirtschaft mit hoher Wochenstundenzahl und ohne Urlaubszeiten. Die Felder der nicht mehr bewirtschafteten Höfe konnten verpachtet und verkauft werden. Nur noch in Museen waren fortan die Pflüge zu sehen, die einst von Kühen gezogen und vom Bauern in die Erde gedrückt worden waren – meinen Vater habe ich als kleiner Junge noch so erlebt. Bevor der erste Traktor mit Mähwerk gekauft werden konnte, dessen Anschaffung lange diskutiert und kalkuliert werden musste, schnitt er noch das Korn mit der Sense. Wir Kinder hatten es aufzusammeln und zu Büscheln zu binden. Es war eine Plackerei, Landwirtschaft 1.0.

Nach der Geburt der sechs Kinder, die unsere Mutter daheim zur Welt brachte (als Hebamme fungierte unser Vater), konnte sie jeweils nur kurz pausieren, ihre Arbeitskraft war unentbehrlich. Auch die Großeltern waren im Einsatz, bis ihre Beine sie nicht mehr trugen. Eine große Sache war die erste Waschmaschine zur Entlastung von einem zeitraubenden Teil der Hausarbeit sowie die erste Melkmaschine zur Befreiung von der schweren Handarbeit des Melkens morgens und abends. Das Geld reichte nicht für einen Miststreuer und schon gar nicht für einen Mähdrescher, der zur Erntezeit aber wenigstens stundenweise mit Fahrer gemietet wurde. Dieses »Lohndreschen« war auch für uns Kinder eine willkommene Erleichterung, da wir durch die Pflichtarbeit an der altertümlichen Dreschmaschine in der Scheune wertvolle Spielzeit verloren. Binnen 20, 30 Jahren fand diese technische Aufrüstung der Landwirtschaft statt, von der mein Vater nie begeistert war. Das Maschinenzeitalter war eröffnet, Landwirtschaft 2.0.

Im lange noch üblichen *Anbindestall* kannten Bauer und Bäuerin jede Kuh namentlich und trugen bereitwillig ihren individuellen Eigenheiten Rechnung. Auch meine Eltern hielten es so, bis sie die Arbeit aus Altersgründen nicht mehr bewältigen konnten. Im automatisierten *Laufstall* des 21. Jahrhunderts suchen die Kühe selbstständig die Fütterungs- und Melkroboter auf. Olfaktorisch gibt der Stall nicht mehr viel her. Die Agrarmanager werfen meist per Videoschaltung einen Blick auf die Tiere und verfolgen ihre Parameter anhand der Daten, die über Sensoren erhoben werden. Überall und jederzeit ist das »Herdenmanagement« per Smartphone möglich. Per *Kuh-Ortung* kann jedes Tier zielgenau angesteuert werden, um den Kuhkomfort zu überprüfen. Die Aktivitätskurve auf dem Display zeigt an, ob die Kuh »rindert«, also nach Besamung verlangt. Mit Virtual-Reality-Brillen, die den Kühen aufgesetzt werden, sodass sie sich auf Weiden wähnen, kann die Milchproduktion gesteigert werden. Der Bauernhof wird zu einer Art von Computerspiel, Landwirtschaft 3.0.

Auf dem Display der Agrarmanagerin, die in einem Meeting mit Freundinnen sitzt, meldet sich jetzt aber kein Tier, sondern ein Feld. Es will eingesät werden, aus Satellitendaten ergibt sich eine günstige Wetterprognose, Drohnendaten zeigen die ideale Feuchtigkeit des Bodens an. Die Managerin tippt auf *Go*, und schon setzt sich wie von Geisterhand gesteuert ein ganzer Fuhrpark in Bewegung. Das Saatgut wird im Internet bestellt, eine Drohne landet damit am Acker, Roboterarme befüllen die Drillmaschine, der selbstfahrende Traktor ist bereits auf dem Weg. *Smart Farming*, die prozessgesteuerte Betriebsführung, greift um sich. Ackern, säen, düngen, sprühen, ernten wird zur Aufgabe von *Agrobots*, gesteuert von Algorithmen auf der Basis aller verfügbaren Daten, die verrechnet und zwischen den beteiligten Maschinen abgestimmt werden. Immerhin ist so auch der punktgenaue Einsatz von Saatgut, Dünger und Pflanzenschutzmitteln möglich, gut für Ökonomie und Ökologie, Landwirtschaft 4.0.

Das natürliche Anliegen aller Arten von Landwirtschaft müsste die nachhaltige Landnutzung sein, schon aus reinem Eigeninteresse, bevor da nichts mehr zu nutzen ist. Im 21. Jahrhundert verschärft sich jedoch der Konflikt zwischen denen, die die Technisierung weiter vorantreiben wollen, und jenen, die zur Natur zurückwollen. Großbetriebe sind gezwungen, mit monströsen Maschinen immer größere Flächen zu bewirtschaften, aber die massenhafte Produktion von Gütern mindert deren Qualität. Ställe, in die Hunderte von Rindern, Tausende von Schweinen, Zehntausende von Hühnern eingepfercht sind, beeinträchtigen zwangsläufig das Tierwohl. Kritik daran könnte zum Anlass für Verbesserungen genommen werden, wird aber lieber mit fragwürdigen Argumenten beantwortet, wie Verbandsverlautbarungen zu entnehmen ist: Der Umgang mit Tieren ist zu hart? Haustiere werden auch nicht immer gestreichelt! Die Böden werden durch Pestizide vergiftet? Autoabgase sind viel schlimmer! Es mangelt in großen Agrarbetrieben am Bewusstsein, dass für Subventionen auch Leistungen zu erbringen sind. Nur Unverständnis ernten die Bauern, wenn sie mit riesigen Traktoren in der Stadt gegen den Naturschutz protestieren, der ihnen eigentlich von Berufs wegen anvertraut ist.

Mit welcher Art von Landnutzung soll die Entwicklung weitergehen? Welche Art von *Heimat* wird damit jeweils gestaltet? Für wen? Viele Biobauern folgen einer Leidenschaft, wenn sie sich für eine weniger technisierte Bewirtschaftung von Höfen und Feldern entscheiden. Das erfordert mehr Arbeit, die aber anders als in früheren Zeiten keine Plackerei mehr um des Überlebens willen ist. Mit gutem Gewissen können sie werthaltige Produkte zu fairen Preisen anbieten, sei es beim Direktverkauf auf dem Hof selbst oder bei der Vermarktung über das Internet. Indem sie Lebensmittel zum Landmarkt bringen, schlagen sie die Brücke zur Stadt. Der Agrarromantik der Städter geben sie buchstäblich Nahrung, wenn sie ihnen ermöglichen, selbst die gelben Rüben aus dem Ackerboden zu ziehen und die Kirschen vom Baum zu pflücken. Wer einen eigenen Eindruck gewinnt, woher Obst und Gemüse kommen, und diejenigen kennenlernt, die es anbauen und pflegen, gewinnt eine andere Beziehung zu dem, was er isst. Mit frischen, gehaltvollen, wohlschmeckenden Lebensmitteln wird der Bauernhof zum Ort für Genießer, zur *Ferme gourmande*, wie das in Frankreich heißt, wo eine regelrechte Bewegung daraus geworden ist.

Statt ausgeräumter Landschaften mit weiten baumlosen Flächen sorgen »Agroforstsysteme« wieder für abwechslungsreiche Landschaften, die auch dem Auge mehr bieten. Da sie das aus der Luft gefilterte Kohlendioxyd als Kohlenstoff im Boden einlagern, erhöhen sie die Bodenfruchtbarkeit. Anpflanzungen von Pappeln, Walnuss- und Obstbäumen unterbrechen die monotonen Flächen und verhindern als Windschutz das Austrocknen und die Erosion der Böden. Tiere aller Art finden in den Gehölzen Zuflucht. Aus wuchernden Brennnesselnestern ist wertvolle Jauche zum Düngen zu gewinnen. Bunt blühende Wildpflanzenmischungen erbringen Rohstoff für Biogasanlagen und eignen sich für den Anbau auf schwierigem Terrain besser als Mais, schonen die Böden und nähren Insekten. Aber auch für diese Art der Landnutzung ist es erforderlich zu experimentieren. Ungewöhnliche Pflanzen wie Blaumohn, Aroniabeeren oder Topinambur (Urkartoffeln) können erprobt werden, um in Erfahrung zu bringen, welche Pflanzen mit veränderten klimatischen Bedingungen zurechtkommen, welche sich wechselseitig vor Schädlingen schützen und welche Anbaumethoden sich für Boden, Wasser, Luft, Artenvielfalt und somit auch für den Menschen als förderlich erweisen.

Wenn als eine Aufgabe der Landwirtschaft die *Landschaftspflege* begriffen und unterstützt wird, ist mehr Heimat möglich, in der sich sowohl die Menschen vor Ort als auch die Urlauber und Ausflügler, die nach einer Momentheimat suchen, am richtigen Platz fühlen können. Städter können die Unterstützung des nahen Landes als Teil ihrer Lebenskunst verstehen.

In Deutschland beteiligen viele sich beispielsweise mit der Gründung von *Regionalwert AGs* (Freiburg, Hamburg, Berlin) am Erhalt bäuerlicher Betriebe. »Solidarische Landwirtschaft« sieht vor, sich gegen Kostenbeteiligung und Mithilfe bei Saat, Pflege und Ernte eigene Anteile an Ernteerträgen zu sichern. Die Welten bedingen sich wechselseitig und brauchen einander. Die Landbewohner können sich darüber freuen, dass mehr Arbeitsplätze entstehen und es weniger Grund gibt, das Land zu verlassen. Die Stadtbewohner haben die Freude, das Land als Rückzugsgebiet betrachten und zur Regeneration nutzen zu dürfen.

Es gibt keinen Grund für urbane Arroganz, denn die Stadt als Ganzes und jeder einzelne Bewohner lebt ökologisch vom Land. Von dorther kommen die frische Luft, das Wasser, die Versorgung mit guten Lebensmitteln. Dort ist der Raum für Erholung zu finden, dorthin werden die Abfälle der Städter zur »thermischen Verwertung« gebracht. Von dort stammt ein Großteil der Energie der Stadt, soweit sie in Solar-, Windkraft- und Biogasanlagen gewonnen wird. Von jeder Landpartie tragen die Städter neu gespeicherte Energie in Körper und Seele persönlich nachhause. Die Stadtkinder, die sich an der Kartoffelernte beteiligen, lernen fürs Leben, welche Gestalt den Pommes, die sie lieben, ursprünglich eigen ist. Sie üben sich im Umgang mit Tieren bei Wanderungen mit Ponys, Pferden und Eseln. Freiwillig trennen sie sich von ihren digitalen Geräten und rennen mit den Kindern, die hier aufwachsen, abends noch einem Ball hinterher, bis sie ihn in der Dunkelheit nicht mehr erkennen können.

Über die verschiedenen Interessen, Tätigkeiten und Arten der Bewirtschaftung hinweg ist das Leben auf dem Land auf ein gedeihliches Miteinander angewiesen. In meiner Heimat habe ich als Heranwachsender miterlebt, wie ein unversöhnlicher Streit zwischen Dorfpfarrer und Dorfschullehrer um eine vergessene Nichtigkeit die Bevölkerung für Jahrzehnte zu spalten vermochte. Segensreich wirkten jedoch Vogelschutz-Jugendgruppe, Junggesellenclub, Sport-, Musik-, Obst- und Gartenbauvereine, in denen insbesondere Jüngere sich unvoreingenommen begegnen konnten. Sich an solchen Gemeinschaftsformen zu beteiligen, ist eine gute Idee für alle, die aufs Land ziehen und dort wirklich ankommen wollen. Aber auch Gäste, denen es um ein »ortsflexibles Arbeiten« an ihren Notebooks im renovierten Gutshof geht, der zum *Coworking Space* umgewidmet wird, sollten sich zumindest digital für den Ort interessieren.

Im 21. Jahrhundert ergänzen digitale Nachbarschaftsnetze die analogen Dialoge über den Gartenzaun hinweg und fördern das Gefühl der Zugehörigkeit auf neue Weise. Plattformen wie *Smart Country Side*, in der Region Ostwestfalen-Lippe entwickelt, bieten Einheimischen und Gästen, Zu- und Weggezogenen, Vereinen und Kirchen einen gemeinsamen Raum für Information und Kommunikation. Jede und jeder kann im digitalen Dorf mitmachen und etwa lokale Nachrichten versenden (»Dorffunk«). Angebote von Nachbarschaftshilfe lassen sich problemlos mit der Nachfrage vernetzen. Wer auf einen Gesprächskreis hofft, findet mühelos Interessierte. Bürgerdialoge sind leicht zu organisieren, »Landschaftskommunikation« wird das etwa in Altranft im Oderbruch (*Werkstatt für ländliche Kultur*) genannt, um Probleme zu diskutieren und gefundene Lösungen dann auch anzugehen, denn auf dem Land herrscht eine »Anpackkultur«.

Eine Idylle war das Landleben in der Geschichte nie, es unterliegt den gleichen Bedingungen wie jedes menschliche Leben. Aber es kann einer Idylle nahekommen. Heimat ist hier zumindest eine Anmutung von heiler Welt, und wenn sie nicht heil ist, ist die Bereitschaft groß, sie mit eigener Arbeit wieder heil zu machen. Auch für mich ist das Bedürfnis nach Idylle ein Grund, meine alte Heimat wieder und wieder aufzusuchen.

Meine Heimat: Unterwegs in idyllischer Landschaft

»Dich, mein stilles Tal, grüß' ich tausendmal!« Die Liedzeile dieser Volksweise ist mir im Sinn, wenn ich die Wege gehe, die mir vertraut sind, deren Funktion sich jedoch verändert hat. Aus einem Feldweg für die Landbearbeitung ist ein Panoramaweg für Spaziergänger geworden. Vom befestigten Pfad der Kultur aus werfe ich einen Blick auf die gepflegte Natur. »Im schönsten Wiesengrunde« verströmen die Wiesen und Felder, die jetzt am späten Sommerabend feucht geworden sind, den Duft von Gras und reifem Korn, den ich durch alle Poren einatme. Büsche und Bäume verbergen den kleinen mäandernden Fluss. Mein Blick scannt die idyllische Landschaft zwischen den Wäldern auf den Hügeln, in die »mein« Dorf eingebettet ist, »das schönste Fleckchen Erde«, wie mein Vater zeitlebens sagte. Dass die Erde viele schönste Fleckchen hat, war ihm bewusst, und er interessierte sich auch dafür, aber nur dieses hier war von Kindesbeinen an seine innig geliebte Heimat und ist es immer geblieben.

Kindheit ist nicht nur eine Heimat im Raum, sondern auch in der Zeit, die nie wiederkehrt, aber als Herkunft und Bezugspunkt ein Leben lang erhalten bleibt. Selbst wenn ich nicht hier bin, ist die Heimatzeit in mir präsent mit unzähligen Erlebnissen im Dorf, am Fluss, auf den Wegen durch Felder und

Wälder und in dem liebenswürdigen nahen Städtchen. Das ist das Basislager meines Lebens, das mir unendlich viel bedeutet. Es hat mich mit fast allem ausgestattet, was ich fürs Leben brauchte. All die charakterstarken Menschen, denen ich in der Kindheit und Jugend begegnet bin, leben in meiner Erinnerung fort.

Tonfolgen der Blasmusik dringen jetzt herüber von dem Fest, zu dem sich alle versammelt haben. Die neue Feuerwehrspritze wird gefeiert, aber das Fest ist kein wilder Exzess, nur eine willkommene Abwechslung im Einerlei des Alltags, ein Rahmen für die *Heimatpflege*, für die Begegnung aller mit allen und die Feier der gemeinsamen Welt, in der jeder Einzelne seinen Platz hat. Die Menschen kultivieren diese Welt und sorgen sich um die Feuerwehrspritze, die ihnen im Ernstfall das Leben rettet, nicht die große Politik, der sie nicht sonderlich viel zutrauen.

Eine Durchgangsstraße führt aus dieser Welt hinaus, auch ein Schienenstrang, an dem ich jetzt entlanggehe und über den tagsüber stündlich ein Schienenbus durchs Tal tutet, liebevoll »Kammelbaule« genannt, Bulle vom Kammeltal. Die älteste Transversale ist die Kammel selbst, die weiter südlich auch Kammlach heißt. Der Name geht vielleicht auf die römischen Eroberer des Gebiets zurück (Hans Müller, *Die Kammel*, 2003, 11). *Camur lacus*, das gekrümmte Gewässer, hat dieses Tal überhaupt erst geschaffen. Hier und da traf der Lauf des Wassers auf hartes Gestein, das sich in Tausenden von Jahren nicht erweichen ließ, also machte der kleine Fluss einen Bogen darum herum. Es wurden sehr viele Bögen, für die nur wenig Fläche zur Verfügung stand, Auwälder und Moore entstanden. Als Kind habe ich die »Flurbereinigung« misstrauisch beäugt, die das dahingurgelnde Wasser begradigen und eindämmen sollte. Glücklicherweise wurden die Eingriffe nicht so übertrieben, dass Rachefluten zu befürchten gewesen wären. Das Hochwasser nässte nur meine Füße, wenn ich wie alle Kinder begeistert auf der überschwemmten Dorfstraße herumwatete.

Woher kommt das Wasser? Wohin fließt es? Mit der Familie mache ich einen Ausflug zur Quelle der Kammel. Wir verlassen Krumbach und die leicht gewellte Hügellandschaft Mittelschwabens, meine engere Heimat. Weiter südlich werden die Hügel allmählich höher und die weiß bedeckten Gipfel der Alpen zeichnen sich am Horizont deutlicher ab. Bei Erisried tauchen wir in einen Wald von hochgewachsenen Fichten und Buchen ein. Die Luft wird merklich kühler, die Geräusche des menschlichen Alltags bleiben zurück. Von den Baumwipfeln her ist ein leises Raunen zu vernehmen, ansonsten nur das Knirschen der eigenen Schritte im Kies. Es ist so still, dass man hören kann, wie ein Blatt zu Boden fällt. Kohlweißlinge, Zitronenfalter und Pfauenaugen tanzen über den Weg. Eine Hummel brummt knapp am Gesicht vorbei. Von ferne das Zetern einer Amsel, die eben nicht immer nur singt. Am Rande des Weges, von Brennnesseln und Farnen umwuchert, lungert eine Jägerleiter verloren herum. Das Sonnenlicht webt einen Flickenteppich aus Schattierungen von Grün.

Vom Kiesweg zweigt ein Waldpfad ab, den die »Quellenfreunde« pflegen. Am Hochfirst auf etwa 700 Metern Meereshöhe quillt das Nass aus dem Boden und rinnt geruhsam in ein kleines, mit Betonsteinen eingefasstes Becken, perlendes Wasser, wie Maurice Ravel es in Musik gegossen hat (*Jeux d'eau*, 1901). Ähnlich wie junge Menschen wissen auch die Wassertropfen nicht, was aus ihnen noch werden wird. Anders als Menschen haben sie aber keine Wahl und fließen immer nur talwärts. Von allen Seiten kommen weitere Wasser hinzu, die ihrerseits nicht wissen wohin und daher einfach der Schwerkraft folgen. Die Menschen in den Dörfern sehen die vereinigten Wassertropfen und benennen sie: Die Kammel. Als wäre das fließende Wasser ein handelndes Subjekt, schreiben sie ihm Tätigkeiten zu: Die Kammel »mäandert« durch die Wiesen. Hat es stark geregnet, »führt« sie Hochwasser. Ein krummer Bach stößt hinzu, im Volksmund Krumbächle, und »gibt« der Stadt Krumbach ihren Namen. Von da an wird die Kammel schiffbar. Jedenfalls verlangten wir als Kinder ihr das ab, während sie eher Schiffeversenken mit uns spielen wollte.

Heute wollen wir hingegen noch zu den höher gelegenen Bergen, aus denen die Grenzflüsse der Heimat im weiteren Sinne herabstürzen. Die Iller bezieht aus der Gegend von Oberstdorf im Oberallgäu ihr Wasser, das die gesamte Region Bayerisch-Schwaben nach Westen hin gegen das Bundesland Württemberg abgrenzt. Der Dialekt, den die Menschen dort oben sprechen, ist nicht mehr genau derselbe wie in der Gegend meiner Herkunft. »D'Fiaß nauf, z'ruck loina ond oifach guat sei lau!« Die Füße hochlegen, sich zurücklehnen und einfach alles gut sein lassen: Das ist *okay*, und der Zungenschlag ist wirklich nur ein geringfügig anderer. Der entscheidende Unterschied aber ist ein mentaler: Im Mittelschwäbischen legt niemand die Füße hoch. Man muss immer »schaffa«, arbeiten. Klar, dass dabei das Bedürfnis nach Lüsten so groß werden kann, dass sich nach erfolgter Sättigung mitfühlend sagen lässt: »Haut di dr Gluuscht blaugat?« Haben dich die Gelüste geplagt?

So fein kann mein *Heimatraster* eingestellt sein, dass die Heimat im engsten Sinne sehr klein wird. »D'Hoimet« meint zuallererst Haus und Hof im familiären Besitz. Lange in der Geschichte war damit der Schutz durch Eigentum und Selbstversorgung gemeint. Bei einem gröberen Raster fallen dann selbst die Unterschiede zwischen den Bewohnern des Allgäus im Süden und den Donauniederungen im Norden Bayerisch-Schwabens nicht mehr ins Gewicht, insbesondere im Vergleich zu den im Osten angrenzenden Bajuwaren. Mit »denen« teilen »wir« zwar das Bundesland Bayern, aber die sind in der Lage zu sagen: »Ich Bayer, du nix«, jedenfalls steht das so auf einer weißblau umrandeten Ansichtskarte. So eine Grobheit kann ein bayerischer Schwabe nicht einmal denken. Bin ich jedoch anderswo in Deutschland unterwegs, wird unweigerlich Bayern zu meiner Heimat, denn ein Bayerisch-Schwaben ist den Menschen dort völlig unbekannt. In anderen europäischen Ländern werde ich schließlich zum Deutschen und auf anderen Kontinenten zum Europäer, *Heimatgefühl Europa*, endlich!

Zunächst sind wir aber in den Alpen unterwegs, wo im südlich angrenzenden Österreich auf 1800 Metern Höhe der Lech entspringt. Auf seinem Weg zur Donau trennt er Bayerisch-Schwaben vom bayerischen Kernland und durchfließt das alt-ehrwürdige Augsburg, eine Gründung der Römer, meine Heimat für zehn ereignisreiche Jugendjahre, während derer ich mich der im Vorwort erwähnten Künstlergruppe namens »Der Kreis« anschloss.

Der Zufall sorgt auf der Wasserscheide im Bergmassiv des Arlbergs dafür, dass ein Tropfen nach Nordosten fließt und zum Lech wird, ein anderer nach Südwesten, um den Rhein zu speisen. Im Dialekt der Menschen höre ich dort oben noch immer meinen eigenen durch, aber die *Walser*, ihre Vorfahren, wanderten vor Jahrhunderten aus dem schweizerischen Wallis hierher und fanden in der kargen Gebirgsregion eine neue Bleibe. Die Berge waren für sie Zuflucht vor der Unfreiheit und Willkür der Leibeigenschaft in ihrer alten Heimat. Bitterarm waren sie auch hier, aber frei. *Walserheimat* heißt daher im-

mer auch Freiheitsliebe und wird nach wie vor regelmäßig bei
»Walsertreffen« an wechselnden Orten gefeiert.

Dass sich die Berge und ausgerechnet so abgelegene Orte
wie Lech am Arlberg zu begehrten Reisezielen entwickeln würden, war lange nicht vorstellbar. Es ist ein Phänomen der Moderne, dass zahlreiche Menschen ihre Urlaubsheimat in den
Bergen finden. Aufrichtig bewundern sie die ungeheuren Kräfte der Natur oder der Schöpfung, die diese imposanten Auf-
gipfelungen geschaffen haben. Die Berge repräsentieren Ewigkeit, jedenfalls Zeiträume, die die eigenen weit übersteigen und
dem Leben einen großartigen Rahmen geben, in dem man
sich geborgen fühlen kann. Sie stehen für Erhabenheit über
die Niederungen des Alltags, für Ursprünglichkeit, Natürlich-
keit, Ruhe, Wandern, Sport, und sie eignen sich bestens, um
ein Selfie zu posten. Die Volksmusik, die traditionell mit großer Leidenschaft »die Heimat« besingt, ist undenkbar ohne
Bergromantik. Die aber ist im 21. Jahrhundert auf modernste
Technik angewiesen, um die abgelegensten Täler ebenso wie
die höchsten Höhen für den Tourismus zu erschließen und den
zahlreichen Gästen die *beschleunigte Entschleunigung* zu ermöglichen, die sie sich von einem Kurztrip in die Bergwelt erhoffen.

Weiter westlich schlagen am Fuß der Berge die Wellen leise
ans Ufer. Schwäne lassen sich treiben und putzen ihr Gefie-
der, umkreist von kleinen Federbällchen, ihrem Nachwuchs.
Lindau ist eine der schönsten Ecken am Bodensee, der so viele schöne Ecken hat, dass es verwundert, wie er dennoch so
gerundet sein kann. Die Stadt und das benachbarte ruhigere
Wasserburg bilden den südwestlichen Zipfel meiner bayerisch-
schwäbischen Heimat. Ich bin gerne hier und nehme den Rest
des »Schwäbischen Meeres« gleich mit in Besitz. Es ist ein
Meer der Ruhe, *Mare tranquillitatis*, aber anders als sein Gegen-

stück auf dem Mond ist dieses hier randvoll mit Wasser gefüllt und rundum bewohnt. Der Blick auf den See definiert Herkunfts-, Wahl- und Urlaubsheimat vieler Menschen. Unruhe bringen nur die schnellen Boote ins Bild, die die spiegelglatte Wasserfläche zerschneiden. Das war sicher anders zu Zeiten des Malers Otto Dix, der von 1933 bis zu seinem Tod 1969 am Bodensee lebte. Er pendelte zwischen Hemmenhofen am See, den er »zum Kotzen schön« fand, und Dresden, seiner anderen Liebe. Beide Orte waren seine Heimat, jeweils mit Frau und Kindern, die voneinander wussten.

Dunst liegt über dem See, über dem sich die schneeweiße Gipfelformation des Säntis auf der gegenüberliegenden Schweizer Seite abzeichnet. Eine leichte Brise kühlt. Das Wasser riecht frisch, der Rhein sorgt für stetigen Nachschub. Am See gewinnen die Gedanken von selbst den Raum, der ihnen in der häuslichen Enge verstellt ist. Sie fahren hinaus mit dem Fährschiff, das durch die Wellen gleitet, und erheben sich federleicht mit dem Luftschiff, dem Zeppelin, der im nahen Friedrichshafen seine historische Heimat hat. Im offenen Raum beginnt das Denken zu phantasieren und wie wild zu assoziieren. Es denkt sich alles Mögliche aus und spielt es durch, bricht ab, springt anderswohin, nimmt den Faden von Neuem auf, verlässt die Gegenwart, verlässt diesen Ort und sogar den Planeten, kehrt um und findet sich plötzlich in der Vergangenheit wieder, denkt daran, was war und wie ich mich in Situationen verhalten habe, die mir nach langer Zeit noch immer durch den Kopf gehen, und sucht eine Deutung zu finden, die plausibel erscheint. Irgendwann werden die Gedanken wie die Schrift auf einer Tafel ausgewischt und machen Platz für die Wahrnehmung dessen, was jetzt ist.

Die Augen trinken den See und schlürfen ihn mit jedem

Blick in sich hinein. Die Nase delektiert sich am Duft des Sommermorgens. Schauen, riechen, denken, trunken davon sein, *Heimat.* In Gedanken durchquere ich sie auch noch Richtung Norden, wo die Hügelwellen allmählich abebben und in die weite Donauebene übergehen. Am anderen Ufer des großen Flusses, der das Wasser meiner Heimat beiläufig mitnimmt, ist immer noch Bayerisch-Schwaben. Die riesige kreisrunde Absenkung namens *Nördlinger Ries* schlug vor 14 Millionen Jahren ein Asteroid, der mit einem Durchmesser von eineinhalb Kilometern die Wucht besaß, das zu Glas geschmolzene Gestein bis nach Tschechien zu schleudern.

Die Donau selbst hat einen diffusen Ursprung im Schwarzwald, wo sie nur ein Bachlauf ist, der bald nach seinem Hervorquellen ins poröse Kalkgestein der Schwäbischen Alb abtaucht und unterirdisch Wasser an den Bodensee und damit an den Rhein abgibt, bevor sie wieder auftaucht. Mit Zuflüssen wie der Iller ist sie schon ein Strom, wenn sie das Ulmer Münster passiert. Für Jahrzehnte kühlte sie das Atomkraftwerk in Gundremmingen, dessen Ende nicht absehbar war, als ich mich in den 1970er Jahren dagegen engagierte.

Die Donau schluckt auch die Wassermassen, die der Lech herbeischafft, durchbricht malerisch die Ausläufer der Fränkischen Alb bei Kelheim und durchströmt majestätisch das geschichtsgesättigte Regensburg. Träge streicht das Wasser am Bayerischen Wald entlang, integriert in Passau die Fluten des Inn und der Ilz, passiert nach dem Mühlviertel Linz, schenkt der Wachau zwischen Melk und Krems ein mildes Klima für guten Wein und Aprikosen, inspiriert in Wien den Donauwalzer, nährt danach artenreiche Auenwälder, wird hinter Bratislava einbetoniert, breitet sich nach Budapest in der endlosen Puszta aus, schlängelt sich hinter Belgrad durch schmale, schroffe Felsschluchten und trennt über Hunderte von Kilometern hinweg Rumänien und Bulgarien.

Die Spur der Tropfen aus meiner Heimat verzweigt sich tausendfach im Donaudelta, diesem faszinierenden Ökosystem, das sich in Fächerform ins Schwarze Meer vorschiebt, wo die Übergänge zwischen Wasser und Land in ständiger Bewegung sind, Heimat großer Kolonien von Pelikanen. An jedem Abschnitt des fast 3000 Kilometer langen Flusses haben Menschen von alters her eine Heimat gefunden, die ihnen mit ihren je besonderen Gegebenheiten alles bedeutet. Meine eigene Heimat aber habe ich aus freien Stücken an die Ufer kleinerer Flüsse im Nordosten Deutschlands verlagert, fern von den Bergen, dafür näher am Meer, ein neuer großer Mosaikstein in meinem Heimatmosaik.

Heimat pflanzen, den Garten bestellen: Land in der Stadt

An der Glienicker Brücke im Südwesten Berlins steige ich aus dem Bus 316. Als Ort des Austauschs ertappter Spione zu Zeiten der Ost-West-Konfrontation wurde die Brücke über die Havel weltberühmt. Hinter dem Schloss Glienicke liegt der *Pleasureground* des königlichen Gartendirektors Peter Joseph Lenné, der im 19. Jahrhundert diese Art von Landschaftsgarten, die er sich in England genauer angesehen hatte, dem überkommenen Muster des streng zugerichteten Barockgartens vorzog. Dass eine vielfältige Landschaft mit »Reliefenergie« und »erlebniswirksamen Übergängen« zwischen Wiesen, Wäldern und Gewässern von Menschen als schön empfunden wird, wie das *Landscape Design* des 21. Jahrhunderts weiß, war bereits eine Richtschnur für die Gestaltungen Lennés. Mit all seinen Anlagen wollte er neben der Förderung der Gesundheit erklärtermaßen auch dem »Vergnügen« einen Anlass bieten.

Ein paar Meter, und ich bin allein. Es ist mein nostalgielastiger, geschichtsbasierter, preußisch-bayerischer Lieblingssonntagsausflug. Wie auf einer Perlenkette sind hier Erinnerungen aufgereiht, denn in den unterschiedlichsten Lebenssituationen war ich hier, allein oder mit Familie und Freunden. Unter hohen Buchen und ausladenden Eichen wandere ich den geschwungenen Weg entlang, der immer ein Schotterweg war, jahrelang wegen Sturmschäden gesperrt, dann plötzlich geteert, aber mit Sand bestreut, damit er sich weiterhin in die Landschaft einfügt, von der er gleichwohl absticht. Buchfinken schmettern ihr Lied, Kleiber rennen die Baumstämme auf und ab, unten auf der Havel gleitet der »Sperber« vorbei, ein betagtes Ausflugsschiff der *Weißen Flotte*, mäßig besetzt auf dem Weg zum Wannsee. Der Himmel ist bedeckt, bestes Wetter, um in Ruhe dort einzukehren, wo ich in meiner Berliner Wahlheimat meiner bayerischen Herkunftsheimat nahe sein kann.

Das Wirtshaus an der Moorlake ermöglicht das, im bayerischen Stil 1840 von Ludwig Persius erbaut, einem Schüler Karl Friedrich Schinkels, der als wichtigster Architekt Preußens im 19. Jahrhundert gilt. Es könnte sich um eine Almhütte in den Alpen handeln. Der preußische König Friedrich Wilhelm IV., der »Romantiker auf dem Thron«, wollte damit seiner aus Bayern stammenden Frau Elisabeth Ludovika Heimatgefühle verschaffen. Mit Blick auf die stille Bucht, einer von Seerosen bedeckten Pfütze, die mit Recht *Moorlake* heißt, fällt es leicht, die Information auf dem Handydisplay zu akzeptieren: »Kein Netz.« Ich genieße das Altberliner Gericht, das ich vor vielen Jahren hier entdeckte: Bollenfleisch aus der Lammkeule, mit einer Zwiebel-Kümmel-Soße und Kartoffelpüree sowie Senfgurken aus dem Spreewald. Köstlich, kennt aber kaum jemand. Ungleich populärer (und preiswerter) ist das weltweit geschätzte Neuberliner Gericht Currywurst mit Pommes.

Vom anderen Ufer leuchtet die Sacrower *Heilandskirche* herüber. Bis 1989 lag sie im Sperrgebiet, denn mitten im Wasser der Havel verlief die Staatsgrenze zwischen westlichem und östlichem Deutschland. Auch dort drüben war für viele Menschen Heimat, die ihnen aber mit dem Mauerfall verlorenging. Ein paar hundert Meter weiter und etliche Stufen höher erreiche ich das Blockhaus, das bayerisch aussieht, aber russisch gemeint ist: Nikolskoe. Der preußische König Friedrich Wilhelm III. ließ es 1819 für seine Tochter Charlotte errichten, die er mit dem russischen Thronfolger Nikolai verheiratet hatte. Was in Berlin *Nikolskö* ausgesprochen wird, heißt eigentlich Nikólskoje, »dem Nikolai gehörend«. Dessen Kutscher begannen hier Spaziergänger zu bewirten, zunächst ohne behördliche Erlaubnis. Aus dem großen Zuspruch erwuchs die Institution des Gartenlokals. Die heutigen Kellner, immer einen Scherz auf den Lippen, sind bei meinen Besuchen im frühen 21. Jahrhundert noch immer die gleichen wie zu den Zeiten, als die Mauer West- und Ostberlin trennte.

Begründet wurde die Tradition der Gartenlokale in Bayern, wo 1812 erstmals eine königliche Verfügung den Brauereien zugestand, in den Sommermonaten Bier im Freien auszuschenken. Immer wieder sonntags wurde das ganze 19. Jahrhundert hindurch das Familienleben in die neuen Biergärten verlegt. Auch in der Großstadt Berlin verbreitete sich das Freiluftvergnügen, selbst der Erste Weltkrieg konnte daran nichts ändern. Maler wie Max Liebermann mussten nur noch zum Pinsel greifen, um farbenfrohe Bilder zu schaffen. Von 1916 datiert sein mit Öl auf Leinwand gebanntes *Gartenlokal an der Havel – Ni-*

kolskoe. Das damalige Zeitgeschehen repräsentiert ein Mann in Uniform am linken Bildrand, vielleicht auf Heimaturlaub, gerade eben zurückgekommen von der Front. Er hält den Arm der neben ihm sitzenden Frau. Die aber blickt nicht auf ihn, der womöglich nie wiederkehren wird, sondern auf das Geschehen auf dem Wasser, auf dem schon damals Segelboote und Ausflugsschiffe vorbeizogen.

Außer mit dem Auto gelangt man hierher zu Fuß, und dies nicht nur von Süden vom Schloss Glienicke her, sondern auch von Norden, ausgehend von der Villa am Wannsee, in der Max Liebermann lange malte und residierte. Ein ausgedehnter Spaziergang führt am Haus der berüchtigten »Wannseekonferenz« vorbei, wo 1942 der ungeheuerliche Plan zur Ermordung der europäischen Juden beschlossen wurde, vorbei auch an den Wannseelokalen von Heckeshorn, unter Bäumen an der Havel entlang bis zur Pfaueninsel und wieder hoch zum Blockhaus. Von nebenan weht ein Glockenspiel herüber: Das evangelische Kirchlein *St. Peter und Paul* aus Backstein haben weitere Schüler Schinkels (Friedrich August Stüler und Albert Dietrich Schadow) 1837 erbaut, mit russisch-orthodox anmutender Kuppel auf dem schlanken Turm. Prinzessin Charlotte, angehende Zarin Alexandra, wünschte bei Heimatbesuchen Glocken zu hören, und so klingt es bis heute am Rande der Stadt heimelig wie auf dem Land.

In meiner Wahlheimat interessiert mich jedes Detail, umso mehr kann ich sie mir aneignen. Unten an der Havel lockt ein weiteres Wirtshaus mit ruhigem Innenhof und einem belebten Biergarten direkt am Wasser, als wäre hier das schönste Bayern. Dabei ist es das »preußische Arkadien«. Eine Fähre setzt die paar Meter zur traditionsreichen Pfaueninsel über, auf der sich der junge Walter Benjamin (*Berliner Kindheit um Neun-*

zehnhundert, Pfaueninsel und Glienicke) gerne herumtrieb. »Funde sind Kindern, was Erwachsenen Siege«, beobachtete der angehende Philosoph, und so empfanden das auch unsere Kinder, für die wir hier an einem Sonntagnachmittag ein Schatzsuchen mit vergrabenen Münzen inszenierten. Anders als Benjamin, der nach Pfauenfedern fahndete, wurden sie fündig.

Die hinreißende Natur der Insel ist ein Produkt der Kultur. Da Herrscherhäuser einst den Ehrgeiz verspürten, außer Menschen auch die Natur zu beherrschen, wurde die Wildnis der Pfaueninsel in das vierdimensionale, begehbare, jahreszeitlich variable Kunstwerk verwandelt, das mittlerweile Naturschutzgebiet *und* Weltkulturerbe ist. Von Berlin und Potsdam aus gut erreichbar, erkoren die preußischen Könige, deren Kernland Brandenburg war und deren Stammsitz immer die weit entfernte Burg Hohenzollern in Württemberg blieb, die Insel zu ihrem Landsitz. Der nachmalige König Friedrich Wilhelm II. vergnügte sich hier dermaßen mit seiner sehr jungen Geliebten Wilhelmine, dass sie 1770 im Alter von 17 Jahren bereits das erste ihrer vielen gemeinsamen Kinder gebar. Als König ließ er das weiße Schlösschen errichten, das bis heute die Insel ziert. Sie stattete es zur Liebeslaube aus. Auch das in Ruderentfernung am Heiligen See gelegene Marmorpalais ist ein Gemeinschaftswerk der beiden. Zeitlebens bewahrte er die Beziehung zu ihr, trotz zahlreicher Amouren und Ehen nicht nur aus Staatsräson, was ihm den Beinamen »Lüderjahn« (liederlicher Typ) eintrug.

Zurück in die Stadt fahre ich mit einem Traditionsbus der Linie 218, der in Dienst gestellt wurde, als ich 1980 in Berlin ankam. Beide sind wir älter geworden. Dem jugendlichen Fahrer ist der Stolz anzumerken, so ein antikes Gefährt steuern zu dürfen, mit Tempo 30 die Havelchaussee hinunter, die eine Eichenallee ist, vorbei an der Insel Lindwerder und dem Grunewaldturm. Das gemächliche Dahinschaukeln lässt mich wegdämmern, umhüllt vom wohligen Gefühl, dass dies meine Welt ist. Von der Endstation Zentraler Omnibusbahnhof gehe ich zum Date mit meiner Frau, die ein Stück Land inmitten der Stadt gepachtet hat.

Das städtische Pendant zum Privileg des Landlebens, einen eigenen Garten bestellen zu können, ist der Schrebergarten (im Westen) oder die Datscha (im Osten). Kaum habe ich das Tor zur Anlage durchschritten, bleibt der Lärm der Straße zurück. Viele gepflegte, wenige verwilderte Gärten säumen den Weg auf beiden Seiten, rosenstrotzend, efeuüberwuchert, riesige Sträucher hier, ein Teichbiotop dort, ich komme mit dem Hin- und Herschauen kaum nach. Menschen lieben innig das kleine Stück Land, das sie mit nie endender Hingabe zu ihrer *Gartenheimat* machen. Es bedeutet ihnen so viel, dass sie erbitterten Widerstand leisten, wenn die Gartenidylle dem Moloch Stadt geopfert werden soll. Eine Wohnung, gemietet oder gekauft, kann umstandslos eingerichtet werden. Ein Garten aber braucht viele Jahre, bis er eingewachsen ist, der Mensch verwächst in dieser Zeit mit ihm.

Warum lieben Menschen Gärten? Weil sie sich in jedem Sinne des Wortes in ihnen *erden* können. Mit der Erde, die sie mit eigenen Händen bearbeiten, fühlen sie sich selbst wieder als Teil der Erde. Sie erleben, wie aus Abfällen fruchtbarer Humus wird und sich mit Werden und Vergehen und neuerlichem Werden Kreisläufe schließen, denen sie zugehören. Der Garten steht für die umfassende Natur, in die sie eingreifen können, aber auch eingefügt sind. Das kleine Stück Land können sie zur Landschaft gestalten, die ihnen gefällt und von der sie sich wiederum gestalten lassen. Die Ruhe, die der Garten ausstrahlt, besänftigt die Seele. Die Schönheit der Blumen überträgt sich mit jedem Blick auf das Selbst. Der Reichtum der Gewächse und Tiere bereichert das Leben. Je vielfältiger der Garten, desto üppiger summt, brummt, gaukelt, saugt, zirpt und hüpft es darin. Natürlich ist der Garten auch ein Ort der Romantik zu zweit, während die Vögel durchs Geäst hüpfen. Nur das Brennnesselnest im Hintergrund warnt davor, sich an der puren Idylle nicht die Finger zu verbrennen.

Ein Garten ist im Grunde jedes umgrenzte Grün, das Menschen pflegen, eine Kulturlandschaft im Kleinformat. Jeder Zipfel Natur wird in der Stadt zum Ruhepol, zur Insel, zur Atempause, zum Lichtblick. Auch hier beheimaten Menschen sich gerne in der Grundkonstellation der Landschaft: Ein paar Bäume, Wasser, vielleicht eingefasst in einen Brunnen aus Stein, notfalls Beton. Öffentliche Plätze sind naturgemäß stark frequentiert, aber es genügt ein kleiner Seitensprung, beispielsweise vom Hackeschen Markt in der Mitte Berlins in Richtung Monbijoupark (»Mombe«), und schon herrscht fast ländliche Ruhe. Damit allen Bewohnern der Stadt jederzeit ein solches Stück Land zugänglich ist, wurden im frühen 20. Jahrhundert viele Parks geschaffen. Erwin Barth, der Gartenarchitekt großer Volksparks wie Rehberge und Jungfernheide, des Lietzenseeparks und vieler weiterer Anlagen, verstand den Zugang zur Natur und die Gestaltung von Räumen für »Spiel, Ruhe und Schmuck« als soziale Aufgabe.

Mit ein wenig Land viel mehr Heimat in der Stadt zu schaffen, ist im 21. Jahrhundert die Idee des weltweit tätigen Niederländers Piet Oudolf, der in New York mit der *High Line* eine ehemalige Hochbahn in einen öffentlichen Park verwandelt hat. In all seinen Anlagen (auch in Hamm, Bad Driburg oder Enköping bei Stockholm) erzeugt er mit Stauden, Gräsern und

Blumen Rhythmen im Raum, komponiert Stimmungen mit versetzten Blühphasen, bezieht auch das Verblühen in seine Gestaltung ein und denkt an die Nahrung für Vögel und Insekten. Beim sich ausbreitenden *Urban Gardening* nehmen das die Stadtbewohner selbst in die Hand. An immer wieder wechselnden Orten in Berlin (Tempelhofer Feld, Moabiter Stadtgarten, Himmelbeet im Wedding, St. Jacobi in Neukölln) werden Gärten gemeinsam bewirtschaftet. Für ein individuelles Gärtnern ohne Garten reicht auch die Bepflanzung des Balkons. Beim smarten *Home Gardening* ersetzen Sensoren das fehlende Gespür, via Bluetooth mahnt die Pflanze: »Bitte gieß mich!« Und wenn in der Wohnung kein Platz ist, wird die Baumscheibe vor der Haustür zum Garten des Großstädters.

Um mehr Land in die Stadt zu bringen, machen Landschaftsplaner aus Parks »Waldgärten«, die mit verschiedenen Pflanzenarten, Sträuchern und Bäumen Natur generieren und den Auswirkungen des Klimawandels Rechnung tragen. Eine *Indoor*-Landwirtschaft, die in der Stadt betrieben wird, kann ertragreicher sein als die konventionelle Landwirtschaft auf dem Land, die Böden mit Pestiziden und Nitraten belastet. Ein *Vertical Farming* ermöglicht mit *Agtech* den Obst- und Gemüseanbau auf mehreren oder vielen Stockwerken übereinander, ein Gewächshaus in höherer Potenz, womöglich verbunden mit einer Fisch- und Geflügelzucht. Ein *Rooftop-Farming* mit handelsüblichen Gewächshäusern hilft, dem veganen Bedarf der Stadtbewohner nachzukommen und sich am Blick über die Dächer der Stadt zu erfreuen.

»Ein paar Bäume reichen für eine Heimatlandschaft, besser wäre noch ein Bach, an dem man sitzen und sich unterhalten könnte. Das haben wir in unserer Wohnung nicht.«

»Aber Bäume stehen vor dem Fenster und wir sitzen an den Ufern eines
Bachs.«
»Wo? Ich sehe keinen Bach.«
»Du kannst ihn hören und sehen, wenn du den Wasserhahn aufdrehst
oder die Klospülung betätigst. Er fließt durch unterirdisches Gestein,
schießt als Fontäne in die Wohnung empor und stürzt als Wasserfall
zurück.«
»Diese Landschaft ist doch keine Heimat.«
»Naja, vielleicht suchen deswegen so viele nach anderen Möglichkeiten der
Beheimatung.«

Warum immer mehr Menschen sich in Bienenkästen einnisten

Gewöhnlich steht das Land für Natur, die Stadt für die Abkehr
davon. Aber das Fehlen von Monokulturen auf den Grünflächen der Stadt scheint eine größere Artenvielfalt zu begüns-
tigen. »Insekten geht es in Berlin viel besser als in Brandenburg«, stellte der Direktor des Berliner Naturkundemuseums,
Johannes Vogel, 2019 fest. »Botanisch gesehen ist die Hauptstadt sogar der artenreichste Ort in ganz Deutschland.« Gut für
die Bienen, die in Parks, Schrebergärten, Hinterhöfen und auf
blühenden Dächern und Balkonen beste, pestizidfreie, abwechslungsreiche Nahrung finden. Auf dem Land waren Bienenvölker immer schon zuhause, in der Stadt aber werden sie
immer häufiger als Inbegriff der Natur begrüßt und angesiedelt. Gab es im Jahr 2015 etwa tausend Stadtimker in Berlin,
steigt ihre Zahl seither rasant an. Die Biene boomt. Früher
summte sie nur. Jetzt geht es um mehr.

Parallel zum neu erwachten Interesse für Gärten und Wälder trägt auch das Imkern zum digitalen *Detox* bei, zur Entgif-

tung, die hilft, sich nicht restlos in virtuellen Welten zu verlieren. War die Beziehung zu Bienen lange von Ignoranz und Gleichgültigkeit geprägt, mit Einsprengseln von Ärger, falls man von ihnen (meist aber von Wespen) gestochen wurde, avancieren die Tierchen nun zum Lebensinhalt vieler Menschen. Fast lässt sich sagen, die Biene ist der neue Eisbär, das Maskottchen der Bewegung für mehr Naturschutz. Mit dem Vorteil, dass sie nicht nur im Zoo erlebbar ist.

Ihr natürliches Habitat ist überall, wo Blüten sind, Stadt oder Land. Lärm und Stress der Städter sind ihr völlig egal, sie macht ihren Job, sammelt Nektar und Pollen und folgt ihrem genetischen Programm, das sie sich nicht ausgesucht hat. Auch Menschen kommen nicht umhin, den Genen zu entsprechen, mit denen die Evolution sie ausgestattet hat. Die sehen für sie aber eher vor, Fragen zu stellen, alles in Frage zu stellen und dann die Frage nach dem Sinn zu stellen. Bei einer Antwort können die Bienen behilflich sein. Deswegen kriechen Menschen förmlich in Bienenkästen hinein.

Sie finden darin die Heimat wieder, die sie außerhalb verloren haben, und das gibt ihrem Leben Sinn, beginnend bereits bei den elementarsten Sinn-Zusammenhängen, die sich den *körperlichen Sinnen* verdanken. Aus gutem Grund erinnern die Sinne schon vom Wort her an den Sinn, den sie jederzeit an jedem Ort offerieren: Sie sorgen für intensive Zusammenhänge zwischen Selbst und Welt, abhängig nur davon, dass die sinnlichen Erfahrungen eine Chance erhalten, sich zu entfalten. Wer mit wachen Sinnen sieht, hört, riecht, isst, trinkt und liebt, zweifelt in diesen Momenten nicht am Sinn des Lebens und fühlt sich in der Welt nicht fremd, sondern vollkommen wohl und geborgen. Würde ein Mensch hingegen nichts sehen, hören, riechen, schmecken, tasten, fände er sich in einem unheimlichen Nichts wieder und könnte nicht lange überleben. Daher kommt so viel darauf an, die Sinnlichkeit zu pflegen und Sinneseindrücke tief in sich aufzunehmen. Die Bienen bieten Anlässe dafür.

Sinnlich ist es, ihr ruhiges Summen zu hören, ihre suchenden und doch zielgerichteten Flüge zu sehen, ihre Emsigkeit an der Blüte zu bewundern, in die sie förmlich hineinschlüpfen. Wer staunen lernen will, wirft einen Blick in das atemberaubende Gewimmel eines Bienenstocks, in dieses Chaos, das in Wahrheit bestens geordnet ist. Jede Biene weiß jederzeit, was zu tun ist, sei es als Ammen-, Putz-, Empfangs-, Heizer-, Bau-, Wächter-, Sammel- oder Späherbiene (meist in dieser Abfolge im Laufe ihres Lebens).

Auch andere Beobachtungen des vielfältigen Lebens in Gärten, Wiesen, Feldern und Wäldern rufen den Eindruck wach, dass in der Natur auf staunenswerte Weise alles mit allem zusammenhängt. Mit den Sinnen nimmt ein Mensch diese Zusammenhänge wahr, überträgt sie mithilfe von Spiegelneuronen in sein Selbst und fühlt sich zumindest für eine Weile wieder in die Natur eingegliedert. Der wiedergefundene Sinn verleiht neue Energie, daher das Gefühl, »die Batterie wieder aufgeladen zu haben« (moderne Menschen lieben technische Metaphern). Solange die Batterieladung vorhält, stellt sich die Frage nach dem Sinn nicht mehr und es fällt leicht, das Leben zu lieben.

Sinnlichen Sinn produzieren die Bienen naturgemäß in erster Linie für sich selbst. Es ist ihre Art, sich eine Heimat zu schaffen. Wie für Menschen beruht ihre Beziehung zur Welt auf sinnlichen Wahrnehmungen, für die ihnen jedoch anders strukturierte Sinne zur Verfügung stehen, sodass die gleiche Welt für sie wohl eine ganz andere ist. Sie sehen Grün, Blau und ultraviolettes Licht, können Brechungen des Lichts (Polarisationsmuster) in der Atmosphäre erkennen und mit feiner räumlicher und zeitlicher Differenzierung bis auf das einzelne Atom genau riechen. Duftstoffe dienen ihnen zur Kommunikation, und Düfte mit hormoneller Wirkung, die ihre Königin unentwegt verströmt, fördern ihren Zusammenhalt: *Wo es so duftet, ist ihr Zuhause.* Mit Sinneshaaren können sie tasten und mit ihrem gesamten Körper schmecken. Intensiver als Menschen können sie »küssen« – sie praktizieren eine so innige Version davon, dass selbst Liebende vor Neid erblassen dürften. Von Rüssel zu Rüssel fließt dabei der Nektar der Sammelbiene bis zum letzten Tropfen in die Empfangsbiene, ein Beispiel für »die pralle Sinnlichkeit der Bienen« (Thomas Radetzki und Matthias Eckoldt, *Inspiration Biene*, 2020, 65).

Das Hören scheint für Bienen eine geringere Rolle zu spielen, umso mehr jedoch ein sechster Bewegungssinn, der ihnen erlaubt, Informationen über Flugwege, ertragreiche Blüten, Wasserstellen und neue Nistplätze tanzend an Kolleginnen weiterzugeben. Die sehen den Tanz in der stockdunklen Behausung zwar nicht, können aber die erzeugten elektrostatischen Felder mit einem siebten Sinn über ihre Antennen wahrnehmen und in ihre innere Landkarte der äußeren Landschaft eingliedern, ein Grund für ihre phantastische räumliche Orientierung. Draußen scannen sie ihre Umgebung und vermessen die Welt mit Bienenmaß vom Nistplatz ihres Schwarmes aus, fliegen weiterum von Blüte zu Blüte und finden auch aus zehn Kilometern Entfernung zuverlässig ihre Heimat im Bienenstock wieder. Wird dieser beim Schwärmen von ihnen selbst oder aber von Menschenhand an einen anderen Ort verlegt, beginnen sie mit dem Prozess von vorne und speichern die Koordinaten der neuen Umgebung präziser ab als Autofahrer, die oft nach ihrem irgendwo abgestellten Gefährt suchen müssen.

Dass immer mehr Menschen sich in Bienenkästen einnisten, liegt außerdem daran, dass Bienen *seelischen Sinn* vermitteln. Der entsteht durch einen *gefühlten* Zusammenhang mit anderen Menschen, Lebewesen und der Welt und geht oft mit sinnlichen Momenten einher. Gefühle begründen Bindungen und sind daher ein wertvoller Heimatbezug. Sie intensivieren das Leben, da sie zusätzliche Energien vermitteln, und sie können außer Menschen auch Tieren gelten. Begegnungen mit Imkern geben einen Eindruck davon, wie sehr der Umgang mit den Bienen sie emotional berührt und mit Gefühlen für sie geradezu erfüllt, auch mit dem Gefühl der Liebe, voller Leidenschaft und Fürsorge. Sie wollen, dass die Bienen sich bei ihnen »sicher und zuhause fühlen«. Für das Seelenleben von Menschen kann die Beziehung zu Bienen wie überhaupt zu Tieren eine größere Rolle spielen als die zu Mitmenschen.

Fühlen die Bienen ihrerseits etwas füreinander? Beruht darauf ihr starker Zusammenhalt? Mehr noch als Menschen finden sie jedenfalls in der sozialen Gemeinschaft ihre Heimat, egal wo deren Ort sich aktuell befindet. Für ihren eigenen seelischen Sinn tragen sie Sorge, indem sie die Zusammenhänge ihrer Gemeinschaft hegen und pflegen. Neben Sympathien können Imker auch Antipathien zwischen ihnen beobachten, aber Kooperation ist die Basis, daran muss keine Biene jemals erinnert werden. Was jede einzelne an Nektar und Pollen sammelt, steht fraglos allen zur Verfügung. Für ein Seelenleben der Bienen spricht im Übrigen, dass sie wie Menschen von Energien durchpulst werden und Schwankungen des Energiefelds erleben, die Menschen als Gefühle bezeichnen. Hormonausschüttungen, die bei Menschen mit Gefühlen einhergehen, können Forscher auch bei Bienen messen. So begeistert können die Tiere etwa von einer Futterstelle sein, dass sie auch ohne »Publikum«, ohne den Zweck einer Informationsweitergabe, gleich an Ort und Stelle zu tanzen beginnen.

Für Menschen ist darüber hinaus der *geistige Sinn* von Belang, der *gedankliche* Nachvollzug von Zusammenhängen, um Dinge besser verstehen zu können, sowie der Entwurf neuer Zusammenhänge in Gedanken. Bienen tragen zum geistigen Sinn von Menschen bei, indem sie ihnen wichtige Einblicke in ökologische Zusammenhänge gewähren, etwa dass die Natur die Blüten, die von Menschen für ihre Schönheit und ihren Duft gerühmt werden, allein für die Befruchtung durch die Insekten entwickelt hat. Die wiederum leisten ihren Dienst für den bei Pflanzen üblichen »Sex auf Distanz« unwissentlich und beiläufig auf der Suche nach den besten Nahrungsquellen für sich selbst. Ebenso absichtslos sichern sie die Ernährungsgrundlagen der Menschen, die auf die Früchte der Befruchtung angewiesen sind.

Die Einsicht in diese Zusammenhänge spräche dafür, den größten Wert auf Nachhaltigkeit zu legen, auch beim Umgang mit den Bienen selbst. Eingriffe ins Bienenleben, etwa der vorzeitige Austausch der Königinnen, steigern zwar die Produktivität, gemessen am Honigertrag, schwächen aber die Widerstandsfähigkeit des Bienenvolkes gegen Krankheiten und seine natürliche Regeneration. Was Nachhaltigkeit ist, führen die Bienen selbst beispielhaft vor, indem sie mit der Verwandlung von Nektar in Honig ein unbegrenzt haltbares Lebensmittel herstellen. Beim Bau ihrer Zellen zeigen sie, wie mit minimalem Materialaufwand maximale Stabilität seriell zu erreichen ist. Schon Seneca bewunderte die »Exaktheit« ihrer Arbeitsweise (*Briefe an Lucilius über Ethik*, 121, 22). Und wenn es nottut, können sie, um das Überleben ihres Volkes zu sichern, auch mal ihre individuelle Lebenszeit selbsttätig verlängern, eine

Fähigkeit, von der Menschen sicherlich gerne Gebrauch machen würden, stünde sie ihnen zu Gebote.

Von Bienen selbst ist an geistiger Leistung bekannt, dass sie komplexe Informationen etwa über die Entfernung einer ergiebigen Nahrungsquelle aufnehmen, verarbeiten und mit ihren Hüftschwüngen beim »Schwänzeltanz« weitergeben können. Und sie gelten als überaus lernfähig. Der Bienenforscher Randolf Menzel vergleicht den »Pilzkörper« im Bienenhirn mit dem präfrontalen Kortex beim Menschen und schreibt ihm »eine reflektierende Funktion« zu (*Die Intelligenz der Bienen*, 2016, 74). Das Organ schaltet sich ein, wenn eine neue Situation die Regelabläufe unterbricht und etwas verändert werden muss. Auch mit diesem Instrument haben Bienen sich seit 50 Millionen Jahren eine Heimat auf dem Planeten gesichert. Ob Menschen es mit ihrem eigenen reflektierenden Organ so weit bringen werden?

Zuletzt ruft das Interesse für das Leben der Bienen und insbesondere für das Imkern die Möglichkeit eines Sinns wach, mit dem Menschen ihre Welt unendlich überschreiten können. Diesen Eindruck gewann ich bereits als Kind bei meinem Vater, der ein paar Bienenvölker besaß und im Herbst und Winter Zuckerlösungen für sie zubereitete. Jede Arbeit in und mit der Natur war für ihn ein religiöser Akt, dem er sich mit Hingabe widmete. Zwischen Natur und Gott sah er keinen wesentlichen Unterschied. Auch dem Laien kann das Bienenleben eine Ahnung von einem unendlich großen Ganzen vermitteln, das nicht genau zu benennen ist, von dem sich aber vermuten lässt, dass das endliche Leben darin eingegliedert ist.

Aus all diesen Gründen nisten Menschen sich in Bienenkästen ein: Weil ihnen damit ein Füllhorn an Sinn zur Verfügung steht, sinnlich, seelisch, geistig, transzendent. Der Umgang mit

Bienen ist ein Akt der *Besinnung* im vollen Wortsinn, und dies in der Stadt womöglich mehr als auf dem Land. Aber es muss noch andere Gründe geben, warum das Leben in der Stadt außer für Bienen für sehr viele Menschen so attraktiv geworden ist.

Heimat ist das vibrierende Leben in der Stadt

Stelldichein am Tempel der Glücksgöttin des heutigen Tages

Wir hatten keinen Plan und schlenderten einfach nur durch die Straßen, die sich irgendwann emporschwangen. An gediegenen Stadtvillen in üppigen Orangenhainen vorbei gelangten wir auf den Hügel Aventin. Unten strömte träge, breit und schmutzig braun der Tiber dahin, drüben überragte eine Kuppel von erhabener Schönheit alle anderen Kuppeln der Stadt. So selbstverständlich wie überall auf der Welt spielten Kinder hier oben Fußball, Jungen und Mädchen, die Wangen gerötet. Nur wenige Meter weiter wurde die Kuppel des Petersdoms, das grandiose Bauwerk Bramantes und Michelangelos, am gekonntesten inszeniert. Im Parco Savello neigten sich die zur Allee formierten Pinien einander so zu, dass ein Gewölbe entstand, das die Wölbung der Kuppel in der Ferne perfekt in sich fasste. Wie viele Andere bewunderten wir von der öffentlichen Terrasse aus den Sonnenuntergang über Rom, bevor wir in einer neonerleuchteten Pizzeria das Glas zum Teig mit der leckeren Kruste hoben.

Müde von den Eindrücken, die diese Stadt ohne Unterlass bietet, standen wir spätabends auf dem Heimweg plötzlich vor einem Tempel, dessen Anblick den Tag unvermutet aufs Schönste abrundete. Kreisrund ragten die antiken Fragmente aus einem Ausgrabungsfeld, von dem wir nichts wussten. Der Tempel, informierte eine Tafel, war der *Fortuna Huiusce Diei* geweiht gewesen, also der »Glücksgöttin des heutigen Tages«. Tage können missglücken, weiß Gott, aber dieser war nun endgültig geglückt. War es Zufall oder hatte diese Göttin uns die ganze Zeit schon beschirmt wie die Pinien, unter denen wir auch am nahen Circus Maximus lustwandelten? Als 1909 der Platz *Largo di Torre Argentino* angelegt werden sollte, kamen die Reste mehrerer Tempel zum Vorschein, darunter dieser *Tempel B*, wie er seither nüchtern bezeichnet wird, 101 v. Chr. gestiftet, Teil eines heiligen Bezirks im alten Rom, das mehrere Meter tiefer lag und aus dessen Schuttmassen das jüngere hervorging.

Bauten aus der Zeit der Antike, triumphal noch in ihrer steinernen Verfallsform, sind omnipräsent in der »Ewigen Stadt«. Die *Urbs aeterna*, wie sie der Dichter Tibull im 1. Jahrhundert v. Chr. in einer seiner Liebeselegien nannte, begründete die Urbanität, die uns heute so viel bedeutet wie vermutlich auch den damaligen Bewohnern und Besuchern. Rom verkörpert das Modell der »europäischen Stadt« nach wie vor am besten. Deren verdichtete Wirklichkeit eröffnet all die Möglichkeiten, zwischen denen wir uns bewegen können, ohne lange Wegstrecken zurücklegen zu müssen. Wenn wir gemeinsam mit Menschen aus allen Ländern der Erde dazu beitragen, die Piazza Navona und die Gassen darum herum zu überfüllen, genügt es, ein paar Schritte zur Seite zu gehen. In den Arkadengängen eines Innenhofs, dem Kreuzgang eines früheren Klosters, zweistöckig errichtet nach Plänen des Renaissance-Baumeisters Bramante, ist es andächtig still. Im oberen Stockwerk lädt ein Café dazu ein, durch ein Binnenfenster einen Blick auf Freskomalereien in der *Capella Chigi* der Kirche Santa Maria della Pace zu werfen. Es sind die *Sibyllen*, 1514 eigenhändig von Raffael ausgeführt. Übergangslos schließt das Café an die Kirche an, fast stufenlos gehen Kunst und Alltag, Heiliges und Profanes, Vergangenes und Gegenwärtiges ineinander über.

Die gesamte Stadt ist ein Nebeneinander, Ineinander, Durcheinander von Landschaften, wie sie unterschiedlicher kaum sein könnten. Aus zahllosen singulären Schönheiten entsteht »die Schönheit zweiter Potenz«, die der Soziologe Georg Simmel darin sah: »Die Verschmelzung des Differentesten zur Einheit« (*Rom. Eine ästhetische Analyse*, Essay, Wiener Wochenschrift *Die Zeit*, Nr. 191, 1898). Vollständig aus Scherben aufgehäuft wurde schon in antiker Zeit der etwa 35 Meter hohe *Monte Testaccio*, den bewohnte und bewirtschaftete Gebäude umgeben, die desolat erscheinen, aber wohl eine Heimat für Menschen sind, die sie niemals verlassen wollen. Wenige Meter weiter, neben der Pyramide aus weißem Marmor, die 12 v. Chr. ägyptischen Pharaonengräbern nachgebildet wurde, haben viele frühere Italienreisende auf dem Nicht-katholischen Friedhof, *Cimitero Acattolico*, eine ewige Heimat gefunden, etwa der Dichter John Keats, das Schriftstellerehepaar William und Mary Howitt, der Maler Hans von Marées, der Architekt Gottfried Semper, die Mäzenin Henriette Hertz, die Schriftstellerin Malwida von Meysenbug, auch Goethes Sohn August. Mönchspapageien kreischen, nur von fern ist der eigentlich nahe Lärm am Ostia-Tor zu hören, ganz still sind die Katzen zwischen den Gräbern unter rot blühenden Kamelien und hoch aufragenden Zypressen.

Immer wieder zieht es mich jedoch zurück zur Glücksgöttin des heutigen Tages. Inmitten der Stadt ist dieses Ruinenfeld eine Landschaft für sich, bei deren Anblick ich mich ganz und gar zuhause fühle. Im Café an der Ecke des Platzes, das ich täglich aufsuche und von wo aus ich die Tempelfragmente im Blick habe, muss ich schon bald keine Bestellung mehr aufgeben. »Doppio?«, schallt es mir entgegen. Ja, doppelter Espresso, mein Doping für den Tag, durch den die Göttin mich begleiten möge. Die antiken Steine faszinieren mich, es ist, als formten sie ein Fenster in die Vergangenheit, durch das ich schauen darf. Auf wenig Raum ist hier viel Zeit gestapelt. Kam Caesar an diesem Ort vorbei, bevor er gen Norden zog, wofür er mehr als das Glück eines Tages brauchte? Ganz zuletzt verließ es ihn jedoch dort drüben, nur wenige Schritte von der Göttin entfernt, wo ihn am Theater des Pompeius, auf dem das heutige *Teatro Argentina* aufruht, am 15. März 44 v. Chr. Brutus und Andere mit 23 Stichen erdolchten.

Gut hundert Jahre danach könnte Seneca der Glücksgöttin im Vorbeigehen noch ein letztes Mal stumm zugerufen haben: »Nichts habe ich mit dir zu schaffen, Fortuna« (*Briefe an Lucilius über Ethik*, 118, 4). Das wahre Glück war für den stoischen Philosophen kein zufälliges des heutigen Tages, sondern das dauerhafte eines naturgemäßen Lebens, der Natur eines vernunftbegabten Wesens gemäß, das von unkalkulierbaren Wechselfällen des Lebens unbeeindruckt bleibt. Die machten Seneca wahrlich viel zu schaffen. Für den minderjährigen, schon zum Kaiser ausgerufenen Nero hatte er jahrelang im Kaiserpalast oben auf dem Palatin (*Palatium* im Lateinischen, als Inbegriff der Macht Vorlage für Palazzo, Palais, Palast, Pfalz) die Amtsgeschäfte geführt. 65 n. Chr. befahl ihm sein ehemaliger Zögling wegen angeblicher Beteiligung an einer Verschwörung die Selbsttötung. Seneca vollzog sie, ohne zu zögern. Er verachtete ohnehin die Gegenwart und wollte zur »kosmischen Naturordnung« zurückkehren.

Jahrhunderte später war das stolze Rom nur noch ein Trümmerfeld. Die städtische Landschaft wurde zur ländlichen, Schafherden weideten zwischen den Ruinen. Das glanzvolle Zentrum der Macht, das einst eine Million Einwohner zählte, schrumpfte mit dem Untergang des Römischen Reiches zur Kleinstadt, deren Bürgern das alte Gemäuer egal war. Sie hatten genug mit Hunger, Seuchen und dem Durchzug von Räubern zu kämpfen. Auf Münzen des 7. Jahrhunderts ist zu lesen: »Gott, hilf den Römern!« Anstelle von Rom mutierte Córdoba zur Millionenstadt, 756 zur Hauptstadt des maurischen Reiches al-Andalus erhoben. Erst die Behauptung christlicher Macht mit der Rückeroberung Spaniens, der *Reconquista*, und dem Konzil von Konstanz 1414-18 schuf die Grundlage für die erneute Bau- und Kunsttätigkeit, die *Renaissance* genannt wird. Philosophen griffen auf griechische und arabische Autoren zurück, deren Wissen die Bibliothek von Córdoba in 400 000 Bänden aufbewahrte. Die Päpste päppelten das versunkene Rom wieder auf, daher die überwältigende Präsenz der Kirche in dieser Stadt, in der jede Hausecke kundtut, welchem Pontifex sie sich verdankt.

Herrlich die öffentlichen Plätze, auf denen viele das Glück des heutigen Tages genießen, *carpe diem*. Misslich nur, wenn es regnet. Rom reimt sich nicht auf Regen. Rettung bieten dann allenfalls die zahlreichen Cafés. Wo in Rom gibt es den besten Espresso? Einige Empfehlungen waren mir mit auf den Weg gegeben worden, keine hielt der Überprüfung stand. Dabei ist die Frage einfach zu beantworten: An jeder Straßenecke! Glücklich nippen wir etwa an dem dunkel gebrannten, harzig duftenden Gebräu auf grauen Plastikstühlen an der Via Marmorata, Heimat für einen Moment, mit Blick hoch zur Kirche *Sant' Anselmo* auf dem Aventin. Der Hügel ist unter dem Grün von Pinien, Palmen und Zypressen begraben, die Straße überflutet vom Verkehr.

Eines Morgens liegt ein dunkelroter Stöckelschuh vor dem Treppenaufgang am Tempel der Göttin. Er sieht nicht aus wie ein Schuh für den gewöhnlichen Alltag, eher wie einer für besondere Gelegenheiten, ein treffliches Accessoire der Glücksgöttin des heutigen Tages. Hat ihn jemand dorthin geworfen? Sollte er jemanden bezaubern? Wurde jemand entzaubert? Kann er zu später Stunde auf dem schwer zugänglichen Gelände ausgerechnet an dieser Stelle verloren worden sein? Oder wurde er in einem übermütigen Moment von einer der luxuriösen Dachterrassen der umliegenden Häuser herabgeworfen? Noch ganz benommen von einer Exaltation hat die Trägerin vielleicht nicht einmal von der Brüstung herab nachgesehen, wo der Schuh gelandet sein könnte. Oder sollte in der Nacht noch das Glück des heutigen Tages mit einem letzten Opfer für die Göttin beschworen werden? War der Wurf ein Vorwurf, dass es nichts geworden ist mit dem erhofften Glück? Drückte einfach nur der Schuh?

Die Arbeiter der Stadt Rom, die zum Rasenmähen anrücken, diskutieren den Fund. Es fehlt ihnen sicher auch sonst nicht an Gesprächsthemen in den ausgiebigen Pausen, aber der reizvolle, wenn nicht gar aufreizende Schuh könnte ihnen als ergiebiges Sujet für Deutungen gerade recht gekommen sein. Der Glücksgöttin selbst schenken sie keine weitere Beachtung. Sie ist ja auch nicht persönlich anwesend. Zwar hat sich das Haupt der mächtigen Statue aus Marmor, einst inmitten eines Kreises von 18 Säulen platziert, mitsamt Lockenpracht und herben Gesichtszügen erhalten, ist aber ins Museum *Centrale Montemartini* hinter Testaccio umgezogen. Die übriggebliebenen sechs Säulenfragmente sind für die Arbeiter nur Steine auf einem brüchigen Fundament, um das sie herummähen müssen, dann ist Feierabend.

»Warum musste der Tempel der Glücksgöttin des heutigen Tages rund sein?«

»Vielleicht, um anzuzeigen, dass sie einen schönen Tag abrunden kann,

ihn abheben kann gegen das gewöhnliche Leben mit seinen Ecken und Kanten, an denen Menschen sich oft wundstoßen. Oder weil der Kreis ein Zeichen für Ewigkeit ist: Ein Tag vergeht, glücklich oder nicht, ein neuer kommt, ein ewiger Kreislauf.«

»Und warum sind so viele Katzen hier?«

»Vermutlich, weil das Glück für sie immer das Glück des heutigen Tages ist.«

Eine Heimat in der Stadt finden: Urbane Lebenskunst

»Hier ist nichts mehr so, wie es mal war«, sagt sie zu ihm, während beide die Joachimsthaler Straße zwischen Ku'damm und Bahnhof Zoo entlangstolzieren. Berlin, Kontrastprogramm zu Rom. Er hat das lange graue Haar zum Zopf gebunden, wie es sich zu Zeiten des Mauerfalls 1989 einiger Beliebtheit erfreute. Jahrzehnte danach ist ansonsten nichts mehr so, wie es mal war. Sie stellt es nicht leichthin fest, sondern erhebt einen schweren Vorwurf, vermutlich gegen die Stadtpolitik, die falsche Entscheidungen trifft, gegen das System, das Investoren zu viel Freiraum lässt, und gegen die Zeit, die sich ändert und partout nicht stehenbleibt. Die beiden bleiben aus anderen Gründen ebenfalls nicht stehen. Sie haben es eilig, die tiefe Baugrube auf der einen Seite und das neue Hochhaus auf der anderen Seite der Straße hinter sich zu lassen. Die Bauleute haben ihre alte Welt auf dem Gewissen, als man hier in Ruhe ein Bier in der Kneipe kippen, chinesische Nudelpfanne im Vorbeigehen schlemmen und den nahen Bahnhof *Zoologischer Garten* für den Nabel der freien westlichen Welt halten konnte.

Wer will, dass alles so bleibt, wie es war, hat keine Freude an dieser Stadt, deren Schicksal es ist, »immerfort zu werden und niemals zu sein« (Karl Scheffler, *Berlin*, 1910, Schluss seiner Abrechnung mit der Stadt). Wer hingegen offen für Veränderungen ist, hat viel Freude an ihr. Dass auch das eigene Sein zum Werden wird, ist der Reiz des Lebens in ihr. Damit der Eindruck eines flirrenden Lebens entstehen kann, genügt es, wenn jeder das tut, was er (oder sie oder divers) am besten kann, nämlich auf je eigene Weise zu sein und zu werden. Alles, was gelebt werden kann, wird in der Stadt gelebt, die die Ideen vieler Menschen braucht, um Stadt sein zu können. Zu ihrer Atmosphäre tragen sämtliche Bewohner und Besucher bei, auch wenn sie ihren Anteil daran gar nicht wahrnehmen. Der Einzelne mag seine Rolle für unbedeutend halten, und doch prägt er mit seiner bloßen Anwesenheit, seinen Eigenheiten und seinem Verhalten das urbane Leben mit. Solange niemand ernsthaft gefährdet wird, ist alles erlaubt. Verrücktheit ist hier keine Verhaltensauffälligkeit, sondern das Mindeste, was man erwarten kann. Daraus, schon viel Verrücktheit gesehen zu haben, resultiert die Gelassenheit, die die Urbanität charakterisiert und nicht immer fern von Gleichgültigkeit ist. »Is' mir egal«, damit werben in Berlin die Verkehrsbetriebe. Es charakterisiert diese Stadt.

Diese Stadt ist meine Heimat, seit ich sie zum ersten Mal gesehen habe. Als der Bus auf der Schulabschlussfahrt, von Süddeutschland her kommend, den Ku'damm (Kurfürstendamm) entlangfuhr, wusste ich: Hier will ich leben! Ich gehöre hierher! Das hat sich nie mehr geändert. Was die Stadt für mich zur Heimat macht: Sie setzt mich unter Strom. Ich brauche die Anregung, ja, die Erregung durch sie, um leben und arbeiten zu können. Wer Inspiration sucht, findet sie hier. Wer völlig frei seinen Interessen und Neigungen nachgehen will und den Rausch braucht, auch ohne Rauschmittel dafür nötig zu haben, ist hier richtig. Die »unmittelbare Ekstase«, die den aus Aschaffenburg stammenden Maler Ernst Ludwig Kirchner in Berlin zu grellen, fetzigen Bildern wie *Nollendorfplatz* (1912) oder *Potsdamer Platz* (1914) antrieb, hat auch mich betört, als ich 1980 ankam, um zu bleiben.

Die städtische Heimatpflege geschieht durch *urbane Lebenskunst*, und das heißt, ein freies Leben zu führen, frei zur Wahrnehmung der Fülle von Möglichkeiten des Lebens, Arbeitens und Vergnügens. An der Freien Universität konnte ich zwischen großartigen Vorlesungen und Seminaren wählen, überall in der Stadt mit anderen unruhigen Geistern diskutieren, abends in der Philharmonie zum Studententarif den besten Musikern der Welt zuhören. Die anderswo überdeckte Geschichte war hier überall präsent. Nur einige Jahre lag die Studentenbewegung von 1968 zurück, deren Zentrum die Freie Universität gewesen war. In der Gedenkstätte *Deutscher Widerstand* im Bendlerblock stand ich vor der Wand, an der Claus Schenk Graf von Stauffenberg, der aus meiner Heimatregion stammte, das Leben lassen musste, nachdem er am 20. Juli 1944 den Tyrannenmord versucht hatte. Das Reichstagsgebäude wies Einschusslöcher wie offene Wunden aus den letzten Tagen des Zweiten Weltkriegs auf. Das Bollwerk der Mauer, das seit 1961 auf der östlichen Seite zur tödlichen Falle für Flüchtende wurde, war auf der westlichen Seite ein farbensprühendes, Tag für Tag erneuertes Kunstwerk.

Urbanität entsteht nicht primär in Wohnungen, die anderswo günstiger und geräumiger zu haben sind, sondern im öffentlichen Raum, der bewohnt wird. Daher rief der Flaneur Franz Hessel, dessen Leben in einer Dreiecksbeziehung François Truffaut 1962 in *Jules et Jim* verfilmte, dazu auf: »Wir Berliner müssen unsere Stadt noch viel mehr – bewohnen« (*Spazie-*

ren in Berlin, 1929, Neuausgabe 2011). Die urbane Lebenskunst erfordert, das Leben nach draußen zu tragen und sich zwischen den Häuserzeilen, im Straßengewirr, auf lichten Plätzen, in grünen Parks, vorbei an Baustellen zu bewegen.

Täglich aufs Neue wird die Wirklichkeit der Stadt von der unermüdlichen Rotation der Individuen hergestellt, zwischen der Intimität in Innenräumen und der Anonymität in Außenräumen, zwischen Unterwegssein und dessen Unterbrechung, schneller Bewegung und gemächlichem Verweilen. Jedes Treffen zum Essen in der Pizzeria, zum Tanz in Clubs, zum Konzert, zur Vernissage, zum Vortrag, zum Kino begründet Heimat durch das »Kunstwerk der Geselligkeit« (Petra Wilhelmy), das anders als in alten Zeiten der Berliner Salons nicht mehr nur in privaten Räumen geschaffen wird, anders als in neuen Zeiten aber auch nicht nur in digitalen. Jede und jeder in der Stadt kann daran arbeiten, auch das ist Kunst im Sinne von Joseph Beuys.

Räumliche Strukturen fördern das Wohnen draußen. Es wird unterstützt von kleinteiligen, abwechslungsreichen Strukturen, erschwert von monotonen, blockartigen. Wo nur Wohnblöcke, Bürogebäude oder Industrieareale ein Stadtviertel bestimmen, kann sich kein städtisches Leben entfalten. Eine ganze Stadtphilosophie ist ablesbar an den Strukturen, die vorzufinden sind, aber durch Stadtplanung auch neu projektiert werden können und sich in so genannten Flächennutzungsplänen widerspiegeln. Wenn von der »Berliner Mischung« die Rede ist, ist damit das dichte Nebeneinander von Wohnungen, Läden, Gaststätten, Büros, Dienstleistungseinrichtungen, Handwerksbetrieben, Kulturstätten gemeint. Die räumliche Enge erhöht die Wahrscheinlichkeit für Begegnungen, auch ohne reale Kommunikation und ohne sich zu kennen, während zu viel Weite dazu führt, beim Überwinden langer Wege, breiter Straßen, ausladender Plätze zu ermüden und sich im Raum zu verlieren.

Die räumliche Verdichtung des Lebens strafft auch die zeitliche Struktur. Daher heißt urbane Lebenskunst nicht nur, den städtischen Raum zu bewohnen, sondern auch, sich die Zeit so einzuteilen, dass von den vielen Möglichkeiten möglichst viel Gebrauch gemacht werden kann. Verabredungen sind im Strom der Bewegung auf präzise Terminierungen angewiesen. Anderswo, wo wenig möglich ist, bestimmt der *Indikativ* die Gangart des Lebens: Ich mache dies, dann jenes. Die vielen Möglichkeiten aber nötigen den *Konjunktiv* herbei: Was alles möglich wäre, wenn mehr Zeit zur Verfügung stünde! Dies und jenes könnte ich machen. Reicht der Tag nicht aus, steht die Nacht dafür noch offen, in der die Stadt nicht ruht. Mit der Folge, bald übermüdet zu sein. Wer es hasst, etwas zu verpassen, leidet an der Stadt, die stets mehr Möglichkeiten bietet, als ein einzelnes Leben Platz dafür hat. Zu viele Möglichkeiten, für die zu wenig Zeit zur Verfügung steht, verursachen Stress. Die *Vibes* der Stadt verleiteten auch mich anfangs dazu, mich zu überfordern. Um dem zu entgehen, musste ich schmerzlich lernen, mich zu entscheiden. Die urbane Freiheit besteht eben nicht nur aus der Befreiung von beengenden Lebensformen, sondern auch aus der Mühe, dem Leben selbst Formen geben zu müssen, etwa mit Zeiteinteilung, Schwerpunktsetzung und dem Verzicht auf Möglichkeiten.

Dass so viele Begegnungen mit Anderen und Fremden möglich sind, denen andere Ideen von Leben und Ordnung, andere Verhaltensweisen und Vorstellungswelten eigen sind, macht die Stadt zum Ort der *Multiperspektivität*. Der vielfach andere Blick auf Dinge, Menschen und Welt sorgt dafür, nicht gänzlich in der eigenen Perspektive verharren zu können. Nicht nur sozial und kulturell, sondern auch räumlich sind andere Perspektiven in einem Maße präsent wie sonst nur im Gebirge. Ähnlich wie dort tut sich hinter jeder Straßenecke ein anderer Blick, eine andere Landschaft auf. Die Bereitschaft zu Perspektivwechseln ist folglich ein Bestandteil der urbanen Lebenskunst und trägt zur *Integrität* des Einzelnen wie der Stadt bei, zu dieser veränderlichen Beständigkeit, die Andere und Anderes integrieren kann und nicht im unveränderlichen Gleichbleiben einer Identität erstarren muss.

Das Spektrum der Perspektiven umfasst auch *Widersprüche*. Die Stadt birgt so viele in sich, dass die urbane Lebenskunst erfordert, mit ihnen leben zu lernen. Andernorts bleiben sie unterhalb der Schwelle der Sichtbarkeit, da sie sich im Raum verteilen können, ohne sich je begegnen zu müssen. Hier aber koexistieren sie nicht nur, sondern reiben sich aneinander, sodass die Stadt zum Ort gelebter Konflikte wird. Wo versucht wird, die Widersprüche auszutreiben, zieht gepflegte Langeweile ein, sozial und kulturell, aber auch räumlich, falls es mit der Geschlossenheit des Stadtbildes und der makellosen Reinheit seiner Erscheinung übertrieben wird. Wo Widersprüche sind, ist Spannung spürbar, auch wenn das zuweilen schmerzt. Wo keine zu sein scheinen, wächst die Neigung, sie gewaltsam aufzureißen. Das spricht dafür, sie offen zu zeigen. Mit den Energien, die dabei freigesetzt werden, avanciert die Stadt zum Ort der Kreativität und Phantasie. Und sie hat nicht nur einen streitbaren, sondern auch versöhnlichen Charakter: Ein Kompromiss wird gefunden, und so rasch, wie die Widersprüche aufbrechen, geraten sie auch wieder in Vergessenheit.

Sehr viel kommt auf die subjektive Deutung an. Das Zustandekommen von Heimat in der Stadt hängt von diesem *her-*

meneutischen Prozess ab, den jeder Einzelne vollzieht und der nie abgeschlossen ist. Was oft unbewusst in den Vorstellungen, Befürchtungen, Wünschen und Träumen von Bewohnern und Besuchern geschieht, nämlich sich ein Bild von der Stadt zu machen, wird mit diesem Aspekt urbaner Lebenskunst zu einem bewussten Vorgang. Als gedeutete und von Bedeutung erfüllte lebt die Stadt in Herzen und Köpfen. Mit Deutung und Bedeutung gewinnt sie sehr viel Sinn im Sinne innerer Zusammenhänge, durch die nicht nur die Stadt insgesamt, sondern auch einzelne Orte in ihr geprägt sind, mit diesem spezifischen Lebensumfeld, diesen eigenartigen Menschen, markanten Begegnungen, merkwürdigen Begebenheiten und auffälligen Besonderheiten, die für den Einzelnen »die Stadt« ausmachen.

Das Netz der Bedeutungen erleichtert die Orientierung im unübersichtlichen Gewirr der Stadt. Wer darüber nicht verfügt, geht an menschlichen und sonstigen Fassaden vorbei, die schön und interessant sein mögen, aber nichts bedeuten. Irrtümlich kann er die Stadt, einzelne Orte in ihr oder auch Menschen für unbedeutend und uninteressant halten. Aufgrund individueller Erfahrungen und Wahrnehmungen aber weiß jeder Bewohner und Besucher von seiner eigenen Stadt zu erzählen, die aus subjektiver Bedeutung besteht und auch so entziffert und verstanden werden kann (*Psychogeografie*, herausgegeben von Anneke Lubkowitz, 2020, mit Bezug auf Ideen des Situationisten Guy Debord).

Wenn ich Berlin durchquere, sind in meinen Gedanken und Gefühlen all die Erfahrungen präsent, die ich an fast jeder Ecke gemacht habe. Manchmal steige ich in einen Bus und lasse mich durch meine Stadt schaukeln, am liebsten oben und ganz vorne im Doppeldecker. Die Muskeln entspannen, die Seele kommt zu Kräften, dem Geist fliegen Gedanken zu, indem ich an nichts denke und nur zum Fenster hinausschaue. Lebenskunst in der Stadt bedeutet, sich in diesem *großen Ganzen* geborgen zu fühlen. Die Stadt überwölbt meine kleine Existenz und überschreitet mich als Individuum. Über das endliche Leben hinaus repräsentiert sie für mich Unendlichkeit. Wenn Religion mit dem Bezug zu einer Dimension der Unendlichkeit zu tun hat, ist das urbane Leben selbst eine Art von Religion, zelebriert in der Kirche, die die Architekten der Stadt errichtet haben. Mein Leben ist begrenzt, das der Stadt nicht. Dass sie meinen Tod nicht einmal zur Kenntnis nehmen wird, ermöglicht mir, völlig in ihr aufzugehen.

Einstweilen aber kommt es darauf an, aufmerksam auf alles zu sein, was in ihr geschieht, um auf jede Weise am städtischen Leben teilzuhaben. Weit davon entfernt, sich in die eigenen vier Wände zurückzuziehen, besteht die *Politik der Lebenskunst* interessierter Bürger darin, sich an privaten oder öffentlichen Diskussionen über die Stadt zu beteiligen, denn die Bedingungen und Möglichkeiten des Lebens in ihr sind eben nicht egal. Zumindest mit der Stimmabgabe bei der jeweils anstehenden politischen Wahl lässt sich Einfluss auf die Stadtpolitik ausüben. Dabei geht es im 21. Jahrhundert vor allem um die Aspekte, die für das Fortbestehen der Stadt existenziell sind, denn mittlerweile ist sogar ihr Sterben denkbar geworden. Sie kann ersticken an den Abgasen, die die Menschen in ihr produzieren. Sie kann verglühen in der Hitze, die eine Folge der Klimaveränderung ist. Eine urbane Lebenskunst sollte daher die ökologische Umgestaltung des städtischen Lebens im Blick haben.

Die Grubenarbeiter kommen frühmorgens, ihr Gefährt macht entsetzlichen Krach, ein letzter Gruß der fossilen Ära. Die Gruben, in die sie einfahren, liegen jedoch nicht unter, sondern über Tage. Es sind die Straßenschluchten der Stadt. Die Arbeiter heben die Schätze, die in alten Zeiten »Abfall« genannt wurden und in der Epoche der nachhaltigen Moderne zu Wertstoffen werden. *Urban Mining*, der Bergbau in der Stadt, erweist sich als rentabel. Auch Archäologen treten auf den Plan, die gewöhnlich unter der Erde graben, um Aufschluss über die Vergangenheit zu gewinnen. Jetzt aber schließen sie vom Müll über der Erde auf die Gegenwart: Wie leben die Menschen, wie wohnen sie, was essen, trinken, lesen sie, was werfen sie weg? Auf dem Land weiß das die nähere Umgebung, in der Stadt aber bedarf es eingehender Nachforschungen. So entwickelte sich die Müllarchäologie, *Garbology*, mit wissenschaftlichem Interesse an *Garbage* wie etwa Flaschen, Pappbechern, Verpackungen, die das wahre Denken, Fühlen und Verhalten der Zeitgenossen zu entschlüsseln erlauben.

Der Umgang mit Hinterlassenschaften ist eine Frage der Ökologie. Aus der Besonderheit der urbanen Lebensform, der Verdichtung des Lebens auf engstem Raum, resultiert die spezifische ökologische Problematik: Die Versorgung mit großen Mengen an Energie, Wasser, Lebensmitteln, Produkten aller Art und deren Entsorgung. Die Stadt ergrünen zu lassen, damit sie der Klimaveränderung Rechnung trägt und gerade dadurch lebenswerte Heimat bleibt, ist der Ehrgeiz, dem sich Städte wie Kopenhagen, die Fahrradhauptstadt, oder Oslo, Europas grüne Hauptstadt 2019 (Wahl der EU-Kommission), schon seit Jahrzehnten verschrieben haben. Die ökologische

Umgestaltung, vom »Klima-Bündnis« europäischer Städte 1990 beschlossen und auch von der Konferenz der Städte der Welt 1996 in Istanbul (»Habitat II«) als wünschenswert bezeichnet, nahmen sie am entschiedensten in Angriff.

In Berlin hingegen hielten noch in den 1990er Jahren die Architekten, die sich im »Stadtforum« (dem damaligen informellen Beratungsgremium des Bausenators) trafen, nachhaltige Bauweisen für eine inakzeptable Einschränkung ihrer künstlerischen Freiheit. In der Zeit nach dem Mauerfall, in der große Teile der Stadt neu zu planen waren, gelang es nicht, aus ihr mehr zu machen als die Summe privater Renditeobjekte. Die Chance wurde vertan, an einem *Urban Living* zu arbeiten, bei dem das Gefühl von Heimat mit dem guten Gefühl einhergeht, die eigenen Lebensressourcen und die des Planeten zu schonen. Neu gedacht und gebaut, nachhaltig im ökologischen *und* sozialen Sinne, wird die Stadt nur allmählich in größerem Stil, insbesondere auf dem Gelände des früheren Flughafens Tegel: *Berlin TXL – The Urban Tech Republic.*

Einzelne Projekte tun sich hervor, etwa auf dem Holzmarkt-Areal, einem schmalen Streifen zwischen Holzmarktstraße und Spree im disurbanen Umfeld des Ostbahnhofs. Dass schwierige Bedingungen ein guter Nährboden für Kreativität sind, hat bereits der benachbarte Veranstaltungsort *Radialsystem* bewiesen. Pfade und Terrassen öffnen das Gelände zum Fluss hin. Aus einem Club wummern die Bässe. Von der Kiosklandschaft für die Bewirtung der Gäste im Freien und vom ebenerdigen Café mit angesagten Vintagemöbeln sind bis hoch auf Traufhöhe Wohnungen und Büros abenteuerlich ineinander verschachtelt, die Gebäudeteile durch metallene Brücken miteinander verbunden. Für die Statik bürgen bekannte Berliner Architekturbüros, die Initiatoren aber bekennen, keinen Plan gehabt zu haben, nur »ein Gefühl für das, was hier entstehen sollte«, nämlich ein Stadthaus neuen Typs.

Das Manifest ihres Zusammenschlusses zu einer »Genossenschaft für urbane Kreativität« von 2013 trug das Motto: »Mehr Wir Weniger Ich«. Mehr Ineinander von Wohnen, Arbeiten und Genießen sollte die Kunst des Bauens wieder als soziale Kunst erfahrbar machen und dem Leben und Zusammenleben räumliche Strukturen zur Verfügung stellen. Die Architektur tritt wieder als Wesenselement des privaten und sozialen Lebens hervor. Denn gebaut wird, um dem Leben einen Ort zu geben, mit Privatsphäre und öffentlichem Raum. Je nach Nutzbarkeit (Funktionalität) und Genießbarkeit (Ästhetik) gewinnt der geschaffene Raum die Bedeutung einer Heimat für die Menschen, die sich darin bewegen, für den Moment oder für lange Zeit. An anderen Orten ist diese Heimat in alten Gebäuden zu finden, die tiefer in der Zeit verwurzelt sind als die Menschen selbst. Denkmalschutz bewahrt diese Heimat in der Zeit.

Beispielsweise hier, auf einer der vielen riesigen Industriebrachen in Berlin. Die *Allgemeine Elektricitäts-Gesellschaft* (AEG) schickte sich an diesem Ort um 1900 an, den Weltruf der Stadt als »Elektropolis« mitzubegründen. Berlin ist die Heimat der Innovationen? Die gehen seit jeher aus Ideen hervor, aus denen damals Firmen wie AEG und Siemens, hundert Jahre später etwa Zalando und Rocket Internet entstanden. Sand weht mir in die Augen, es ist ein staubiges, unwirtliches Gelände in Oberschöneweide. Zur Spree sind es auch hier nur ein paar Schritte. Vereinzelt hasten Menschen vorbei, manche wollen nur zum Spaziergang am Fluss, Handwerker schleppen Werkzeuge in eingerüstete Hallen aus gelbem Backstein. Die Leere eines solchen Areals eröffnet Möglichkeiten für eine Fülle von

Kreativität. Aus verfallenden Hallen werden jetzt, 2018, durch die Initiative und Mühe Einzelner wieder nutzbare Räume. Künste finden eine Bleibe, Architekturbüros ziehen ein, Modeateliers können sich ausbreiten. In großen Lettern prangt das lyrische Motto hinter einem stählernen Baugerüst, davor ein Bagger: »gib der kunst raum, dann wird sich die schönheit ihrer seele in freiheit entfalten.«

Ein Café im ehemaligen Pförtnerhäuschen lockt damit, eine »schöne Weile« hier zu verbringen. Die Nachbarn in der Umgebung sind, wie sozialen Medien zu entnehmen ist, höchst erfreut über Kaffee und leckere Brötchen, »auch vegan«. Mangels Platz drinnen sitzt man draußen und findet bei schlechtem Wetter Unterschlupf in einem Container mit Glasfront. Holzpaletten und Kabeltrommeln wurden per *Upcycling* zu Sitzgelegenheiten und Tischen. Um die Hallen herum ist Betrieb, eine Sammlung für Gegenwartskunst zeigt Werke zu »Geld Wahn Sinn«. Passend dazu parkt ein Mercedes 300 SE ein, der Fahrer schiebt die Sonnenbrille ins Haar, Performancekünstler oder Investor, der sich hier etwas verspricht? Die monströse, gähnend leere Betonhalle neben dem Café baut der dänisch-isländische Künstler Ólafur Elíasson für seine Zwecke um. Im Sandkasten des Cafés übt der Nachwuchs mit Förmchen. Um die Ökologie kümmert sich einstweilen drei Blöcke weiter eine Hochschule mit Studiengängen für regenerative Energien, Umweltinformatik und Gebäudeenergietechnik.

Ist die vollständig ökologische Stadt möglich? Daran wird einstweilen anderswo in Europa und der Welt gearbeitet. Der Architekt Stefano Boeri entwarf in Mailand Halbhochhäuser, 2014 fertiggestellt, mit auskragenden Balkonen für jede Wohnung, auf denen Büsche und Bäume gepflanzt wurden, mit stählernen Schnüren befestigt, damit kein Sturm sie wegfegen kann. Die Balkone sind so gegeneinander versetzt, dass die Bäume bis zu sieben Meter hoch wachsen können. Mit einem Schritt aus dem Wohnzimmer stehen die Großstadtbewohner mitten in ihrem Wald, einem Senkrechten Wald, *Bosco Verticale*, der Staub und Lärm und Kohlendioxyd absorbiert. Das gesamte neu gebaute Stadtviertel *Porta Nuova* wurde nach Kriterien der Nachhaltigkeit errichtet. Eigentümer ist der Staatsfonds Katars, der auf diese Weise Gewinne aus dem Geschäft mit fossilen Energien anlegt, durch deren Verbrennung das Klimagas Kohlendioxyd frei wird, das die Bäume im Senkrechten Wald neutralisieren ...

Von vornherein hatte Boeri im Blick, das Prinzip einer bepflanzten Architektur, einer *Hortitecture*, auch auf Stadtgröße zu übertragen. Kaum hatte er seine Idee einer »Waldstadt« auf der Klimaschutzkonferenz von Paris 2015 vorgestellt, erhielt er den Auftrag dazu. Mit 40 000 Bäumen für 30 000 Einwohner entsteht seit 2017 eine erste durchgeplante grüne City, eine *Ökopolis*, als neues Wohnviertel der Stadt Liuzhou im Süden Chinas, eine Umsetzung des Mottos *Better City, Better Life* der Weltausstellung 2010 in Shanghai. Die Energieversorgung, die Basis jeder Stadt, beruht hier auf Solaranlagen und Geothermie.

Vor allem an der solaren Urbanisation führt nirgendwo ein Weg vorbei. Eine *Sonnenstadt* anstelle der fossilen Stadt zu realisieren, erfordert eine Architektur, die auf die Nutzung erneuerbarer Energien setzt. Teams von Architekten, Klimaexperten, Heizungsingenieuren, Stadtplanern und Landschaftsgestaltern sind in der Lage, bei allen Bauten die zu erwartenden Emissionen, die kleinklimatische Rolle von Wasser- und Grünflächen, den Baumbestand, die Flächenversiegelung, die Windverhältnisse für das Be- und Entlüften, die Ausrichtung und Ausstattung der Häuser zur passiven und aktiven Solarenergienutzung sowie den Gebrauch ökologischer Baumaterialien gleichermaßen zu berücksichtigen.

Mit der Vision einer »Stadt in einem Garten« will Singapur erklärtermaßen zur grünsten Stadt der Welt werden. Bei allen Neubauten müssen Grünflächen mitgeplant werden. Beim 2018 abgeschlossenen Projekt *Marina One* umschließen vier Hochhäuser inmitten der Stadt eine tropische grüne Oase, die mehr als 20000 Menschen Raum fürs Leben und Arbeiten bietet, entworfen vom Büro Ingenhoven in Düsseldorf, das sich bereits seit Mitte der 1990er Jahre um die Entwicklung einer grünen Architektur bemüht. Ein vertikales Dorf namens *Kampung Admiralty* stellt neue Räume mit Terrassengärten für die traditionelle Gemeinschaft der Generationen bereit. Auf hypermoderne Urbanität, die allerdings mehr ökonomischen als ökologischen und sozialen Ehrgeiz zeigt, nicht untypisch für Singapur, setzt ein futuristischer Lifestyleort namens *Habitat*. Unter dem Firmendach von »New Generation Retail« handelt es sich um ein Angebot für alle, die sich ein Gefühl von *Luxusheimat* in einem Supermarkt mit multisensoriellem und cashfreiem Shopping, Relaxing und Fine Dining kaufen wollen.

In Japan entsteht die ökologische Stadt der Zukunft auf dem Gelände einer stillgelegten Autofabrik unweit des Berges Fuji. Der Autobauer Toyota will selbst die Möglichkeiten einer Mobilität erkunden, die der Urbanität zugutekommt und nicht mit Lärm und Schadstoffen das städtische Leben zerstört. Damit die autonomen Fahrzeuge wirklich emissionsfrei bleiben, werden für das Laden von Batterien wie auch für die Stromerzeugung in Brennstoffzellen durch gespeicherten Wasserstoff erneuerbare Energien genutzt. Selbst auf den Straßen wird mit Solarasphalt Energie gewonnen. Die smarte, intelligent vernetzte *Woven City* macht aus der alten autobeherrschten zwar keine völlig neue autofreie Stadt, aber eine, die die Mobilität besser mit Lebensqualität vereinbaren kann. Das neue Zuhause für zunächst 2000 Menschen soll mehr Umweltfreundlichkeit durch Digitalisierung erreichen, die etwa die Parkplatzsuche abkürzt, sowie durch Roboterfahrzeuge, die bestellte Güter unterirdisch anliefern.

Die *Verkehrsplanung* ist neben Energieversorgung und Entsorgungskonzepten unabdingbar für die Funktionalität und Ästhetik der grünen Stadt. Die stetige Fluktuation einer Vielzahl von Menschen wirft Fragen auf: Welche Wege sollen dem Verkehr gebahnt, welche Schneisen geschlagen oder rückgebaut werden? Welche Verkehrsmittel sollen zur Verfügung stehen, von welcher Energie angetrieben, mit welchen Konsequenzen für die Luft, die alle atmen müssen? Antworten sind nicht nur von der Stadtpolitik abhängig, sondern auch vom privaten Verhalten der Individuen, die sich durch die Stadt bewegen und hierfür ihre Mittel wählen, im besten Fall geleitet von der Überlegung, dass es unklug ist, Probleme wie Verkehrsstaus und Luftverschmutzung erst zu verursachen, um sie dann zu beklagen.

Die alte europäische Stadt kann nicht neu gebaut, aber umgebaut werden. Lange Zeit war die Straße nur noch Transitraum des Verkehrs, aber grundsätzlich ist sie ein Ort des Lebens, der nicht das Eigentum von Autofahrern ist, sondern allen gehört. Parkgebühren und die Sperrung beengter Innenstädte begrenzen den Spielraum für Autofahrten. Verkehrsberuhigungen sorgen dafür, nicht bei jeder Straßenüberquerung um das Leben fürchten zu müssen. Zusätzlich zu Busspuren und Fahrradwegen kann mehr Raum für Fußgänger geschaffen werden. Dass der Mensch »erst unterm Blätterhimmel« zum Menschen wird, bezog der Romantiker Ludwig Tieck auf den

Wald, gilt aber auch für das Wandeln unter dem Blätterdach von Alleen in der Stadt. Straßencafés schaffen das Umfeld, in dem der Aufenthalt angenehm wird und die Kunst des Flanierens das schnelle Durchqueren ersetzt. Wie sehr das eine Stadt zum attraktiven Wohnort und Reiseziel macht, stellt Oslo mit neuen Stadtvierteln am Fjord unter Beweis.

Die Straßenbahn passt ins grüne Bild. Elektrisch fährt sie schon lange. Wenn ihre Energie aus nachhaltigen Quellen stammt, ist sie perfekt ökologisch. Ihre Abschaffung war das Credo der »autogerechten Stadt« in den 1970er Jahren. In ihrer Abwesenheit ist ihre Unentbehrlichkeit für das urbane Leben jedoch offenkundig geworden. Ihre triumphale Wiederkehr, von vielen herbeigesehnt, kennzeichnet das 21. Jahrhundert. In ihrem Gleisbett bleibt sie unbeeindruckt von Unwägbarkeiten und Wechselhaftigkeiten, Verzögerungen und Ausweichmanövern des alltäglichen Verkehrs. Wo das Leben immer weniger in festen Bahnen verläuft, vermittelt sie Verlässlichkeit. Das eiserne Band ihrer Linienführung dient Bewohnern und Besuchern zur Orientierung in der Stadt. Hörbar verleiht ihre Regelmäßigkeit dem Durcheinander des modernen Lebens einen Rhythmus, der einem pochenden Herzen gleichkommt. Ließe sich mit ihr vielleicht sogar das realisieren, was Kurt Tucholsky alias Theobald Tiger 1927 in einem Gedicht als *Das Ideal* für Berlin verspottete, »vorn die Ostsee, hinten die Friedrichstraße / mit schöner Aussicht, ländlich mondän«?

Die Straßenbahnen der Zukunft könnten *Hyperloops* sein, die die Gründung neuer Stadtteile im Grünen ermöglichen würden, *wwd*, wirklich weit draußen. Ganze Berliner Bezirke könnten komplett an die Ostsee verlagert werden, wo die Berliner am liebsten wohnen würden, wenn sie nicht auf die Nähe der City verzichten müssten. Aerodynamische Kapseln könnten mit 1200 Stundenkilometern durch Vakuumröhren sausen, die oberirdisch entlang der Autobahnen verlegt und mit Energie aus Solarzellen betrieben würden. In 20, 30 Minuten am Ziel zu sein, bliebe zeitlich im Rahmen innerstädtischer Verbindungen. In der Stadt selbst aber hat die fortschreitende Ökologisierung überraschende Folgen für die Geräuschkulisse. Straßen sind eine ständige Quelle des Lärms? Elektromotoren und Brennstoffzellen machen keinen Lärm mehr. Kehrt in die Stadt endlich eine Ruhe ein wie auf dem Land?

Zauber der Stille in der Stadt und eine Heimat im Lärm

Heimat zwischen Baustellen: Das ist Berlin seit dem Mauerfall 1989. Ein offenes, kein geschlossenes Stadtbild wie etwa in Paris ist hier zu bestaunen. Jede Baustelle zeugt vom atemberaubenden Transformationsprozess, der sich Tag für Tag vollzieht. Und von Ärgernissen. Schon von ferne ruft mir das Rattern der Presslufthämmer entgegen: »Bleib weg, hier ist keine Geborgenheit, sondern Abbruch von Heimat, einstürzende Altbauten!« Aber die Presslufthämmer schaffen auch Platz für neue Heimaten, Räume zum Wohnen, Arbeiten und Ausgehen. Im Vorübergehen bemerke ich, dass der Arbeiter an der Höllenmaschine auf einen Schutz für seine Gehörgänge verzichtet. Ist der infernalische Krach für ihn etwa Teil seiner Arbeitsheimat, während er für mich zum Davonlaufen ist? Finde nicht auch ich Heimat dort, wo mir der Lärm vertraut ist und ich überhaupt jedes Geräusch genau zuordnen kann?

Lärm ist meist unerwünschter Schall. Aber eine Stadt ohne Lärm? Noch für eine Weile gehört zu ihr der Verkehrslärm, verursacht von ortstypischen Vehikeln, knatternden Mofas in italienischen Städten, wummernden Pick-ups in nordamerikanischen, tuckernden Tuk-Tuks in indischen (und in Lissabon), schrill aufdrehenden und trompetenden Sirenen von Polizei-, Feuerwehr- und Rettungsautos überall. Der Motor aber, der jetzt dort vorne an der Ampel aufheult, demonstriert nur, wie das Hormon Testosteron klingt, wenn es auf Asphalt trifft.

Hinterhöfe schirmen den Lärm der Straße wirksam ab. Stattdessen gurren frühmorgens die Tauben und krächzen die Krähen. Spätheimkehrer unterhalten sich lautstark, denn es hallt so schön zwischen den Hauswänden. Irgendwelcher Lärm ist immer, Verursacher sind meist Andere, ich selbst mache höchstens Geräusche. Geräuschkulissen sind feiner ausdifferenziert als der grobe Lärm und können in ihrer Vertrautheit Menschen Geborgenheit geben und Heimat sein. Sue liebt daher ihre Stadt New York, »wo sonst bekommst du denn solch eine Geräuschkulisse« (im Film *Sue – Eine Frau in New York*, 1997, Regie Amos Kollek).

Vermutlich ist jeder Ort auf dem Planeten durch eine nur ihm eigene »akustische Signatur« definiert, durch unhörbare Boden- und gut hörbare Wind- und Regengeräusche, Tier- und Menschenstimmen, wohlklingende Töne und schräge Klänge, soll heißen durch Geophonie, Biophonie, Anthropophonie, Euphonie und Kakophonie, wie dies der Klangforscher und Musiker Bernie Krause beschreibt. In der Wüste hat er erlebt, wie der Schall gedämpft wird, im Urwald, wie er sich durch Resonanz fortpflanzt. Tiere führen ganze Musikstücke mit kontrapunktischem Reichtum nach ungeschriebenen Partituren auf (*Das große Orchester der Tiere*, 2013). Menschlicher Lärm hat zur Folge, diese Musik der Natur zu überhören. Sind die Menschen still, etwa in einer mediterranen Nacht, bringen wiederum Frösche und Zikaden sie um den Schlaf. Aber auch Klanglandschaften sind dem Wandel der Zeiten unterworfen. Nach Jahren, spätestens Jahrzehnten existiert die Hälfte der dokumentierten Soundscapes so nicht mehr, sagt der Klangforscher. Umso wichtiger ist es, sie aufzuzeichnen und zu archivieren.

Dass das lärmige Leben der Stadt kaum stillzulegen ist, zeigte sich 2020, als das Coronavirus für ein paar Wochen die Umtriebigkeit nahezu lahmlegte. Nahezu. Alle sollten am besten zuhause bleiben, um Infektionen zu entgehen und sie nicht selbst weiterzutragen. Aber das Bedürfnis nach Bewegung explodierte, als es unterdrückt werden musste. Vom Leben in einer Geisterstadt (*Living in a Ghost Town*, Rolling Stones, 2020) war man in Berlin weit entfernt. Die »notorische Draußenstadt«, wie jemand sie nannte, erlaubte den Gang zum Supermarkt, zu Buchhandlungen und sowieso zur Arbeit, soweit die nicht neuerdings von zuhause aus zu tun war, sowie den Spaziergang im Park. Dort waren mit einem Mal so viele unterwegs wie nie zuvor. Trauben von Menschen starrten auf putzige Eichhörnchen, die sie lange nicht oder noch nie gesehen hatten. Straßen und Plätze, die vor der Krise belebt waren, blieben es, mit dem Unterschied, dass Atemschutzmasken ins Bild kamen, das Signum dieser sonderbaren Zeit, deren Ende nicht absehbar erschien und die im Rückblick doch nur eine Episode war.

Endlich ist der nahe öffentliche Platz spätabends wieder leer, weithin hörbar klacken die Schritte auf dem Pflaster, einsam plaudert ein Brunnen mit sich selbst, Zauber der Stille in der Stadt. Anderswo mag das Leben toben, hier steht es still. Stühle sind gestapelt, wo tagsüber die Menschen sitzen. Beinahe weckt die Ruhe die Sehnsucht nach Lärm. Es tröpfelt, und ich bin allein mit dem Regen und dem Gefühl, als wäre ich überhaupt allein in der Welt. Selbst im Kino verlieren sich zur Nachtvorstellung nur wenige im Saal, die dennoch viel Werbung sehen müssen. Die Werbeleute wissen um die Verlorenheit des Einzelnen in der Moderne und bieten ihm Marken für sein Heimatbedürfnis an: Flotte Fahrzeuge, zischende Bierflaschen, lokales Mineralwasser. »Es gibt zu viel Hektik in dieser Welt«, sagt ein Finne im Film. Ja, denke ich, weil Hektik das Gefühl der Verlorenheit betäubt. Ich hingegen will es bewahren, daher immer wieder der Gang durch die nächtliche Stadt, um die Nähe der schwärzesten Nacht, des Kosmos, zu spüren. Inmitten der Stadt sehe ich mich fern vom irdischen Leben. Der Blick auf den Planeten von außen relativiert alles. Gleichmütigkeit macht sich breit.

Zweimal im Jahr ziehen Ströme von Menschen durch die nächtliche Stadt, um die Museen zu Wohnzimmern zu machen, ein Ritual des urbanen Wohnens. Als freudiger Bewohner der Stadt lasse ich mich von einem der Sonderbusse, die kreuz und quer durch die Stadt fahren, mitnehmen. Unverhofft lande ich mitten im Winter im Botanischen Garten, wo im *Großen Tropenhaus* gerade ein inszeniertes Gewitter niedergeht, durchbrochen vom Schrillen eines Telefons. Meine städtischen Mitbewohner unterhalten sich, einen Drink jonglierend, auf den Bänken und Stühlen unter den Palmen. Einsamkeit ist allenfalls im Glashaus nebenan zu finden, zwischen Baumfarnen in feuchtwarmer Luft, in der sich außer mir eine *Dicksonia Antarctica* aus Neuseeland wohlfühlt. Draußen vor der Tür gaukeln Schneeflocken wie Schmetterlinge vom Himmel, stille kalte Nacht. Dann wird es Zeit, mich in der dörflichen Abgeschiedenheit Dahlems mit dem Nachtbussystem der Stadt vertraut zu machen.

Wie kommt es, dass ich mich wie viele Andere in nächtlichen Landschaften freier, leichter und ungebundener fühle? Übliche Konventionen und verbindliche Formen verschwinden im Dunkeln. Ein anderes Gefühl für die Stadt entsteht, die gewöhnlich allzu fühllos durchquert wird. In den winterlichen und sommerlichen Museumsnächten wird sie zum Raum ungewöhnlicher Erfahrungen. Ich gerate in Ausstellungen, die mir andernfalls entgangen wären, sehe etwas Anderes als das Bekannte oder nehme etwas, das ich kenne, ganz anders wahr. In der Keramiksammlung etwa beginnen die alten Tassen und Vasen zu tanzen, eine Jazzband lässt mit flotten Rhythmen die Vitrinen vibrieren. In der Antikensammlung bildet sich ein Menschenauflauf rings um die »Stehende Frau mit Steinhuhn«, Marmor aus Milet um 550 v. Chr., sonst kaum wahrgenommen. Ergriffen stehe ich vor dem Bruchstück eines Grabreliefs mit der Darstellung einer jungen Frau aus dem 4. Jahrhundert v. Chr., in deren fein geschnittenes Marmorantlitz tragische Erfahrungen tiefe Kerben eingegraben haben.

Das *Alte Museum* setzt seine antiken Schätze gekonnt in Szene. Ein nicht abreißender Strom von Besuchern belebt die riesige Rotunde des vom Pantheon in Rom inspirierten Kuppelsaals. Draußen öffnet der Säulengang den Blick in die schwülheiße Nacht, in der die bunten Lichter einer Videoprojektion über Hauswände zucken. Die Lichtfinger eines Feuerwerks greifen in den nächtlichen Himmel. Der Treppenaufgang zum Museum dient dem Publikum eines Feuerkünstlers als Amphitheater. Drüben im Dom zaubern gregorianische Gesänge aus der Konserve eine meditative Atmosphäre herbei. Die Barockmusik im Schloss ist Hausmusik in edlem Interieur. Wenig später sitze ich an weißgedeckten Tischen am Spreeufer, wo zu stampfender Musik aus einem Vergnügungszelt Würstchen mit Kartoffelsalat gereicht werden, genossen von zahllosen Gästen, mit denen ich eines gemeinsam habe: Wir eignen uns die Stadt wieder oder erstmals an, pflegen die Nachbarschaft, heben das Glas, wechseln ein paar Worte. Ist sie nicht gemütlich, unsere erste oder zweite oder sonst wie Heimat? Verrückte Nacht in der großen Stadt. Ein Gesamtkunstwerk, das sich niemand ausgedacht hat.

Will ich tagsüber die Stadt anders wahrnehmen, setze ich mich hier und da auf eine Bank, nicht nur in Parks, sondern auch am Straßenrand, mittendrin und doch abseits, *Verweilheimat* für einen Moment, Ort für ein Zuhause unterwegs. Auch das ist Stadt: Die Abgeschiedenheit, die stille Schönheit abseits und zugleich inmitten der wild tickenden Zeit. Weit weg ist mit einem Mal die ganze nahe Landschaft des Lärms, diese Sinfonie der Großstadt. Studien zu einer Phänomenologie der Parkbank präsentierte der aus Neukölln stammende Künstler Christian Hasucha mit einer Videoarbeit 2016 in der Ausstellung »Unterwegs zuhause« im Saalbau Neukölln neben dem *Heimathafen*, einem stadtbekannten Berliner Veranstaltungsort. Er zeigte die Parkbank als Abweisende, Anziehende, Romantische, Pragmatische, kunstvoll Gefertigte, wild Zurechtgezimmerte, Zusammenbrechende, Tragfähige. Sogleich machte ich mich auf den Weg zu eigenen Studien, ein paar Schritte weiter konnte ich mich den Bänken am Karl-Marx-Platz anvertrauen: Historisches Modell, gusseiserne Füße, horizontale Holzlatten, die nach hinten wegschwingen, angenehm fürs entspannte Zurücklehnen. Um die Ecke herum fand ich am idyllischen Richardplatz weiteres Anschauungsmaterial.

Ich erinnere mich an eindrückliche Parkbankerfahrungen, etwa als ich mit meiner Tochter und meinem jüngsten Sohn am Rand einer Wiese bei Bayreuth Platz nahm, herrlich friedliche Abendstimmung im August. Staunend hörte ich zu, wie meine Tochter, frisch gebackene Studentin, ihrem jüngeren Bruder, häufig unterwegs in digitalen Welten, einen Vortrag über die unwiderstehlichen Reize des analogen Lebens hielt. Oder damals in Paris, als ich um Mitternacht an der *Gare de l'Est* ankam und noch keine Bleibe hatte. Da die halbe Nacht schon vorbei war, wollte ich nicht noch für eine ganze Übernachtung Geld ausgeben und legte mich unten an der Seine, Nähe Pont-Neuf, auf eine Parkbank. Müde von der Reise schlief ich tief und gut – bis etwas mich an den Fußballen kitzelte. Eine Ratte schnüffelte nach Essbarem, an Schlaf war nicht mehr zu denken. Ich flüchtete in die postmodernen *Les Halles*, die mir nie so freundlich erschienen wie in jener Nacht, in der ich den Clochards Gesellschaft leistete.

Zur Liebesheimat wird die Parkbank dort, wo zuhause kein Platz oder keine Akzeptanz zu finden ist. Etwa in Tbilissi, der Hauptstadt Georgiens, wo viele junge Leute über kein eigenes Zimmer verfügen. Oder in Palermo, der Hauptstadt Siziliens, wo noch immer strenge katholische Sitten herrschen. Nördlich von Syrakus wiederum wurde hoch über dem Meer ein Prachtexemplar so exponiert auf die Klippen gesetzt, dass ein Paar sich lieber in eine Schlucht an der Steilküste zurückzog, um das Thema Liebe und Landschaft mit Leben zu erfüllen, vom Schäferhund bewacht. Die dicke Sitzfläche ohne Rückenlehne, gut vier Meter lang, war am Stück aus weißem Marmor geschnitten worden. Glattgeschliffen, an allen Ecken und Kanten abgerundet, ruhte ihr Gewicht auf vier marmornen Pfeilern, auf ein Podest aus Kalkstein gestellt. Wir genossen auf ihr den weiten Blick über das Meer, das in Ufernähe smaragdgrün leuchtete. Schiffe zogen draußen auf hoher See fast unmerklich ihre Bahn. Herrlich die frische Luft und die Stille, die nur von den Schreien der Möwen zersägt wurde.

Unvergesslich die Bank, die uns in der Ferne einmal eine wahre Verweilheimat war, letzte Rettung vor der tosenden Hölle des Verkehrs an der Mahatma-Gandhi-Road, Ecke Queen's Road in der südindischen Metropole Bangalore. In der Gluthitze des Tages war sie uns im Schatten hoher Bäume willkommen. Gandhi hätte den Beton als Werkstoff wohl verworfen, aber dass eine Betonbank den Eindruck macht, von Hand geformt worden zu sein, hätte dem Verehrer des Handwerks sicherlich gefallen. Mit seinen Statuen, die ihn in unterschiedlichen Lebensstadien zeigten, waren wir in dem kleinen Park fast allein. Nachdem wir stundenlang durch die Stadt geirrt waren, in der sich kein öffentlicher Platz als Bezugspunkt und Rastplatz finden ließ, gaben wir uns der Muße auf den bunt bemalten Betonplanken hin. Was Plätze zum Heimatgefühl in einer Stadt beitragen können, wurde uns jetzt erst so richtig klar. Umso wertvoller erscheinen sie uns seither zuhause, wo wir sie lange für selbstverständlich hielten.

Geborgenheit am Platz: Wo die Stadt zum Dorf wird

Weltfriedensstimmung auf der Spreeinsel zwischen den beiden Armen des Flusses. Das Alte Museum, das Karl Friedrich Schinkel entwarf, der massige Baukörper des Berliner Doms, den Kaiser Wilhelm II. seiner Mutter schenkte, und das wieder errichtete Stadtschloss, von dem aus Preußen lange und Deutschland vorübergehend regiert wurde, flankieren den *Lustgarten*. Für das Zufallspublikum auf den Stufen zum Museum, das nachts der Feuerkünstler unterhielt, singt jetzt einer zur Gitarre. Trotz Verstärker verliert sich seine Stimme über dem weiten Platz. Viele fläzen sich auf dem Rasen, hocken auf Betoneinfassungen oder den Bänken unter den Baumreihen am Fluss. Der dorische Säulengang des Alten Museums, die nahen Kolonnaden der James-Simon-Galerie und der Alten Nationalgalerie, dieser Akropolis *Spree-Athens* und schönsten Orts der Stadt in meinen Augen, erinnern an die Stoa im antiken Athen, in der die Philosophen diskutierten. Auf der angrenzenden Friedrichsbrücke entzückt ein Puppenspieler die Passanten, der sein Alter Ego melancholisch Geige spielen lässt.

Beim »Umbau der Welt zur Heimat«, in der Menschen sich nicht mehr fremd und entfremdet fühlen, wie Ernst Bloch hoffte (*Das Prinzip Hoffnung*, 1959, 334), sollte die Bedeutung des Platzes nicht unterschätzt werden. Er macht Integrität erfahrbar. Er hat Platz für die anonyme oder verabredete Begegnung, die Kommunikation, Repräsentation und Demonstration, das Chillen und Spielen, den Markt für vielerlei Dinge. Wenn der Gang durch die Straßen der Stadt mit dem Wandern durch einen Wald vergleichbar ist, dann ist der Platz die Lichtung, die sich unvermittelt auftut. Sie bringt, wie das Wort sagt, Licht ins Halbdunkel und lädt dazu ein, in jeder Hinsicht Platz zu nehmen. Eine Schulklasse lärmt, eine Gruppe von Touristen fotografiert. Wer den Platz betritt, gerät unwillkürlich auf eine Bühne, auf der er wissentlich oder unwissentlich eine Rolle spielt. Wer vom Rand her das Geschehen betrachtet, wird zum Zuschauer im urbanen Theater und ist vom Stück, das hier aufgeführt wird, so fasziniert, dass er bleibt, oder so gelangweilt, dass er dorthin wechselt, »wo was los ist«.

Was der Platz bedeutet, zeigt sich vor allem, wenn er misslingt, in Berlin etwa am Potsdamer Platz. Aus der Sandwüste heraus, die nach dem Zweiten Weltkrieg von ihm übrigblieb, lange von einer zweifachen Mauer umschlossen, die hier die Stadthälften trennte, wurde er neu gebaut. Aber das Flair, das ihm einst als zentralem Bezugspunkt der Stadt eigen gewesen sein muss, gewann er nicht zurück. Anstelle von dichtem städtischem Leben dominiert eine Leere, die auch die überdimensionierten Zugänge zu den unterirdischen Bahnen nicht füllen können. Die riesige Schneise Richtung Süden, »Promenade« genannt, unterstreicht sie nur noch. Die kommenden Zeiten werden nacharbeiten müssen.

Keine Heimatgefühle weckt auch der 2018 ersonnene »Mercedes-Platz«, der seinen Namen noch oft ändern wird, denn alles an ihm ist käuflich. Der amerikanische Investor, dem das Areal an der Warschauer Straße überlassen wurde, machte *Little Las Vegas* daraus. An den Fassaden der seriellen Architektur bleibt kein Blick hängen, obwohl sie nachts blinken und blitzen. Alles ist Werbefläche, auch die acht Metalltürme an den Wasserspielen, die den Platz beschallen. Das Beste sind die Liegewiesen unten an der Spree, wo Reste der Mauer als *East Side Gallery* Menschen aus aller Welt anziehen. Die sind froh, oben am Platz wenigstens etwas zu essen und zu trinken zu finden.

Ein Unplatz anderer Art kann jeder Parkplatz sein. Dieser hier überdeckt eine schwer lastende Geschichte mit belanglosem Alltag. Plattenbauten aus sozialistischer Zeit umstellen ihn. Ein Bistro, das zuvor ein Kaffeestübchen war, steht eine Ecke weiter für die Ahnungslosigkeit, was sich an diesem Ort auf knappem Raum in wenigen Jahren und Jahrzehnten abspielte. Nur der Name der Straße »An der Kolonnade« nimmt noch Bezug auf die alte deutsche Reichskanzlei mit offizieller Adresse Wilhelmstraße 77. Das Kaffeestübchen wäre damals ein Gartencafé gewesen, aber kein Etablissement hätte dem »eisernen Kanzler« Otto von Bismarck ferner gelegen. Auch seine Nachfolger, die sich immer häufiger die Klinke in die Hand gaben, regierten von hier aus. Bis zu Adolf Hitler, dem das bescheidene Palais nicht mehr genügte. 1939 konnte er die neue Reichskanzlei beziehen, deren Baumasse die Voßstraße dort drüben zuklotzte. 400 Meter musste man zurücklegen, um vom Haupteingang, der weiterhin an der Wilhelmstraße lag, bis zu Hitlers 400 Quadratmeter großem Arbeitszimmer vorzudringen.

1939 überlebte er das Attentat, an das eine riesige, luftige Skulptur an der Wilhelmstraße erinnert. Sie zeichnet das Profil Georg Elsers nach, der aus der Ausrichtung der Politik im »Dritten Reich« eigenständig den Schluss gezogen hatte, dass nur eine Bombe gegen den »Führer« ein großes Blutvergießen verhindern könne. Die Geschichtsbücher wüssten nichts von einem Zweiten Weltkrieg und vom Holocaust, hätte Hitler nicht Minuten vor der Explosion den Ort des Geschehens (in München) verlassen. Nach vier Jahren Krieg ließ er 1943 dann sicherheitshalber hier den Bunker anlegen, mit dem er sich unwissentlich sein eigenes Grab schaufelte. Der Ort seiner Selbstauslöschung 1945 liegt rechts um die Ecke unter dem Parkplatz, auf dem Touristen aus aller Welt die Geschichte zu hören bekommen, mit Sichtkontakt zum Holocaust-Mahnmal aus 2711 grauen Betonblöcken, die an Grabsteine gemahnen. Die in der Nachwendezeit 2001 neu geschaffene Gertrud-Kolmar-Straße ist eine Hommage an die posthum preisgekrönte Berliner Lyrikerin, eine Cousine Walter Benjamins, die im Charlottenburger Westend daheim war und 1943 in Auschwitz ermordet wurde.

Auch dem neu gebauten Prager Platz ist seine Geschichte nicht anzumerken. Nach dem Zweiten Weltkrieg war er nur noch eine Straßenkreuzung zwischen Brachen in Berlin. In den 1920er Jahren lebten Intellektuelle wie Albert Einstein und viele Künstler hier. *Emil und die Detektive* rannten um die

Ecke, bis ihr Autor Erich Kästner pünktlich zum Roman-debüt den Umzug in die Nähe des Ku'damms wagte, wo er in der Roscherstraße 16 wohnte und im Café Leon am Leh-niner Platz an seinen Manuskripten arbeitete. »Berlin ist das einzig Richtige«, hatte er 1927 bei seiner Ankunft seine Mutter in Dresden wissen lassen. 1933 musste er mitansehen, wie die Nationalsozialisten auch seine Bücher verbrannten. Es kam schlimmer, als er es sich hatte vorstellen können. Aber er blieb und führte Tagebuch über die Kriegsjahre (*Das Blaue Buch*, 2018). Als seine geliebte Wahlheimat 1945 in Schutt und Asche ver-sank, floh er mit einer Gruppe von Filmschaffenden ins siche-re Zillertal in Österreich.

Plätze sind Kristallisationspunkte der Heimat, die in der Stadt meist ein Stadtviertel ist. In Berlin werden die Viertel »Kieze« genannt, ursprünglich eine Bezeichnung für Fischer-dörfer außerhalb der Stadt. Kieze gruppieren sich um Plätze (Kollwitzkiez, Klausenerkiez) oder auch Straßen (Simon-Dach-Kiez, Bergmannkiez). Im Kiez wird die Stadt wieder zum Dorf, das überschaubar ist, wenngleich mit weniger sozialer Kon-trolle und geringerer Verbindlichkeit als auf dem Land, auch in Paris, Rom, New York oder Seoul ist das so. Jeder Berliner hat sein *Kieznest*, seine dörfliche Oase im städtischen Ambien-te, ich auch. Die Stadt ist meine Heimat, im Kiez aber, in der Ecke, in der ich mich am besten auskenne, bin ich ganz und gar daheim. Andere Stadtteile können mich gelegentlich be-fremden, umso größer ist die Heimatfreude bei der Rückkehr. Hier ist alles da, was ich fürs Leben brauche. In den kleinen Läden kann ich ein paar Worte wechseln und samstags Freun-de und Bekannte auf dem Wochenmarkt treffen. Im Kiez-supermarkt kann ich ins Regal greifen, ohne hinzusehen. Viele Erinnerungen festigen die Bindung an die Heimat. Im Schatten unter den Platanen, die den Eindruck wachrufen, im Urlaub in Südfrankreich zu sein, haben wir etliche Male mit den Kindern und Freunden Boule gespielt, dort drüben saßen wir immer »beim Türken«, bis er wegzog.

Zum Problem wird der Kiez, wenn sich Beziehungen auflösen, alteingesessene Geschäfte schließen, die Kiezbewohner selbst ihr Dorf nicht mehr mögen und es verlassen. Anonymität bereitet den Boden für problematische Entwicklungen. Drogenhandel und Kriminalität nisten sich dort ein, wo niemand jemanden kennt und allen alles egal ist. Ein *Stadtteilmanagement* steuert dem frühzeitig entgegen und stärkt von Neuem das Zusammenleben. Seit 1999 hat Berlin einzelne Stadtviertel damit ausgestattet, um die Arbeit von Initiativen und ehrenamtlich tätigen Bürgern vor Ort zu koordinieren. Menschen lernen sich wieder persönlich kennen und können sich namentlich ansprechen. Einwohnerbeteiligung fördert das Heimatgefühl und bringt Vorschläge für Verbesserungen hervor, um Plätze attraktiver zu gestalten, Grünflächen zu pflegen, Bildungsangebote zu machen, Möglichkeiten für Treffs zur Verfügung zu stellen, Freizeitmöglichkeiten zu schaffen, Kiezfeste und Flohmärkte zu organisieren. Historische Bezüge vertiefen die Verwurzelung an dieser speziellen Ecke der Welt.

Im Kiez, der als Heimat erlebt wird, kann allerdings auch das Gefühl der »Überfremdung« aufkommen, keineswegs nur ausgelöst durch den Zuzug von Menschen aus anderen Ländern und Kulturen, sondern auch von bestimmten »Leuten« (*gentry* im Englischen, von Lateinisch *gens*). *Gentrifizierung*, »Leutefizierung«, klingt wie eine Infektion und ist zum Begriff dafür geworden, dass heimische Leute und ihre Läden von anderen Leuten und Läden verdrängt werden, die höhere Preise für Miete, Ladenmiete, Wohneigentum, Produkte aller Art und

Restaurantbesuche bezahlen können. Der Soziologe Jürgen Friedrichs, der den Begriff in Deutschland einführte, forschte darüber, wie sich damit die soziale Struktur verändert und Kreativität schwindet. Die Erfahrung zeigt freilich auch, dass mehr Kaufkraft vor Ort neue Ideen, Initiativen und Impulse anregt. Womöglich wird der schwächelnde Wochenmarkt stärker frequentiert – sofern die Neuankömmlinge sich für das Leben im Kiez interessieren.

Wie auf dem Land wird auch das Dorfleben in der Stadt außerdem durch seine partielle Verlagerung in die digitale Welt bereichert. Eine Plattform wie *nebenan.de*, 2015 gegründet, aktualisiert den Heimatbezug durch Möglichkeiten der virtuellen Kiezkommunikation. Das Portal öffnet sich nicht in den Riesenraum der großen Welt, sondern in den nahe liegenden des kleinen Alltags und wirkt damit dem Eindruck der Verlorenheit in ungreifbaren globalen Weiten entgegen: Ein Parkplatz wird gesucht, Kinderspielzeug und Sofas sind zu verschenken, wer passt auf meinen Hund auf, wer kann mir eine Bohrmaschine leihen, wer will zu einem Rundgang mitkommen, wer geht mit ins Café? Niemand muss zeitaufwändig und wenig treffsicher Passanten auf der Straße auf solche Anliegen ansprechen oder sich danach sehnen, angesprochen zu werden. Im Netz finden sich in kürzester Zeit mit ein paar Klicks Antworten auf alle Fragen. Menschen, die ansonsten als Fremde aneinander vorbeigehen würden, können sich treffen. Lokales Gewerbe darf mit Anzeigen auf sich aufmerksam machen. Veranstaltungen müssen nicht erst kostenintensiv plakatiert werden, auf dem Display haben alle Interessierten die Termine in der Nähe im Blick.

Aber auch unschöne Seiten hat jeder Kiez. Aus gewissen Gründen verfügen Kiezbewohner über einen achten Sinn, einen Radardetektor für Hundehaufen. Die Besitzer der Tiere meinen es nicht böse, es ist höchstens Bosheit. Nicht ihre Hunde sind es, sondern sie selbst, die auf die bürgerliche Gesellschaft, für die der *Bürgersteig* steht, buchstäblich sch… Oder ist es bloß Gedankenlosigkeit? Und was ist mit den Gästen, die nicht über den fraglichen Sinn verfügen? Sie lernen schnell. Eine pragmatische Lösung wäre, allmorgendlich wie in Paris von Amts wegen alle Straßen und Gehsteige zu reinigen. Aber Berlin ist anders. Schmutzig, aber sexy.

Größere Unschönheiten werden an die Ränder gedrängt. Wenig heimelig, fast befremdlich ist jede Stadt dort, wo sie sich in die Büsche schlägt und sich mit Industriegebieten, Tankstellen, Einkaufszentren, Ödnissen, Schnellrestaurants, lieblosen Mietskasernen ins Umland frisst (Paul Scraton, *Am Rand. Um ganz Berlin*, 2020). Manchmal fahre ich mit einer S-Bahn bis zur Endstation, beispielsweise Teltow-Stadt, eine befestigte Haltestelle mit orangerotem Klatschmohn am Bahndamm. Ein Rundgang, hübscher Ortskern, alte Feldsteinkirche, natürlich von Schinkel neogotisiert, Käsetortencafé. Und doch verlässt mich ein Gefühl des Ausgesetztseins erst bei der Rückkehr in die Stadt. Ich bin froh, dort verabredet zu sein.

Lieblingsplatz: Auf einen Kaffee mit Walter Benjamin

Wasser schießt plötzlich aus Fontänen hoch, rauscht dann eine Weile so vor sich hin, rinnt über Pflastersteine und entschwindet durch einen Spalt. Lange hat es gedauert, bis sich ein gastfreundliches Café am Rand der Wasserspiele ansiedelte. Selbst während der Schließung zu Coronazeiten (erste Welle) stand immer ein Korbsessel vor der Tür zur Rast bereit. Es trägt den Namen Kants, aber klangvoll ist auch der Name dessen, den ich hier treffe. Nach ihm ist der Platz benannt, den die Berliner Architekten Hans Kollhoff und Helga Timmermann im Jahr 2000 gestaltet haben. Die mit Art-déco-Leuchtern geschmückten Kolonnaden, die das Rechteck an den beiden Längsseiten flankieren, sollen an die Pariser Passagen erinnern, durch die mein Gesprächspartner einst so gerne streifte und nach denen seine Gedankensammlung betitelt ist: *Passagen-Werk*, 1982 posthum publiziert. Gefällt es ihm, oder stört es ihn, wie stramm die hohen, granitgrauen Säulen in Reih und Glied stehen, 26 auf jeder Seite, Eckpfeiler nicht mitgerechnet? Walter Benjamin schaut gedankenverloren daran vorbei. Er spricht nicht.

1892 in Charlottenburg geboren, damals noch selbstständige Stadt, hält er sich nach vielen Reisen offenbar gerne wieder in seiner Herkunftsheimat auf. Sein Platz, mein Lieblingsplatz, liegt zwischen Wieland- und Leibnizstraße, also zwischen Christoph Martin Wieland, der die deutsche Aufklärung beförderte, und Gottfried Wilhelm Leibniz, der die moderne Rationalität mitbegründete. Mit Wohlgefallen betrachtet er die Kunstwerke an den Wänden des Cafés, von denen kaum eines technisch reproduziert worden ist. Weniger angetan zeigt er sich vom Ambiente des Platzes, dessen lebloses Grau wohl auch ein Grund dafür ist, dass er wenig frequentiert wird und immer wieder Leerstand in den Ladenzeilen zu sehen ist. Grämt es ihn, dass anstelle eines Zitats von ihm rätselhafte Zeilen des umstrittenen Dichters Ezra Pound in eine Bodenplatte eingraviert wurden, bis sie 2020 nach heftigen Protesten kommentarlos verschwanden? Benjamin hebt die Schultern und blickt durch die runden Brillengläser in eine imaginäre Ferne. Er scheint es mit der Kant-Sentenz zu halten, die jemand auf die schwarze

Rückwand des Cafés kritzelte: »Gleichmütigkeit ist das Selbstgefühl der gesunden Seele.«

Nur hundert Schritte vom Olivaer Platz am Ku'damm entfernt und doch perfekt versteckt ist der Walter-Benjamin-Platz, einer von vielen *Hidden Places* auch für Berliner selbst, einst ein öder Parkplatz, noch früher ein Kohlenlager. »Schriftsteller, Literatur- und Zeitkritiker«, erklärt das Straßenschild. Eine junge Mutter spielt Ball mit ihrem Kind und tippt Botschaften in ihr Handy, Signum einer Moderne, deren messerscharfer Beobachter Benjamin sicherlich weiterhin ist. Aber er nimmt keinen Stift zur Hand. Unvorstellbar, dass er vor einem Notebook sitzen könnte. Ihn interessierte immer die Wahrheit der Zeit in dem Moment, in dem sie gerade eben erst sichtbar wird, aber worin sieht er sie heute? Wohl nicht mehr so sehr in der von ihm beklagten technischen Reproduzierbarkeit des Kunstwerks für die massenhafte Vermarktung. Eher in der sich selbst reproduzierenden Künstlichen Intelligenz für einen entmenschten Kapitalismus. Wozu noch Menschen? Auch ohne sie können autonome Roboter selbstfahrende Autos fabrizieren, die dann auf den Autobahnen selbstständig im Stau stehen.

Zu entdecken sind verborgene Orte am besten durch das Herumgehen in der Stadt. Benjamin war immer ein »Herumgeher«, ein *Peripatetiker* wie die Philosophen im alten Athen. Ich schlage ihm vor, gemeinsam durch sein Charlottenburg zu gehen, erst einmal die Sybelstraße entlang, deren östliches Ende sein Platz hier markiert. Wissende Köpfe haben das Gegenstück am westlichen Ende nach seinem Freund Siegfried Kracauer benannt. Der Weg dorthin führt über die massiven Steinplatten, die ein- oder zweireihig auf den meisten Bürgersteigen der Stadt verlegt sind. In der Sybelstraße begegnen wir nur wenigen Passanten auf den großen, blankgelaufenen Platten aus 300 Millionen Jahre altem schlesischem Granit. Dass wir den Blick auf die Platten richten, dient nicht etwa dazu, den Blicken Anderer auszuweichen. Es verhindert lediglich, an einer Unebenheit oder in einer Fuge hängen zu bleiben, denn die Abmessungen der Platten sind uneinheitlich, keine gleicht einer anderen. Sich auf den halbwegs glatten Flächen zu halten ist ratsam, da die kleinen, scharfkantigen Pflastersteine abseits davon noch mehr Stolperpotenzial bergen. Zusätzlich zum Blick nach unten ist jedoch auch der ständige Blick voraus erforderlich, um nicht mit Anderen zu kollidieren. So passen alle zugleich auf sich und Andere auf, ein Grund für die große Wachheit der Berliner. Dieser wahre *Bürgerfördersteig* ist ein Gruß aus der Epoche, als die Wege der Stadt befestigt wurden, erstmals 1825 am Gendarmenmarkt auf Eigeninitiative des Lokals Lutter & Wegner.

Die Stadt ist ein hartes Pflaster für Heimatgefühle, im wörtlichen Sinne. Wo ich diese Steine sehe und unter den Sohlen spüre, bin ich daheim, auch Benjamin empfindet das so. Denke ich. Auf dem Weg zu Kracauer müssen wir nur die viel befahrene Lewishamstraße überwinden, die die Achse der beiden Flaneure auf halber Strecke zerschneidet. Da ist kein Durchkommen, ein Produkt der autogerechten Stadt. Nur eine Fußgängerampel kann uns noch retten. An der Sybelstraße 35 dann die Plakette: Hier lebte Siegfried Kracauer 1931-33. In Frankfurt (am Main) geboren, war Berlin die Stadt, für die er sich begeisterte. Nach der Machtübernahme der Nationalsozialisten emigrierte er über Paris und Lissabon nach New York, wo er mit seiner Frau eine bleibende zweite Heimat fand. Von seiner Berliner Heimat mochte er jedoch nicht lassen, und so macht er schon seit 1956 immer wieder hier Station.

Die Straße mündet in ein begrüntes Platzdreieck, eingefasst von Straßen sowie Gebäuden aus allen Wohnbauphasen des 20. Jahrhunderts. Zwischen einer stillgelegten Tankstelle aus den 1950er Jahren und einer jüngeren Ausführung dominiert ein neues Wohnhaus mit breiten weißen Balkonbändern den Ort, dahinter rauschen Züge und S-Bahnen auf ihrem Damm von und nach Westkreuz vorbei.

Es ist kein schöner Platz, nichts ist hier gestaltet, außer vielleicht ein Gärtlein, betreut von einer nahen Schule, das aktuell aber einen verwilderten Eindruck macht. Immerhin erinnert sich jemand an Kracauer, Graffitis mit seinem Konterfei und quer über die Wand gespannten Filmstreifen zieren das verloren am Rand stehende Transformatorenhäuschen, Huldigung für den frühen Theoretiker des Films, dessen Anfänge er bereits um 1900 euphorisch begleitete. Kracauer, ein in jedem Sinne »Passierender«, gefiel dieser kleine Platz, den schon damals kaum einer kannte, auf Anhieb: »Vor meinem Fenster verdichtet sich die Stadt zu einem Bild, das herrlich wie ein Naturschauspiel ist.« Für ihn war das die »Berliner Landschaft«, wie er sie in einer seiner Miniaturen liebevoll beschrieb: »Diese Landschaft ist ungestelltes Berlin. Ohne Absicht sprechen sich in ihr, die von selber gewachsen ist, seine Gegensätze aus, seine Härte, seine Offenheit, sein Nebeneinander, sein Glanz.« Von seiner Wohnung aus blickte er auf die nahen Eisenbahngeleise und hörte den metallischen Klang der Züge. Dahinter öffnete sich »ein Raum von außerordentlicher Weite«, mittendrin der Funkturm, der 1926 fertiggestellt worden war, nachts »ein strahlender Baum« (»Aus dem Fenster gesehen«, 1931, in: Siegfried Kracauer, *Straßen in Berlin und anderswo*, 1964).

Benjamin hat merklich wenig Lust, in nostalgischen Erinnerungen zu schwelgen, er kehrt zu seinem eigenen Platz zurück.

Kracauer wiederum ist froh, in mir einen Kompagnon gefunden zu haben, der sich für seine Welt interessiert, und so ziehen wir beide nun durch die Straßen, unter den Geleisen hindurch und hinüber zum Stuttgarter Platz. Auf dem Weg zum Bahnhof Charlottenburg ließ er vor hundert Jahren schon die Unterführung an der Windscheidstraße »nie ohne ein Gefühl des Grauens« hinter sich, so düster, kalt und abweisend wirkte sie, die stählernen Deckenträger »summieren sich zu einem einzigen Alpdruck« (»Die Unterführung«, 1932, in: *Straßen in Berlin*). Wir werfen einen Blick auf das schmucklose Empfangsgebäude, das den früheren Fachwerkbau im »Schweizer Stil« ersetzt hat, und schlendern hoch zum Lehniner Platz am Ku'damm. In Ruhe betrachten wir die Fassaden, die das Gesicht der Stadt prägen, wie es ihrem Begriff entspricht, abgeleitet vom lateinischen *facies*, Gesicht. Kracauer zeigt auf die Ornamentik, die er zunächst gar nicht geschätzt habe. Als sie damals jedoch vermehrt abgeschlagen wurde, damit die reine Sachlichkeit übrigbleibe, sei ihm klar geworden, dass damit die Brücke zum Gestern verschwinde: »Jetzt stehen die beraubten Fassaden ohne Halt in der Zeit« (»Straße ohne Erinnerung«, 1932, in: *Straßen in Berlin*).

In jedem Moment ist er bereit, sich von diesem und jenem Aspekt, dieser oder jener Begegnung überraschen zu lassen und hier und da zu verharren. Unsere Blicke haken ein an den plastischen Variationen der Architektur, unterschiedlichen Traufhöhen, Aufgiebelungen und Türmen, Balkonen, Loggien, Erkern und Säulen. Von Kracauer lerne ich, die Stadt neu zu sehen, zu hören, zu riechen und zu schmecken (auch in seinem früheren Leben konnte er an keiner Konditorei vorbeigehen). So pflegen wir die Kunst des Flanierens, des Herumgehens ohne bestimmten Zweck, des *Random Walk*, Wassermolekülen vergleichbar, die in ihrem Element dahingleiten und zufällig nach da oder dort abweichen. Wir treffen auf einen, der offenkundig ebenfalls Gefallen an der urbanen Lässigkeit des Flanierens hat, aber ganz in seine eigenen Betrachtungen und Notizen vertieft ist (Hanns Zischler, *Berlin ist zu groß für Berlin*, 2013). Das Sich-Herumtreiben des Flaneurs fällt in der Stadt nicht weiter auf, es interessiert auch niemanden. Auf dem Land würde es Misstrauen erregen, der Flaneur würde verdächtigt, ein »Vagabundierender« zu sein. Kracauer selbst bezeichnet ihn so und vermutete im frühen 20. Jahrhundert bereits hellsichtig, dass daraus die Lebensform des Menschen in einer künftigen »veränderten Gesellschaft« hervorgehen werde, »die selber nur eine Passage ist« (»Abschied von der Lindenpassage«, 1930, in: *Straßen in Berlin*).

Ich liebe es, den Tag so zu vertrödeln. Nicht jeden Tag – nur ausgewählte Tage. Der Kontrast steigert den Genuss. Am besten eignet sich ein Tag zwischendurch, der ansonsten kaum eine Chance hätte, Freude zu bereiten, oder einer, der signalisiert, sinnfrei bleiben zu wollen. *Leere ist die Voraussetzung für die Erfahrung von Fülle.* Die Versonnenheit ist die Kunst des Flaneurs. Wie eine Katze schleicht er auf Samtpfoten herum. Neugierig und vorsichtig besieht er sich alles und sucht dann doch wieder nach der Kuschelecke, in der er sich räkeln und einrollen kann. Hat er eine Straße zu überqueren, erledigt er das eilenden Schritts und rettet sich mit einem Sprung aufs Trottoir, wo ihm Ungemach nur noch von Radfahrern droht. Im Unterschied zu anderen Fortbewegungsarten ist sein Herumgehen ungefährlich, flexibel, nicht raumgreifend und umweltschonend. Sollte seine gelassene Ruhe denen, die die Vorherrschaft ihrer Hektik in Gefahr sehen, auf die Nerven gehen, würde er das nicht bedauern.

In der Moderne, die Sinn allein aus der Ausrichtung auf Ziele und Zwecke bezieht, kann das ziellose und absichtslose Herumgehen sinnlos erscheinen. Kracauer liegt das sehr fern, aber ich selbst ärgere mich oft über einen Umweg, ein Abirren vom geplanten Weg und ein Umherirren. Umso stolzer berichte ich ihm von ernsthaften Bemühungen um mehr Offenheit für das Unerwartete und dass auch ich mal akzeptiere, nicht am anvisierten Ort anzukommen. Tolle Erfahrungen habe ich damit etwa in Hongkong gemacht, einer trotz Größe eigentlich überschaubaren Stadt, in der ich aber so häufig fehlgegangen bin wie kaum irgendwo sonst. Der Platz zwischen Meer und Bergen an der Nordküste von *Hongkong Island* ist knapp, daher wurden oberhalb der ineinander verschlungenen Straßen *Elevated Walkways* geschaffen, komfortable, kilometerlange Fußgängerbrücken. Mir blieb unklar, welche wohin führt. Ich wollte zur Promenade am Meer, strandete aber irgendwo anders und genoss dann doch einen herrlichen Blick über die Bucht. Auf dem Weg zum Hotel bog ich eine Straße zu früh ab und fand mich unversehens in einem alten, stillen Tempel wieder.

Kracauer kannte den amerikanischen Soziologen Robert K. Merton, der in den 1950er Jahren mit Elinor Barber ein Buch zu diesem Phänomen schrieb, es aber erst kurz vor seinem Tod 2003 publizierte: *The Travels and Adventures of Serendipity*. Er bezog sich auf eine indisch-persische Erzählung von den drei Prinzen von Serendip (wie Sri Lanka einst hieß), die fähig waren, zufällig und absichtslos wertvolle und angenehme Dinge zu finden. Indien suchen und Amerika finden: Die Geschichte ist reich an Beispielen dieser Art. *Serendipity* kann jedoch auch ein Gemischtwarenladen mit altem Schrott und neuem Kitsch sein, mit Seidenkissen, bestickten Handtaschen, Schmuck aus allen Ecken der Welt, farbenfrohen Akten im missglückten Modigliani-Stil. Im Durcheinander kann nichts gesucht, aber alles gefunden werden, ganz nach dem Prinzip, das Picasso zur Kunst erklärte: »Ich suche nicht, ich finde.«

Auch auf Lebenssituationen ist *Serendipity* übertragbar, und im Alltag kann es zur Erfahrung werden. Nötig ist dafür nur, sich für den Zufall offenzuhalten, sich ihm hinzugeben, und dem Leben keine Vorschriften zu machen, wie es weiterzugehen habe. Gerät die Wirklichkeit in eine Sackgasse, in der keine Möglichkeiten mehr erkennbar sind, ist es eine gute Idee, auf Zeit zu spielen, bis »sich etwas ergibt«. Nicht jedem Irrweg ist etwas abzugewinnen, aber eine verfahrene Situation lässt sich selten direkt auflösen, eher dadurch, sie so zu belassen, wie sie ist, und sich nicht weiter um sie zu kümmern, so unmöglich dies auch erscheinen mag. Unmerklich wandert das Augenmerk in andere Richtungen. Neue Eindrücke, Erfahrungen und Begegnungen öffnen irgendwann den Horizont. Gefunden haben sich heute jedenfalls ganz unvermutet Kracauer und ich. Darf ich sagen, dass wir uns sogar ein wenig angefreundet haben? Klar, versichert er in gewohnt weltläufiger Generosität. Freundschaft war für ihn immer eine Art von Heimat, von der er nie genug bekommen konnte. Es ist Abend geworden, ich begleite ihn zurück und gehe selbst nachhause.

»Muss denn immer alles Heimat sein?«

»Alles kann *Heimat sein und Vertrautheit und Geborgenheit vermitteln.«*

»Ja, alles kann *das irgendwie und irgendwann. Aber ist das nicht allzu romantisch?«*

»Aber die Nichtheimat, das Unbehaustsein, die Unheimlichkeit bleibt doch immer präsent. Ich erlebe sie oft beim Unterwegssein.«

»Und was hilft es dir dann, dass alles Heimat sein kann?«

»Dass ich mich selbst um eine Momentheimat kümmern kann und nicht darauf warten muss, bis mir eine offeriert wird. Ich suche einfach nach einem Café, wie Kracauer.«

Heimat to go or to stay? Das Café als Basislager

»Das Leben ist eine wunderschöne und nie endende Reise auf der Suche nach der perfekten Tasse Kaffee!« Verkündet eine schwungvolle Schrift auf der Kreidetafel vor dem Café. Die perfekte Tasse? Das wäre eine, in die ich mich hineinlegen könnte, um langsam den Sud zu schlürfen, der nie versiegen soll- te, *never bean so happy*. Diese Tasse steht noch aus, aber die, die ich jetzt an die Lippen führe, ist fast perfekt, erdiger Espresso, feurig, rau, dunkle Crema. Hier in Catania auf Sizilien, zu Fü- ßen des ausladenden Vulkans, verstehe ich plötzlich, was es mit meiner großen Liebe zur kleinen Tasse auf sich hat: *Sie ist mein persönlicher Ätna.* Deutlich ähnelt sie einem Vulkanschlund. Drinnen wogt die heiße Lava, die binnen von Minuten zum trägen Magma abkühlt. Ich blicke in eine schwarze, undurch- dringliche Tiefe, aber anders als Empedokles stürze ich mich nicht hinab, sondern schütte die geballte Energie in mich hin- ein und spüre, wie sie durch meine Adern kriecht. Das ist mein Leben im Garten am Rande des Abgrunds der Ungewissheit der Welt und Unergründlichkeit des Daseins.

Wie für viele Andere ist auch für mich Heimat überall dort, wo es Kaffee gibt. Die meisten Cafés servieren diese Erfah- rung bereitwillig mit. In Riga, der lettischen Hauptstadt des Ju- gendstils, kommt kein Gässchen ohne *Kafejnīca* aus, ohne Kaf- feenische. Nicht immer fiel die in früherer Zeit so gemütlich aus, wie der Begriff suggeriert, auch aus diesem Grund fanden

Caféketten, in deren Sesseln man herumlümmeln kann, auf Anhieb viel Zulauf. Nischen bewahren davor, dem Alltag schutzlos ausgeliefert zu sein. Der beste Schutz vor Unglück ist nicht, dass die Menschen in ihren Wohnungen bleiben, wie der Philosoph Blaise Pascal im 17. Jahrhundert meinte. Mangels Bewegung sind sie dort nämlich infarktgefährdet. Für den Gang nach draußen eignet sich das Café als vorgeschobenes Basislager. Es ist die Institution des städtischen Lebens schlechthin, von rühmlichen ländlichen Ausnahmen abgesehen. Je größer die Cafédichte, desto urbaner die Stadt, die darauf angewiesen ist, dass die Menschen *nicht* in ihren Wohnungen bleiben (außer zu Coronazeiten).

Cafés zählen zu den *Dritten Orten*, wie Ray Oldenburg sie nannte, die anders als Wohnungen und Arbeitsstätten allen zur Verfügung stehen, um Zugehörigkeit zu erfahren, Vertrautheit zu genießen und sich heimisch zu fühlen. Sich auch mal der Entspannung, Gelassenheit und Lässigkeit hinzugeben, Anderen zu begegnen und Anregungen aufzunehmen, ist ein Element der Gesundheit in der Stadt, wie die Neurourbanistik weiß (Mazda Adli, *Stress and the City*, 2017). *Wo Kaffee ist, da ist Trost und neue Zuversicht.* Das Leben kommt für einen Moment zur Ruhe, und die Welt kann wieder aus einer definierten Perspektive heraus betrachtet werden. Für die Bewegten draußen ist der Blick auf die zurückgelehnten Menschen drinnen von großem Reiz, es ihnen gleichzutun. »Drink Coffee«, las ich auf einer Reise durch Kanada an der Wand eines Cafés am kleinen Hafen von Ucluelet, *Vancouver Island*, »do stupid stuff faster with more energy«, erledige blödes Zeug schneller mit mehr Wumms. Und gib uns dein Feedback, damit wir noch besser werden (und deinen *Link* haben).

Cafés führen mich an Orte, die ich nie entdeckt hätte, würde ich nicht die Devise beherzigen: *Follow the coffee*. Ich erschließe mir Räume, indem ich diese Orte in den Blick nehme, von denen aus ich aufbrechen und zu denen ich zurückkehren kann. An allen Orten der Welt bieten Cafés Bewohnern wie Besuchern die Möglichkeit, hinter die Fassaden zu gelangen und einen Platz für sich zu finden. Auch in einem fremden Land kann das Café traute Heimat sein. Würde ich selbst eines betreiben, würde ich es genau so nennen, »Heimat«. In der Hauptstadt Taiwans hat es einer getan, der aus Japan stammt: *At Home Café*. Er trägt damit zur reichen Kaffeekultur bei, die sich in Taipeh zusätzlich zur traditionellen Teekultur entwickelt hat.

Auch meine eigene Stadt durchstreife ich auf der Suche danach, wo ich heimisch sein kann. Ich betätige mich gerne insgeheim als *Q-Grader*, Qualitätstester, der erkundet, wo es den besten Kaffee gibt. Ein erster Blick gilt der Maschine: Kann sie für die Qualität bürgen, die keineswegs nur von Bohnen und Baristas abhängig ist? Der zweite Blick erfasst das Interieur, das die Basis für Atmosphäre und Bequemlichkeit ist. Vorweg kann ich nur hoffen und meinem Gespür vertrauen, dann aber muss ich es wagen und mich niederlassen. Habe ich mich geirrt, harre ich dennoch aus und tröste mich damit, dass nicht jeder Tag ein Glückstag sein kann. Morgen wieder. Habe ich mich nicht geirrt, bin ich für ein oder zwei Stunden euphorisiert. Die Lage ist wichtig, wie bei allen Immobilien: Ist es ein finsteres Loch oder tut sich ein Ausblick auf, etwa auf einen lichten Platz oder eine belebte Straße? Nischen sind als Rückzugsmöglichkeit willkommen. Das Verweilpotenzial sollte hoch sein. Wie aufmerksam oder aufdringlich der Service ist, weiß ich erst hinterher. Die Sanitäranlagen sind ein Faktor der Annehmlichkeit, aber nicht entscheidend. Zeitungen bringe ich sicherheitshalber selbst mit. *En passant* nehme ich den Kuchentresen wahr, der mich eventuell verführen könnte.

Was für ein Wechsel der Welten, sobald ich im Café bin! Mit einem Schritt ist die Welt eine andere, mit der Bestimmtheit einer Wirklichkeit, die nirgendwo sonst so ist. »Willkommen in deiner zweiten Heimat«, empfängt *Karls Café* seine Gäste. *Karl?* Ja, wie Karl Marx. Karl-Marx-Straße in Berlin-Neukölln: In dieser Gegend habe ich mich noch nie heimisch gefühlt, aber sie ist ein Teil meiner Stadt, also ein neuer Versuch. Als zweite Heimat erweist sich Karls Café für ein paar Gäste, die Spanisch sprechen, für einen jungen Iren, der sich mit seiner Fiedel auf Straßenmusikauftritte vorbereitet, und für zwei Nerds, die sich über ihre aufgeklappten Laptops hinweg auf Englisch unterhalten. Für viele Menschen ist die Karl-Marx-Straße zweite Heimat, türkische und arabische Geschäfte dominieren das Bild. Dass hier im Kiez auch früher schon Zuwanderer eine neue Heimat fanden, dokumentiert in der Kirchhofstraße der »Böhmische Gottesacker«. Und daran, dass es einst in Berlin auch andere Arten von Cafés gab, erinnert ein Relikt aus alter Zeit an der Ecke, an der die Kirchhofstraße von der Karl-Marx-Straße abzweigt: *Café Achteck* wurden grün angestrichene, gusseiserne Pissoirs genannt. Dieses hier ist noch begehbar, aber es stinkt, eine Einwegspritze liegt auf dem Boden. Eine Mutter lässt ihre kleine Tochter lieber auf eine Baumscheibe »pullern«.

Im echten Café wird die Tasse, die vor mir steht, zu meiner *Augenblicksheimat*, zum Fixpunkt meines Lebens. Wenn ich Halt im Leben suche und in der Kälte der Welt wärmebedürftig bin, kann ich mich daran festklammern. Es ist daher nicht etwa nur unhöflich, die Tasse abzuräumen, bevor der Gast gegangen ist. Es ist *Heimatraub*. Mit einem Mal sitze ich da und weiß nicht mehr, was ich hier zu suchen habe. Die Legitimation meines Hierseins, wenn nicht gar Daseins, war die Tasse, nun aber fühle ich mich wie ein Fremder ohne Aufenthaltsgenehmigung. Noch schlimmer ist nur, wenn in der abgeräumten Tasse ein letzter Rest war, eine »Neige« (denn die Tasse muss dafür geneigt werden). Alle Hoffnung hatte ich darauf gesetzt, dass der letzte Schluck mir die Rückkehr in die Welt erleichtern würde. Jetzt aber ist mir zumute wie einem Stabhochspringer, der ohne Stab zum Sprung antreten muss.

Gerne verweile ich noch. Mit der Geräuschkulisse habe ich kein Problem. Sie ist wie das Rauschen eines Meeres, an dessen Ufern ich sitze und sinniere. Wortfetzen spritzen wie Gischt aus den anrollenden Wogen empor und stürzen in das nächste Wellental zurück, wo sie verhallen, und wieder von vorne. Ohne Unterlass herrscht die Monotonie des Wellengangs vor, der nur dann in den Ohren zu tosen beginnt, wenn plötzlich ein Brecher hereinkracht. So hört sich das Aufschäumen der Milch für den *Latte Macchiato* an, Modegetränk des frühen 21. Jahrhunderts, daher kracht es häufig. Alle Geräusche summieren sich zu einem Hintergrundrauschen, das viele animiert, ihre Geschichten zu erzählen, ohne den Verdacht zu hegen, dass Unbefugte mithören könnten. Das Café ist eine Geschichtensammelstelle und ermöglicht den Gesprächspartnern, den chaotischen Lebensstrom an Ereignissen, Erfahrungen, Begegnungen, Eindrücken ein wenig zu ordnen und in Bezug zu dem zu setzen, was sie von sich glauben und Andere von ihnen denken könnten.

»Ein guter Tag duftet morgens schon nach Kaffee.« Für viele zuhause, für mich im Café. Schon zu Studentenzeiten belohnte ich mich damit für gute Arbeit, und es war mein Lebenstraum, jeden Tag für ein, zwei Stunden dort zu arbeiten, neue Ideen auszubrüten und zugleich das Leben zu genießen. Heimat ist für mich dort, wo das möglich ist. Von Natur aus ist das Café ein Ort der Philosophie, nachgewiesenermaßen stimuliert Kaffee das Denken, Nachdenken, Überdenken, Neudenken. Über dem duftenden Gebräu geschieht die Besinnung auf Leben, Selbst und Welt ganz von selbst. In einer ungewissen Welt suggeriert das Café Normalität (alles in Ordnung), Stabilität (alles bleibt immer gleich) und Kontinuität (das Leben geht weiter). »Wie andere in den Park oder in den Wald, lief ich immer ins Kaffeehaus, um mich abzulenken und zu beruhigen, mein ganzes Leben«, gestand Thomas Bernhard in seinem Buch *Holzfällen* (1984, 26). Das alteingesessene *Bazar* in Salzburg, das er regelmäßig frequentierte, wirbt damit. Aber auch in anderen Kaffeehäusern in Salzburg, Gmunden und insbesondere Wien war er mehr daheim als auf dem Land, wo er wohnte. Er diagnostizierte bei sich selbst eine »*Kaffeehausaufsuchkrankheit*« (*Wittgensteins Neffe*, 1982, 139) und hielt sie für die unheilbarste seiner Krankheiten, die er als »routinierter Kranker« liebevoll pflegte.

Berlin ist für mich ein Netzwerk von Cafés. Mit vielen verbinde ich Erinnerungen und eines haben alle gemeinsam: Ich bin der Einzige, der sie alle frequentiert. Fast alle, denn es sind Tausende allein in meiner Heimatstadt, ständig kommen neue hinzu und finden umgehend ihr Publikum. Der Bedarf nach einer Verweilheimat außerhalb der eigenen vier Wände scheint groß zu sein. Cafés sind Landmarken in der Stadtlandschaft, erlauben den Blick von außen auf das Getümmel und vereinfachen komplizierte Situationen, »jetzt erst einmal durchatmen«. Im angespannten Alltag fungieren sie als Dehnungsfugen, und sie sind *Basecamps* für den Gipfelsturm, wenn etwas Größeres ansteht. All das leisten auch Kirchen, aber möglich ist ebenso die zeitliche Abfolge: Erst die Meditation beim Espresso, dann ein Gebet in der Stille, oder umgekehrt, leicht zu bewerkstelligen etwa am Ludwigkirchplatz in Berlin-Wilmersdorf.

Im wiedervereinigten Berlin blühte die Kaffeekultur nach langer Abstinenz prachtvoll auf. Die *First Wave* verebbte, die erste Welle, in der Kaffee nur ein belangloses Alltagsgetränk war, für das bei Sonnenschein höhere Preise auf der Caféterrasse (»draußen nur Kännchen«) in Kauf zu nehmen waren. Traditionscafés wie das *Kranzler* am Ku'damm oder das *Möhring* mit Filialen in Ost und West, Kaffeeheimat für viele Ältere, wurden von der Erfolgswoge der *Second Wave* überrollt. Seit 1971 in Seattle das Café als Coffeeshop neu erfunden worden war und beliebig vervielfältigt werden konnte, erzeugte es in einer zweiten Welle rund um die Welt ein neues Gefühl von Heimat: Egal, wo du bist, du bist hier zuhause. Du kennst den Kaffee, das Food, den Style, die gemütlichen Sessel, in die du dich anders als in *Old Europe* hineinfläzen kannst, wie du willst. Fremd ist nur, wer sich fremd fühlt. Das Gefühl kannst du ablegen an diesem Ort, der dir Erholung ermöglicht, *feel at home.* Das Café ist dein Wohnzimmer, von dem aus du die Welt erkunden kannst. Sollte dich beim Unterwegssein etwas befremden, ja, beelenden, kannst du umstandslos hierher zurückkehren. Du bist Teil der *Community*, die sich überall auf dem Planeten rund um die Uhr bei uns einfindet. Hier triffst du Leute aus allen Kulturen, die alle Weltbürger sind, genau wie du.

Bei der zweiten Welle blieb es nicht, die Ansprüche wurden subtiler und schaukelten sich zu den Schaumkronen der *Third Wave* auf. Mit der dritten Welle wurde Kaffee selbst zum Kult. Kleine und kleinste Manufakturen beschäftigten sich mit den Stationen der Kaffeewerdung, kauften die Bohnen selbst ein, und rösteten sie. In der Berliner Uhlandstraße präsentiert eine

Kaffeerösterei seit 2001 eine Kaffeekarte, die der Weinkarte in erlesenen Restaurants in nichts nachsteht. Viele weitere heimische und zugewanderte *Specialty Coffee Roasters* konzentrieren sich so sehr auf das Getränk, dass Gemütlichkeit zur Arabeske wird, die nur vom Wesentlichen ablenkt. Ein paar Hocker genügen, die Tasse kann auf einem Brett abgestellt werden. Oft ist der Ort, an dem getrunken wird, überhaupt kein stationäres Café mehr, sondern ein Irgendwo beim Sprint von einem Projekt zum nächsten mit einem *Coffee to go*, was übersetzt in etwa heißt: Nimm deinen Kaffee und hau ab. Der Kaffee im Becher schmeckt auf Anhieb schlechter, das Café löst sich in Luft auf. Wo soll da noch Heimat sein? Begeisterten Gebrauch habe allerdings auch ich von *to go* gemacht, als in der Coronakrise die wochenlang geschlossenen Cafés hierfür wieder einen Spalt öffnen durften, eine Erlösung!

Wellen kommen und gehen. Die nächste, vierte, spült mit den ersten Ausläufern ein rundum erneuertes *Verweilcafé* an den Strand, erste Kaffeehäuser werben bereits mit *Coffee to stay* und neue *Kaffeetempel* schicken sich an, beste Qualität in schickem Ambiente zu servieren. In der Dresdener Straße in Berlin-Kreuzberg, wo ich in den 1980er Jahren vorübergehend in der Ladenwohnung logierte, in der auch Kater Mikusch wohnte, war Kaffee nichts weiter als eine Brühe, die man zuhause aufgoss und literweise in sich hineinschüttete. 40 Jahre später kann ich auf der anderen Seite der Straße zwischen zwei Cafés wählen, *to go* mit Hockern oder *to stay* mit Tischen und Stühlen fast wie in früheren Zeiten, nur ganz in Weiß. Junge Leute haben die alteingesessenen Bewohner abgelöst, die verzogen oder verstorben sind. Geblieben ist jedoch die Passage, die unter dem Betonriegel des »Zentrums Kreuzberg« hindurch zum Kottbusser Tor führt und Passanten umstandslos nach Istanbul *beamt*. Ein Café verwandelt die persönliche Biomasse im Handumdrehen in die erforderliche Strahlungsenergie.

In den verschiedenen Typen von Cafés finden alle ihre passende Heimat. Das alte bürgerliche Café erlebt mit Omas Möbeln eine Renaissance als junges Wohnzimmercafé. Das Wiener Kaffeehaus (in Berlin das alte *Einstein*) ist so unverwüstlich wie das Pariser Café (das nirgendwo kopierbar ist). An jeder Straßenecke findet sich ein Bäckereicafé, das einen Becher zum Mitnehmen, oder ein Kioskcafé, das auch sonst noch einiges für den täglichen Bedarf bereithält. Der Typus Tresencafé mit Selbstbedienung charakterisiert regionale und globale Caféketten. Nobel gibt sich das verborgene, dennoch öffentlich zugängliche Hotelcafé (etwa im Berliner *Adlon*), rustikal das Kantinencafé. Cafébars und Restaurantcafés sind keine genuinen Cafés, aber zumindest keine Fake-Cafés, bei denen Café draufsteht, ohne drin zu sein. Das Tarncafé trägt den Namen nur, um bürgerlich zu erscheinen, während es sich um eine Kneipe, bestenfalls um eine Speisegaststätte handelt. Nur in den Niederlanden ist Café ein Versprechen von Gastlichkeit und Gemütlichkeit, das nahezu immer eingelöst wird.

In allen Ländern suchen »Expats« fern vom Heimatland, aus dem sie kommen (*ex patria*), nach Anknüpfungspunkten und entdecken etwa in Hongkong an vielen Ecken *Pacific Coffees*. Sie gehören zu dieser nervösen Stadt wie die doppelstöckige alte Tram »Dingding«, die mit stoischer Ruhe dahinzuckelt, auch wenn ihr das Glöckchen abhandenkam, das ihr den Namen gab. Der Gipfel ist die Filiale auf dem *Peak*, 552 Meter über dem Meer. Der Bus 15, der die Serpentinen hochkeucht, ist eine Alternative zur Standseilbahn, vor der die Warteschlangen nur langsam vorrücken. Das Schönste an Hongkong ist der Blick über das Hochhausmeer und die Meerenge mit den unzähligen kreuzenden Booten und hinüber nach Kowloon bis zu den Bergen des Festlands, die im Nebel verschwinden. Dezent werden die Cafégäste auf das *Coffee Handcrafting* hingewiesen: Der Kaffee werde nur halbautomatisch aufgebrüht, denn er brauche auch die kunstvolle Hand, »the skilled touch of our baristas«. Die Musik ist zu laut, aber ich bleibe lange. Die Welt ist hier ein spektakulärer Ort, und wer weiß, wie lange Hongkong noch Hongkong ist. Erst morgen muss ich zurück in meine weniger spektakuläre Weltstadt. Gut, dass ich dort auch auf andere Art Ausflüge in alle Welt unternehmen kann.

Im Orbit.
In 60 Minuten um die Stadt, in 6 Stunden um die Welt

Einsteigen, bitte, Türen schließen selbsttätig. Es ruckelt ein wenig, dann gewinnt das Gefährt schnell an Fahrt. Wer immer schon mal eine Erdumrundung erleben wollte, ohne ins All zu fliegen: Berlin kann das bieten, die Stadt ist ein Kosmos für sich und unter den Städten der Welt ein kleiner Star, der wie jeder ordentliche Stern von irgendetwas umkreist wird. Dieses orbitale Gefühl bietet der Berliner »Ring«. Nicht die Autobahn, nein, *der* oder *die* Ring ist eine S-Bahn, eine Stadtbahn, die ohne Unterlass im Kreis fährt, rund um die City, alle zehn Minuten, morgens und nachmittags zur Rush-hour alle fünf, S 41 im Uhrzeigersinn, S 42 andersherum, alles ganz einfach, außer bei Fahrermangel, Notarzteinsätzen, Wintereinbruch.

Berlin kreist um sich selbst, das vermuten böse Geister schon lange, aber erst 2002 wurde es wieder wahr. *Wieder*, denn »die Ring« kreiste bereits vor dem selbstverschuldeten Krieg, zu dessen Folgen der Verlust einer Errungenschaft zählte, die »Ringkuscheln« genannt wurde. Junge Liebende, die zuhause weder Platz noch Akzeptanz fanden, verlegten ihre Dates auf die damals harten Holzbänke. Im 21. Jahrhundert kuscheln die Menschen erneut, aber unfreiwillig. Die Züge sind oft voll besetzt, die schnellen Umsteigeverbindungen überallhin werden geschätzt. Die Kosten für die Wiederherstellung des Rings waren horrend, aber Ost und West konnten damit nach der Wiedervereinigung erst so richtig zusammenwachsen.

Die Unruhe der Urbanität mit kreuz und quer fahrenden Autos, Bussen und Bahnen bedarf der Ruhe eines Kreisens in sich selbst. Die Zyklizität des Rings gibt dem Lebensgefühl in der Stadt den beruhigenden Touch der ewigen Wiederkehr des Gleichen. Wenn ich etwa von der Station Jungfernheide tief im Westen gen Osten fahre, treffe ich nach ziemlich genau einer Stunde, schneller als bei jeder raketengestützten Erdumrundung, am selben Bahnhof wieder ein. Lediglich die Ästhetik der vorüberziehenden Stadtlandschaft lässt zu wünschen übrig. Mit dem hinreißenden Blick auf den blauen Planeten von außen kann der Blick aus dem S-Bahn-Fenster nicht konkurrieren. Nackte Brandmauern, wild wuchernde Haine, öde Gleisanlagen ziehen vorbei, ein Einkaufszentrum darf als Abwechslung empfunden werden, ein entstehender Wohnblock als Hoffnungsschimmer für den Berliner Wohnungsmarkt.

Heute steige ich aber bereits an der Station ICC (*Internationales Congress Centrum*, das Monument einer früheren Ambition) Messe Nord aus, denn ich will die Stadt verlassen. Ein Leierkastenmann verabschiedet mich mit der herzzerreißenden Melodie »Das ist die Berliner Luft«. Von Berlin in die Welt ist es nicht weit, nach 500 Metern bin ich bereits in Thüringen und koste Klöße mit Soße. Die Thüringer bringen es fertig, jedem Menschen einen Kloß in den Hals zu zaubern. So flott geht es weiter, zunächst quer durch Deutschland, fast überall ist der Platz knapp, aber es gibt reichlich zu essen. Es ist *Grüne Woche*, Landwirtschaftsmesse, der erste Großtermin im neuen Jahr, zyklisch wiederkehrend auch er, mitten im Winter die Erfüllung der Sehnsucht nach Frühling. Meine Heimatstadt kann ich mir ohne diesen Event gar nicht vorstellen. Alle Ein- und Durchgänge zeigen an, dass es sich um eine *World Tour* handelt.

In Bayern ist die Hölle los, denn die Berliner lieben Leberkäse und Weißbier zur Blasmusik, auch für mich war in vorvegetarischer Zeit ein Weißwurstfrühstück Pflicht. Geblieben ist mir davon nur die Breze. In Baden-Württemberg ist der Empfang freundlich: »Willkommen im Genießerland«, aber die Berliner bleiben trotzdem weg. 2017 verkündete der Flughafenbus 109 nach Tegel sogar frech in großen Lettern: »Liebe Schwaben, wir bringen euch gerne zum Flughafen!« Die konterten trocken: »Zu welchem Flughafen?« Der neue in Schönefeld wurde nämlich lange nicht fertig. Ähnlich wie der unterirdische Bahnhof in Stuttgart. Die Schwaben haben jedoch sagenhafte Leckereien, Maultaschen in der Brühe und Linsen mit Spätzle. Dazu offerieren sie Tänze des Trachtenverbands, vorgeführt von »Wengertern«, Weinbauern mit ihren Frauen, die ihre Bräuche erklären und ein Glas Trollinger heben. Die meisten Berliner strömen ungerührt weiter nach »Meck-Pomm«, dem Bundesland Mecklenburg-Vorpommern, wo sie beim Fischbrötchen in Ostseeurlaubserinnerungen schwelgen können.

In Hessen degustiere ich bereits 2018 »Deutschlands ersten Insektenburger«, dem eine große Zukunft sicher ist, denn er kann, wie ich erfahre, die Probleme der Nahrungsmittelproduktion auf einen Streich lösen: Bei geringem Ressourcenverbrauch ist er reich an Proteinen, ohne irgendwelche Zusatz-stoffe. Die Grundsubstanz aus Buffalowürmern, selbstverständ-lich aus artgerechter Tierhaltung, schmeckt allenfalls noch etwas trocken. In asiatischen Kulturen sind Insekten als Nahrung keine Neuigkeit, hier aber wagen sich damit junge Leute voller Mut ins Unternehmerdasein vor. Angesichts der vielen weite-ren jungen Leute, die neugierig zugreifen, bleibt nur die Frage offen: Wann wird die bayerische Weißwurst aus Mehlwürmern gemacht? Und wie überlebt die Regierung, die das erlaubt, den folgenden Volksaufstand?

Nebenan korrigiert das Bundesland Nordrhein-Westfalen sein Schwerindustrie-Image und proklamiert die Renaissance der Obstwiesen, die auch die Heimat vieler Würmer sind, aus denen dann Burger …, aber so weit ist die Kreislaufwirtschaft noch nicht. Etwa 300 alte Apfelsorten duften in kleinen Körb-chen aufgereiht um die Wette. Fast nur ältere Leute nehmen im Vorbeigehen Notiz von den gelben, grünen, roten und ge-fleckten Früchten, etwa vom »Altländer Pfannkuchenapfel«, bekannt seit 1840, auch vom »Geheimrat Dr. Oldenburg« (der Apfel heißt wirklich so) und dem wuchtigen »Nelkenapfel«, dessen Herkunft unbekannt ist, oder vom »Schönen aus Bur-scheid«, der im Bergischen Land beheimatet ist. Im nächsten Saal trinke ich frisch gepressten Apfelsaft, den eine Kindergar-tengruppe begeistert erzeugt. Auf Bildschirmen ist zu beob-achten, wie Roboter durch die Obstplantagen fahren und mit digitalen Sensoren den Zustand der Früchte erfassen (die noch analog an den Bäumen hängen, bevor künftig womöglich 3-D-Drucker sie produzieren). Das Landwirtschaftsministerium, das sich hier »Lebensministerium« nennt, präsentiert die Robotik als Zukunftstechnik. Aus dem Umweltressort wird dann wohl bald das »Überlebensministerium«.

Nun bin ich reif für den Erlebnisbauernhof, wo sich eine Informationssäule zur Zuckerrübe einsam dreht. Zur Einsamkeit neigt auf der Grünen Woche tendenziell alles, was Information bietet. Gestürmt wird hingegen der riesige grüne Traktor mit der knallroten Sämaschine. Hoch oben hinter dem Lenkrad fühle auch ich mich wie ein Astronaut im Raumschiff. Vom hermetisch verriegelten Cockpit aus gesehen ist die Erde ein ferner Planet, der sich bequem zur gestreamten Musik der Spotify-Playlist beackern lässt. »Unsere Heimat«, behauptet ein Agrarkonzern, ist »die Welt von morgen«. Da ich auf einem Bauernhof aufgewachsen bin, interessiere ich mich auch für das Funktionieren eines Kuhstalls unter Bedingungen der elektronischen Moderne. »Astronaut« heißt tatsächlich die vollautomatische Melkanlage, automatisch läuft ebenso das Füttern und Massieren der Kuh sowie das Mistabräumen ab. »Tierwohl und Technik« lautet die Devise, vielleicht passt das ja sogar zusammen.

Sichtlich sauwohl fühlen sich die Schweine mit den »5 Freiheiten«, für die sie sich gemäß Aushang ganz autonom entschieden haben: Frei von Hunger, Durst, Unbehagen, Aggression und Krankheiten. Ein Ausleben schweinischer Verhaltensweisen ist ihnen damit garantiert, aber gilt das für alle Artgenossen? In der Tierhalle nebenan sind die Tierbabys wie üblich dicht umlagert. Das Schwäbisch-Hällische Landschwein hat just zur Grünen Woche geworfen, die schwarzweiß gefleckten Ferkel liegen nach einem wilden Wettsaufen an der breiten Mutterbrust erschöpft im Stroh herum. Nebenan schmeckt den Leuten das leckere Spanferkel vom Spieß. Auch die Heideschafe haben Nachwuchs bekommen, der »so süß« durch das Stroh stakst, dass der menschliche Nachwuchs ganz verzückt ist. Eine Ziege schaut dem Treiben von erhöhter Warte aus zu, vermutlich sind die Menschen für sie ein Landschaftsteil wie ein dahinströmender Fluss, nichts, worüber zu meckern sich lohnen würde.

Ebenso entspannt geht es in der Biohalle zu, zumal ich weiß, dass hier der beste Espresso zu haben ist, plus ein bisschen Plaudern, man kennt sich. Das Schönste aber ist in meinen Augen die Blumenhalle, jedes Jahr mit neuer Gestaltung. Hyazinthen duften, eine riesige Tulpenskulptur aus Efeu, Moos und Blüten ragt in die Höhe, tasmanische Farne entrollen sich mit der Selbstverständlichkeit ihrer urzeitlichen Natur, Flieder weckt die Hoffnung auf die Nähe einer fernen Jahreszeit. Die Gärtner haben Nachtfalterorchideen auf alten Baumstrünken zu Büschen gebunden. Alles ist in diesem Jahr frei nach dem Motto Martin Luthers arrangiert: »Das Paradies ist überall.« Auch Friedhofsgärtner führen ihr Können vor, und die älteren Berliner machen Selfies vor ihrer Wunschurne. Im Café ist wie üblich kein freier Platz zu finden, vielleicht kein Nachteil beim Gebrüll des Radiomoderators, der für seine Livesendung die Lufthoheit beansprucht. Wollte ich nicht ohnehin noch weiter in die Welt hinaus?

Also ab nach Aserbeidschan, Armenien, Usbekistan, Nepal, China, Thailand, Chile, Ruanda, Senegal. Am Stand des Ministeriums für Entwicklungshilfe plaudert ein Koch aus der Elfenbeinküste über die afrikanische Küche. Eigentlich ist er Politologe, er würde gerne ein wenig Entwicklungshilfe im deutschen TV leisten und in einer der vielen Kochshows zeigen, wie *Voodoofood* zubereitet wird, das er einst für seine 16 Geschwister kochte. Anderen Kulturen beim Essen näherzukommen, sagt er, sei wirklich Politik. Er fürchtet jedoch um die heimische Küche, denn die jungen Afrikaner verfolgen im Internet, was ihre Altersgenossen in Europa futtern, und das wollen sie auch, Fastfood also. Mir hingegen munden die schokolatierten Heuschrecken, die ein anderer Koch in einem anderen Jahr hier zubereitet.

In Afrika liegt auch das Kaffeeheimatland. In Äthiopien sind noch immer mehr Unterarten von *Coffea arabica* als irgendwo sonst zu finden, und jetzt stellen junge Leute ihr Projekt vor, das darauf abzielt, die gesamte Wertschöpfungskette und die zugehörigen Jobs im eigenen Land zu verankern. Sie wollen erreichen, dass der Kaffee nicht nur in ihrer Heimat angebaut, von Hand gepflückt, gewaschen und in der Sonne getrocknet, sondern auch geröstet und abgepackt wird. Eine junge Äthiopierin führt die traditionelle Kaffeezeremonie vor, die Sache der Frauen ist, meist abends in familiärer und freundschaftlicher Runde gepflegt. Die grünen Bohnen werden in der Pfanne auf dem Herd erhitzt, bis Duftschwaden umherziehen. Dann werden sie zu Pulver zerrieben und mit heißem Wasser aufgegossen, kein Zucker, keine Milch. Der Sud schmeckt herb, aber bekömmlich und lässt nicht die Glieder erzittern, sondern hinterlässt das anhaltende, leise Kribbeln in den Adern, das ein Indiz für sehr guten Kaffee ist.

Zurück nach Europa! In Georgien, wo ich über zehn Jahre hinweg als Gastdozent tätig war, bleibe ich hängen. Die Chinkali-Teigtaschen, in der Mitte gezwirbelt, sind perfekt gewürzt. Der halbtrockene Rotwein dazu ist mild, säurearm und von sehr schöner dunkelroter Farbe. Kein Wunder, das ist Wein von der Traube Saveravi, georgisch für »Farbe«, die auch den hinreißen kann, der gar kein Weintrinker ist. Mein anderer Länderfavorit liegt weit entfernt im Norden Europas, aber hier gleich um die Ecke. In Lettland, wo ich ebenfalls lange Gastdozent war, finde ich in diesem Jahr nicht wie gewohnt den Saft aus Moosbeeren (»Cranberries«) vor, dafür aber ein kräftiges ungefiltertes Bier zu Sprotten, beides lettische Spezialitäten. In Finnland genieße ich eine herrliche Lachssuppe. In Nordnorwegen packe ich Fischfrikadellen ein, auf jeder Seite zweieinhalb Minuten zu braten, und ich werde Zeuge, wie traditionell herausgeputzte braunmähnige Bayern ebenso traditionell herausgeputzte blonde Norwegerinnen für Selfies gewinnen, Völkerverständigung. Berlin, du bist so wunderbar!

Nun muss ich nur noch der Austernfalle der Franzosen entkommen, die die Liebhaber dieser Meeresfrüchte mit Sonderangeboten zum teuren Weinkauf verleiten. In Marokko, wo sich echte Safranfäden in kleinen Gläschen verstecken, reicht es dieses Jahr lediglich zu einem Kurzaufenthalt. Schon beschließen die Holländer, wie es Tradition ist, die Grüne Woche mit einem üppigen Tulpenfeld, so viel Klischee muss sein. Außerdem haben sie dieses Mal Tomatenpflanzen in luftige Höhen gezogen, vollbehangen mit roten Früchten. Mir aber tun die Beine weh von der sechsstündigen Reise rund um die Welt. Meine Taschen sind voll, mein Portemonnaie leer. Der Leierkastenmann beendet gleich seine Endlosschleife. Nur die Ringbahn zieht weiter ihre Kreise, auch die ganze Nacht hindurch. Zwei Stationen fehlen mir noch, dann bin ich wieder am Ausgangsbahnhof Jungfernheide angelangt. Bis zum nächsten Aufbruch in die weite Welt jenseits des S-Bahn-Rings.

Heimat entsteht beim Unterwegssein in Raum und Zeit

Euphorie des Aufbruchs, Tristesse der Ankunft

»Nur eine äußerst schwache Vorstellungskraft rechtfertigt einen Ortswechsel«, lästerte Fernando Pessoa im *Buch der Unruhe* (2003, 451), das 1982 posthum erschien. »Existieren ist reisen genug.« Aufgrund einer Schwäche also, angetrieben von einer Unruhe, für die das Reisen definitiv zum Existieren gehört, brechen wir ins Ungewisse und doch Hoffnungsvolle auf. Endlich geht es wieder los! Wir freuen uns darauf, Neues zu sehen, Menschen zu treffen und Zeit für Gespräche zu haben, umherzuwandern und den Gedanken freien Lauf zu lassen, gut zu essen und zu trinken, in der Sonne zu sitzen, die Atmosphäre einer anderen Kultur auf uns wirken zu lassen und mit einem weiteren Teil der Welt vertraut zu werden.

Ankunft in der fremden Stadt, in der wir für ein paar Wochen wohnen werden. Aber was heißt hier »wohnen«? Nichts passt. Das Haus in dem heruntergekommenen Gässchen ist eine Bruchbude, in der Wohnung funktioniert nichts! Es gibt keinen Kleiderschrank und noch nicht mal Kleiderhaken, auf dem Sofatischchen fehlt die Tischplatte, soll das ein Witz sein? Die Dusche ist ein Rinnsal. Eine Wendeltreppe führt zum Schlafgemach, wo die niedrigen Deckenbalken sofort Beulen verursachen. Durch ein Loch in der Wand geht es hinaus auf die Dachterrasse, nur um auf die Nachbarhauswand zu starren, dafür will der Vermieter Geld? So geht es weiter, der Tag ist gelaufen, die Euphorie des Aufbruchs schlägt um in die

Tristesse der Ankunft. Die Wirklichkeit entspricht nicht den Vorstellungen, die wir uns zuhause von ihr gemacht haben. Das Ideal wird von der Realität eingeholt. Deswegen war Thomas Bernhard nur beim Unterwegssein selbst glücklich, »ich bin der unglücklichste Ankommende, den man sich vorstellen kann, gleich, wo ich ankomme« (*Wittgensteins Neffe*, 1982, 144).

Dann aber ist plötzlich alles ganz anders, die Tristesse schlägt unerwartet in Euphorie um: Wie romantisch es hier doch ist, von Kleinigkeiten abgesehen, die eigentlich sehr liebenswert sind. Im kleinen Kaufladen am Ende der Gasse sind die Leute nett und hilfsbereit, in der Eckkneipe mit dem programmatischen Namen *Normale* munden die Gerichte, und wir können in aller Ruhe draußen auf dem Gehsteig sitzen. Das Ambiente, das Willkommensein, die Stärkung, auf einmal ist alles gut. Die Dachterrasse wird schon zum Frühstück von der Sonne beschienen, der Blick geht in die herrlich verwilderten Gärten der Nachbarschaft und auf den nächsten Hügel.

Die Tristesse der Ankunft mutiert zum *Zauber des Anfangs*, diesem immer unvergesslichen ersten Mal. Wir fühlen uns nun dem Ort zugehörig, der eben noch fremd war. Als uns angeboten wird, in eine komfortablere Wohnung umzuziehen, lehnen wir dankend ab. Wir bleiben hier, wo alles so schön überschaubar ist. Hier kennen wir bereits Menschen, mit denen wir ein paar Worte wechseln können. Sie machen die Stadt erfreulich. Mit ihnen fühlt es sich wie eine zweite Heimat an, zumindest in »unserem« Viertel, unserer Verweilheimat im *Rione* (Stadtviertel) *X Campitelli* hinter dem Kapitolshügel in Rom, wobei unsere Wohnung eigentlich schon zum *Rione XII Ripa* mit dem Hügel Aventin und der Tiberinsel gehört.

Es ist wie in einer Liebesbeziehung: Die freudetrunkene Erwartung des Zusammenseins wird vom realen Alltag ausgenüchtert, auf dessen Basis die Beziehung dann doch wieder zur Freude werden kann und wenigstens gelegentlich sogar zur Leidenschaft. Wie die Liebe ist Rom ein Rausch und der Kater danach, auf den der nächste Rausch und wieder ein Kater folgen, ein *perpetuum mobile*. Die Liebenden sind erschüttert von den Schönheiten der Stadt, dann von den Unzulänglichkeiten und erneut von den Schönheiten, ein Verhältnis von Liebe und Landschaft der besonderen Art. Die Stadtlandschaft ist pittoresk bis in die letzten Winkel des Unschönen, Unfertigen und Verfallenden. Rom, das sind herrliche Ruinen plus dekorative Pinien minus Toiletten, die überall fehlen, wo sie dringend nötig wären, und überall sonst in miserablem Zustand sind. Der Sinn des Seins namens *Unterwegssein* ist, all das Schöne zu sehen, das die Welt in sich birgt, und im Gegenzug all das Unschöne in Kauf zu nehmen, das sich vor Ort zeigt. Es ist eine gute Übung, um das Phänomen der Polarität akzeptieren zu lernen, mit dem Menschen nicht nur auf Reisen, sondern auch bei vielen anderen Erfahrungen konfrontiert sind. Ein anderes Reisen und Existieren gibt es nicht.

Heimat ist das warme Gefühl, angekommen zu sein, bei wem oder was auch immer. Aber es stellt sich nicht immer auf Anhieb ein. Wie oft habe ich mich fern von meiner räumlichen und sozialen Heimat verloren gefühlt! So rasch wie möglich definiere ich daher am Ort der Ankunft einen räumlichen und zeitlichen Rahmen, in dem ich mich vorzugsweise bewege, sodass ich vertraut damit werde und heimisch darin sein kann. Fern von meiner gewohnten Heimat bemühe ich mich umgehend, neue Gewohnheiten zu etablieren, Lieblingsplätze zu definieren und mit anderen Menschen ins Gespräch zu kommen, um wieder ein wenig Heimat zu verspüren. Mit rudimentären Sprachkenntnissen versuche ich, in Zeitungen wenigstens die Überschriften zu entziffern, um einen Eindruck von den Themen, Fragen und Problemen zu gewinnen, die die Stadt und das Land bewegen. So entsteht eine Vertrautheit in der Fremde, in der ich mich für den Moment oder eine längere Weile geborgen fühlen kann.

In Rom gehe ich allmorgendlich zu der Ecke, an der Wasser in ein Brünnlein läuft. Wo palavernde Männer bei parkenden Autos zusammenstehen, überquere ich die Piazza della Consolazione, vorbei an der Kirche Santa Maria della Consolazione. *Consolazione*, Trost, warum? Der war einst nötig, als sich in der Schlucht zwischen den Hügeln Palatin und Kapitol eine Hinrichtungsstätte befand. In der Antike wurden die Delinquenten vom hohen Felsen herabgestürzt, im Mittelalter auf dem Platz enthauptet. Es war eine »nicht so gute Gegend«, meint der Chef der Eckkneipe, der mal Steward bei *Alitalia* war. Viel Kriminalität, Prostitution, das St. Pauli von Rom. Ich gehe die Via di Monte Tarpeo entlang, die sich unter einem steinernen Bogen hindurch zum Kapitol emporschwingt. Unterwegs tut sich eine wunderbare Sicht auf das *Forum Romanum* auf, weiter hinten ragt das Kolosseum in den Himmel, noch weiter in der Ferne das riesige Figurenensemble am First der Laterankirche.

Immer mehr Details kommen zum Vorschein, je länger man an einem Ort verweilt. Dort unten am Triumphbogen stand vor zweihundert Jahren Wilhelm Waiblinger, der Freund Friedrich Hölderlins, um in das Viertel abzubiegen, in dem wir wohnen und das damals noch nicht durch Absperrungen vom Forum Romanum getrennt war. Er wollte vermutlich abends dort noch etwas trinken. Jemand schien ihm erzählt zu haben, dass Michelangelo und Raffael es zu ihrer Zeit ebenso hielten. War unsere geliebte Bar an der Ecke zur Bucimazza-Gasse etwa bereits in vergangenen Zeiten der beliebte Treffpunkt, der sie auch heute bei stets laufendem Fernseher ist? Nur ein paar Schritte und ich stehe oben auf dem Kapitolsplatz, gestaltet von Michelangelo, mit dem Philosophenkaiser Marc Aurel in der Mitte, eine Statue als Statement. Von hier ist es nicht mehr weit zu meiner geliebten »Göttin des heutigen Tages«, der ich mein tägliches Opfer darbringe, den Espresso Doppio, den ich selbst trinke.

Die Tristesse der Ankunft erscheint im Rückblick kurios. Was könnte der tiefere Grund für eine solche Erfahrung sein? Warum stellt sie sich bei fast jeder Reise von Neuem ein? Vielleicht weil ein Wechsel der Seinsweise mit dem Unterwegssein verbunden ist, ein *ontologischer Übergang* von einer Art des Seins (griechisch *on*) zu einer anderen, und dies mehrfach. Das *Wirklichsein* des Lebens am gewohnten Ort wird mit den Reisevorbereitungen in ein *Möglichsein* verwandelt. Die Gebundenheit an den Ort, ja, an das eigene Selbst löst sich auf, ein Gefühl grenzenloser Freiheit stellt sich ein. Alles erscheint möglich, als berge der einzelne Mensch viele Leben in sich, die es ihm erlauben würden, nach Belieben in ein anderes Leben einzutauchen. Alles kann geschehen, alles ist vorstellbar, hundert verschiedene Reiserouten stehen zur Verfügung, die unterschiedlichsten Unterkünfte stehen offen.

Das Unterwegssein selbst ist ein Schwelgen in Möglichkeiten. Der zauberhafte Nebel, in dem sie sich verbergen, lichtet sich erst vor Ort, wenn sich die kantigen Konturen der dortigen Wirklichkeit abzeichnen. Das *Möglichsein* wird wieder gegen ein *Wirklichsein* eingetauscht, wenn auch ein anderes als zuhause. Im Unterwegssein ist Weite, die sich aber mit der Ankunft auf die enge Wirklichkeit reduziert, die hier dominiert. Von Stund an ist nicht mehr alles möglich. Zuvor war der Ort ein Wort mit besonderem Klang, wie etwa »Rom«, wir stellten uns darunter einiges vor. Weitere Anregung erfuhren die Vorstellungen durch das Studium von Reiseführern. Einen eigenen, mit Augenschein und Erfahrung begründeten Begriff aber können wir uns erst machen, wenn die Wirklichkeit des Ortes zum Vorschein kommt und wir dort Menschen kennenlernen, beginnend mit dem Taxifahrer, der außer seiner allgemeinen Sicht der Welt wertvolle Informationen zum Alltag vor Ort und zu einigen Hintergründen zum Besten gibt. Dann sind wir da, der Realität dieses Ortes ausgesetzt.

Wir fügen uns ein in den Rahmen, den wir vorfinden. Für das alltägliche Leben ist es wichtig zu wissen: Wo finden wir das Nötigste für den täglichen Bedarf? Was ist wann geöffnet, um nicht vergeblich loszugehen? Wie ist das Verhältnis zu den Nachbarn? Wie funktioniert der Verkehr, wie arbeiten die Behörden? Der Ort wirkt auf uns ein, fordert uns, verzaubert uns. Zugleich wirken auch wir auf ihn ein und verändern etwas an ihm, selbst wenn uns das nicht weiter auffällt. Manchen Menschen vor Ort gefällt es, dass die Fremden Abwechslung in ihre vertraute Heimat bringen. Anderen gefällt es spürbar weniger, und dafür gibt es noch andere Gründe als Fremdenfeindlichkeit und Leiden am *Overtourism*. Sosehr wir uns darüber freuen, das Leben der Menschen in diesem Viertel teilen zu dürfen – je mehr Menschen es uns gleichtun, desto weniger bleibt dieses Leben das gleiche. Die Wohnung, die wir gemietet haben, steht zumindest für diese Zeit Einheimischen nicht zur Verfügung. Wir unterlaufen schleichend, was wir hochschätzen. Die Konsequenzen müssen Andere tragen – und in unserer eigenen, viel besuchten Heimatstadt sind die Anderen womöglich wir selbst.

Nach einer Weile des Lebens am anderen Ort steht die *ontologische Rolle rückwärts* an, vom Anderssein zum gewohnten

Wirklichsein. Es fällt nicht leicht, Abschied zu nehmen von dem, was uns fremd war und nun so vertraut erscheint. *Heimat ist, wenn der Abschied schwerfällt*, weil etwas zurückgelassen werden muss, an dem das Herz hängt. Das gilt nicht nur für die Herkunfts- und Wahlheimat, sondern auch für die Moment- und Verweilheimat, und nicht nur für den Ort, sondern auch für die Menschen. Der Abschied von denen, mit denen das Leben geteilt worden ist, und sei es nur für begrenzte Zeit, kann so schmerzlich sein, dass Tränen fließen. Schwierig ist der Abschied *im Leben*, weil in ihm von ferne der Abschied *vom Leben* anklingt. Abschiedsrituale erleichtern den Einen den Verbleib im gewohnten, vielleicht allzu gewöhnlichen Alltag, und den Anderen den Wechsel in den Seinsmodus des Unterwegsseins. Erneut die Nervosität des Aufbruchs, wieder die Mühe, sich in Bewegung zu setzen.

Bei der Rückkunft zuhause kann sich wiederholen, was sich bei der Ankunft am Zielort der Reise abspielte. Zunächst die Euphorie: Endlich die Liebsten und Freunde wiederzusehen und sich der gewohnten Ordnung anvertrauen zu können, die in ihrer Bestimmtheit so beruhigend ist. Alles ist an seinem Platz, das Leben geht wieder seinen geregelten Gang. Es mag weniger farbenfroh sein, weniger abwechslungsreich, aber es ist verlässlich. Eine stabile Stimmung ist möglich, da nicht in jedem Moment die nächste kleine Katastrophe droht. Wie geordnet der Verkehr dahinfließt ohne ständiges Gehupe, das durch Mark und Bein geht! Wie rechtwinklig die Häuser sind, wie gepflegt die Parks, wie angenehm die Bürgersteige, auf denen nicht unentwegt wegen heranpreschender Motorräder um das Leben gefürchtet werden muss!

Der Effekt nutzt sich jedoch rasch ab. Es folgt die *Tristesse des Wirklichseins*. Wir sind nicht gut gelaunt. Die Schwerkraft der

Verhältnisse zieht uns hinab. Wir sollten schon völlig präsent sein und sind doch noch nicht ganz da. Benommen von den Eindrücken der weiten Welt, die von der Reise bleiben, müssen wir wieder mit der Enge zurechtkommen, die am altbekannten Ort herrscht. Zuhause halten sich die Überraschungen in Grenzen. Die Statik der Beharrung fängt die Dynamik der Bewegung ein und lähmt jeden Elan. Das Kleinklein des Alltags macht sich bemerkbar. Anstehende Arbeiten am Schreibtisch oder im Haushalt haben sich nicht von selbst erledigt. Der nicklige Streit um nichts bricht wieder aus.

In der Fremde ist uns einiges vertraut geworden, im vertrauten Zuhause aber einiges fremd. Einerseits haben wir in der Begegnung mit dem Anderen und Fremden das gewohnte Umfeld neu schätzen gelernt, andererseits erscheint uns manches veränderungsbedürftig, der Umgang mit Menschen anderer Herkunft vorneweg. Während wir die Welt durchquerten und von ihr verändert wurden, ist sie zuhause die gleiche geblieben. Auf provozierende Weise scheint hier keine Zeit vergangen zu sein. Die alte Welt verhält sich gleichgültig gegen unser Unterwegssein, sie hat es nicht mal wahrgenommen. Der Einzige, der fragt, wo wir so lange waren, ist der türkischstämmige Änderungsschneider. Er ist bestens gelaunt wie immer und hat sich in der Zwischenzeit einen Dreitagebart wachsen lassen.

Dann ist Rom nur noch ein Meilenstein in der Landschaft der Erinnerungen. Die sind nicht immer mit der erlebten Wirklichkeit identisch. Sie verkürzen, lassen weg, fügen hinzu und spannen über die unterschiedlichsten Erfahrungen hinweg einen bunten Regenbogen. Die Erinnerungen an die tolle Zeit werden selbst zu einer Art von Heimat, bis die Sehnsucht wächst, wieder aufzubrechen, egal wohin. Wenn es in der gewohnten Wirklichkeit langweilig wird, wollen wir wieder weg: *Ontologische Unstetheit* des modernen Lebens, das nie mit einer Wirklichkeit zufrieden ist und nach immer anderen Möglichkeiten sucht. Die Kunst des Unterwegsseins erfordert, mit den ontologischen Übergängen zurechtzukommen und trotz aller Tristesse der Ankunft anderswo erneut die Vertrautheit zu gewinnen, die nötig ist, um sich zuhause zu fühlen, nach der Rückkehr aber wieder die alte Enge in Kauf zu nehmen.

»Aber inmitten der Wirklichkeit zuhause sind doch auch immer Möglichkeiten präsent.«
»Ja, aber das Problem bleibt immer dasselbe: Möglich ist vieles, wirklich nur eines, und das beherrscht dann die Wahrnehmung.«
»Es liegt an uns, neue Pläne zu machen und wieder aufzubrechen.«
»Ja, beim Unterwegssein gerät wieder alles in Fluss. Wir schwimmen in Möglichkeiten und müssen uns nicht erst mühsam in Bewegung setzen. Das ist die andere Art des Seins.«
»Ah, die Seinsart der Wirklichkeit ist also, den Hintern nicht hochzukriegen.«

Heimat am Tor zur Welt: Die Sehnsucht nach Ferne

Manchmal sitze ich nur so am Bahnhof Südkreuz in Berlin herum, Kreuzungspunkt von S-Bahn-Linien, Regional- und Fernzügen. Ich liebe diesen Bahnhof, weil er so anspruchslos strukturiert ist, kein vielfach ineinander verschachtelter Bau wie der Hauptbahnhof, sondern eine einfache Schachtel, ein Quader mit gläsernen Wänden und einem Rahmenwerk aus Stahl. Eine Rolltreppe führt so weit nach oben, dass sie als Himmelsleiter durchgehen kann. Unten neben dem Haupteingang am Hildegard-Knef-Platz schaue ich bei einem Kaffee dem Leben zu, ohne auf einen Zug zu warten. Der Bahnhof ist ein Schauplatz der Ankünfte und Abschiede, der Hast und Muße, der nicht inszenierten Szenen. Da ist etwa der junge Vater mit Rucksack, der seinem Sohn mit kesser blauer Mütze auf blondem Haarschopf alle Zeit lässt, neugierig die Welt zu betrachten, seltenes Bild in bewegter Umgebung. Ein vorbeieilender Mann wirbt auf seinem T-Shirt für Alkoholgenuss: »Denn keine gute Story beginnt mit einem Salat!« Eine ältere Dame hat ihre Strubbelfrisur dem Hund angeglichen, der nicht auf sie hört.

Zwischendurch driften meine Gedanken in die Ferne. Ich erinnere mich an die Ankunft nach langer Reise in einem Städtchen am Fuße der kanadischen Rocky Mountains. Obwohl nicht allein, fühlte ich mich so verloren in der Welt, dass ich nach einem heimeligen Platz suchte und den Bahnhof fand. *Wo ein Bahnhof ist, bin ich daheim.* Die immer gleiche Grundstruktur von Gebäuden, Geschäften, Geleisen vermittelt Vertrautheit. Schon der Vorplatz bringt das gewöhnliche Leben räumlich auf Distanz. Mit einem Schritt stehe ich in der Halle, die ein *ontologisches Zwischenreich* ist, zwischen der Wirklichkeit, in der ich lebe, und den Möglichkeiten, die hier offenstehen. Die Dimensionen der Halle stehen in Relation zur Fülle der Möglichkeiten, die sich jenseits der zweiten Torfront auftun. Dort habe ich die eisernen Stränge vor Augen, auf denen ich die gegebene Wirklichkeit verlassen und einer anderen entgegengleiten könnte. Die Immobilität dessen, was ist, gerät in Bewegung, sichtbar an den Menschen, die kommen und gehen, und den Zügen, die ein- und ausfahren. Der Bahnhof ist das Tor zu allen Orten, die er potenziell in sich birgt, darin besteht seine unwiderstehliche Anziehungskraft. Seine Architektur trägt der Ontologie Rechnung: Augenblicklich schluckt sie mich und hebt mich auf die andere Seinsebene.

Der Bahnhof hier existierte bereits, als das Städtchen Jasper Filmgeschichte schrieb. Ganz in der Nähe hatte Marilyn Monroe 1953 mit Robert Mitchum *River of No Return* gedreht und war bei den Szenen im Athabasca River beinahe ertrunken. Das Hotel Jasper Park Lodge musste sie wegen »unangemessener Kleidung« verlassen. Aktuell war das Treiben am Bahnhof weniger filmreif, nur ein paar Reisende zogen ihre Koffer in den Wartesaal. Draußen auf dem Bahnsteig entdeckte ich jedoch eine Espressobar, *Trains & Lattes*, der Kaffee rau und kräftig, wie es sich für den fernen Westen gehört! Da saß ich und konnte mir keinen schöneren Ort unter der Sonne vorstellen, die herunterknallte, *High Noon*.

An diesem Bahnhof wurde jede Bewegung zum Ereignis. Vermutlich war das schon 1925 so gewesen, als lediglich vereinzelte Häuser um das neue Bahnhofsgebäude herumstanden. Jetzt wurde auf dem weiträumigen Gelände ausgiebig rangiert, bis die massige, bullernde Rangierlok, mit einer zweiten gekoppelt, eine kilometerlange Schlange von Güterwaggons gemächlich davonzog. Von der Gegenseite näherte sich im Schritttempo ein Güterzug mit dreifacher Lok, aber ohne das in Deutschland übliche Quietschen und Fiepen gepeinigten Metalls. 150 Waggons konnte ich zählen. Eine Stunde später traf die *Canadian Pacific Railway* mit »Excess Height Cars« ein, doppelstöckigen Passagierwaggons. Ein etwas lahm aussehender Silberpfeil wurde bereitgestellt, der *Westbound Train*, durchgehend aus glänzendem Wellblech, das gekonnt den hinter den Fenstern erahnbaren Komfort kaschierte.

Am Bahnhof von Jasper konnte ich vom Pazifik träumen, von wo die Züge ankamen und wohin sie abfuhren. Dann reisten wir selbst mit dem Nachtzug dorthin, 859 Kilometer bis Vancouver. Aufgeregt wie kaum je vor einer Zugreise, gaben wir Stunden zuvor die Koffer ab und checkten ein wie am Flughafen. Mit wummerndem Bass und schwarzen Rauchstößen setzten zwei Dieselloks den *Canadian* in Bewegung, der bereits drei Tage und Nächte von Toronto her hinter sich hatte. Wie eine Silberschlange wanden sich 19 Waggons in grandioser Berglandschaft durch die schmalen Täler des Thompson, dann des Fraser River. Vom verglasten Ausguck auf der oberen Etage des *Dome Car* am Zugende betrachtete ich in Ruhe die vorbeiziehende Welt und bemerkte nicht, dass es in Wahrheit die ruhende Welt war, die mich gleichgültig an sich vorbeiziehen ließ. Eine ältere Lady erkundigte sich beim Abendessen freundlich, ob auch in Deutschland Englisch gesprochen werde.

Für die Nacht wurden die auf Räder gesetzten Wohnzimmer, die stoisch über die weite Strecke rollten, in Schlafzimmer verwandelt. Zu Zeiten des Studiums war mir die spartanische Variante des Schlafwagens, der »Liegewagen«, zur zweiten Heimat geworden, halb Europa hatte ich auf diese Weise kennengelernt. Seither fühle ich mich in Nachtzügen zuhause und liebe das gleichmäßige Rattern der Räder, das auf »Flüstergeleisen« wie das Schnurren einer Katze wirkt. Das sanfte Schaukeln des Waggons entspannt die Gesichtszüge und versetzt mich jedes Mal in einen meditativen Zustand, aus dem ich mich nicht mehr lösen will, während die nächtlichen Landschaften vorübergleiten. Lichter zucken draußen auf und verstärken drinnen das heimelige Gefühl, unterstützt vielleicht von einem Schlummertrunk vor dem Einschlafen. Zu zweit in einem kleinen Abteil ganz für uns zu sein, war auch bei früheren Gelegenheiten eine große Versuchung. Wir hatten nie die Kraft, ihr zu widerstehen.

Noch ein Espresso am Südkreuz in Berlin, um die Nostalgie zu verlängern. Gelassen kann ich hier am Tor zur Welt sitzen und den Erlebnissen beim Unterwegssein nachsinnen, ohne die zugehörigen Unwägbarkeiten aushalten zu müssen. Eine weitere Abreise in einem anderen Teil der Welt ist mir in starker Erinnerung geblieben. Schwülheiß war es schon am Morgen, aber der südindische Bahnhof hatte alles, was dazugehört, eine Kaffeebar, ein Restaurant (*The Bay Leaf*), ein Zeitungskiosk auch mit englischsprachigen Titeln, eine Toilette, wenngleich eine kloakenhafte, geduldig wartende Reisende sowie Müßiggänger, die auf nichts warteten, eine Bodenreinigungsmaschine, funktionierende Rolltreppen und sogar Bildschirme, über die die Abfahrten flimmerten, in deren Abfolge wir unsere Zugnummer identifizieren konnten.

Ernakulam Town ist ein wichtiger Bahnhof in Kochi am Indischen Ozean, auch *Ernakulam North* genannt, nicht zu verwechseln mit *Ernakulam Junction* ganz woanders, beinahe hätte der Tuk-Tukfahrer uns dort abgesetzt. Die Züge fuhren im Schritttempo ein, überfüllt wie immer in Indien. Die Passagiere stiegen nicht nur am Bahnsteig, sondern auch auf der anderen Seite aus, um gleich die Geleise zu überqueren, gut fünf Minuten hielt der Menschenstrom jedes Mal an. Dann wurde unser Zug angesagt, pünktlicher als die Deutsche Bahn. Einstieg durch eine schmale Tür, die offen blieb, gepolsterte Sitze, Ventilatoren, ein schriller Pfiff, Abfahrt. Palmenhaine zogen vorbei, weiße Reiher auf Reisfeldern, Bananenstauden auf roter Erde, Bewässerungskanäle mit purpurnen Lotusblüten. Bei jedem Halt stürmten fliegende Händler mit Snacks und Getränken den Waggon. Eine Kakerlake überquerte zügig den Flur.

Die Gemütlichkeit endete, als der Schaffner kam. Zwar hatten wir gültige Tickets, saßen aber am falschen Ende des Zuges. Unerbittliche Miene, wir mussten ans richtige Ende, etwa wie bei der Deutschen Bahn, die zur Freude der Reisenden oft die Wagenreihung umkehrt. Mitarbeiter der *Indian Railways*, die Icecream verkauften, hoben gegen ein Trinkgeld das schwere Gepäck auf ihr Haupt und eilten damit schneller durch den gesamten Zug, als wir hinterherkamen. Unser Waggon entpuppte sich als Eisschrank mit zerrissenen Gardinen vor den Fenstern, erste Klasse. Aufwärmen war an der geöffneten Außentür möglich. Der Zug rollte weiter gemächlich dahin, mehr war den Schienen und dem alten Rollmaterial nicht zuzumuten. Die Zugtoiletten trugen die treffliche Aufschrift »Biotoilette«, alles ging ins Freie. Laut *Times of India* plante der Eisenbahnminister, das größte Eisenbahnnetz der Welt mit Schnelltrassen zu erweitern. Gutes Vorhaben, falls es nicht so enden sollte wie so oft in Indien, dass das halbherzig Begonnene unfertig zurückgelassen wird. Den Vorgänger des aktuellen Ministers hatte eine optimistische Schönung der Zahlen ins Gefängnis gebracht.

Am Südkreuz reißt mich jetzt ein flott vorfahrender SUV (*S*tandardmäßig *U*ebertriebenes *V*ehikel) aus meinen Tagträumen. Eine junge Mutter mit blondgelockter Tochter überreicht dem Fahrer zwei Plastiktüten mit Kinderkleidung. Es fällt der Kleinen sichtlich schwer, sich von ihren geliebten Sachen zu trennen, aber ihre Mutter erhält zehn Euro dafür. Das große Auto säuft Benzin, da muss der Besitzer auch mal sparen. Aber Spott beiseite, bei anderer Gelegenheit saß ich selbst in so einem Fahrzeug und weiß seither, wie erhaben man sich darin fühlen kann. Das Gefährt zog viele Blicke auf sich, bewundernde waren nicht dabei. Warum brauchen Menschen solche Maschinen? Weil jede Maschine auch eine *Machtmaschine* ist. Sie erweitert Handlungsmöglichkeiten, und wie bei allen Arten von

Machtausübung ist auch eine Erweiterung des Selbst damit verbunden. Höchst ungern wollen sich Machthaber davon wieder trennen, denn mit den Möglichkeiten würde auch ihr Selbst schrumpfen.

Auch das Auto ist ein Tor zur Welt. Historisch gesehen ist es jünger als der Zug, aber es war nur eine weitere Art, ein Zimmer auf Räder zu montieren, wie das bei Kutschen erprobt worden war. Die Möglichkeiten der Ortsveränderung erhöht es enorm, jede Sehnsucht nach Ferne ist umstandslos zu erfüllen. Unterwegs kann das Auto überall Heimat sein, manchen dient es sogar als bewegliche Burg, in der sie sich verschanzen, *my car is my castle*. Nach Belieben kann es als bewegliches Wohnzimmer durch die Landschaft gesteuert werden, mit bewegten Bildern in einem klar umgrenzten Gesichtsfeld wie beim Fernsehen vom Sofa aus. Ganze Landschaften, deren Durchquerung *per pedes* lange dauern würde, fliegen vorbei und mit ihnen die Lebensmöglichkeiten. Könnte ich hier beheimatet sein? Die waldreiche Gegend lädt zu Spaziergängen ein. Zwischen den hohen Bergen könnte ich mich geborgen fühlen. Der spiegelglatt daliegende See würde meine Seele beruhigen. Die weite Ebene ließe mich freier atmen. Die leicht gewellten Hügel strahlen Gemütlichkeit aus. Für ein paar Augenblicke fühle ich mich in das Leben ein, das die Landschaft verspricht, bevor sie verflogen ist. Nur die Tristesse von Autobahn-Rastplätzen kann ich mir nicht als Zuhause vorstellen.

Auto um Auto fährt am Südkreuz vor, lädt Passagiere und Koffer aus oder ein, privater und öffentlicher Verkehr sind hier miteinander verzahnt. Ich denke über das Unterwegssein nach: Hat es nicht immer mit *Heimat* zu tun, egal mit welchem Vehikel? Reisende suchen gerne Orte auf, die Heimat für sie sein können, und sei es nur zeitweilig. Sie besuchen Andere, bei denen sie sich willkommen und für einen Moment zuhause fühlen können, interessieren sich dafür, wie sie leben und was die Besonderheiten ihrer Heimat sind. *Auch das Unterwegssein selbst kann Heimat sein*, wenn das die Seinsart ist, in der Vertrautheit und Geborgenheit erfahrbar werden. Womöglich hat ein Mensch seine Selbstheimat verloren oder nie gefunden und reist ihr rund um die Welt hinterher. Oder er sucht nach der Heimat, über die er zuhause längst verfügt, für die ihm aber das Heimatgefühl verlorenging. In der Fremde erst entdeckt er, was er zurückgelassen hat, und kehrt reumütig heim. Manch einer entflieht jedoch seiner Heimat, welcher auch immer, und will sie nie wiedersehen, eine andere sucht er nicht.

Welcher Art das Unterwegssein auch immer ist: Reisen macht hellwach. Eine *Aufgedrehtheit* weckt alle Lebenskräfte. Wie anstrengend das auf Dauer sein kann, ist erst einmal nicht spürbar. Alles ist neu und erfordert volle Aufmerksamkeit, um nichts zu übersehen, nichts zu versäumen. Unvorhersehbare Situationen sorgen für Erlebnisse, müssen aber auch bewältigt werden. Reisen ist ein Ausgesetztsein, das verletzlich macht. Kaum etwas ist so wie erwartet, nicht auf alles kann ich vorbereitet sein, unbekannte Gefahren lauern überall, kein Kokon schützt wie daheim. Erst eine Weile nach der Ankunft kann der hellwache Zustand wieder von einer halbwachen Routine abgelöst und der Energiesparmodus aktiviert werden.

Reisen macht aber auch schläfrig. Wer unterwegs ist, kann in eine *Bewegungsstarre* fallen. Wenngleich das Wort ein Widerspruch in sich selbst ist, beschreibt es korrekt den Zustand: Unbewegt wird die Bewegung im Zug, im Bus, im Auto hingenommen. In bewegungsloser Bewegung wird der Körper träge, ebenso der Geist, mit dem Risiko, auf neue Situationen nicht mehr schnell genug reagieren zu können. Es ist ein tranceartiger Zustand, in dem das Selbst nicht mehr in die enge, beengte Wirklichkeit zurückwill, sondern lieber im weiten Raum der Möglichkeiten verharrt. Es ist mir schon passiert, dass ich mich in diesem Zustand nicht rechtzeitig zum Aussteigen an der anvisierten Haltestelle aufraffen konnte.

Was ich jetzt am Bahnhof Südkreuz erlebe, ist allerdings keine Bewegungsstarre in einem bewegten Gefährt, das mich an einen anderen Ort bringen würde. Der treffliche Ausdruck für den Zustand des Stillsitzens am heimatlichen Ort, während die Gedanken die ganze Welt bereisen, ist vielmehr: *Reisender Stillstand* (Bernd Stiegler, 2010). Es wird Zeit, dass ich meinen Platz räume und wirklich wieder auf Reisen gehe.

Heimat im Transitraum: Abheben und ganz woanders sein

Die Triebwerke drehen mit höherer Frequenz, schallgedämpft heulen sie nicht mehr auf wie einst. Sanft werde ich in den Sitz gedrückt, in den ich mich mit Mühe gezwängt habe. Das Tempo ist kaum zu bemerken, aber die Startbahn ist holprig wie eine Schotterpiste. Nur ein wenig hebt der Pilot die Nase der schweren Maschine an und schon löst sie sich schwerelos vom Boden, wird vom Schub und von den Auftriebskräften mächtig emporgetrieben. Ohne Bodenhaftung kommt das Rütteln nun von der Seite, von den Windstößen, denen der Jet ausgesetzt ist. Rasch gewinnt er an Höhe, für einen Moment lastet Druck auf allen Sinnen. Unten wird eine Spielzeugwelt ausgebreitet, Farben und Konturen der Landschaften werden sichtbar. Gehe ich unten eine Straße entlang, sehe ich jedes Haus, jetzt aber überblicke ich das Geflecht der Straßen, bevor die ganze Stadt zum Fleck in einer Struktur von Wiesen,

Feldern und Wäldern wird, die sich bis zum Horizont erstrecken. Die Autobahn schlängelt sich wie eine Python durch die Landschaft, die Auf- und Ausfahrten sind hübsche Kringel. Ich denke daran, dass Vögel die Welt so sehen, aber der Flieger geht noch höher. Die Wolkenfelder, die weiter oben schweben, sind Augenblicke später flaumige Teppiche weiter unten.

Wie in einer Höhle von schützenden Wänden umgeben, in rasender Bewegung ganz ruhig, werde ich nie müde, die Landschaften der Erde zu betrachten. Mein Platz ist meist am Fenster, nur hier ist das volle Fluggefühl zu haben. Ich weiß, wann der Pilot eine Kurve fliegt oder die Maschine in den Sinkflug kippt. Ich kann Wolkentypen studieren, Strukturen am Boden zuordnen und Städte identifizieren. Auf dem Platz daneben ist allenfalls ab und zu ein Blick nach draußen zu erhaschen, noch dazu nervt es, zwischen Leuten eingepfercht zu sein, die ich nicht kenne. Am Gang und auf sonstigen Plätzen im Großraumflugzeug bleibt vom Gefühl des Fliegens nichts mehr übrig, ich könnte auch in der U-Bahn sitzen, wo es ähnlich ruckelt und lediglich die Abstände zwischen den Stationen kürzer sind.

Im frühen 21. Jahrhundert wird noch klimaschädliches Kohlendioxyd freigesetzt beim Fliegen. Ich muss es anderswo einsparen, um mich mit halbwegs gutem Gewissen heimisch zu fühlen in der scheinbar langsam dahinwandernden, in Wahrheit pfeilschnell dahinschießenden Kabine knapp unterhalb des Weltalls. Würde die Maschine etwas über dem Erdboden fliegen, könnten die Menschen sie für eine Rakete halten. Flughöhe jetzt 11 688 Metern laut Bordbildschirm, Geschwindigkeit 844 Stundenkilometer, Entfernung vom Abflugort 284 Kilometer, in kurzen Abständen werden weitere Kilometer addiert. Am Horizont ist hauchzart die Erdkrümmung zu erkennen, bilde ich mir ein. Nach oben wird das Blau des Himmels dunkler, dort ist der endlose Kosmos Raumschiffen vorbehalten, die mit weit höherer Geschwindigkeit dahinrasen, in Relation zum Raum jedoch wiederum nur dahinkriechen.

Berückend die Erfahrung, wie der Planet räumlich und zeitlich so zusammenrückt, dass alle Orte in Zeiten erreichbar sind, die sich nach Stunden bemessen lassen. Das Flugzeug ist eine *Romantikmaschine*, die Sehnsüchte weckt, aber auch stillt und Grenzen hinter sich lässt, ansonsten wäre dieses Gerät nie erfunden worden. Der Traum vom Fliegen steht exemplarisch dafür, wie aus einer Möglichkeit Wirklichkeit werden kann, die keiner mehr missen will, von den ersten Ballonfahrten 1783 über Otto Lilienthals Flugversuche hundert Jahre später, bis hin zum selbstverständlichen Einsteigen und Abheben im 21. Jahrhundert. Beim Flug westwärts verweilt die untergehende Sonne in vollem Rot lange am Horizont. Beim Flug ostwärts ist die Nacht als dunkle Front schon von weitem zu sehen und kommt rasch näher. Dann künden nur noch vereinzelte Lichter von menschlichen Existenzen dort unten. Die Gedanken beginnen zu fliegen, als wären sie ihrerseits von der Bindung an einen Ort befreit. Es sind Nachtgedanken, wenn die Mondsichel im Schwarz des Himmels hängt und die Sterne im Dunst der atmenden Erde versinken. Unwillkürlich sehe ich mein Leben von oben und ferne. Weit zurück liegt der Ort, den ich bewohne, auch das Land, in dem ich lebe. Der Raum, den ich durchquere, kommt ohne Orte aus. Im Vergleich zu seiner immensen Weite reduziert sich mein Leben auf die bescheidenen Dimensionen, die ihm eigen sind.

Die Sehnsucht vieler Menschen nach weit entfernten Orten und das Bedürfnis, so schnell wie möglich dorthin zu gelangen, machen das Flugzeug in noch höherem Maße als das Auto zur Machtmaschine. Die machtvoll von Menschen geschaffene Technik bietet größtmögliche Sicherheit und eröffnet eindrucksvolle Möglichkeiten. Zugleich diszipliniert sie jedoch auch auf ungewöhnliche Weise. Die Maschine zwingt dazu, mit einiger Ohnmacht einverstanden zu sein, denn ein Ausgeliefertsein an die Technik geht mit ihrer Nutzung einher. Nicht von außen kommt diese Macht über die Menschen, um sie in eine bestimmte Ordnung zu zwängen, sondern von innen, von ihrer eigenen nüchternen Einsicht, dass Disziplin die Wahrscheinlichkeit erhöht, gut ans Ziel zu kommen. Bereitwillig verzichten Reisende und Crewmitglieder, von sehr seltenen Ausnahmen abgesehen, auf Randale und suizidale Akte.

Je länger der Flug dauert, desto schmerzlicher wird allerdings der Mangel empfunden, dass Flugzeuge zwar deutlich schneller sind als Autos und Züge, aber deutlich langsamer als das *Beamen*, das ein Reisen schnell wie Licht ermöglichen würde. Beim vielstündigen Flug wird die Kabine zum Wohn- und Schlafzimmer, der Einzelsitz zum Minisofa mit wechselseitigen Ansprüchen auf die Armlehne und wenig Platz für die Beine. Einerseits erinnert der gewölbte Innenraum an eine steinzeitliche Höhle, in der man sich archaisch geborgen fühlen kann, geschützt vor einer bedrohlichen Umgebung. Andererseits ist es eine alptraumhaft enge Röhre, in der man feststeckt und die nicht einfach verlassen werden kann, wenn die Luft zum Atmen knapp wird. Wer Flugangst hat, wird das Bewusstsein der Bodenlosigkeit unter den Füßen nicht los, vermeidet jeden Blick nach draußen, klammert sich zitternd an den Sitz und hat, kalten Schweiß auf der Stirn, stundenlang keine ruhige Sekunde mehr.

Auch der Flug ist ein *ontologischer Übergang*. Er startet an einem genau definierten Ort der Wirklichkeit auf der Oberfläche des Planeten und durchquert einen weniger definierten Luftraum voller Möglichkeiten. Viele Routen stehen prinzipiell zur Verfügung. Die Landung ist wie ein Wiedereintritt in die Erdatmosphäre, in die Normalität irdischer Verhältnisse nach einem Raumflug, mit der Schwierigkeit, sich aus dem weiten Raum heraus wieder in das Nadelöhr eines bestimmten Ortes einfädeln zu müssen, repräsentiert von der Landebahn, die keinerlei Abweichung duldet. Es ist die Kunst des Piloten, auf der richtigen Bahn weich aufzusetzen, und die Kunst der Passagiere, sich umgehend um ihre Rückkunft in der eigenen Wirklichkeit zu kümmern. Daher die Eile, das Smartphone vom Flugmodus zu befreien, sodann die Sicherheitsgurte aufschnappen zu lassen, sobald das Flugzeug am Gate zum Stehen kommt, und hektisch vom Platz aufzuspringen, um nach der erzwungenen Unfreiheit die fundamentale Bewegungsfreiheit ohne jeden Verzug wieder in Anspruch zu nehmen.

Nach längeren Aufenthalten fern von zuhause freue ich mich auf den Heimflug, auf die Rückkehr in die vertraute Welt und die heimische Zeit, die nicht *eine Zeit*, sondern *die Zeit* für mich ist. Es ist die Zeit, in der ich gewöhnlich lebe, ohne sie als Zeitzone unter anderen wahrzunehmen. Sollte ich weiterreisen müssen, verliere ich im Transitbereich des Flughafens jedes Gefühl für die Zeit. So manches Mal habe ich deswegen beinahe meinen Flug verpasst. Auch das Gefühl für den Raum kommt mir abhanden, wenn ich mich im *Airspace* befinde, einem ontologischen Zwischenreich: Nicht mehr da und noch nicht dort zu sein, irgendwie extraterrestrisch, außerhalb der Erde, jedenfalls der umgebenden Erde. Selbst am Boden hängen die Knochen noch in der Luft, die Gedanken verharren im Flugmodus. Es ist dennoch kein befremdliches Gefühl für mich: Ich fühle mich auch auf den langen Fluren zuhause und verbringe gerne viel Zeit zwischen all den Cafés, Shops und Gates, egal wo.

Eine unwirkliche, unheimliche Atmosphäre herrschte nur, als 2020 das Coronavirus seinen Siegeszug um die Welt antrat. Was undenkbar erschien, war über Nacht zur Wirklichkeit geworden, *Pandemie*, ein Strömungsabriss der modernen Welt, der prompt die Flugzeuge zu Boden zwang. Ein Land nach dem anderen sah sich dazu genötigt, die Bewegungsfreiheit drastisch einzuschränken. Im Flughafen zogen Trupps in astronautenhafter Schutzkleidung im Zeitlupentempo umher und desinfizierten jeden Winkel. Eine gespenstische Ruhe ersetzte das übliche Gerenne und Gedränge. Kindern teilte sich der Ernst der Lage noch nicht mit, aber die Passagiere, die sich sonst dicht an dicht durch die Warteschlangen vor den Sicherheitsschleusen schoben, achteten penibel darauf, Abstand zueinander zu wahren. Allen in der stummen Schicksalsgemeinschaft war die bange Hoffnung anzumerken, in einem der letzten Flugzeuge Platz nehmen zu können, die überhaupt noch fliegen durften. Die zahllosen Geschäfte waren alle verschlossen. Am Ankunftsort erwartete uns die gleiche beklemmende Situation, aber wenigstens in gewohnter Umgebung. *Wenn schon krank, dann besser daheim.*

Es dauert eine Weile, bis die Weltgesellschaft sich wieder am Flughafen trifft, dieser *Aeropolis* abseits jeder Polis. Wächst die Zahl der Fluggäste wieder, werden die *Hubs* weiter ausgebaut. Erweiterung ist das Einzige, was die drangvolle Enge etwa von *Helsinki-Vantaa*, HEL, beheben kann, nachdem die kleinere Version des Flughafens zum Opfer des (angestrebten) Erfolges als Umsteigestation für Fernflüge von und nach Asien wurde. Irgendwann wird es dann wohl nur noch Flughäfen geben, keine Städte mehr, nur eine einzige *transitorische Polis*. Flughäfen werden zu Raumstationen, vielleicht nach dem Muster des silbern glänzenden Ungetüms von Kopenhagen, *Københavns Lufthavn*, CPH, einsam am Ufer der Ostsee gelegen, wo der Transitreisende alles vorfindet, was er sich wünscht, auch Sauna und Schlafkabinen. Abwesend ist in der etwas aseptischen Atmosphäre allenfalls das Leben.

Mit Vorliebe widme ich mich dem Studium der jeweiligen Anzeigentafel. In meinem alten Heimatflughafen *Berlin-Tegel*, TXL, gab sie nie viel her. Jetzt aber sticht mir in *Taiwan Taoyuan*, TTY, wo ich auf den verspäteten Flug nach Hongkong warte, die riesige Übersicht in die Augen: Bangkok, Singapur, Sydney locken mich, meine Reisepläne auf der Stelle zu ändern und für Wochen und Monate den asiatischen und pazifischen Raum kreuz und quer zu erkunden. Alles liegt im Möglichkeitsraum, alles quasi in direkter Nachbarschaft, was vom Westen aus gesehen ferner Osten ist. Ich beginne im Modus der Möglichkeit zu leben, der *Konjunktiv* ergreift Besitz von mir: Da und dort könnte ich ankommen und viele Welten kennenlernen, die so weit weg, hier aber ganz nahe sind, nur ein paar Flugstunden entfernt.

Flug CI 28 von China Airlines startet um 13.35 Uhr nach Palau, Ankunft vier Stunden später. Ich aktiviere mein GPS und fliege spontan in Gedanken zu dieser Inselgruppe im Pazifik zwischen Philippinen und Papua-Neuguinea. Der *Roman Tmetuchl Airport* nimmt mich in Empfang, das Royal Resort hat freie Zimmer, oder bevorzuge ich eher das Pacific Resort mit Nature Trail? Aber ich muss zurück in die Wirklichkeit meines Lebens im *Indikativ*, mit einem engen Zeitraster: Ich bin jetzt hier und muss zu jenem Zeitpunkt dort sein. Spätestens im weitläufigen Flughafen von Hongkong, HKG, wo sich jede hektische Bewegung verliert, muss ich den Transitraum verlassen und draußen den Weg zu dem Hotel finden, das es gut mit mir meint: *Feel at home abroad*, fühl' dich zuhause in der Fremde. Nichts lieber als das.

Heimat aus dem Koffer: Einsam und gemeinsam im Hotel

»Gast sein ist gut, Heimkommen ist besser.« Das Hotel kann mir das bieten. Jedenfalls so lange, wie ich die Rechnung bezahlen kann. »Wie bei Freunden zuhause« kann ich mich zumindest temporär fühlen, leider aber nicht vom ersten Augenblick an. Am Empfangstresen werde ich ausgebremst, müde von der Reise, verschwitzt, verstaubt, etwas desorientiert. Ich würde gerne zügig das Zimmer beziehen, aber die Rezeptionistin findet die Reservierung nicht, »wie war nochmal Ihr Name?« Der Flug hatte Verspätung, der Taxifahrer war desorientiert, zu Fuß zog ich den Koffer hierher, aber die Sichtweise des Personals hinterm Tresen ist definitiv eine andere als meine: Hier kann niemand einfach so aufs Zimmer gehen, die Daten werden gebraucht, die Kreditkarte zur Sicherheit auch, und ist das Zimmer überhaupt schon frei? Es dauert, bis ich an der Zimmertür ankomme und den Öffnungsmodus zu verstehen suche. Bin ich endlich drin, geht es so weiter.

Irgendetwas passt nicht, das ist die Regel, auch in anspruchsvollen Häusern. Das Zimmer ist geräumig, aber das Bad viel zu klein, das Klo in eine Ecke gequetscht, die Beleuchtung mangelhaft, und was soll ich mit dem Tablet, das auf dem Tisch liegt? Etwa den Fernseher bedienen? Die Duscharmatur stellt eine Knobelaufgabe dar, die Lüftung ist viel zu laut. Wo mir die Geräusche fremd sind, kann ich nicht zuhause sein. Und doch löst sich die Tristesse der Ankunft auch hier in Wohlgefallen auf. Eigenartigerweise sind es gerade die Eigenheiten, die das Zimmer schon nach der ersten Nacht liebenswert erscheinen lassen. Eine Beziehung zum Raum entsteht genau dadurch, dass er Besonderheiten an sich hat, an denen ich einhaken kann. Was gerade eben ein x-beliebiges Zimmer war, ist jetzt *mein* Zimmer. Damit bin ich vertraut, ein anderes Zimmer wäre mir fremd. So manches Mal habe ich auch in Hotels das Angebot abgelehnt, das Zimmer zu wechseln, obwohl mir etwas nicht passte.

In fremder Umgebung wird das Hotelzimmer zum geschützten Innenraum, in dem ich nicht wie draußen auf der Straße ständig auf mich aufpassen muss, zum Rückzugsraum, in dem ich mich verkriechen, erholen und weitgehend so verhalten kann, wie es mir gefällt. Ich gehöre nicht zu den Gästen, die hart daran arbeiten, das Zimmer in eine Müllhalde zu verwandeln. Ich bin froh, wenn ich an einem wohnlichen Ort verweilen kann, und ich leide, wenn ich es nicht kann. In der Fremde kann ein unwohnliches Zimmer die Befremdung erheblich steigern. Der Augenschein bei der Buchung trügt, verlässlicher sind Bewertungen. Wenn ich vorweg weiß, dass der Putz von den Wänden blättert, kann ich das in Kauf nehmen, etwa der Lage wegen. Wenn es an Tisch und Stuhl fehlt, mache ich eben das Bett zum Schreibtisch. Eine mickrige Beleuchtung ist so misslich wie häufig, was denken sich die Designer dabei? Auch Andere ärgert es, »zum Lesen müsste ich mich ins Badezimmer setzen, dort, im Schminklicht, ist es hell genug« (David Wagner, *Ein Zimmer im Hotel*, 2016, 16). Zum Lesen geeignete, wenngleich zuweilen karg ausgestattete Zimmer bieten in größeren Städten rund um die Welt oft die *Goethe-Institute*, die deutschen Kultureinrichtungen, die zugleich ein Stück Heimat verkörpern. Hier kann ich meine Sprache sprechen und sehr viel über mein Gastland erfahren.

Wo immer ich ankomme, ist das Zimmer nun mein Basislager, und sei es nur für einen Tag und eine Nacht. Das Gepäck halte ich in engen Grenzen, um so beweglich wie möglich zu sein. *Transportable Heimat*, das ist außer dem Handy auch der Koffer, ein Wohnzimmer im kleinen Format, in dem ich mein Leben eingerichtet habe. Ohne Hinsehen weiß ich, wo sich was befindet und greife zuallererst zum »Notbrot«, das ich von daheim mitgenommen habe, um dagegen gefeit zu sein, dass der Zug wieder mal sein Bordrestaurant vergessen hat. Man kann außerdem nie wissen, ob nach Ankunft schon gleich etwas Essbares zu bekommen ist. Anders als Andere räume ich den Koffer jedoch nie aus. Die Gefahr wäre zu groß, beim hektischen Einräumen vor der Abreise etwas zu vergessen, daher der Grundsatz: Nichts verlässt die unmittelbare Nähe des Koffers, außer der Kleidung, die ich an mir habe, und den Waschutensilien, die ich im Bad rasch wieder einsammeln kann.

Wohnen können Menschen an den ungewöhnlichsten Orten, zumindest mental. Auch die Kleidung ist eine Wohnung, in der ich unterwegs zuhause bin. Ich trage sie wie die Schnecke ihr Haus. Der Schal sorgt für wärmende Heimatgefühle am empfindlichen Hals, wenn es kalt und unwirtlich ist. Mit den Wollsocken meiner Mutter, die sie bis zu ihrem Tod gestrickt hat, streife ich mir in der kühleren Jahreszeit schon morgens meine Herkunftsheimat über die Füße. Könnte ich eine bayerische Lederhose mein Eigen nennen, würde ich sogar die Erfahrung machen, dass sie die Wohnform beibehält, wenn ich sie ausgezogen habe. Das Wichtigste an der Kleidung sind jedoch die Taschen, die Fallgruben für Dinge, die so wichtig sind, dass ich sie immer mit mir herumtragen will:

Taschentücher beispielsweise und das Klopapier für alle Fälle, den aktuellen Einkaufszettel und eine kleine Muschel zur Erinnerung an den Urlaub am Meer, auch die Schlüssel von zuhause. Abgesehen davon, dass ich in der heimeligen Wärme und dunklen Geborgenheit der Hosentaschen die Hände versenken kann, beruhigend vor allem dann, wenn das Herz in die Hose rutscht: *Home is where the heart is.*

Es ist ein sorgloses Leben im Hotel. Ich brauche keinerlei *High-End-Luxury*, angenehm wäre aber eine persönliche Ansprache an der Rezeption, denn dann kenne ich hier schon mal jemanden und fühle mich nicht mehr völlig fremd. Ich bin froh, das Bett nicht machen und mich auch sonst um nichts kümmern zu müssen. Dass ich morgens nach ein paar Handgriffen am Büffet schon frühstücken kann, ist der entscheidende Unterschied zu *Airbnb*, das überall auf der Welt preiswerter zu haben wäre. Noch einen Kaffee in der Lobby? Später in die Sauna? Die Annehmlichkeiten können das Drinnen so sehr zu einer Welt für sich machen, dass das Draußen kaum noch interessant ist, *Splendid isolation.* Unannehmlichkeiten haben meist mit der Akustik zu tun. Die Stilllegung der Lärmquelle Kühlschrank ist nicht schwierig. Ein größeres Problem sind andere Gäste, die sich redlich mühen, den Lärmpegel nicht so weit absinken zu lassen, dass es beängstigend still werden könnte. Unlösbar ist das Problem des Lärms von draußen, sobald die geräuschvolle Klimaanlage erfolgreich ausgeschaltet worden ist, nachts jedoch das Fenster geöffnet werden muss, um die stickige Luft aufzufrischen.

Über Einsamkeit im Hotelzimmer, etwa nach der Rückkehr von einem Event, haben schon viele geklagt, die öffentliche Auftritte absolvieren. Ich aber freue mich darauf, dem Abend noch ein wenig nachsinnen zu können, die wohlverdiente Erschöpfung auszukosten, Ideen weiterzuspinnen, Papiere zu ordnen, die Musik eines zufällig gefundenen Radiosenders zu hören, einen interessanten Film zu sehen, an dem ich beim Zappen hängenbleibe, Kurzbotschaften an Familie und Freunde zu senden, herumzudösen ohne Ziel und Zweck. Bin ich im kühler werdenden Herbst und Winter mehr als sonst beim Unterwegssein meiner gewohnten Heimat bedürftig, werfe ich über die Hotelbettdecke noch den Mantel, unter dem ich immer eine wohlige Geborgenheit fühle wie in der Antike vermutlich Diogenes, der sich in seiner bescheidenen Tonne damit zudeckte.

Bin ich allein unterwegs, bin ich für Heimatgefühle auf die Vertrautheit mit mir selbst angewiesen und fühle mich der Fremdheit stärker ausgesetzt. Außer mit unvertrauten Klängen und Geräuschen muss ich vielleicht mit einer Sprache zurechtkommen, die ich nicht kenne. Ganz anders ist das Unterwegssein zu zweit. Das gemeinsame Reisen dämpft jede Erfahrung der Fremdheit, mindert allerdings auch die Empfänglichkeit für Eindrücke. Die Nähe des Anderen schafft eine Atmosphäre, die ein Gefühl des Ausgesetztseins gar nicht erst aufkommen lässt. Wechselseitig sind wir eine *Begleitheimat* füreinander, die immer schon da ist, wo immer wir ankommen. Wir sind umhüllt von der Vertrautheit unserer Sprache und wissen, welche Rituale noch mehr Heimat erzeugen. Schon gleich nach der Ankunft nehmen wir das Zimmer auf unsere Weise in Besitz. Wir öffnen die Tür und müssen keine Entscheidung treffen. Das Einräumen kann warten, die aktuelle Stimmung ist nicht wichtig, gleich entsteht eine andere. Danach ist die Bettlandschaft nicht mehr die glattgebügelte des Hotels. Nur einmal ging ein unsachgemäß gezimmertes Gestell am Fußende zu Bruch.

Das Zimmer wird zu einer Episode in unserer Geschichte, hier arbeiten wir an Erinnerungen, die wir künftig haben werden: »Weißt du noch, das Zimmer mit Seeblick, als die Sonne direkt aufs Bettlaken schien?« Einmal in Irland, in Cork, bezogen wir einen Raum, der so schäbig und unheimelig, ja, fast unheimlich war, dass uns schauderte. Noch dazu versammelte sich just in diesem Moment in regnerischer Dunkelheit auf der gegenüberliegenden Straßenseite eine Trauergemeinde vor dem Bestattungshaus. So befremdlich war die Szenerie, dass wir buchstäblich ineinander schlüpften, alles um uns herum vergaßen und auf zauberhafte Weise Heimat füreinander waren. Die Bedeutung, die die Zweisamkeit für uns hat, spannte ein schützendes Zelt auf, in dem wir uns für die Nacht verkriechen konnten, die wir hier zu verbringen hatten, um am nächsten Morgen wieder in die Welt aufzubrechen.

Spannend ist es, allein oder gemeinsam Einblicke in das Leben anderer Gäste zu erhalten. Nach der zweiten oder dritten Begegnung beim Frühstück ist es möglich, miteinander ins Gespräch zu kommen, denn »nun kennt man sich schon«, die Dorfplatzsituation stellt sich ein. Viele meinen, dass ihr Leben nichts Besonderes sei, »nicht der Rede wert«, aber das liegt daran, dass sie es bereits kennen. Für Andere ist es sehr interessant, etwas darüber zu erfahren. Dramen zwischen Hotelgästen spielen sich hingegen in der Regel nur zwischen Buchdeckeln ab, etwa im Roman *Menschen im Hotel* von Vicki Baum (1929, Film *Grand Hotel*, Regie Edmund Goulding, 1932). Die Lektüre ruft zudem die wilden 1920er Jahre in Berlin wach, in denen Hotelgäste kaum vor ein Uhr nachts in ihre Zimmer zurückkamen: »Alle Welt ist unterwegs, um den kochenden, tobenden, elektrisch glänzenden Großstadtabend einzuschlucken.« Berlin war damals die Weltstadt schlechthin, und doch war die Reichweite der Reisenden, die im Hotel abstiegen, so begrenzt, wie es hundert Jahre später gar nicht mehr vorstellbar ist. Wie wird es in weiteren hundert Jahren sein?

Planetares Driften: Die globale Heimat digitaler Nomaden

Allein oder zu zweit oder in Gruppen: Das Reisen ist seit dem ausgehenden 20. Jahrhundert zur meistverbreiteten Form des Unterwegsseins geworden. Lange in der Geschichte nur wenigen vorbehalten, die es sich leisten konnten, zeitweilig ihren Wohnort zu verlassen, wurde dies mit wachsendem Wohlstand zu einer Möglichkeit für viele, wenn auch zunächst nur in marktwirtschaftlich organisierten Ländern. Im frühen 21. Jahrhundert begannen dann auch in Ländern wie China die Angehörigen einer entstehenden Mittelschicht planetar auf Reisen zu gehen. Das Unterwegssein, historisch älter als das Sesshaftsein, wurde wieder zu einem *Modus des Menschseins*, großräumiger als je zuvor, technisch und organisatorisch ermöglicht von leicht verfügbarer Mobilität (Autos, Züge, Schiffe, Flugzeuge) und temporär frequentierten stationären Orten in wachsender Zahl (Hotels, Bahnhöfe, Häfen, Flughäfen).

Auch die Zahl derer wächst, die die Heimat gänzlich von einem festen Ort ablösen und sich auf neue Weise unterwegs zuhause fühlen, sei es, weil sie damit ihren Lebensunterhalt verdienen, oder einfach nur, weil sie es so wollen. Schiffe etwa, die lange fast ausschließlich die *Unterwegsheimat* von Seeleuten waren, sind es nun auch für die zahllosen Passagiere, die Kreuzfahrten buchen. Der Heimathafen hat als Heimat ausgedient. *Heimat ist nicht mehr, wo der Anker geworfen, sondern wo er gelichtet wird.* »Das Schiff ist jetzt meine einzige Heimat«, bekundet mir eine 70-jährige Dame im Gespräch nach dem Tod ihres Mannes, mit dem sie viele Kreuzfahrten unternommen hat.

Der LKW ist die *fahrende Heimat* derer, die Güter über weite Entfernungen transportieren und sich unterwegs wohnlich in den Fahrerkabinen einrichten, in denen sie Tage und Nächte verbringen. *Workamper* sind im Wohnwagen zuhause, dieser klassischen Unterwegsheimat der Moderne. Mit ihm ziehen sie umher und machen dort Station, wo sie Arbeit finden, tauschen sich auf eigenen Kommunikationskanälen mit Anderen über ihr Leben aus und geben sich wechselseitig Tipps. Urlaubern ermöglicht der Wohnwagen schon lange, nach Belieben »ins Blaue« zu fahren und dort zu verweilen, wo es am schönsten und ruhigsten ist, im Freien zu speisen und unter glitzerndem Sternenhimmel zu schlafen, pure Romantik. Abgesehen davon, dass zwischendurch der Fäkalientank geleert werden muss.

Den *Somewheres*, die weiterhin an einem bestimmten Ort ihr Zuhause sehen, stehen *Anywheres* gegenüber, deren Zuhause irgendwo sein kann (Begriffe von David Goodhart, 2017). Das Fluide des *Driftens* ist ihr Lebensstil. Ihre Heimat ist der Planet selbst. Seine Weite ist nun die *Weide*, nach der Nomaden schon in antiker Zeit benannt wurden (griechisch *nomas*, Genitiv *nomados*, »auf der Weide umherschweifend«).

Der entscheidende Dammbruch vollzog sich mit den global verfügbaren Medien, die das Leben und Arbeiten unterwegs ermöglichen und die Reiseorganisation erleichtern. Über weltumspannende Portale buchen auch wir Unterkünfte, finden uns vor Ort per GPS zurecht, und erledigen anfallende Arbeiten am mobilen Bildschirm, während wir etwa im andalusischen Frühling unter den Duftwolken blühender Orangenbäume in den Straßencafés von Sevilla sitzen. Unseretwegen wandelt sich das Erscheinungsbild der Städte, in denen es zum Geschäftsmodell geworden ist, heruntergekommene Häuser aufzukaufen, zu sanieren und zu modernisieren, um die Wohnungen mit gutem Standard und robustem Design an *globale Nomaden* zu vermieten. Per E-Mail erhalten wir vor Ort den Zahlencode, der als Sesam-öffne-dich dient. Überall begegnen wir Anderen, die wie wir mit dem Smartphone in der Hand und suchendem Blick den Rollkoffer über die Pflastersteine älterer Zeiten scheppern lassen.

Die Gründe dafür, dass das Unterwegssein selbst zur Heimat wird, mögen von Mensch zu Mensch differieren, gemeinsam ist jedoch allen, die bei dieser Seinsweise Vertrautheit und Geborgenheit erfahren, die Nutzung digitaler Techniken. Das moderne Unterwegssein ist an die Beheimatung im virtuellen Raum gebunden, der ohne räumliche Ausdehnung über jede Entfernung hinweg die Verbindung mit Anderen zu bewahren erlaubt. Per *portabler Heimat* ist eine planetenweite Kommunikation pausenlos möglich. In der Epoche des Internet sind auch die Abwesenden stets anwesend, Familie und Freunde werden über soziale Medien auf dem Laufenden gehalten. Aus der Heimat im Sinne der Bindung an einen bestimmten Ort ist die Ungebundenheit der Unterwegsheimat *mit Blick auf ein Display* geworden. Vertraute Apps stellen nun das Basislager dar, das hilft, sich überall zurechtzufinden.

Das nomadische Sein früherer Zeiten hatte zur Folge, dass jede Ecke der Welt erschlossen und besiedelt wurde. Sesshaftigkeit herrschte daraufhin vor, aber immer wieder lösten Kriege und klimatische Veränderungen neue Völkerwanderungen aus. An der älteren Form des Menschseins hielten durch alle Zeiten hindurch Völker wie die Beduinen, Berber oder Fulani fest. In Indien führten die Banjaras schon in antiker Zeit ein nomadisches Leben, bei dem sie Waren zwischen den entlegensten Regionen hin und her transportierten. Einige zogen mit den Truppen Alexanders nach Westen. Die Roma in Europa und Amerika stammen von ihnen ab, die Sprache *Romani* hat ihre Wurzeln im Sanskrit. In Indien selbst setzte erst der Bau des Eisenbahnnetzes durch die britische Kolonialmacht ab Mitte des 19. Jahrhunderts ihrer Art zu leben ein Ende. Seither sind Banjaras oft als Straßenhändler in indischen Städten anzutreffen.

In Indien begegnen wir auch der modernen nomadischen Seinsweise. *E-Nomaden* aus aller Welt bevölkern die *Guesthouses* etwa der südindischen Metropole Bangalore, wo sie auf der hölzernen Terrasse schon frühmorgens lautstark ihren globalen Geschäften nachgehen, Knopf im Ohr, Laptop auf den Knien, ihr *Mobile Office*. Zwar gehört die Stadt nicht zu ihren bevorzugten Anlaufstellen, zu mörderisch sind Verkehr und Luftverschmutzung. Auch das digitale Dasein kommt nicht ohne analoge Kriterien aus. Die ortsansässigen *Techies* meist indischer Herkunft haben sich in *Gated Communities* im Süden der Stadt zurückgezogen, wo in einer Gegend, in der Kokospalmenwälder wuchsen, Anfang des 21. Jahrhunderts eine *E-City* aus dem Boden gestampft wurde. Darüber, dass die dort bezahlten Gehälter einen Vorteil auf dem Heiratsmarkt verschaffen, mokiert sich gerade eben die Nachwuchsorganisation der Brahmanen, die aber vermutlich vergeblich auf althergebrachten Standesprivilegien insistiert.

Verfügen die nomadischen Völker noch über ein älteres Wissen und Können, müssen die modernen Nomaden erst neu lernen, stets anderswo ihr Lager aufzuschlagen, das zur Moment- oder Verweilheimat beim Umherschweifen wird. Wie sehr das Unterwegssein jedoch auch das Leben der Nichtnomaden in fortgeschrittener Moderne charakterisiert, zeigt der inflationäre Gebrauch der Vokabel »unterwegs«. Für die Fitness sind viele auf Ergometern »unterwegs«. Gedruckte Zeitungen sind in ihren Verbreitungsgebieten »noch gut unterwegs«. Ganze Konzerne sind sogar »wegweisend unterwegs«. Ältere Menschen sind »traditionell unterwegs«, jüngere auf *Insta* (und schon die nächste Generation wird rätseln, was das war). »Ich suche die völlige Leere und Austauschbarkeit, eine globale Existenz«, lässt Albert Ostermaier die Gestalt des globalen Nomaden, Leo Torn, in seinem Flughafen-Stück *Letzter Aufruf* sagen, 2000 in Wien uraufgeführt. Aber wieso »Leere«? Könnte diese Existenzform nicht ganz im Gegenteil sehr erfüllt sein? Ich könnte mir vorstellen, sie selbst zu leben.

In Weblogbüchern, so genannten *Blogs*, digitalen Tagebüchern, berichten viele von ihren Erfahrungen unterwegs, wie dies einst nur die wenigen für ein interessiertes Publikum tun konnten, deren Reiseberichte gedruckt wurden. Menschen wie beispielsweise Blaine Gibson dokumentieren ihr freies Dasein als Weltreisende auf Instagram und einer eigenen Website. Seine Eltern vererbten ihm ihr Haus, er verkaufte es und reist seither um die Welt, alle Länder will er kennenlernen, bei möglichst vielen historischen Ereignissen live dabei sein. Erfunden aber wurde die Existenzform des globalen Nomaden noch ohne digitale Techniken im 20. Jahrhundert, als Hippies mit *Rucksacktrageheimat* und übergroßem Gottvertrauen loszogen und eine *Renomadisierung* einleiteten. Sie waren es, die überall auf der Welt erste Basislager errichteten, die den Nachkommenden komfortablere Ausgangs- und Auffangstationen boten.

»Das Gefühl von Zuhause kann sich überall einstellen«, meint Felicia Hargarten, die ihrem *Online-Business* rund um die Welt nachgeht. »Denn es hat nichts mit dem Äußeren zu tun, sondern ist ein Gefühl von innen.« Sie machte mit Anfang 20 ihre erste Weltreise und entschied mit Anfang 30, ein professionelles *orbitales Leben* zu führen, ein Leben im Orbit, ohne Unterlass den Planeten umkreisend wie in einem Raumschiff, das von der Umgebung abgeschottet ist, aber auch mal zur Zwischenlandung ansetzt. *Home Bases* rund um die Welt sind dafür erforderlich und der Verzicht auf überflüssige Dinge, die Bereitschaft zur maximalen Reduktion, zur Reduktion auf das Wesentliche, wie einst bei antiken Kynikern. »Reduce to the max« heißt unter elektronischen Bedingungen: *Reduce to the Lap.* Mit Laptop kann immerzu und überall der Verkehr mit aller Welt aufrechterhalten werden, während das Ich ganz für sich lebt und als *Digital Creative* oder einfach als *Clickworker* tätig ist.

Plattformen wie Hometogo oder Nomadlist offerieren die aktuellen Rankings der besten Orte für das *Remote-Working*, das Arbeiten in der Ferne. Datenvolumen und Schnelligkeit des Internet, Verfügbarkeit von *Coworking Spaces* und der Preis für einen Café Latte geben den Ausschlag. Die Wahl des Arbeitsortes ist schwierig, denn es steht buchstäblich die ganze Welt offen. Ganz einsam will dabei jedoch kaum jemand sein. Wichtig ist vielen die Gemeinschaft mit anderen digitalen Nomaden. *Communities* in den sozialen Netzen sorgen dafür, dass auch unter Fremden Vertrautheit entstehen kann. Da virtuelle Netze einen Menschen dennoch nicht so auffangen können, wie analoge Netze es tun, wenn es darauf ankommt, ist es ratsam, parallel zu den vielen virtuellen Beziehungen einige auch real durch Begegnungen zu pflegen.

Einen Spitzenplatz im Ranking der digitalen Nomaden besetzt Chiang Mai im Norden Thailands. Zahllose Fans versammelt etwa die Facebook-Gruppe *Digital Nomads Chiang Mai*, die das angenehme Klima, preiswerte Mahlzeiten und attraktive Dschungeltouren rühmt. Zum Hotspot wurde die Stadt wohl auch, weil der Blick, der im Café an der Nimmanhaemin Road zwischendurch vom Bildschirm abgewandt wird, auf buddhistische Tempel fällt. Werden im Norden und Westen des Planeten die Tage kälter, lässt sich im Südosten die Wärme genießen. Der *Chiang Mai International Airport*, CNX, bürgt dafür, jederzeit abheben zu können, um anderswo anzukommen. Nächstens dann in Berlin, im Café St. Oberholz oder in den *Roamers*, den »Vagabunden«, einem winzigen, wilden Laden in Berlin-Neukölln für Viertelstundenaufenthalte, mit der Gewissheit, Teil eines planetaren Kommens und Gehens, mithin wieder eines großen Ganzen zu sein. Kaum zu glauben, dass so viel Welt in so wenige Kubikmeter Luft passt, aber das gilt im Grunde für den gesamten Planeten, dessen Atmosphäre von außen gesehen weit dünner ist, als es aus Binnensicht den Anschein hat.

Den Erdball zu umrunden, ein paar Wochen hier und ein paar Monate dort zu bleiben: Auch das kann Heimat sein. Heimat ist kein bestimmter Ort mehr, eher »eine Odysee« (Viktor Mazin, *Unheimat*, 2020). Auch die kann zum vertrauten Zustand werden. Es wäre reizvoll, dabei der romantischen Idee eines Novalis zu folgen, in dessen Augen das Paradies gleichsam über die ganze Erde verstreut wurde und daher unkenntlich geworden ist. Er hoffte, dass durch Herumreisen, durch *transitorische Tätigkeit*, die Fragmente wieder zusammengesetzt werden könnten, der verträumte Winkel hier, die südliche Küste dort. Wie bei einem zerfallenen Mosaik, dessen Teile sich von Neuem zum Bild fügen lassen, könnte auf diese Weise das Paradies wiedererstehen. Die vielen Heimaten, die unterwegs zu finden sind, könnten zur größeren Heimat beitragen, als die die ganze Erde empfunden wird, ein farbenfroher, paradiesischer Ort im Kontrast zur Schwärze des Alls.

Aber was ist, wenn der Überdruss wächst, an den verschiedensten Orten in immer gleichen Räumen anzukommen? Zum Verwechseln ähnlich sehen sich die gesichtslosen Ausstattungen von Wohlfühlblasen überall auf dem Planeten, daher kann der Ort so umstandslos gewechselt werden wie die nächste Website aufgerufen wird (Kyle Chayka, *Welcome to AirSpace*, Essay, The Verge, 2016). Für ein kontrastreicheres Leben würde es genügen, auf die Aktivierung der gewohnten Apps zu verzichten und nicht länger den Empfehlungen der Influencer auf den vertrauten Plattformen zu folgen, sondern selbst zu recherchieren und diejenigen persönlich zu befragen, die sich vor Ort auskennen – oder auf gut Glück einfach loszugehen.

Jeden Monat ein anderes Land? Das festigt das Lebensgefühl, ein Weltbürger zu sein. Kants Idee des *Weltbürgertums* wird damit auf eine Weise real, die er sich nie hätte träumen lassen. Auch wenn Nationalstaaten noch lange fortbestehen werden, schon weil ihre Organisation überschaubarer ist, verlieren Nationalität und kulturelle Herkunft an Bedeutung. Das Unterwegssein befördert die Art von Bildung, die Wilhelm von Humboldt vorschwebte, nämlich dass ein Mensch versucht, »so viel Welt, als möglich zu ergreifen, und so eng, als er nur kann, mit sich zu verbinden« (*Theorie der Bildung des Menschen*, ca. 1793, in: *Schriften zur Bildung*, 2017). In jedem Ich wächst ein globales humanes Bewusstsein in dem Maße heran, in dem es sich auf eigene Erfahrungen an Orten rund um die Welt und die dortigen Begegnungen mit Anderen beziehen kann. Und dies nicht nur in der Welt der Gegenwart.

Eine ausladende Palmenallee führt zum monumental aufge-
schichteten, kantigen Bau des chinesischen Architekten I. M.
Pei hinauf. Es ist eine Inszenierung in der Bucht von Doha,
der Hauptstadt von Katar, mit Blick auf die Hochhauskulisse
gegenüber, alle Bauten hochgezogen aus dem Sand, in dem 1937
riesige Erdölvorkommen entdeckt wurden, für mehr als hundert Jahre der elementare Treibstoff der fossilen »Petromoder-
ne«. Drinnen beherbergt das *Museum für Islamische Kunst* seit
2008 Kostbarkeiten aus vielen Jahrhunderten islamischer Kulturen zwischen Indien und Spanien. Sie unterstreichen den
Anspruch des Emirats, Sammelbecken der unterschiedlichsten Herkünfte zu sein. Am meisten beeindruckt uns die Sammlung von *Astrolabien*, Sternmessgeräten, die in der griechischen
Antike entwickelt, Jahrhunderte später von arabischen Gelehr-
ten perfektioniert und über Spanien wieder nach Europa eingeführt wurden. Die Perfektionierung hatte Gründe: Die Geräte
erlaubten an jedem Ort eine genaue Bestimmung der Gebets-
zeiten und der Position von Mekka, in dessen Richtung im Is-
lam zu beten ist. Was für eine tolle Welt, die solche Präzisions-
instrumente und Kunstwerke schuf!

Wir verlieren gerne Zeit in Museen. Ihr Ambiente ist uns
vertraut und vermittelt auch in fremder Umgebung ein Gefühl
von Zuhause, wie jetzt beim Zwischenstopp auf dem langen
Weg von Europa nach Asien. In der Außenwelt öffnet sich der
Zugang zu einer Innenwelt mit Dingen, die dazu da sind, betrachtet zu werden, wohlsortiert und bestens ausgeleuchtet in
Ländern wie Katar, die die Mittel dafür erübrigen können, zuweilen wahllos angeordnet und schlecht konserviert in Ländern wie Indien, die andere Sorgen haben. Wir verlassen die

Gegenwart und brechen auf zu einer Zeitreise. Eine andere Welt tut sich auf, mindestens eine. Wo wir Zeit verlieren, gewinnen wir neue, individuell und kulturell. Im Spiegel der älteren Zeiten, für die die ausgestellten Dinge stehen, können wir uns im größeren Rahmen sehen und unseren Lebensweg eingliedern in den Weg der Menschheit durch die Epochen. Die zeitliche Dimension zu Bewusstsein zu bringen, ist der Nutzen von Museen für das Leben. Das Bedürfnis nach einer Erweiterung des Blicks erfährt Befriedigung: Woher kommen wir? Auf welche wirksamen Kräfte in der Vergangenheit lassen die Dinge schließen? Wohin zeigen die Vektoren jetzt? Was bedeutet das für uns?

»Heimat ist ein Raum aus Zeit«, behauptete eine filmische Familiengeschichte von Thomas Heise 2019. In Museen ist das auf eigene Weise wahr geworden. Zumindest geschichtlich orientierte Museen geben vergangenen Zeiten in gegenwärtigen Räumen eine Heimat. Ihre Heimatpflege besteht darin, Dinge aus ihrer angestammten Umgebung zu lösen und sie vor dem vorzeitigen Verfall zu retten. Deren Anordnung in den Museumsräumen macht es möglich, über verschiedene Stationen im Raum durch die Zeiten zu wandern. Im größeren Raum der Welt, den wir durchqueren, sind wir froh über die räumlichen Orientierungspunkte, die Museen sind, und die Orientierung in der Zeit, in der wir ebenfalls unterwegs sind. Und nicht nur wir betrachten das als Bereicherung. Rund um die Welt erfreuen Museen sich wachsenden Zuspruchs.

Das hat mit der Zeit der Moderne zu tun. *Auf Modernisierung folgt Musealisierung*, damit die Vergangenheit zumindest noch mit Restbeständen eine Bleibe in der vorwärtsstürmenden Zeit erhält. Nach der Entwurzelung beginnt die Suche nach den Wurzeln, die in früheren Epochen vermutet werden. Daher das explosionsartige Aufblühen der Museumslandschaft etwa in China. Mit Tausenden neuer Museen versucht eine eigentlich tief in der Geschichte verankerte Kultur sich ihrer Herkunft wieder zu versichern und ihr Werden nachzuvollziehen, etwa im *Suzhou Museum* von I. M. Pei von 2006, architektonisch ein Vorschein auf den Museumsbau in Doha. Die Stadt Ningbo ließ 2008 ein Museum aus Ziegeln von Abrisshäusern errichten, damit die von Beton verschüttete Bautradition wenigstens auf diese Weise noch überliefert wird. An das katastrophale Erdbeben von 2008 erinnert das unterirdisch angelegte *Chengdu Beichuan Earthquake Memorial* in einer atemberaubend zerrissenen künstlichen Landschaft. Und jedes Museum gestaltet nicht nur eine innere Landschaft, in der die Besucher umhergehen können, sondern ist auch eingegliedert in eine äußere Landschaft, in der die architektonischen Gebilde zum Ankerpunkt werden, um eine städtische Struktur dort zu gewinnen, wo die ländliche verlorenging (*Guangdong Museum* in Guangzhou).

Vergangenheit wird durch den Bruch mit einer Gegenwart geschaffen. Etwas wird nicht mehr so gemacht, wie es immer gemacht worden ist. Etwas verändert sich und diese Veränderung macht die Zeit erfahrbar. Jeder Einzelne sorgt selbst für Vergangenheit, wenn er eine vertraute Gegenwart abbricht, den Wohnort wechselt, eine Tätigkeit oder Beziehung beendet. Was bis dahin mit größter Selbstverständlichkeit unmittelbar präsent war, kann fortan mit wachsender zeitlicher Distanz von außen betrachtet und als Teil einer Geschichte beschrieben werden. Daher ist es so schwer, die Geschichte der Gegenwart zu musealisieren: Es fehlt an Distanz zu ihrer Präsenz. In Museen für Gegenwartskunst sind Dinge ausgestellt, deren Gegenwart bereits die Vergangenheit droht. Bald schon verschwinden sie im Depot, verdrängt von neuer Gegenwart.

Wird eine künftige Zeit überhaupt noch Notiz von ihnen nehmen?

Noch schwerer haben es Museen wie das 2019 eröffnete *Futurium* in Berlin, das sich als »Zukunftsmuseum« versteht. Kaum ist außer der Vergangenheit die Gegenwart musealisiert, trifft dieses Schicksal auch die Zukunft. Zwangsläufig ist das Zukunftsmuseum ein Ort, an dem die Zukunft zur Vergangenheit wird, bevor sie jemals Gegenwart sein konnte. Dass ein solches Museum inauguriert wird, kann nur heißen, dass sich die Zukunftszuversicht nicht mehr von selbst versteht. Nach zwei Jahrhunderten Moderne droht das futuristische Feuer zu erlöschen. »Die Zukunft wird seltsam sein«, meinte 2020 einer, der es wissen muss: Elon Musk, der Raumflüge bereits privat organisiert. Er präsentierte den ersten Neurochip, der Gehirninhalte und Smartphones drahtlos verbindet. Was aber sollte die Technik in Zukunft können und was lieber nicht? Ein Museum kann lediglich die Möglichkeiten ausstellen, um das Spiel damit und das Nachdenken darüber anzuregen. Ungewiss ist, was wirklich wird. Zu viele Faktoren interagieren auf unvorhersehbare Weise, zu viele existieren noch gar nicht.

Im Übrigen ist für Ausstellungsbesuche in digitaler Zeit weder die physische Anwesenheit der Subjekte noch die der Objekte erforderlich. Mit der nötigen technischen Ausstattung können Besucher sich den ausgestellten Gegenständen von ferne nähern, sie von allen Seiten in Augenschein nehmen und sogar auf sie einwirken, ohne an ihnen irgendetwas zu verändern, seien es ältere Artefakte oder neuere Kunstwerke (*Die ungerahmte Welt*, Haus der elektronischen Künste, Basel, 2017). Interessant ist, dass sich dennoch viele nicht vom Kult des Originals in wirklich erfahrbaren Räumen verabschieden wollen, erst recht nicht, seit die Vorsichtsmaßnahmen während der Coronavirus-Pandemie 2020 Gelegenheit dazu boten, sich in virtuellen Rundgängen zu üben. *Ausgerechnet in der virtuellen Welt erwacht der Zauber des Wirklichen neu.* Die zeitweilige Schließung der Museen führte dazu, auch hier den Wert analoger Erfahrungen zu erkennen und die Wiedereröffnung herbeizusehnen.

Eine weitergehende Sehnsucht kann sich darauf richten, dass die Dinge wieder so sein sollten wie einst. Bis zur Wehmut bezieht sich in der *Nostalgie* das Heimweh auf eine Wirklichkeit, die zwar vor Augen steht, aber nicht mehr da ist. Auch so finden Menschen Heimat: In der Nostalgie, der sie willentlich einen Platz im Leben geben. Die *verlorene Heimat in der Zeit* gewinnen sie mit einer Verklärung zurück, die das Gefühl einer heimeligen Geborgenheit in der Vergangenheit gewährt, ohne diese wirklich wiederherstellen zu können. Individuell und kulturell werden vereinzelte Museumsstücke in den Alltag integriert, um dem nostalgischen Bedürfnis Genüge zu tun: Mit *Oldies*, die im Radio zu hören sind. Mit *Folklore*, die in Hightech-Umgebung gepflegt wird. Mit Glockenschlägen von *Big Ben*, die weiterschwingen, auch wenn die Welt im Finanztaifun der »City« untergeht. Mit dem *Souq Waqif*, der in Katars Hauptstadt Doha erahnen lässt, was einmal ein arabischer Markt war. Mit Rennkamelen, die an die Bedeutung erinnern, die diese Tiere für das Leben und Überleben in der Wüste hatten.

Nostalgische Verklärung folgt auch auf den Verlust der Heimat in einer Beziehung. *Die Präsenz des Anderen wird mächtiger in der Repräsentation.* Außer Blick gerät alles, was die Erinnerung trüben könnte. Die wohlige oder schmerzliche Wehmut entzündet sich an einem Foto, einem Mitbringsel, einem Notizzettel oder an den gemeinsam geschätzten Songs, die wenigstens auf der Playlist überlebt haben. Es kann ein Flakon sein, der den Wohlgeruch des Anderen für die Ewigkeit konserviert. Die Wärmflasche erinnert an seine oder ihre Fürsorge, das Lebkuchenherz an die Liebenswürdigkeit. Eine Fülle von Anschauungsmaterial bietet das *Museum der zerbrochenen Beziehungen* in Zagreb, 2011 als Europäisches Museum des Jahres gewürdigt, vielleicht inspiriert von Orhan Pamuks Roman *Das Museum der Unschuld* (2008).

Die Nostalgie wird lebbarer, wenn sich zur Wehmut, dass etwas vergangen ist, die Freude gesellt, es erlebt zu haben. Solchermaßen in Erinnerungen zu schwelgen, trägt zur Fülle des Lebens bei. Es ist klüger, eine Vergangenheit auf diese Weise wachzuhalten statt durch die Verbitterung, die das Selbst zum Heimatvertriebenen der Gegenwart macht. Träume von der realen Rückkehr zu einem Früher, als alles noch großartig war, verleiten dazu, die Gegenwart als bloße Verfallsform der Zeit zu betrachten. Die Offenheit für Veränderungen, die sich jetzt vollziehen, und das Verständnis für Jüngere, die in diesem Jetzt ihre Heimat sehen, leiden darunter. Das Verdienst der Nostalgiker liegt immerhin darin, mehr vom Vergangenen zu bewahren, als die Euphoriker der Veränderung davon übriglassen wollen, bis sie, älter geworden, selbst froh sind, anhand bewahrter Dinge ihren Wurzeln nachgraben zu können.

Auffällig ist in jedem Fall, dass in privaten wie öffentlichen Museen Dinge oft mit einer Ehrfurcht betrachtet werden, als handle es sich um sakrale Gegenstände. Die Meditation tritt an die Stelle des Gebets. Museen sind keine Ersatzkirchen, aber auch in ihnen repräsentieren die Dinge etwas Wesentliches, Bleibendes, Unzerstörbares, das quasi-religiös die Zeiten transzendiert. Sie verweisen auf die unsterbliche *Energie*, die in überbordender Kreativität und subtiler Kunstfertigkeit zum

Ausdruck kommt und in Werken materialisiert wird. Schon im *Mouseion* der Antike, dem Ort der Musen (etwa in Alexandrien), wurde dabei neben Erinnerung und Geschichtsschreibung auch den neueren Entwicklungen in Dichtung, Musik, Gesang, Tanz, Theater, Astronomie, Philosophie und Rhetorik Aufmerksamkeit gewidmet. Ebenso müssen moderne Museen sich nicht darin erschöpfen, nur Aufbewahrungsorte vergangener Akte der Transformation von Energie in Materie zu sein. Sie können Orte der Inspiration sein, dass dies weiterhin möglich ist. Frühere Transformationen machen künftige denkbar. Die geöffnete Schatztruhe einstiger Möglichkeiten regt dazu an, über offene Möglichkeiten nachzudenken.

Wenn das Museum in Doha von außen wie von innen wie ein Sakralbau erscheint, dann aus guten Gründen. Es eignet sich besonders gut zur *ästhetischen Anbetung*, also zu einer Art von Religiosität, bei der aus der Wahrnehmung und Bewunderung kunstvoller Werke starke Impulse für das eigene Leben zu gewinnen sind. Mit dem Blick auf die Dinge nehmen wir in aller Ruhe Informationen über sie auf, mit dem Blick an ihnen vorbei hängen wir unseren eigenen Gedanken nach. Nichts steht der Konzentration im Weg. Alles wirkt auf uns: Stehen wir dem Objekt auf Augenhöhe gegenüber oder müssen wir uns hinabbeugen? Fordert es uns auf, näher zu treten (soweit die *Security* es erlaubt), um Details zu sehen? Und was von dem, das wir sehen, spricht uns an? Können wir etwas dabei empfinden, regt es eigene Ideen, Phantasien und Vorstellungen an, oder weist es sie ab? Werden Erinnerungen an eine Szene, eine Landschaft, ein Gesicht in uns wach? Erschöpft von so viel Input, verweilen wir noch im Museumscafé, das sich zur Akklimatisierung anbietet, bevor wir wieder hinaus müssen in die profane Welt.

»Unsere Geschichte ist undenkbar ohne arabische Kulturgüter.«
»Wirklich? Welche?«
*»Die Zahlen! Mit den römischen Zahlen V, XIII, IXX usw. war ja
nicht viel anzufangen. Ohne die arabischen Zahlen 1 bis 9 und die 0 gäbe
es keine moderne Technik und schon gar keine Digitalisierung.«*
»Und wie kamen die Zahlen nach Europa?«
*»Die Araber übernahmen sie aus Indien und hatten sie bei der Erobe-
rung Spaniens im Gepäck. Auf den Ruinen des Römischen Reichs errichteten sie dort für Jahrhunderte ihr al-Andalus und übersetzten Aristoteles, den Quellcode der Wissenschaften in Europa.«*
»Römisches Reich, griechische Philosophie, unsere Geschichte!«

Der Wind weht heftig in der Nähe des Meeres, weiträumig
verstreut liegen die alten Mauern unter der dunstverhangenen
Sonne. Wir wandern auf sandigen und steinigen Wegen und
dem weichen, sattgrünen Rasen dazwischen umher. Vor dem
Tempel der Hera, der »Basilika«, setzen wir uns auf Steinqua-
der und stellen uns vor, was einst hier vor sich ging. Wir sind
die Gegenwart und erzählen uns die Geschichte, blicken die
alte, mit dicken Steinen gepflasterte Straße entlang, am Tempel des Poseidon vorbei, in Richtung des Tempels der Athene.
Wie musste es damals gescheppert haben, wenn Wagen über
diesen Belag holperten! Konnten sich die vielen, die zu Fuß unterwegs waren, rechtzeitig auf so etwas wie Bürgersteige retten? Heute ist es ganz still hier. Ein paar Pinien und Zypressen,
drei Tempel, ein Flüsschen, das ist die Landschaft von *Paestum*.
Die antiken Zeitgenossen sahen eine andere Landschaft vor
sich, eine Stadtlandschaft mit dicht bebauten Straßen, Gassen
und Plätzen. Nur schrittweise kommen wir auf der Pflaster-

straße voran und stoßen auf einen kleinen Platz mit Säulenresten. Es könnte ein Innenhof gewesen sein, in dem Kinder spielten, Geschäfte getätigt wurden und beim alltäglichen Palaver Reden und Widerreden hin und her brandeten.

Wir fühlen uns daheim in diesem Umfeld. Es ist eine berauschende, *pansensuelle* Erfahrung mit allen Sinnen. »Die Schönheit der Ruinen? Ihr Zu-nichts-mehr-nütze-Sein« (Fernando Pessoa, *Das Buch der Unruhe*, 330). Genau das macht ihren Reiz aus. Zum Raum ist hier die Zeit geworden und liegt offen zutage wie ein aufgeschlagenes Buch. *Im Raume lesen wir die Zeit.* Was Karl Schlögel für das so betitelte Buch von 2003 im östlichen Teil Europas unternahm, lassen wir uns im südlichen Teil angelegen sein, in Paestum nahe Salerno, von Rom aus leicht mit der Bahn über Neapel zu erreichen. Der Raum erzählt von den Zeiten, die ihre Spuren in ihm hinterlassen haben. Hier erscheint es nicht mehr als Zufall, dass das abendländische Denken aus mediterranen Landschaften hervorging, wie sie ausgebreitet vor uns liegen. Ihre üppigen Erträge, die viele Menschen ernährten, schufen die materielle Basis dafür, dass Einzelne sich dem Nachdenken widmen konnten, das dann solche Wirkungen zeitigte wie das Werk des Aristoteles und anderer Denker.

Mehrere Gründe sind denkbar dafür, dass wir uns in Landschaften der Vergangenheit zuhause fühlen. Anders als die unentschiedene Gegenwart und die ungewisse Zukunft bietet die Vergangenheit entschiedene Gewissheit. Jedenfalls erscheint sie so. Sie erweckt damit mehr Vertrauen als die Welt der Gegenwart, die in ihrer Unübersichtlichkeit befremdlich anmutet. Und die Vergängenheit erzählt eine Geschichte, die in der Gegenwart erst noch zu schreiben ist. Die Anschaulichkeit zeitlicher Zusammenhänge in Form eindrucksvoller Ruinen kann mit der Geschichte der Kultur außerdem die der eigenen Existenz näherbringen. Was mich selbst angeht, stelle ich mir vor, dass ferne Vorfahren aus Griechenland oder einer griechischen Kolonie wie Paestum hätten stammen können. Als griechische Söldner würden sie bei römischen Feldzügen in meiner Heimatregion nördlich der Alpen Fuß gefasst haben. Dass *wir* uns so gerne in alten südlichen Gemäuern aufhalten, hat aber noch andere Gründe. Das einst hier gesprochene Latein und Griechisch hat uns zu Studentenzeiten zusammengeführt und mit unserer Liebe auch die zu antiken Landschaften begründet, räumlich, zeitlich und geistig.

Geschichte ist eine Möglichkeit, Sinn zu finden. Das spricht dafür, sich für historische Zusammenhänge zu interessieren. Der Faden einer Kontinuität, der aus der Vergangenheit bis in die Gegenwart reicht, stärkt die Selbstgewissheit. *Menschen werden ihrer selbst sicherer, wenn sie nicht nur ihren Ort im Raum, sondern auch ihren Moment in der Zeit kennen.* Den Faden zu verlieren, erhöht die Gefahr, zu irrlichtern, die Orientierung in der Zeit zu verlieren, nicht mehr über die jeweilige Aktualität hinauszublicken und ihr damit ausgeliefert zu sein, ja, von ihrer Hektik gejagt zu werden. Wird umgekehrt die Selbstgewissheit der Kontinuität zu groß, hemmt das allerdings die Beweglichkeit, die nötig ist, um auf neue Fragen der Gegenwart zu antworten. Die Antwort etwa auf Klimawandel und Digitalisierung kann wohl kaum sein, einfach weiterzuleben wie gewohnt.

Misslich ist, die Geschichte nicht vollständig kennen zu können. Jede Zeit ist überschüssig, sie produziert weit mehr Dinge und Informationen, als in Museen und Geschichtsbüchern Platz finden können. Das Bedürfnis nach Übersichtlichkeit erfordert, all das überschaubarer und fassbarer zu machen. Die Geschichte beruht daher auf einer Reduktion, einem Weglassen all dessen, was sich für ihren Fortgang als irrelevant erwiesen hat oder auch einer bevorzugten Deutung im Weg steht. Um die Frage, was aussortiert werden soll, dreht sich von Zeit zu Zeit der Streit. Manche wollen die gewohnte Sichtweise beibehalten, Andere eine andere durchsetzen, aus welchen Gründen auch immer. Unabhängig davon findet eine Reduktion von Geschichte ständig statt. Neues drängt sich tagtäglich vor. Wichtig wäre, sich ein Bewusstsein dafür zu bewahren, dass Geschichte immer mehr als das ist, was aktuell von ihr übrig ist.

Materialien für eine *Heimat in der Zeit* stellen Archivare bereit. Die wiederum sprechen von »Überlieferungsbildung«, wenn sie entscheiden, was aufbewahrt und vorgezeigt, weggestellt und dem Staub überantwortet wird. Neu ist im 21. Jahrhundert das »unendliche Archiv«, das keinen Ort mehr hat und sich nicht im Raum erstreckt. Ein unendliches Archiv ist das Internet für fast alles, beispielsweise für Musik. Was jemals komponiert und konserviert wurde, ist überall und jederzeit verfügbar, auch ich nehme den Service gerne in Anspruch. Anders als bei einem herkömmlichen Archiv ist jedoch keine umfassende sinnliche Erfahrung damit verbunden, keine kompakte Begegnung mit einer anderen Zeit findet statt, kein aufregender Zeithorizont wird eröffnet, kein Erlebnis hinterlässt einen bleibenden Eindruck. Niemand hat mit kompetenter Ignoranz eine Auswahl getroffen, niemand stellt Zusammenhänge her. Natürlich kann ich alles selbst recherchieren, aber kann ich es auch umsichtig einordnen?

Das gilt auch für Paestum, in dem wir uns real bewegen. Wir können uns nur aneignen, was Andere erforschten: Dass die Stadt bereits in vorchristlicher Zeit nach ihrer Eroberung durch die Lukaner, dann die Römer, an Bedeutung verlor. Dass sie im Mittelalter im Sumpf und im Vergessen versank. Auch Orte haben ihre Lebenszeit, irgendwann zieht die Geschichte weiter und lässt sie achtlos zurück. Als im 18. Jahrhundert die Ruinenfelder wiederentdeckt wurden, nahmen Italienreisende wie Goethe und Seume sie umgehend in Augenschein. Welche Wertschätzung die südlichen Ruinen in unserer nördlichen Wahlheimat genossen, führt ein großes Wandmosaik vor Augen, das sich in dem damals von Schinkel neu gestalteten Schloss Neuhardenberg östlich von Berlin findet. Theodor Fontane berichtet (*Wanderungen*, Das Oderland), dass Papst Pius VII. es um 1820 in den Vatikanischen Werkstätten für den preußischen Staatskanzler und Reformer Karl August von Hardenberg anfertigen ließ, der das Geschenk offenbar sehr zu schätzen wusste: *Die Tempelruinen von Paestum.*

In den Ruinen entdecken wir jetzt einen Platz mit Säulenresten und einer großen rechteckigen Vertiefung. War es ein Schwimmbad? Eher ein Schwitzbad, die übliche Standardausstattung in römischen Bädern. Durch Öffnungen an der Stirnseite könnte der heiße Dampf eingeleitet worden sein. Das Schwimmbad muss laut Übersichtsplan woanders gelegen haben, aber ein viel größeres stand jederzeit vor den Stadtmauern offen. Das Landschaftsbild eines antiken Malers, das im Archäologischen Museum neben der Ausgrabungsstätte zu bewundern ist, gibt wohl eine Szene am Meeresstrand wieder, der noch heute ein beliebtes Ausflugsziel ist.

Von einem Sprungturm herab hechtet ein unbekleideter Mann beherzt ins graublaue Wasser, das zwei dürre Bäume säumen. Die Freskomalerei in einem gemalten Zierrahmen, ockerrot auf weißem Grund, wurde auf einer steinernen Grabplatte aus dem 5. Jahrhundert v. Chr. in *Poseidonia* entdeckt, wie Paestum vor seiner römischen Eroberung hieß. Andere Innenwände des Grabes zeigen Männer, die ein Symposion feiern, fester Bestandteil der griechischen Kultur. Vielleicht wollten Freunde, die sich von einem aus ihrer Mitte verabschieden mussten, ihm die schönsten Erinnerungen aus dem gemeinsamen Leben mit auf den Weg geben. Fragen, die die Zeiten überdauern, stellten sich vermutlich auch schon ihnen: Wohin geht der, der stirbt? Womit kann er für die unbekannte Welt jenseits des Todes gerüstet werden? Und sollte sich dort die wahre Heimat befinden – was würde das für die diesseitige Welt bedeuten?

Wohin gehen wir? Heimatgefühle in Gräberlandschaften

»Werdet Vorübergehende!« Was der christliche Religionsstifter gemäß dem nichtkanonischen Thomas-Evangelium (Logion 42) gefordert haben soll, ergibt sich beim Unterwegssein ganz von selbst. Vorübergehende im Raum werden wir, indem wir Orte passieren. Aber mit dem Wort ist natürlich etwas Anderes gemeint. Es geht darum, zu Vorübergehenden *in der Zeit* zu werden. Vorübergehende in diesem Sinne sind Menschen (wie alle Wesen) zwar ohnehin. Die Frage ist jedoch, ob sie es auch wahrnehmen. Dazu aufzufordern, Vorübergehende zu *werden*, kann nur heißen, dass die temporäre Passage eine bewusste und sogar bejahte werden soll. Die Bejahung fällt leichter, wenn das zeitliche Leben nicht als wahres Leben betrachtet wird: Das ist der *religiöse* Weg. Die Aufforderung, Vorübergehende zu werden, meint in diesem Fall: »Gründet keine Heimat in der Zeit!« Die Bejahung könnte aber auch leichter fallen, wenn die eigene Lebenszeit als Teil einer langen Abfolge von Zeiten im Rahmen der Geschichte der Familie, der Kultur, der Menschheit, der Evolution betrachtet wird: Das ist der *weltliche* Weg. »Werdet Vorübergehende« kann dann so verstanden werden: »Gründet ruhig eine Heimat in der Zeit, aber seid euch bewusst, dass eure Zeit begrenzt ist!«

Dass der Tod jedes einzelne Leben begrenzt, ist erst einmal eine gesicherte Beobachtung, bis auf Weiteres. Er ist der große Vergangenheitserzwinger. Das Leben, das für einen Menschen lange Zeit völlig selbstverständliche Gegenwart ist, ist plötzlich unwiderruflich vorbei. Das scheint zuweilen auch für diejenigen ein Problem zu sein, die den Abschied von Zeit und Raum als »Heimgehen« bezeichnen, da ihrer Überzeugung nach eine wie auch immer geartete Fortexistenz jenseits von Zeit und Raum die wahre Heimat verbürgt, auf die absolut sicher gebaut und vertraut werden kann. »Unsere Heimat aber ist im Himmel«, heißt es im Philipperbrief des Paulus (3, 20). Aber was soll mit den so genannten sterblichen Überresten geschehen, die im Raum verbleiben und dem Verfall in der Zeit ausgeliefert sind? Tausende von Gräbern beispielsweise in den Katakomben von Syrakus zeugen davon, dass dafür schon sehr früh in der Geschichte des Christentums eine Lösung gefunden werden musste.

Ein Jahrzehnt nach dem Tod von Jesus entstand der Überlieferung zufolge eine Gemeinde an diesem Ort. Paulus soll auf dem Weg nach Rom hier gepredigt haben. Die nackten unterirdischen Kalkfelswände von San Giovanni sind voller Grabmulden. Durch eine kaminartige Öffnung bricht Licht herein. Der Hauptweg, ursprünglich eine in griechischer Zeit angelegte Wasserleitung, mündet immer wieder in kuppelartige Gewölbe, von denen weitere Wege sternförmig abzweigen. Von der Decke tropft Wasser herab. Uralte Malereien heben ein größeres Grab hervor. Eine ganze Totenstadt wurde aus dem

Fels gekratzt, um die Körper für die künftige Auferstehung aufzubewahren. Nur vorübergehend sollten sie hier verbleiben, gemäß dem christlichen Glauben, dass der Körper zwar dem griechischen Ausdruck zufolge *sarx*, also der Sarg der Seele sei, aber in unbestimmter Zeit beim Kommen des Herrn wiederaufleben werde. Für die damals Lebenden war die düstere Gräberlandschaft Heimat, hier lagen ihre Vorfahren. Heute ist es eine Wohltat, das Tageslicht wieder zu sehen.

Lieber suchen wir beim Unterwegssein offen zutage liegende Friedhöfe auf. Es bedarf keiner Nekrophilie, keiner Todesliebe, um sich in diesen Landschaften heimisch zu fühlen, die Liebe zum Leben reicht dafür völlig aus. Es sind Oasen der Ruhe und Besinnung. Das Bewusstsein, das Leben irgendwann beenden zu müssen, befördert entschieden die Freude, dass es jetzt noch nicht so weit ist. Ganz im Sinne des Dialogs, den der amerikanische Autor und Zeichner Charles M. Schulz seine berühmten Comicfiguren führen ließ: »Eines Tages werden wir alle sterben, Snoopy«, sagt der chronisch unglückliche Charlie Brown. »Stimmt«, meint Snoopy, sein philosophischer Haushund. Und ergänzt weise, »aber an allen anderen Tagen nicht.«

Friedhof, Hof des Friedens: Das ist jedes Mal die Atmosphäre, die uns umfängt. Am meisten beeindrucken uns die Friedhöfe in England, Wales, Schottland, Irland. Am liebsten würde ich mich zwischen den windschiefen, verwitterten, verfallenen Steinen in das satte grüne Gras legen. Oberhalb der Grasnarbe, nicht darunter. Die Bestimmung dieser Landschaften des Todes ist eine religiöse, aber auch in weltlich gestimmten Seelen weckt die zauberhafte Einbettung in die Natur religiöse Gefühle. Etwa auf dem Friedhof von St. Mary's Church mit weitem Blick über das Meer an der Nordseeküste von

North Yorkshire. Im Umfeld der *Whitby Abbey* aus dem 13. Jahrhundert, deren Zerstörung drei Jahrhunderte später malerische Ruinen zurückließ, hat sich noch dazu eine andere Art von Transzendenz angesiedelt. Schauergeschichten liegen nahe an diesem Ort, an dem der irische Schriftsteller Bram Stoker seine Romanfigur Graf Dracula, nach Abkehr vom Christentum zur ewigen Diesseitigkeit verdammt, per Schiff von Rumänien aus anlanden ließ, um die 199 Stufen zu den Ruinen hochzuklettern und dort sein Unwesen weiterzutreiben.

Oft kaum noch zu entziffern sind die wenigen Daten, die ein ganzes Leben beschreiben, das unter einem Grabstein zu seiner Wahrheit gekommen ist. Was ist die Wahrheit? Dass auf lange Sicht kein Name übrigbleibt, kein identifizierbares Ich, das sich zeitlebens so viel Bedeutung zumisst. Die Ichs sind wie Schatten, die sich auflösen, aber nicht in nichts, sondern – vielleicht in Licht. Das ist nicht unbedingt metaphorisch gemeint. Energiefelder könnten übrigbleiben, die nach dem Tod des Körpers durch Raum und Zeit geistern. Unendlich viel größer als das Schattenreich der Lebenden könnte das Lichtreich der Toten sein, die schemenhaft in Gedanken, Gefühlen und Erinnerungen der aktuellen Ichs präsent sind. Die Wahrheit des Lebens wäre so gesehen nicht die Auflösung des Körpers in Asche und Rauch, wie sie bei der Verbrennung eines Leichnams wirklich geschieht. Sondern die Auflösung in Energie, die den Menschen belebte, auch vor seiner Zeugung Energie war und nach seinem Tod bleibt, dem Energieerhaltungssatz folgend, wonach jede Form von Energie in andere Formen verwandelt, nicht jedoch vernichtet und auch nicht erzeugt werden kann.

Vorübergehende zu werden, heißt vor diesem Hintergrund, damit einverstanden zu sein, kein bleibendes körperliches Dasein zu haben. Und darauf zu vertrauen, dass über den Tod hinaus ein energetisches Sein und Zusammensein möglich ist, das viele Kulturen als Unsterblichkeit der Seele bezeichnen. »Wir alle wissen, dass wir sterben«, konstatierte Fernando Pessoa in seinem *Buch der Unruhe*. Aber dieses Wissen wird durch ein ungewöhnliches Empfinden übertroffen, wonach »wir alle fühlen, dass wir nicht sterben werden« (473). Es könnte sein, wollte er damit wohl sagen, dass wir zwar Vorübergehende in der Zeit seien, auch ohne es zu wollen: »Das Leben ist eine unfreiwillige Reise, ein Experiment.« Das Medium, mit dessen Hilfe wir unterwegs sind, könnte jedoch eine Art des Reisens erlauben, die nicht an ein Ich gebunden ist, in den Worten Pessoas »eine Reise des Geistes durch die Materie« (373).

Viele Friedhöfe sind Parkanlagen, die zum Flanieren einladen. Zum riesigen *Hietaniemi* in Helsinki gelangt man vom Stadtzentrum aus über die *Arkadiankatu*, die Straße also, die nach Arkadien führt. Glockenschläge künden von einer Trauerfeier. Eindringlich schallen sie von der Kapelle des Krematoriums herüber, aus dessen beiden Türmen Rauch quillt. Der hohe Ton, *Ding*, bleibt in der Luft hängen wie eine offene Frage, bis nach langen Sekunden *Dong*, der tiefere Ton, als erlösende Antwort folgt. Und immer wieder von vorne, gut 20 Minuten lang, mit geradezu hypnotischem Effekt. Das letzte Wort hat die offene Frage, *Ding*, die vergeblich auf eine Antwort wartet. Finnische Persönlichkeiten wie der Architekt Alvar Aalto sind hier begraben, auch Carl Ludwig Engel, Freund Schinkels und Absolvent der Berliner Bauakademie, der der finnischen Hauptstadt ihre klassizistische Prägung verlieh, sowie die Präsidenten Carl Gustaf Emil Mannerheim und Urho Kaleva Kekkonen.

Vom solitären Turm der Friedhofskirche aus führt eine Birkenallee hoch zur Hügelkuppe mit einem riesigen bronzenen Kreuz, von wo sich auch hier ein herrlicher Blick über das Meer auftut, genauer über eine der Meeresbuchten, in die Helsinki hineingebaut worden ist. Könnte dieser Weg nicht auch »Allee der offenen Fragen« genannt werden? Hinter dem Friedhof mit einem großen lutherischen Bereich und kleineren christlich-orthodoxen, jüdischen und islamischen Abteilungen vergnügen sich die Menschen am beliebtesten Badestrand der Stadt. Das könnte tatsächlich *der Sinn des Lebens* sein: *Es zu feiern, solange es währt*, mit oder ohne Bewusstsein seiner Verletzlichkeit und Endlichkeit. Mit Nachdenklichkeit, was danach kommt, oder auch mit völligem Desinteresse daran. Vorübergehende zu werden kann heißen, nichts Anderes als das sein zu wollen, ohne jede Religion und womöglich auch ohne ausdrückliche Entscheidung.

Eine offene Frage ist, was aus der Erfahrung in Gräberlandschaften wird, wenn Grabsteine nur noch virtuell im Internet errichtet werden. Nicht sehr viele werden sie wahrnehmen, aber das gilt auch schon für reale Gräber. Zumindest in moderner Zeit haben die Lebenden Anderes zu tun, als sich um die Toten zu kümmern. Und doch könnte die Aufhebung des so genannten Friedhofszwangs für die reale Bestattung zur Folge haben, wieder häufiger an ein Grab zu geraten, und sei es aus Versehen in Gärten, an Hainen und Flüssen, unter vereinzelten Bäumen und in Wäldern. Vielleicht mit QR-Code, *Quick Response*, um im Vorübergehen noch ein paar Informationen zum Leben des Toten auf dem Display nachlesen zu können. Andere könnten den Toten auch eine Wohnung bei sich selbst geben, indem sie die Urne zuhause aufbewahren oder die Asche in komprimierter Form als Diamantring über den Finger streifen.

In jedweder Form legen Gräber Zeugnis ab von der Geschichte der Menschheit auf ihrem Weg durch die Zeit. Sie bezeugen die Geschichten der einzelnen Menschen, die jeweils eine Wegstrecke gegangen sind. Wir gehen eine weitere Strecke, die ohne unsere Vorgänger nicht denkbar wäre. Was bleibt, ist das Menschenwerk in seiner Gesamtheit, an dem wissentlich und unwissentlich alle mitarbeiten, auch wenn jedes einzelne Leben nur ein begrenzter Beitrag dazu sein kann. Auch so ist die alte lateinische Sentenz *Ars longa, vita brevis* zu verstehen: Das große Kunstwerk bleibt, auch wenn das kleine Leben endet. Manche scheitern nach eigenem Urteil beim Vorübergehen, aber auch ein Scheitern ist wertvoll, denn es zeigt, dass es auf diesem Weg nicht weitergeht, nicht hier und nicht jetzt und womöglich überhaupt nicht. Dann eben auf einem anderen Weg oder Umweg. *Wege zu erproben ist unsere Aufgabe.*

Und dann heimzukehren. »Rückkehr in die Heimat« nannte der Maler Giovanni Segantini ein Bild, das die Berglandschaft des Engadins zeigt. Der, der da heimkehrt, liegt im Sarg, an dem die Familie weint. Auch das Pferd, das den Karren mit dem Sarg zieht, hat den Kopf gesenkt. Der Hund schleicht hinterher. Es ist eine Rückkehr in die Herkunftsheimat, *Ritorno al paese natale.* Am Ende seines Lebens kehrt einer dorthin zurück, von wo aus er in die Welt aufgebrochen ist. Trauer beherrscht das Bild, das Segantini 1895 malte, wenige Jahre vor seinem eigenen Tod. In der Kirche, deren Spitze im Hintergrund zu sehen ist, wird er selbst aufgebahrt werden und in die Natur unter dem alles überwölbenden Himmel heimkehren.

1858 geboren in Arco nördlich des Gardasees, hatte er früh die Heimat in mehrfachem Sinne verloren: Als er sieben Jahre alt war, starb seine Mutter. Den geliebten Ort der Kindheit musste er mit seinem Vater verlassen. Der ließ ihn in Mailand zurück mit dem Versprechen, bald wieder zu kommen, aber der Sohn sah ihn nie wieder. Eine Heimat fand Segantini in der Welt seiner Bilder und bei seiner Frau Bice, mit der er vier Kinder aufzog, bevor er 1899 im Alter von 41 Jahren in der Nähe seiner Wahlheimat am Silsersee im Oberengadin starb. *Arte et amore vincono il tempo*, steht in Marmor gemeißelt über dem Grab der Familie in Maloja, »Kunst und Liebe besiegen die Zeit«. Das ermöglicht ihnen die unsterbliche Energie, die in ihnen lebt, die Heimat im umfassenden Sinne, die viele Grabsteine auf anrührende Weise beschwören.

Wohin gehen wir? Was ist uns wichtig? Was tun wir dafür, es zu realisieren? Was sollten wir verändern, um bei unserem Vorübergehen auf dem Weg zu bleiben, den wir für den richtigen halten? Darüber können wir uns auf Friedhöfen immer von Neuem Gedanken machen. Die Sicht wird klarer am Grab, auf das jedes Leben zusteuert, welche Form auch immer Gräber noch annehmen werden. »Wir leben, um zu erkennen und um uns selbst zu erkennen«, davon war der spanische Philosoph und Theologe Baltasar Gracián überzeugt und schlug dazu vor: »Die erste Tagereise des schönen Lebens verwende man zur Unterhaltung mit den Toten« (*Handorakel und Kunst der Weltklugheit*, 1647, 229). Daher verweilen wir so gerne bei den Gräbern. Es ist ein Moment des Innehaltens im Laufe des allzu raschen Vorübergehens.

Und vielleicht gilt auch am Ende des Lebens, was für so viele Situationen im Laufe des Lebens gilt: *Nichts ist zu Ende, wenn etwas endet.* Die Erfahrung, die ein Mensch im Leben gemacht hat, prägt ihn weiterhin, auch wenn sie schon lange zurückliegt. Das Gespräch, das Menschen miteinander führen, geht in Gedanken zwischen ihnen weiter, auch wenn sie auseinandergehen. Endet eine Beziehung, besteht sie auf andere Weise in den Beteiligten fort und bleibt ein Teil ihres Lebens und ihrer Ichs. Kann nicht auch das Leben, das zu Ende geht, eine andere Form annehmen, sobald das Tor des Todes durchschritten ist?

»Was ich mir am meisten wünsche: Dass wir auch nach dem Tod ganz nahe beieinanderbleiben. Was wir miteinander haben, soll für immer unsere Heimat sein.«
»Wie meinst du das? Dass wir nahe beieinander im Grab liegen sollen?«
»Ja, das auch, aber einer wird vermutlich früher sterben, und dann soll der Andere ihn oder sie wenigstens einmal in der Woche besuchen.«
»Also soll das Grab möglichst in der Nähe sein.«
»Und jeden Tag sollen die Gefühle und Gedanken beim Anderen sein. Die Zeit soll nicht unsere Grenze sein.«

Unsterblichkeit? Vom Verschwinden der Heimat in der Zeit

Die Versuchung ist groß. Sehr groß. Der Kreis derer, die sich verweigern, wird kleiner und kleiner werden. Endlich diese Grenze zu überwinden. Nicht vage metaphysisch, sondern ganz konkret physisch. Der Traum aller Zeiten ist realisierbar, nicht irgendwann in ferner Zukunft, sondern im Laufe des 21. Jahrhunderts. Die Fortschritte der Forschung geben Anlass zur Vermutung, dass es ernst wird mit der Überwindung des Todes. Beiläufig könnte dies dem anderen Jahrhundertthema, der Ökologie, zugutekommen. Wer weiterhin sagen wollte, »nach mir die Sintflut«, müsste damit rechnen, selbst noch darin unterzugehen. Die Auswirkungen eines steigenden Meeresspiegels würden die Leugner der Probleme zu Lebzeiten erfassen.

Die schmerzlichste Wunde im Selbstverständnis des Menschen seit seiner Bewusstwerdung könnte endlich geheilt werden, nicht mehr durch Vertröstungen auf ein Jenseits, sondern durch Eingriffe in den diesseitigen Körper. Ein neuer Markt der Ewigkeiten tut sich auf. Ein ganzer Strauß von *Eternalisierungstechniken* wird aufgefächert. Eine Möglichkeit ist das *Klonen*, allerdings bürgt eine identische Reproduktion nicht für personale Identität, ein misslicher Konstruktionsfehler. Einige Zeit richteten sich die Hoffnungen auf die *Telomere,* die Enden der DNS-Fäden, die die Zellerneuerung regulieren, beim Älterwerden aber abgetrennt werden. Lassen sie sich wieder anstückeln? Ihren Entdeckern wurde 2009 der Nobelpreis verliehen, aber die genauere Korrelation zwischen schrumpfenden Enden und fortschreitendem Alterungsprozess bleibt noch auf unbestimmte Zeit ungeklärt.

Dann eben eine Stammzellenkur! Es ist gut belegt, was die vielfach wirkungsmächtigen, *pluripotenten* Stammzellen alles können, und so wird ihnen auch zugetraut, altersbedingte Schädigungen zu beheben. In jungem Blut sind sie reichlich vorhanden, in Tierexperimenten gelingt diese biologische Auffrischung. Darf das auch bei Menschen gemacht werden? Die Erfahrung lehrt, dass in der Praxis Probleme auftreten, die in der Theorie nicht zu erwarten waren, aber die Forscher werden Lösungen finden. Oder werden winzige *Nanoroboter* in den Blutbahnen Krankheiten bekämpfen und fällige Reparaturarbeiten in den Zellen übernehmen, um deren Verfall aufzuhalten? Andere träumen sogar von Gehirnverpflanzungen oder Auslagerungen des Gehirninhalts in einen externen Speicher, etwa eine *Cloud,* bis sich ein Spenderkörper für die Reinkarnation findet.

Überdies sind Eingriffe ins Genom Erfolg versprechend. Sie könnten auf das Gen SERPINE1 zielen, dessen natürlich vorkommenden Mutationen das Leben um rund zehn Jahre verlängern.

»Transhumanisten«, Überwinder des Menschlichen, nennen die entschiedensten Verfechter solcher Visionen sich selbst. Menschlichkeit ist für sie gleichbedeutend mit Gebrechlichkeit und Sterblichkeit. Trotz Nachbesserungen können weiterhin Unfälle und tödliche Krankheiten das Leben beenden, aber die Visionäre wollen nicht ruhen, bis jede Endlichkeit revidierbar ist. Wo das ewige Leben lockt, kennen Menschen keine Grenzen mehr. Es ist ein Experiment, das wohl besser unterbliebe. Aber Ächtungen oder gar Verbote sind wirkungslos: Was ein Land nicht erlaubt, ist in einem anderen möglich. Das Ärgernis des Todes hinter sich lassen zu können, nie Abschied von den Liebsten nehmen zu müssen, ewig das Leben genießen zu dürfen: All das klingt zu verführerisch, als dass Menschen darauf verzichten würden.

Wie bei anderen Verführungen erscheint es jedoch angebracht, sich vorweg ein paar Gedanken zum eventuell zu erwartenden Danach zu machen. Mutmaßungen anzustellen, ist hilfreich, um auf unliebsame Überraschungen gefasst zu sein. Was aus dem Leben wird, wenn es zeitlich entgrenzt wird, kann niemand sicher wissen. Erst die Erfahrung erbringt Erkenntnisse. Aber die näher rückende Möglichkeit regt dazu an, über die Bedeutung der Endlichkeit nachzudenken, bevor sie zu entschwinden beginnt. Den Visionären selbst liegt das fern, ihre Arbeitsheimat Silicon Valley steht nicht für Nachdenklichkeit, sondern für bedenkenloses Ausprobieren. Sie wissen nicht, was sie tun, aber sie tun es mit der Macht von Milliarden, was die finanziellen Mittel angeht, und mit einem Optimismus, der nicht nach

Konsequenzen fragt: »Frag nicht vorweg um Erlaubnis, bitte hinterher um Vergebung.«

Eine Entwurzelung könnte damit einhergehen, die noch gravierender ausfällt als diejenige bei einem Verlust der *räumlichen* Heimat. Deren Bedeutung lernen Menschen spätestens bei der Entbehrung in der Fremde kennen, wie sie schon bei einer längeren Reise zu erfahren ist. Dass Menschen auch auf eine *zeitliche* Heimat angewiesen sind, liegt weniger auf der Hand. Und doch richten viele ihr Leben gerne im vertrauten zeitlichen Rahmen von Tagesablauf, Wochenrhythmus und Abfolge der Jahreszeiten nebst zugehörigen Ritualen und Festtagen ein. Es ist der überschaubare zeitliche Horizont, der sie davor bewahrt, sich zu verlieren und »aus der Zeit zu fallen«. Eine Heimat in der Zeit bietet vor allem der Horizont der Lebenszeit mit all den Jahren, die dem Einzelnen als »seine Zeit« gegeben sind. Dafür, »für den Anfang und das Ende / und die paar Minuten dazwischen« dankte Hans Magnus Enzensberger in seinem Gedicht »Empfänger unbekannt – Retour à l'expéditeur« (*Kiosk. Neue Gedichte*, 1995).

Unmerklich entsteht ein Heimatgefühl in der Zeitspanne zwischen Geburt und Tod. Zwischen diesen Eckpunkten liegt die *eigene Zeit*, die in der ersten Hälfte des Lebens schier endlos erscheint, in der zweiten Hälfte aber, nach dem Zerplatzen der Unsterblichkeitsblase im Fühlen und Denken, plötzlich als erschreckend knapp realisiert wird. Zuhause ist ein Mensch in dieser Zeitspanne, da ihm die persönlichen und historischen Ereignisse, die zu »seiner Zeit« geschehen, sowie die typischen Musikstile, Gedanken und Verhaltensweisen vertraut sind. Verlieren sie ihre Vertrautheit, wird ihm bewusst, dass dies nicht mehr seine Zeit ist. Mit den Jahren gleitet er allmählich aus der veränderten Zeit hinaus. Während die Jüngeren die Zeit, in die sie hineingeboren werden, mit größter Selbstverständlichkeit für ihre Heimat halten, beginnen die Älteren damit zu fremdeln, da »nichts mehr so wie früher ist«.

Was aber wird aus der Heimat in der Zeit, wenn das Leben keine zeitlichen Grenzen mehr kennt? Was wird aus dem menschlichen Leben, wenn es keinen zeitlichen Rahmen mehr hat? Es wird nicht mehr möglich sein zu sagen, dass dies »meine Zeit« ist, da diese Zeit immer weiter gestreckt werden kann, letzten Endes bis in alle Ewigkeit. Die Ewigkeit aber könnte wider Erwarten schrecklich ausfallen, wenn sich herausstellt, dass Menschen nicht nur einer Ecke im Raum bedürftig sind, in die sie sich zuweilen zurückziehen können, sondern auch einer Falte in der Zeit, die ihnen ein Gefühl von Vertrautheit und Geborgenheit gibt.

Das Eigene und Vertraute kommt durch das Andere und Unvertraute erst zu Bewusstsein. So verhält es sich schon mit der Heimat im Raum. In diesem Sinne gilt: *Heimat braucht Fremdheit*. In der Zeit ist eine Kontrasterfahrung der Fremdheit etwa bei der Konfrontation mit einer Krankheit zu machen, die die Grenzen der Existenz näher an das Ich heranrückt. Gerade in diesem Moment bemerken viele, was für eine großartige Sache es doch war, sich des Lebens erfreuen zu können. Aus der Gegenwart, die lange Zeit einfach nur da war, wird Vergangenheit. Die zeitliche Grenze stellt die Schönheit der Heimat in der Zeit vor Augen. Sich der Zeitlichkeit bewusst zu sein, wird vor diesem Hintergrund zu einer besonderen Form der Heimatpflege. Jeder Tag, jede Stunde wird von da an wertvoll.

Wenn es aber keine Fremdheitserfahrung mehr gibt, weil ein Mensch immer in der Zeit bleiben kann, die nie endet? Tage und Jahre wären wie Kieselsteine in beliebiger Menge vorhanden, niemand würde sie wegen Knappheit länger wie Gold behandeln. Und womit könnten die gewonnenen 1000, 10 000, 100 000 Jahre ausgefüllt werden? Mit noch mehr Kreuzfahrten? Immer im Kreis um den Planeten herum? Die befremdliche Erfahrung des Älterwerdens, an Grenzen der Zeit zu gelangen, jenseits derer etwas völlig Unbekanntes wartet, würde niemanden mehr darauf stoßen, was für ein kostbares Gut die Lebenszeit ist.

Vieles spricht dafür, dass das große Gähnen einsetzt, wenn keine Grenze mehr den Wert des Lebens erfahrbar macht. Wie Einzelgenüsse büßt auch das Leben selbst durch unbegrenzte Verfügbarkeit allen Reiz ein. Statt der erhofften ewigen Lust schwindet jede Lust, denn wozu sich zu Unternehmungen aufraffen, wenn dafür endlos viel Zeit zur Verfügung steht? Wozu einen Streit beizeiten beenden? Der Gedanke, es sei schade, die gemeinsame Zeit so zu vertun, muss niemanden mehr quälen. »Bis dass der Tod euch scheidet!« Für die, die nicht gerne zusammen sind, ist das keine Hoffnung mehr. Etwas Neues in Angriff nehmen? Viel zu anstrengend! Auch ein Ende der wissenschaftlichen Neugierde und technischer Neuerungen ist absehbar, zum Stillstand gebracht just durch eine Neuerung, Ironie der Geschichte. Revolutionen verlieren ihren Sinn, denn über sehr lange Zeiträume hinweg wird die Einsicht unabweisbar, dass an einem Grundlevel an Dummheit und Ignoranz sowieso nichts zu ändern ist. Dass die Welt sich weiterdreht, aber immer im Kreis, fällt jetzt erst so recht auf.

Wenn es ernst wird mit der Ewigkeit, hat jeder Einzelne eine unangenehme Entscheidung zu treffen: Beim herkömmlichen Verfahren der Lebensbeendigung zu bleiben (*Option A*) – oder aber Gebrauch von den neuen Möglichkeiten zu machen (*Option B*). Der Tod verändert seine Gestalt, denn er unterliegt fortan in jedem Fall der Selbstbestimmung des Einzelnen. Selbst dann, wenn ein Mensch weiterhin bei der alten Verfahrensweise bleiben will, handelt es sich dabei um die *selbstgewählte* Option A, und vielleicht ist es sogar eine selbstverschuldete, denn er hätte es anders haben können, hätte er es nur gewollt. Wählt er aber Option B, muss er noch portionsweise die lebensverlängernden *Mittel* für Jahre, Jahrzehnte, Jahrhunderte erwerben, die Preise entsprechen der Nachfrage. Keine Kasse übernimmt die Kosten. Einige werden sich Jahrtausende leisten können, Milliardäre sogar die Ewigkeit, viele aber kein Jahr. Zwar steht jeder vor dem Aus, wenn er nicht rechtzeitig für eine weitere Runde gespart hat oder ein Unglück erleidet, insofern löst sich das Lebensende nicht restlos auf. Aber die mögliche Überwindung des Grabes gräbt soziale Unterschiede tiefer ein als je zuvor.

Seit Menschengedenken war der Tod der große Gleichmacher. Die universelle Gerechtigkeit bestand darin, dass alle in überschaubarer Zeit sterben müssen. Aber genau das gehört dann der Vergangenheit an. Kaum vorstellbar, dass die krass Benachteiligten das stillschweigend hinnehmen werden, aber befriedigende Lösungen für die neu entstehende Ungerechtigkeit der käuflichen Unsterblichkeit sind schwerlich vorstellbar. Da außerdem weiterhin Menschen geboren werden, aber nur zögerlich sterben, sprengt die Überbevölkerung bald jedes Maß. Wenn nicht der *Antinatalismus*, die willentliche Verweigerung der Fortpflanzung, zu einer großen Bewegung heranwächst, bleibt nur staatliche Geburtenkontrolle übrig. Dazu, wie sie durchgesetzt werden kann, hat China über Jahrzehnte hinweg bereits Erfahrungen gesammelt.

Da die Menschen anders, als sie es oft wahrnehmen, nicht in einer Welt für sich allein leben, sondern im Rahmen der Natur, ist die entscheidende Frage überdies, ob diese sie überhaupt gewähren lässt. Es gibt Gründe dafür, dass die Natur den meisten Lebewesen von Anfang an ein Ende auferlegt hat. Die regelmäßige Verjüngung des Lebens wird dadurch garantiert, dass das alte Leben beizeiten seinen Platz räumen muss. Sex mit Folgen sorgt für Nachschub durch »Genfluss«, wie Biologen und Paläoanthropologen das nennen, also für Mischungen der Gene und neues Leben mit frischen Ideen. Wenn aber auch das Interesse an Sex erlahmt?

Der Mensch ist das Versuchstier der Evolution, nach bisherigen Erkenntnissen unter zahllosen Wesen das einzige, das in relativ kurzer Zeit alles ausprobiert. Er muss wohl auch durch den Versuch mit der Ewigkeit durch. Es ist eine Station auf dem Weg der Menschheit durch die Zeit, der *Geschichte* genannt wird. Sollte aber nach schlechten Erfahrungen mit der Tötung des Todes der vorherige Zustand nicht wiederherstellbar sein, ist dies über den Verlust der zeitlichen Heimat hinaus ein Weg ohne Wiederkehr. Scheitert das Lebensexperiment eines Einzelnen, steht allenfalls sein eigenes Leben in Frage. Führt aber ein Großexperiment in die Sackgasse, könnte die Zeit des gesamten menschlichen Lebens abgelaufen sein. Niemand würde die Menschheitsgeschichte, die am Horizont der Zeit entschwände, noch in einem Museum betrachten. Für die anonyme Bestattung der sterblichen Überreste in der Unendlichkeit des Universums wäre immerhin gesorgt.

Muss es so weit kommen? Wer traut sich zu, der Versuchung zu widerstehen? Was mache ich selbst in dieser Situation? Zum Helden des Widerstands gegen die neuen Möglichkeiten tauge ich nicht. Sollte sich eine zeitliche Grenze als unumgänglich erweisen, würde ich sie nicht zu knapp bemessen wollen. Wie weit meine Mittel reichen, ist noch offen. Mein Arbeitspensum jedenfalls reicht für weitere 500 Jahre. Meine ausufernden

Reisewünsche kann ich mir dann endlich erfüllen. Mit den liebsten Menschen bleibe ich gerne so lange zusammen. Wird der Abschied nach einer solchen Zeitspanne leichter fallen? Und was ist, wenn es gar keinen Abschied mehr geben müsste? Wäre das dann das reine Sein, das ohne Bezug zu Zeit und Raum auskommt? Oder ein Verdämmern des Menschseins, das mit seinen Möglichkeiten nichts mehr anzufangen wüsste? Vielleicht ist das Dasein, das keine Heimat in der Zeit mehr hat, am ehesten mit dem Zustand vergleichbar, den Menschen in der Demenz erleben.

Nicht in Raum und Zeit:
Wo sind Menschen mit Demenz daheim?

»Du schaust mich immer so an, als wäre etwas nicht in Ordnung«, sagt der dement werdende Vater André zu seinem Sohn im Theaterstück *Der Vater* (2012) des französischen Autors Florian Zeller. Könnte es sein, dass der Zustand weniger ein Problem des Betroffenen, mehr eines seiner Umgebung ist, die mit Begleitphänomenen der Demenz wie Angst, Reizbarkeit, Teilnahmslosigkeit, nervöse Unruhe und Bewegungsdrang zu schaffen hat? »Wo bin ich? Welche Zeit ist jetzt?« Mit den Irritationen in Bezug auf Zeit und Raum um sie herum scheint für Menschen mit Demenz eine Empfindung von Heimatlosigkeit einherzugehen. Dass sie etwas vermissen, kommt zum Vorschein, wenn sie wieder und wieder die Sehnsucht äußern, nach Hause gehen zu wollen, sowohl an einem unvertrauten Ort als auch dort, wo sie zuhause sind. Ein Land mit »H«? »Heimat!« Kann die Demenz also als *Heimweh* beschrieben werden, im räumlichen wie auch zeitlichen Sinne? Wie können Menschen mit Demenz in einer für sie befremdlichen Umgebung eine Heimat finden, die ihnen Sinn gibt und sie beruhigt?

Beruhigend wirken *Gewohnheiten*, die schon vom Wort her viel mit Wohnung zu tun haben. Die meisten Menschen wohnen primär in Gewohnheiten, erst sekundär in Wohnungen, und auch in Wohnungen nur insofern, als es sich bei diesen um Orte voller Gewohnheiten handelt. Von besonderer Bedeutung ist das jedoch für Menschen mit Demenz, denn in Gewohnheiten finden sie sich gut zurecht, in ihnen können sie sich offenkundig geborgen fühlen und ganz bei sich sein. Für die Pflegenden wäre es wichtig, die Gewohnheiten zu unterstützen und sie nicht geringzuschätzen. Auch für sie selbst sind ein paar Gewohnheiten hilfreich, um über Rückzugsmöglichkeiten zu verfügen, wenn ihnen alles zu viel wird. Vertraute Gewohnheiten geben auch ihnen ein Gefühl von Geborgenheit in einem festen Rahmen, erfordern keinen Kraftaufwand und erlauben damit immer von Neuem die Regeneration, die nötig ist, um Herausforderungen wieder mit Zuversicht angehen zu können.

Eine Erfahrung von *Sinn*, die Heimat empfinden lässt, vermittelt auf körperlicher Ebene jede Art von *Sinnlichkeit*. Sinnliche Genüsse bereichern das Leben von Menschen mit Demenz wie auch das der Pflegenden im Umgang mit ihnen und mit sich selbst. Mit den fünf Sinnen ist die Vielfalt des Lebens in allen Erscheinungsformen wahrzunehmen und mit einem sechsten Sinn in der Bewegung zu erleben, etwa bei einem Spaziergang oder einem Tanz. Mit einem siebten Sinn ist im Körperinneren, im »Bauch«, vieles zu erspüren, dank Tausender von Sensoren, die ihre Tätigkeit wohl nie einstellen.

Vor allem der *Hörsinn* hält für Menschen mit Demenz sinnliche Freuden bereit. Die bevorzugte Musik früherer Lebensphasen, die ihnen vertraut ist, ruft Erinnerungen wach und erweckt ein Stück zeitlicher Heimat zum Leben. Gerade in der Demenz können sie in einer anderen Zeit als der Gegenwart zuhause sein. Im Film *Für dich dreh ich die Zeit zurück* (Regie Nils Willbrandt, 2017) beglückt ein Ehemann seine demente Frau, indem er die gemeinsam durchtanzten 1970er Jahre mit Discohits wiederaufleben lässt.

Selbst dann, wenn andere Sinne erlöschen, kann eine haltende und streichelnde Hand Heimat für einen Menschen sein, der auf diese Weise Vertrautheit und Zugehörigkeit erfährt. Der *Tastsinn* ermöglicht eine Erfahrung von Sinn im doppelten Sinne, denn außer dem Körper ist auch die Seele mit Berührungen zu erreichen, die gerade in schwieriger Zeit dazu verhelfen, Ruhe zu finden und Gelassenheit zu bewahren. Die dabei freigesetzten Opioide lindern physische und psychische Schmerzen. So wichtig sind Berührungen, dass zumindest die Grundversorgung sicherzustellen wäre, eine Selbstfürsorge für Pflegende wie auch Fürsorge für Menschen mit Demenz. Der Grundversorgung dient die Berührung der Hände, die immer möglich ist, oder die gelegentliche Umarmung, die nicht missverständlich ist. Nicht allzu schwer zu organisieren sind regelmäßige Massagen, verschiedene Arten der Körpertherapie, die Berührung durch das Wasser beim Duschen, Baden und Schwimmen sowie der Umgang mit Haustieren, die für Berührungen zugänglich sind und ihrerseits zurückberühren.

Von ebensolcher Bedeutung wie die Sinnlichkeit ist die *Gefühlswelt*, in der sicherlich auch Menschen mit Demenz beheimatet sind und Sinn erfahren. Ihre inneren Zusammenhänge sind von energetischen Gegebenheiten geprägt, die oft so unmittelbar zum Vorschein kommen wie bei einem Kind. Das hat mit ihrer momentanen Verfassung, aber auch mit alten Geschichten zu tun, die wieder hervorbrechen. Positive Gefühle können das Leben intensivieren, indem sie Energien in Fluss bringen. Negative Gefühle aber können Energien blockieren und Menschen trennen, auch in der Demenz. Beleidigungen und Hassausbrüche sind möglich, sowohl von Seiten der Dementen als auch der Pflegenden. Das ist selbst im gewöhnlichen Leben die große Unruhe beim Umgang mit Gefühlen: Dass ihre negative Seite, die gelegentlich zum Durchbruch kommt, nicht gut bewältigt werden kann. Wird darauf verzichtet, diese Seite zu leugnen, können alle Anstrengungen darauf gerichtet werden, sie abzumildern und wieder nach der positiven Seite zu suchen. Professionell Pflegende tun sich damit meist leichter als Familienmitglieder, die tief irritiert sein können, wenn der Umgang miteinander als Begegnung zwischen Fremden erlebt wird oder die Beziehungen schon ganz zerrüttet sind.

Sinnerfahrungen machen außerdem wohl auch Menschen mit Demenz in einer *Gedankenwelt*, in der sie beheimatet sein können. Im Dauerzustand der Muße hängen sie sichtlich gerne ihren Gedanken nach, wenn man sie lässt und nicht um jeden Preis »aktiviert«. Lateinisch *dementia*, »ohne Geist«, mag ein Begriff für den Verlust der Beweglichkeit von Gedanken sein, aber daraus folgt nicht zwingend deren Abwesenheit. Die verbleibenden Gedanken richten sich, so scheint es, weniger auf gegenwärtige Dinge, die den Menschen mit Demenz entgleiten, sondern mehr auf Angelegenheiten der Vergangenheit, mit denen sie sich in einer Art von Endlosschleife beschäftigen. Es kommt darauf an, diese Gedanken als eine Form der Suche nach Zusammenhängen, insofern der Sinngebung und geistigen Beheimatung wertzuschätzen.

In Gesprächen, sofern sie noch möglich sind, können Gefühle und Gedanken zum Ausdruck kommen. Auch Verdrängtes, das auf der Seele lastet, drängt hervor. Das Gespräch scheitert, wenn keiner zuhören will, und das könnte das Heimatgefühl in Beziehungen unterlaufen. Ergänzt oder ersetzt werden können Gespräche durch das Vorlesen, das vielen gefällt, und durch ein Schweigen, das gedankenreich sein kann. Selbst wenn ein Abbau geistiger Fähigkeiten den Zustand der Demenz charakterisiert, stellen sich zwischendurch Fragen wie die des Vaters André im genannten Theaterstück: »Wer bin ich?« Das könnte heißen: Wer bin ich, wenn ich meine Geschichte vergessen habe? Oder mit einem geradezu poetischen Ausdruck des Vaters selbst: »Ich habe das Gefühl, dass ich alle meine Blätter verliere.«

In Gedanken beschäftigt viele, die mit dementen Menschen umgehen, die Frage: Welcher Sinn kann einem solchen Phänomen wie der Demenz zukommen? Eine mögliche Antwort ist, dass sie eine Variante der grundlegenden *Polarität des Lebens* ist: Was wüssten Menschen von Freude, wenn es nie Ärger gäbe, was von Lust, wenn nicht auch Unlust oder Schmerz erfahrbar wären – und was vom Ich-Bewusstsein, wenn es nicht auch schwinden könnte? Das Leben bedarf offenkundig solcher Gegensätze, um die Spannung zu bewahren, die es Leben sein lässt. Jedenfalls will es nicht gelingen, Gegensätze »abzuschaffen«. Wer sie grundsätzlich akzeptieren kann, muss nicht mehr vom Leben erwarten, von ihnen verschont zu bleiben, sondern kann sich darauf konzentrieren, mit ihnen zurechtzukommen.

Rückhalt und Sinn erfahren die Pflegenden selbst in Beziehungen der Liebe, der Freundschaft und der Kollegialität mit dem beruhigenden Gefühl, nicht alles allein bewältigen zu müssen. Das wiederum ist eine gute Grundlage für den Umgang mit Dementen, auf die diejenigen beruhigend wirken, die ihrerseits in vertraute, verlässliche Beziehungen eingebettet sind (*demenz. Fakten Geschichten Perspektiven*, herausgegeben von Irene Bopp-Kistler, 2016). Der Mut, Mühen auf sich zu nehmen, wird zudem davon gefestigt, sich über das eigene Wohin, Wozu, Wofür klarer zu werden, um sagen zu können: Dafür bin ich da, das ist die Aufgabe, die ich übernehme, auch die Pflicht, der ich aus freien Stücken nachkomme. Am besten ist es, wenn ich *will*, was ich ohnehin *muss*, denn damit lassen sich mehr Kräfte aktivieren. Wo ein solcher Sinn ist, da ist auch Trost in schwieriger Zeit.

Von Bedeutung kann darüber hinaus eine transzendente Ebene des Sinns sein, ein gefühltes oder gedachtes Überschreiten (lateinisch *transcendere*) des gewöhnlichen, endlichen menschlichen Lebens. Auch für Menschen mit Demenz könnte ein transzendenter Sinn bedeutsam sein, daher gilt es darauf zu achten, ob sie spirituelle, metaphysische, religiöse Bedürfnisse erkennen lassen. Was sie dazu sagen oder zumindest andeuten, könnte mit einer früheren Orientierung im Leben zu tun haben. Wer in geistig wachen Zeiten in der Transzendenz eine Heimat fand, will wohl gerne daran festhalten. Wer in der Kindheit beten gelernt hat, dem liegen die Sentenzen noch immer auf den Lippen. Wer einst religiöse Räume aufgesucht hat, möchte das vielleicht weiterhin tun, schon aus alter Gewohnheit. Wer sich aber immer schon davon ferngehalten hat, zieht es vermutlich auch jetzt vor, wegzubleiben. In jedem Fall käme es darauf an, ihm (oder ihr oder divers) entsprechend zu folgen.

Was geschieht eigentlich in der Demenz mit einem Menschen? Das ist die Frage, die kaum zu beantworten ist. Was sich offenkundig verändert und womöglich ganz verliert, ist die *Person* mit ihrem Ich-Bewusstsein und ihrer Fähigkeit zu eigenständigen Überlegungen und Entscheidungen. Die Person ist jedoch nicht das Wesentliche eines Menschen. Das mag

überraschen, da sie im alltäglichen Umgang so deutlich hervortritt. Was aber bleibt, wenn die Maske (griechisch *persona*) fällt,
mit der Menschen sich und Andere identifizieren, sind Energien. Ohne sie ist kein Leben möglich, also sind sie, nicht etwa
die Person, das Wesentliche. Das Ich, die Person, kann sich
verlieren. Was sich nicht verliert, sind die Energien, auch die eines Menschen mit Demenz, solange er lebt. Auch für ihn werden sie in einer Zuwendung und Zuneigung spürbar, in Men-
schenliebe, Nächstenliebe, Eltern- und Kinderliebe, Großeltern-
und Enkelliebe, Freundesliebe und Liebe der Liebenden.

Wenn Energie das ist, was die Seele ausmacht, könnte die
Gesamtheit der Energien mit einem alten poetischen Ausdruck
Weltseele genannt werden. Der Urgrund dieser Energien könnte das *reine Sein* sein, von dem noch eingehender die Rede sein
soll. Das Bewusstsein, dass wahrscheinlich jedes einzelne Sein
an einem umfassenden Sein teilhat, kann die Verbundenheit
aller mit allen und allem stärken und das größte Gegengewicht
gegen das Gefühl der Einsamkeit und Verlorenheit sein. Menschen mit Demenz könnten diesem Urgrund unbewusst näher sein als alle, die im stressigen Alltag kein reines Sein empfinden können. Unverstellter als diese könnten sie im Urgrund
beheimatet sein, auf den sie sich zurückziehen und in dem
sich ihr Bewusstsein auflöst. Frei von aller Gebundenheit an
Raum und Zeit könnten sie auf dem Grund ihrer Seele ruhen.
Für den Umgang mit ihnen wäre das von Bedeutung, um sie
nicht nur als Menschen mit Demenz wahrzunehmen.

Und es könnte eine Anregung sein, auch im eigenen Leben
überall dort eine *Seinsheimat* zu erspüren, wo grenzüberschrei-
tende Energien erfahrbar werden, außer in den Spielarten der
Liebe auch in Phantasie, Utopie und der Transzendenz von
Kunst, Religion und Kosmologie.

Heimat ist erfahrbar in Phantasie, Utopie und Transzendenz

Phantastische Heimat: Traumlandschaften

Das Küken stolpert durch hohes Gras, das ihm wie ein Wald erscheint. Mit großen Augen steht es am Ufer des Teichs, der aus menschlicher Sicht eher einer Pfütze gleichkommt. Von einem roten Luftballon emporgehoben, will es »sehen, wo die Sonne schlafen geht«. Liebevoll beschützt, aber auch regelmäßig geärgert wird es von seinem Freund Plumps, einem Troll, der über magische Kräfte verfügt. In einer von Fröschen, Katzen, Raben, Käfern und Fliegen bevölkerten Welt hat es allerlei Abenteuer zu bestehen, bis gegen Abend ein »Kikeriki« es nachhause ruft. Viele Eltern kennen diese und andere Geschichten, die nicht nur ihre Kinder, sondern auch sie selbst bezaubern. Im Rahmen des »Sandmännchens«, das der Idee nach auf die Märchenwelten von E. T. A. Hoffmann und Hans Christian Andersen zurückgeht, sind sie allabendlich im TV-Kinderkanal Kika zu sehen, ein Ritual, das Kindern beim Übergang zum Schlafengehen die beruhigende Gewissheit vermittelt: Du bist das Küken, das geborgen ist.

Phantastisch waren immer schon die Märchenlandschaften, durch die beispielsweise Hänsel und Gretel wandern. In neuerer Zeit sind es romaneske Landschaften, in denen etwa *Harry Potter* oder *Der Herr der Ringe* unterwegs sind, in digitaler Zeit die Fantasywelten von Computerspielen, in denen die Phantasie keine Grenzen mehr kennt. Raum und Zeit sind die Kategorien der Wirklichkeit, die ein reales Leben mit Ort und Datum ermöglichen, es aber auch darauf begrenzen, sodass nach räumlichen und zeitlichen Entgrenzungen gesucht wird. Die phantastische Weite des Unbestimmten, Unbegrenzten, Unbekannten ist die Antwort darauf. Die Phantasie lebt von der Vorstellungskraft, die mit der Überschreitung dessen, was wirklich und begrenzt ist, auf weltliche Weise eine Dimension der Transzendenz eröffnet und das Heimatmosaik erblühen lässt.

Eine *Phantasieheimat* gewinnt Raum in den Landschaften unendlicher Möglichkeiten, die für viele spannender sind als die bekannte Wirklichkeit. Sich allein mit der Kraft der Vorstellung neue Wirklichkeiten ausdenken zu können, ist eine Eigentümlichkeit des Menschseins seit seinen Anfängen. Die ganze menschliche Kultur beruht im Grunde auf Hirngespinsten, aus denen grobe Faustkeile und filigrane Kunstwerke ebenso hervorgingen wie revolutionäre Räder und annähernd perfekte Flugzeuge. Otto Lilienthal arbeitete hart an der Realisierung seiner Idee vom Fliegen, die viele seiner Zeitgenossen für eine ausgemachte Spinnerei hielten. Warnte nicht schon der Mythos von Ikarus davor, dass Flugversuche mit dem Leben bezahlt werden müssen? Lilienthal ließ dennoch nicht davon ab, die Idee blieb in der Welt, und die Spinnerei erhob sich in die Lüfte, die sich tatsächlich als tragfähig erwiesen.

Auch in abstrusen Ideen und wilden Phantasien können Menschen ihre vertraute Heimat finden, während Andere davon befremdet sind. Einen Eindruck vom exotischen Reichtum der Vorstellungskraft vermittelten die Reaktionen auf die Corona-Pandemie 2020. Für einige existierte das Virus gar nicht, ihrer Überzeugung nach beruhten die Berichte von zahllosen Opfern rund um die Welt auf einer Inszenierung dunkler Mächte: »Haben Sie jemals einen einzigen Toten gesehen?« Selbst ein Gott erblasst vermutlich vor Neid angesichts der präzisen

Steuerung des Weltgeschehens durch diese Mächte, die anders als er wirklich alles im Griff zu haben scheinen. Es ist offenkundig, dass nicht jede Idee, die mit einer ungewöhnlichen Sichtweise überrascht oder ganze Welten neu entwirft, mit einer erfahrbaren Wirklichkeit korreliert. Aber dass ein Großteil der Ideen unbrauchbar ist (es sei denn für den kreativen Kopf selbst), ist kein Argument gegen die Macht der Phantasie: Mit einem solchen Verschleiß arbeitet auch die Natur. Deren Ideen werden nur anders genannt. Es sind Mutationen.

Künstler halten seit jeher die Phantasie für die großartigste Fähigkeit des Menschen. Mit ihrer Hilfe über die gegebene Realität hinaus »das Andere« vorstellbar zu machen, war das erklärte Anliegen der *Surrealisten* und trieb kuriose Blüten hervor: Marcel Duchamp vermochte mit Phantasie nicht nur das Mögliche, sondern sogar das Unmögliche zu sehen. Keiner vor ihm hatte bemerkt, dass ein Urinoir in gekipptem Zustand ein Kunstwerk sein kann. Wirklich unmöglich war es nicht, aber erst sein Blick rückte, was unmöglich erschien, in den Horizont der Möglichkeit, und nur er wagte sich auch an die Verwirklichung. Nicht jeder hätte die Verwandlung eines Pissbeckens zum Springbrunnen (*Fountain*, 1917) durch eine simple Signatur besiegeln können, die noch dazu fingiert war. Die kunstinteressierte Welt aber, die nach dem nie Gesehenen und Unerhörten fahndet, akzeptierte nach anfänglicher Ablehnung den Akt, sodass aus der Bedeutungsverschiebung Kunstgeschichte werden konnte.

Nicht nur in der Kunst, sondern auch im Leben, nicht nur individuell, sondern auch gesellschaftlich kann mit der Phantasie die Hoffnung verbunden sein, Veränderungen in Gang zu bringen. Der Versuch Marcel Duchamps, gemeinsam mit André Breton, Max Ernst und Anderen inmitten des Zweiten

Weltkriegs 1942 in New York mit der Ausstellung »First Papers of Surrealism« dem Schrecken der Realität die Macht der Phantasie entgegenzusetzen, ging jedoch ins Leere. Vielleicht auch aus diesem Grund zog Max Ernst sich in seinen phantastischen »Garten der Hieroglyphen« zurück, eine Geheimschrift aus erfundenen, anspielungsreichen und absurden Zeichen, die 1964 zeitgleich mit den Zeichnungen zum Buch *Maximiliana* entstanden. Es war seine Form einer *Écriture automatique*, einer nicht vom Bewusstsein kontrollierten Schreibweise. Die Vorstellungskraft explodiert, wenn die Fesseln des Bewusstseins gelöst werden, derer es sich selbst nicht bewusst ist. Gefühle und Gedanken durchbrechen die Oberfläche der Alltäglichkeit, der sie sonst nicht entkommen.

Material dafür offerieren in Hülle und Fülle die *Träume*, die von den Surrealisten geradezu kultisch verehrt wurden. *Psychologisch* gesehen lassen sie auf verborgene Wünsche und Bedürfnisse schließen. Träume haben demnach eine »Botschaft«, unbekannte Seiten des Selbst kommen in ihnen zum Vorschein. Sie kleiden Ängste und Konflikte, aber auch Sehnsüchte in Geschichten und Bilder und führen wie im Film Deutungen der Wirklichkeit vor Augen, die nicht unbedingt zutreffend, aber möglich sind. Welche Richtung das Leben nimmt, nehmen soll oder zu nehmen droht, deutet sich in ihnen an. In Träumen erahnen Menschen die Intensität eines anderen Lebens in einer kommenden Zeit, vielleicht an einem anderen Ort, und nehmen das zuweilen zum Anlass, im wirklichen Leben danach zu suchen.

Aus *neurobiologischer* Sicht handelt es sich um das Spiel von Neuronen und Synapsen, die im Schlaf nicht von den Erfordernissen des Bewusstseins beansprucht werden. Bestehende Verbindungen lösen sich auf, neue können geknüpft werden.

Nachklänge der dabei frei werdenden Phantasie und Kreativität sind im zauberhaften Zwischenzustand frühmorgens erfahrbar, wenn das erwachende Ich zu wissen beginnt, dass es träumt, aber die Anstrengung und auch die Enttäuschung des definitiven Wachwerdens scheut. Öffne ich die Augen, ist der Zauber vorbei, also zögere ich den Moment hinaus. Mit geschlossenen Augen verharre ich in angenehmen Traumgeschichten, -bildern und -gedanken, unangenehme kann ich jederzeit durch Aufwachen abbrechen. Es ist ein tranceartiger Zustand, wie ihn der Lichtkünstler James Turrell in seinen Räumen begehbar macht, in denen jedes Raum- und Zeitgefühl abhandenkommt. In seiner Installation *Aural* aus der Serie *Ganzfeld Pieces* 2018 im Jüdischen Museum in Berlin konnte ich das selbst erleben.

Möglich ist aber auch die *ontologische* Deutung, dass Träume einfach nur dazu da sind, die Seinsebene zu wechseln und Möglichkeiten zu gewinnen, da eine Wirklichkeit zu wenig für einen Menschen ist. Manche spüren intensiver als Andere, der evolutionären Aufgabe des Menschseins nicht gerecht zu werden, wenn sie sich mit einer Wirklichkeit zufriedengeben, Fernando Pessoa beispielsweise. Sein *Alter Ego*, der Hilfsbuchhalter Bernardo Soares, ermüdet in realen Landschaften und lebt in surrealen auf. Seine Gefühlswelt sieht er beim Blick aus dem Fenster als erträumte Landschaft vor sich, in der er umhergehen kann, als wäre sie real, mit Aquädukten »von traumhafter Zartheit«. In imaginären Kaffeehäusern führt er Gespräche mit erträumten Freunden. In endlos repetierten Fado-Melodien, die er nicht singt, sondern die seinen Schreibstil prägen, verträumt er sein ganzes Leben. Auch von der Liebe verlangt er nur das Eine, »nie aufzuhören, ein ferner Traum zu sein«. Alles, was er nicht ist, was nicht hier ist und was es überhaupt nicht gibt, zieht ihn magisch an. »Ich habe immer nur geträumt. Dies und nur dies ist der Sinn meines Lebens gewesen« (*Das Buch der Unruhe*, 92).

Dass Träume *Wirklichkeit* werden können, war lange in der Geschichte nur ein Märchen, in dem sich etwa der Frosch als Prinz entpuppte. Die Realisierung von Träumen war Reichen und Mächtigen vorbehalten. Arme und Machtlose hatten sich mit der Wirklichkeit zu bescheiden, in die sie hineingeboren wurden. Allenfalls von einem jenseitigen Leben, nicht vom diesseitigen durften sie sich etwas erhoffen. Erst die Epoche der Moderne verschaffte einer wachsenden Zahl von Menschen mit ökonomischen Zugewinnen und sozialen Errungenschaften die Basis für eine Verwirklichung von Träumen. Die Lockerung sozialer Zwänge, die Möglichkeit der Verfügung über eigene materielle Mittel und die Förderung des Vorstellungsvermögens durch Bildung machten es möglich, von einer Verwirklichung nicht mehr nur träumen zu müssen. Im kleinen Maßstab des gewöhnlichen Lebens geht es seither darum, den Traumpartner zu finden, Traumreisen zu unternehmen, ein Traumhaus zu bauen, einen Traumkörper zu modellieren. In größerem Stil versprechen Visionen und Utopien ein traumhaftes Leben ohne Schwierigkeiten und ohne jeden Schatten eines Schicksals.

Werden Träume wahr, sind sie gleichwohl den *ontologischen Bedingungen der Wirklichkeit* unterworfen, soll heißen, begrenzten Ressourcen, begrenzter Zeit und auch der Misslichkeit, dass Ideen und Interessen Anderer den eigenen oft zuwiderlaufen. Je höher die Erwartungen an die Erfüllung von Träumen des Liebens, Arbeitens, Wohnens und Wohlseins geschraubt werden, desto schmerzlicher fallen die Enttäuschungen aus. Daher ist die Moderne auch die Epoche geplatzter Träume. Klagen wie diese sind die Folge: »Mir wurde die Illusion geraubt, dass die Welt immer schön ist.« In dem Maße, in dem Menschen sich häuslich in Träumen einrichten, wird es zum Trauma, daraus vertrieben zu werden. Maßvoll zu träumen und Enttäuschungen mit einzukalkulieren, passt nicht zum Stil der modernen Zeit.

Außer Ideen vermag die Vorstellungskraft auch bloße *Illusionen* zu produzieren. Menschen sind in der Lage, sich in ihnen statt in Wahrheiten wohnlich einzurichten. Als Wahrheit kann das verstanden werden, was nachvollziehbar und nachprüfbar ist. Aber im nüchternen Licht einer illusionslosen Wahrheit halten Menschen sich ungern auf, vielleicht können sie es auch nicht. Gerade unter schwierigen Lebensumständen beruht die Selbstbehauptung darauf, sich Illusionen zu machen. Was sich schemenhaft in ihnen zeigt, eröffnet über die Wirklichkeit hinaus Möglichkeiten, auch wenn sie nie wirklich werden sollten. In solchem Maße können Menschen sich in dieser Welt heimisch fühlen, dass sie sich über deren illusionären Charakter nicht im Klaren sind. Wie sonst nur Kinder können sie in einer Phantasiewelt leben, die sie ganz für sich behalten wollen, um sie nicht zu verlieren. Es ist ihr Eigenstes, zu dem allenfalls Auserwählte Zugang haben, oder niemand. Zugleich in der realen sowie einer für real gehaltenen Welt zu leben, kann das angeblich unteilbare In-dividuum auseinanderdividieren, aber eine solche Persönlichkeitsspaltung kann die Bedingung für das Überleben sein.

Sogar die räumliche Heimat selbst kann ein Ort der Illusion sein, der nur in der Vorstellung existiert. Noch in den 1950er und 1960er Jahren führte der deutsche Heimatfilm serienmäßig solche Orte vor Augen (*Wenn die Alpenrosen blüh'n*, 1955), durchbrochen erst von der 1984 bis 2013 entstandenen *Hei-*

mat-Chronik des Regisseurs Edgar Reitz. Auch die wirkliche Kindheitsheimat kann zum Illusionsort werden, der nicht wiederzufinden ist. Bei jedem Verlassen oder Verlust von Heimat kann ein Sehnsuchtsort aus ihr werden, der ganz ohne Bezug zu realen Erfahrungen auskommt. Die Illusion kann die ferne oder verlorene Heimat als heile Welt vorgaukeln, die sie nie war. Wer sich nach dieser Heimat sehnt, kann oft genau beschreiben, wie es dort aussieht. Wird der Ort dann wirklich aufgesucht, kann es geschehen, dass der Heimgekehrte sich dort fremd fühlt. Die Zutaten in den Lieblingsgerichten sind nicht die richtigen, die Gerüche nicht die vertrauten, und wo in der Erinnerung ein toller Spielplatz war, ist mittlerweile »alles zugebaut«. Aus der Enttäuschung resultiert eine unheilbare Heimatlosigkeit. Was bleibt, ist die Heimat in der Illusion und das stille Weinen vor Heimweh, wenn die Heimat unerreichbar fern in der Vergangenheit liegt.

Eine Möglichkeit, die Vorstellungskraft zu forcieren und in phantastischen Landschaften, die im Gehirn entstehen, Traumwelten zu erleben, ist der *Rausch*. Die Mittel, ihn zu erzeugen, müssen nicht immer aufwändig beschafft werden, auch alle Spielarten der Erotik eignen sich dafür. Entscheidend ist, Möglichkeiten zu eröffnen, die eine knapp bemessene Wirklichkeit für eine Weile vergessen machen. Probleme ergeben sich lediglich, wenn die warme, helle, weite Welt der Rauschlandschaft als eigentliche Heimat betrachtet und jegliche Beheimatung in der realen Welt verweigert wird. Irgendwann weiß das Ich und wissen Andere nicht mehr, ob sie noch mit dem Ich zu tun haben, das sie kannten, oder mit den Drogen, die es verändert haben. Weniger problematisch ist der Schaffensrausch der Kunst und der Rausch der Begeisterung, den Künstler mit ihren Werken beim Publikum auslösen können.

Dann muss womöglich die Polizei den Verkehr in Richtung Kunstwerk regeln. Was sonst allenfalls unter Bedingungen von Zensur und Kontrolle vorkommt, ist hier Überforderung. Der Ort, der lange im Abseits vor sich hindämmerte, erlebt mit einem Mal einen gewaltigen Zustrom, fast 100 000 Menschen täglich. Die norditalienische Seenlandschaft ist vielen vertraut, Gardasee, Comer See, Lago Maggiore. Übersehen wurde der kleine Iseosee. Jetzt wollen alle dorthin. Wie gut, dass die Sonne heute nicht herabbrennt, denn in Sulzano am See gilt es, noch einmal in der Warteschlange zu stehen, es können einfach nicht alle zugleich ans Wasser. Alle aber fühlen bereits den Stoff unter den Füßen, mit dem die schwimmenden Pontons bespannt sind, auf denen sie den See überqueren werden. Hinter mir erklärt ein Mann seiner Frau in scharfem Ton, dass er das auf keinen Fall mitmachen werde, er fühle sich jetzt schon unwohl und wolle seine Freiheit wiederhaben. Sie gibt ihn aber nicht frei, und so muss er mit zur Kunst, zu der er nie wollte. Warum wollen das so viele Andere? Ist es das simple Bedürfnis nach Abwechslung, die Hoffnung auf ein Spektakel oder einfach nur *Adabei*, »*A*uch *dabei* sein zu wollen« bei einem Ereignis, über das alle Medien berichten?

Noch ein paar Treppen hinabsteigen, mit vielen Anderen durch eine schmale Gasse gequetscht werden, dann stehe ich selbst auf dem schwankenden Boden, der mir erlaubt, auf dem Wasser zu wandeln. Den Evangelien zufolge war das eigentlich nur einem gegeben, und es sollte ein Zeichen seiner Gottessohnschaft sein: Vom Himmel gesandt, um den Menschen die frohe Botschaft ihrer wahren Heimat zu überbringen. Christo aber wollte wissen, wie es sich anfühlt, wie Christus über das Wasser zu gehen, also zu tun, was gewöhnlich unmöglich ist. Und er wollte diese Erfahrung auch Anderen ermöglichen. Es gibt keine seitliche Absperrung, das Wasser schwappt über und verfärbt den safrangelb-orange glänzenden Stoff an den Rändern so, dass er wie Kupferdraht aussieht. Volunteers passen auf, dass niemand sich zu weit vorwagt, niemand soll auf dem *Highway to Heaven* verlorengehen.

Ich erinnere mich, wie ich einmal in einem strengen Winter über den zugefrorenen Wannsee wanderte, erst zögerlich, dann begeistert, weil die Welt aus dieser Perspektive plötzlich so anders aussah. So ergeht es mir auch jetzt. Damals wäre ich bei einem Fehltritt im Eisloch verschwunden, hier würde mich sofort die patrouillierende Wasserwacht herausziehen. Es ist wie der Spaziergang auf einem wogenden Wasserbett. In der Mitte des Sees auf *Monte Isola*, dem »Inselberg«, wieder festen Boden unter den Füßen zu spüren, ist die unwillkommene Wiederbegegnung mit der harten Wirklichkeit einer Teerstraße. Willkommen hingegen das Freiluftcafé, das Einheimische improvisiert haben. Sie finden es gut, dass ihre Heimat von diesem Künstler verwandelt wird. Dass da auf einmal so viele Leute kommen! Hoffentlich wird jetzt aber nicht alles ganz anders, meinen sie, die Ruhe sei immer sehr schön gewesen.

Der Künstler, der von sich selbst sagt, er habe keine Heimat, residiert in seiner eigenen Welt, die nicht unbedingt hier ist. Im Film *Christo – Walking on Water* (Regie Andrey Paounov, 2019), der die Realisierung des Kunstwerks 2016 dokumentiert, erklärt er gestenreich einer Schulklasse in New York, dass man immer und überall Künstler sei, 24 Stunden am Tag, ohne eine Sekunde Pause. Wie sehr es dann knirscht und splittert, wenn seine Phantasie mit der Realität *clasht*, führt der Film vor, verstärkt noch von Nervensägenmusik, mit der er fast durchgehend unterlegt ist. Christos eigene Nerven liegen blank, stets sind die Anderen die »Idioten«, die verhindern, dass seine Ideen ohne Abstriche in Wirklichkeit umgesetzt werden. Um jedes Detail muss gerungen und gestritten werden. Was für ein Unterschied zur Welt seiner New Yorker Werkstatt, in der er seelenruhig ohne Assistenten vor sich hin werkelt und in jedem Augenblick genau weiß, was zu tun ist! Dort in der Abgeschiedenheit hat er das ideale Bild entworfen, das am Iseosee zur realen Landschaft wird.

Es ist atemberaubend, im Film das Werden des Werks durch all die Katastrophen hindurch mitzuerleben, die mit irritierender Verlässlichkeit eintreffen. Mal ist es ein Sturz Christos vor Ort, mal die nicht funktionierende Technik oder das zur Unzeit aufziehende Gewitter. Vorweg schon ist es das Zusammentreffen mit Politikern und Verwaltungsangestellten, die über die Realisierung zu entscheiden haben. Dann wiederum hat offenbar niemand an dem etwas abgelegenen Ort mit dem überwältigenden Interesse am Kunstwerk gerechnet. Die größte Katastrophe aber hatte sich Jahre zuvor ereignet, als Jeanne-Claude 2009 starb, Christos Ehefrau, die stets den Transfer von der Phantasie zur Realität organisiert hatte, seit der zarte bulgarischstämmige Künstler und die burschikose amerikanische Malerin sich 1958 im Alter von 23 Jahren in Paris getroffen und umgehend an die Arbeit gemacht hatten, fortan unzertrennlich. Verhüllte Objekte markierten von Anfang an ihren gemeinsamen Weg.

Selig wie ein Kind steht Christo nun (im Film) im realisierten Werk, das er mit Jeanne-Claude viele Jahre früher bereits für andere Orte geplant hatte, erstmals 1969 für den Río de la Plata in Argentinien. Er ist enthusiasmiert davon, wirklich übers Wasser gehen zu können, findet es »überirdisch« und wirkt dabei wie ein Fossil aus längst vergangener Zeit, ein vergessener Rest der alten, analogen Welt, unentwegt »real things« beschwörend: Wirklichen Wind, wirkliche Sonne, wirklichen Regen sollen seine *Floating Piers* den digitalen Menschen des 21. Jahrhunderts erlebbar machen. Der Künstler will ihnen die Augen öffnen für das, was offen zutage liegt und nur von Gewohnheiten der alltäglichen Wahrnehmung verhüllt wird. Auch andere Künstler wie etwa Andy Goldsworthy führen vor, wie eine Landschaft ganz anders gesehen werden kann. Christos Verhüllungen aber sind *Enthüllungen*. Das könnte auch für die kleine Insel San Paolo gelten, zu der extrabreite Pontons hinüberführen und sie umrunden. Sie gehört der Familie Beretta, die ihr Vermögen mit Waffengeschäften gemacht hat. Ein sehr romantisches Fleckchen Erde, erworben mit sehr unromantischen Mitteln. Ob es die erklärte Absicht Christos war, darauf aufmerksam zu machen, bleibt unklar.

Jeden Meter des Werkes schreite ich ab, am Ende sind es 16 Kilometer. Schuhe und Socken habe ich ausgezogen und laufe barfuß auf dem Wasserweg, der mit Stahlseilen tief im See verankert ist und sich so weich wie Moos anfühlt. Das ist dem Filz zu verdanken, mit dem der Stoff unterfüttert wurde, damit er die schwimmenden weißen Kanister aus Polyethylen nicht zerscheuert. Der Stoff ist nicht glatt, sondern hat die Griffigkeit einer Bodenkrume. Wenn ich müde bin, strecke ich mich wie viele Andere darauf aus. Als sich gegen Abend die meisten auf den Rückweg machen, genieße ich das Diogenes-Gefühl. Der antike Philosoph setzte sich gerne in der Gegenrichtung in Bewegung, wenn alle ihm etwa aus dem Theater entgegenkamen. So konnte er dort bequem Platz finden. Wie das Wasser jetzt am Abend duftet! Es ist so schön hier. Die Hügel verschwinden im bläulichen Dunst, gestaffelt nach

Entfernung. Ferner Verkehrslärm dringt von der Autobahn herüber, die hoch oben am See entlangführt. Als ich mit der Regionalbahn ins nahe Brescia zurückfahre, strahlt der Vollmond in der gleichen Farbe wie Christos Stoffbahnen. Wer hat da von wem abgekupfert?

Die laue italienische Nacht regt mich dazu an, nachzudenken statt zu schlafen. Ich befühle das handtellergroße Stück Stoff von Christos Kunstwerk, das seine Helfer mir wie allen anderen Interessierten geschenkt haben. Es ist ein Kunststoff mit Webstruktur und besonderen Eigenschaften, reißfest, schmutzabweisend, schimmelresistent, hergestellt von derselben Firma im niederrheinischen Hamminkeln, die bereits den mit Silber bedampften Stoff für die Verhüllung des Reichstags in Berlin 1995 geliefert hatte. Das war das Christo-Initialerlebnis für mich, jeden Tag war ich dort, meine dreijährige Tochter auf den Schultern, abends lagerte ich im Gras mit Blick auf das Wunder: Eine einzige Idee, über Jahrzehnte hinweg verfolgt, bis ins kleinste Detail durchdacht und mit bestem Knowhow durchgeführt, vermochte die Heimat von Menschen zu verzaubern, die sie längst zu kennen glaubten und die doch viel Patina angesetzt hatte. Von einem Tag zum anderen war alles anders, auch die Menschen waren anders, verzaubert vom Blick auf das Raumschiff, mit dem, wie es schien, Außerirdische gelandet waren. Alles umsonst und draußen, finanziert durch Bilder, die Christo verkaufte.

Sein Werk mochte die Verhüllung sein, die Wirkung aber war Verzauberung, Verfremdung des Vertrauten, eine Verwandlung des Seins der Dinge, ohne an ihrem Sein wirklich etwas zu ändern. Nach der modernen *Entzauberung* der Welt durch Wissen und die nachfolgende Erfahrung von Sinnlosigkeit, mit der viele nicht zurechtkommen, ist die *Verzauberung* eine

Wirkung der Künste, willentlich oder nicht. Der Zauber besteht darin, dass Bedeutung verliehen und bereits durch die sinnliche Erfahrung Sinn erzeugt wird. Die bloße Verhüllung der Dinge verändert deren Gestalt, zugleich den umgebenden Raum und somit den Blick auf das, was als Wirklichkeit gilt. Im veränderten Raum entsteht noch dazu das soziale Kunstwerk, zu dem Christo mit seinem jeweiligen Projekt einen Anlass gibt: Vor Ort und weit darüber hinaus, letztlich weltweit, regt das Werk Menschen zu Gedanken, Gesprächen und kreativen Einfällen an, beflügelt von der Phantasie, die sie von Möglichkeiten träumen lässt. *Wenn Kunst und Leben sich vermischen, beginnen Menschen ihr Dasein in dieser Welt wieder zu lieben.*

Kunst ist eine Überschreitung des Gegebenen mithilfe von Träumen und Phantasien. Damit ist der Künstler ein Romantiker, der auf weltliche Weise einen Zugang zur Transzendenz eröffnet, wie auf andere Weise Religionen. Im engeren Sinne religiös war Christo keineswegs, er glaubte an nichts, wie er einmal sagte. Aber sein ganzes Werk legt Zeugnis ab von der schöpferischen Energie, der er den Sinn seines Lebens abgewinnen konnte. Mit dieser Energie war ihm der Blick ins Offene möglich, die Überschreitung der gewöhnlichen Wirklichkeit, die den Zugang zu einer transzendenten Dimension eröffnet. Und nicht nur ihm, sondern allen, die inspiriert von der ungewöhnlichen Erfahrung mit neuem Elan ins gewöhnliche Leben zurückkehren. Um die Besonderheit der Erfahrung zu betonen, legten Christo und Jeanne-Claude für ihre Kunstwerke der Verhüllung immer einen zeitlichen Rahmen fest, der nicht überschritten werden durfte. Jedes Fest bedarf einer Grenze, um nicht in totaler Erschöpfung zu enden. 16 Tage müssen reichen, fand Christo am Iseosee. Es war, wie sich erweisen sollte, das letzte Projekt, das er selbst realisieren konnte, bevor er 2020 starb, 84 Jahre alt.

Manchmal ähnlich spektakulär, meist aber dauerhafter und alltagstauglicher eine gegebene Wirklichkeit zu überschreiten, ist Sache der *Technik*. Auch sie ist ein Produkt menschlicher Vorstellungskraft. Auch ihrer Realisierung gehen Träume und Phantasien voraus, wie etwa bei Lilienthal. Nicht jede Idee kann Realität werden, aber niemand kann vorhersagen, was Idee bleiben muss oder zum großen Wurf einer *Innovation* werden kann, die verwirklicht, was nie wirklich war. Viele dieser Neuerungen stellen unter Beweis, wie sinnvoll es ist, sich nicht mit dem Bestehenden zufriedenzugeben. Zukunft ist dort, wo kreative Ideen sind. Wo sie versiegen, nimmt Vergangenheit überhand. Träume und Phantasien sind der Stoff, aus dem Neues entsteht, und die Moderne ist die Zeit, die daraus ein erfolgreiches Geschäftsmodell gemacht hat. Technische Träume, hat sich dabei erwiesen, sind weit eher als gesellschaftliche realisierbar. Einige davon drohen im 21. Jahrhundert jedoch zu Alpträumen zu werden.

Utopie: Heimweh nach dem, was nirgendwo ist

Neue Menschen machen Schluss mit dem »Herkunftskitsch«. Nostalgischen Anwandlungen ahnungsloser Altmenschen setzen sie ihre Utopie entgegen: *Ghost in the Shell.* Aus dem Manga von 1989, einem japanischen Science-Fiction-Comic, 1995 und 2004 gefolgt von Animationsfilmen, wurde 2017 ein Blockbuster mit Scarlett Johansson, die zum *Cyborg*, zum *kyb*ernetischen *Org*anismus mutierte (Regie Rupert Sanders). Ihre Gehirnzellen (*Ghost*) stecken in einem Körper aus Edelstahl und

Kunststoff, der als äußerliche Hülle, Muschel oder Schnecken-haus (*Shell*) fungiert. Verletzungen dieses Körpers sind folgen-los, alle Teile sind austauschbar. Wenigstens im Kino wurde damit die Utopie der Transhumanisten des Silicon Valley wahr, die mit dem Verschmelzen von Mensch und Maschine eine »Singularität«, ein vollkommenes, unverletzliches und unsterb-liches Wesen in die Welt setzen wollen.

Im Rahmen eines staatlichen Kommandoeinsatzes kämpft dieser noch auf herkömmliche Weise weibliche Cyborg im Ran-ge eines *Majors* gegen einen Cyberterroristen, einen digitalen Puppenspieler, der bereits zahlreiche Politiker nach Belieben tanzen lässt. Die hochgerüstete Menschmaschine ist noch stolz darauf, ein Mensch zu sein, der Cyberterrorist aber ist eine völlig künstliche Neuschöpfung der elektronischen Netze, ein Geist ohne menschliche Gehirnzellen, der sich gleichwohl in altmenschlichen Methoden der Verführung versucht: »Komm mit mir in mein Netzwerk!« Die Welt, in der zwischen Realität und täuschend echten Hologrammen kaum noch zu unter-scheiden ist, wird zum Schauplatz eines Kampfes zwischen zwei Arten von Technoiden nach dem alten Muster des Action-films, nur die Kampfmittel sind neu: »Wir haben deine Synap-sen gescannt.« »Tu das, wofür du programmiert wurdest.«

Ist es vorstellbar, jemals in einer Welt Heimat zu finden, in die keine Sonne mehr scheint, da es aus den Hochhausschluch-ten kein Entkommen gibt? Einer Welt, in der Menschen auf ihre Gehirnzellen reduziert werden? Oder werden sie zu Men-schen durch alberne Erinnerungen an ihre Herkunft? Die Reak-tionen auf den Film nach der Kinopremiere zeigten, wie sehr ein digitalverliebtes Publikum, ohne sich dessen bewusst zu sein, selbst dem »Herkunftskitsch« huldigt und seine Identität bewahren will, in der es sich heimatlich geborgen fühlt. Die

Performance von Scarlett Johansson als lasziver Major-Cyborg im Latex-Anzug, getrieben von biedermeierlichen Gefühlen, wurde als Verrat an der Original-Utopie empfunden, die für den *Ghost* eine Geisterexistenz ohne Körper vorsah, ohne blöde Menschenidentität, um nur noch als gestaltloses Quantum durch elektronische Netze zu zucken.

Utopie war lange in der Geschichte das Heimweh nach dem, was nirgendwo ist, denn auch dort können Menschen ihr Basislager aufschlagen, von dem aus sie auf eine befremdliche Gegenwart blicken. Nicht in Raum und Zeit, nicht hier und nicht jetzt, ohne Ort, wörtlich *ou topos* im Griechischen, davon abgeleitet *Utopia*: So betitelte Thomas Morus seine lateinische Urschrift aller Utopien, die 1516 erschien. Bereits bei ihm ist Utopie deckungsgleich mit *Eutopie*, mit dem guten (griechisch *eu*) und glücklichen Ort, der künftig zur Heimat werden könnte, wenn die Menschen damit beginnen würden, ihn zu erstreben. Morus knüpfte damit, vielleicht in ironischer Absicht, an die Entwürfe zu einem idealen Staat in Platons Schriften *Politeia* und *Nomoi* aus dem 4. Jahrhundert v. Chr. an. Im Hintergrund von Utopien lauert aber immer auch der Mythos von den perfekten Menschen, von denen Aristophanes in Platons *Symposion* erzählte. Ihr Übermut ließ sie den Himmel stürmen, um gottgleich zu werden. Aber die bedrohten Götter riefen den Chefgott Zeus zu Hilfe, der die ursprünglich kugelförmigen Menschen spaltete, sodass fortan Hälften durchs Leben irrten, die nach ihrer anderen Hälfte suchten. Seither liegt jedes Mal, wenn Menschen Utopien entwerfen, die Frage nahe: Wann und wie wird ihnen dieses Mal das Handwerk gelegt? Von welchem Zeus?

Die Utopie lebt von der Sehnsucht nach einer anderen Welt, denn die Welt ist keineswegs nur das, was der Fall ist, wie der

Philosoph Ludwig Wittgenstein meinte, sondern auch das, was der Fall sein *könnte*. Sie ist nie nur Wirklichkeit, immer auch Möglichkeit, nie nur Gegenwart, immer auch Zukunft. Erfahren Menschen in der Wirklichkeit keine Geborgenheit, weichen sie in Möglichkeiten aus. Eine solche Utopie ist auch die christliche Lehre vom Himmelreich, das kommen wird. In einer bedrückenden Gegenwart von Hunger, Armut, Elend, Not und frühem Tod konnte sie den Trost bieten, dass in einer jenseitigen Welt die Geborgenheit einer Heimat zu erwarten sei, in der für immer alles gut sein würde. Thomas Morus setzte allerdings nicht mehr auf die ungewisse Erfüllung dieser Hoffnung und verlagerte die Utopie kurzerhand ins Diesseits. Als Kontrast zu den Zuständen im damaligen England entwarf er das Gegenbild einer künftigen Gesellschaft tugendhafter, bildungsbeflissener, fleißig arbeitender Menschen, die auf ein Privateigentum, das schreckliche Ungleichheit erzeugt, verzichten können.

Zwei Jahrhunderte nach *Utopia* wuchs die Zahl derer, die nicht mehr ewig auf die Verbesserung der Verhältnisse hoffen wollten. Warum auf ein Jenseits warten, wenn ein paradiesisches Leben schon im Diesseits möglich ist? In der anbrechenden Moderne, ausgerufen von den Aufklärern des 18. Jahrhunderts, wagten sich mehr Menschen als je zuvor über gegenwärtige Räume und Zeiten hinaus, um im Niemandsland und Irgendwann der Utopie eine neue Heimat zu finden. Ihr Heimweh galt dem, was nie war und womöglich noch lange nicht sein würde. In Gedanken reisten sie voraus an den Ort, der keiner ist, und stellten sich einen Zustand vor, der anders und besser sein würde als der bestehende. Es gelang, den Weg zum Dort und Morgen zu beschreiten mit der Frage, die das Hier und Jetzt überschreitet: Was können wir jetzt dafür tun, um morgen oder übermorgen dort anzukommen?

Einer der Aufklärer, Louis-Sébastien Mercier, skizzierte 1771, wie Paris nach einer erfolgreichen Revolution aussehen würde: *Das Jahr 2440*. Es war der Auftakt zu einer Epoche, die in großem Stil Vorstellungen von einer idealen Welt zu realisieren versuchte. Die große Zeit der Verwirklichung von Utopien brach an. All die Energien, die gedanklich ins Jenseits geflossen waren, wurden auf das Diesseits umgepolt. Mit der amerikanischen Unabhängigkeitserklärung von 1776 und der Französischen Revolution von 1789 geschah das mit solcher Wucht, dass unter dem Druck der Hoffnung auf eine bessere Zukunft die schlechtere Gegenwart zusammenbrach. Der Aufbruch zu neuen Ufern, zu der Welt, wie moderne Menschen sie kennen, entwickelte eine Dynamik, die zwei Jahrhunderte vorhielt.

Die Erfolge dieser Vorgehensweise bestärkten moderne Menschen im Glauben, alles sei machbar. Aber nicht alles, was möglich ist, kann wirklich werden. Und nicht jede Möglichkeit bewährt sich in der Wirklichkeit. Bereits zu Zeiten der Französischen Revolution, die im *Terreur* versank und in einer Diktatur endete, wurde aus der utopischen Moderne auch die Epoche des Scheiterns von Utopien. Das Misslingen der Beheimatung in einer besseren Welt zog schließlich die Klage über eine neue Heimatlosigkeit nach sich: *Kein Ort. Nirgends.* Der so betitelte Roman von Christa Wolf war 1979 ein Dokument der Verbitterung darüber, dass insbesondere die Utopie des Sozialismus nicht real werden wollte. Nirgends ein Ort, wo dies gelungen wäre, vor allem nicht dort, wo seine Realisierung wider alle Realität regierungsamtlich behauptet wurde. In der Theorie klang alles gut, in der Praxis aber wurden die

Produktivkräfte lahmgelegt, deren Freisetzung zwingend an die freie Entfaltung von Individuen gebunden ist, von der der reale Sozialismus nichts wissen wollte.

Dass das, was der Idee nach möglich ist, in der Realität scheitern kann, erfahren aber auch im Kapitalismus diejenigen, die die Verwirklichung von Visionen zu ihrem Beruf machen. Ein visionärer Unternehmer wie Henry Ford, der dem Traum vieler Menschen von beliebiger Beweglichkeit fließbandmäßig Gestalt auf vier Rädern verlieh, scheiterte grandios mit einem anderen Projekt. Fast vergessen ist, dass er auch eine utopische Stadt zu errichten versuchte, demonstrativ am unwirtlichsten Ort, mitten im Urwald Brasiliens. Die Natur holte sich das tatsächlich gebaute *Fordlandia* jedoch bald wieder zurück, die Reste lassen sich noch immer im Regenwald besichtigen. Wahrhaft misslich aber ist, dass selbst verwirklichte Utopien in die Irre führen können. Die wohl größte gescheiterte Utopie der Moderne ist die von einem Fortschritt, der mit Energien wie Kohle, Erdöl, Erdgas zu befeuern ist. Lange übersehen, dann lange geleugnet wurden die Folgen, die damit verbunden waren. Eine Abkehr von fossilen Energien stellte sich als schwierig heraus, da die davon abhängigen Techniken, etwa Autos mit Verbrennungsmotoren, für viele zur Selbstverständlichkeit geworden waren.

Eine Kluft tut sich auf zwischen denen, die den Traum von perfekten Menschen in einer total guten Welt weiterträumen wollen, und jenen, die alle Utopien nun für entzaubert halten, technische wie politische. Hatten nicht zu allem Überfluss jüngst noch die Pioniere der Digitalisierung verkündet, mit dem Internet würden goldene Zeiten der freien Kommunikation und demokratischen Transparenz anbrechen? Die Realität heißt Datenmissbrauch, Hacking, Überwachung und *Hate-*

speech. Was gut klingt, kann sich ungut entwickeln. Anstatt von einer besseren Welt zu träumen, würde es genügen, wenn die bestehende sich nicht schlechter entwickeln würde. Dass der Versuch zur Verwirklichung der besten aller Welten an Grenzen stoßen musste, hatte Voltaire schon früh geahnt, als er seine Romanfigur *Candide* 1759 eine viel kleinere Aufgabe propagieren ließ: »Nun aber müssen wir unseren Garten bestellen.«

Die lange Reihe der Enttäuschung utopischer Hoffnungen führt im 21. Jahrhundert zu einem historischen Einschnitt, zu einer *Utopiemüdigkeit*. Der Möglichkeitsenthusiasmus, der die Moderne für zwei Jahrhunderte beflügelte, beginnt zu pausieren. Anstelle von Eutopien bringen *Dystopien* üble Befürchtungen zum Ausdruck. Werden Menschen künftig von Maschinen beherrscht, die intelligenter sind als sie? Ist die digitale Gesellschaft, die *Smart Society*, mehr eine Bedrohung als eine Verheißung? Wird es noch Arbeitsplätze für viele geben? Ist die Naturzerstörung aufzuhalten, die auch die Menschen selbst bedroht? Kann es Sicherheit und Verlässlichkeit in einer immer globaler werdenden Welt geben? Wird Heimat in der eigenen Kultur weiterhin möglich sein oder werden andere Kulturen sie überformen?

Angst vor der Zukunft macht sich breit. Der Science-Fiction-Autor William Gibson meinte in einem Interview 2017: »Wir sind jetzt aber in einer historischen Phase, in der wir die Zukunft an sich verlieren.« Dabei war Gibson derjenige, der die Utopien des »Cyberspace« mit genau diesem Begriff in seinen Romanen begründete. *Neuromancer* erschien im symbolträchtigen Jahr 1984 (das George Orwell mit seiner Dystopie im Visier hatte), gefolgt von *Biochips* und *Mona Lisa Overdrive*. Diese Bücher könnten auch die Inspiration für *Ghost in the Shell* gewesen sein. Kämpft der Major-Cyborg etwa einen aussichtslosen Kampf um den letzten Rest des Menschseins, auch gegen die *Ghost*-Liebhaber selbst, deren Herzblut, altmenschlich gesprochen, gar nicht am Menschen hängt? Reduziert sich der Geist auf eine »Künstliche Intelligenz«, die allein auf Daten basiert, von omnipräsenten Sensoren ohne Unterlass erhoben und von Algorithmen lichtschnell durchleuchtet? Wird die KI, nachdem sie das menschliche Leben von Grund auf verändert hat, den Menschen vergessen machen?

Der *Geist der Utopie* bestand darin, dass Menschen sich wie im gleichnamigen Buch von Ernst Bloch von 1918 eine Welt vorstellten, die durchweg positiv wäre. Der *Geist der Dystopie* befürchtet hingegen eine Welt, in der sich die Dinge negativ entwickeln. Was am häufigsten wirklich wird, ist eine Mischung aus beidem. Was vielversprechend ist, kann sich als problematisch erweisen. Was nachteilig erscheint, kann Vorteile in sich bergen. Die leuchtende Utopie des Sozialismus fiel real desaströs aus, beförderte aber andernorts die Arbeit an einem sozial abgefederten Kapitalismus. Die Utopie einer entgrenzten Wirtschaft, Neoliberalismus genannt, zog Wirkungen nach sich, die eine Rückkehr in die Grenzen einer sozialen Marktwirtschaft um des Zusammenhalts der Gesellschaft willen ratsam erscheinen ließ.

Ideen zu Verbesserungen des Lebens und der Welt sind sicherlich weiterhin sinnvoll. Sinnlos könnte aber die Erwartung sein, dass sich damit irgendwann alles zum Besten wenden werde, privat wie politisch. Den Utopisten genügte eine bessere Welt nie, es musste unbedingt die beste sein. Wer auf die beste aller Welten hofft, die mit der Realisierung aller Träume eines Tages zu erreichen wäre, kann jedoch bittere Enttäuschungen erleben. Angesichts dessen liegt es nahe, an Verbesserungen zu arbeiten, die keiner Paradiesvision bedürfen. In einer ohnehin ungewiss erscheinenden Welt spricht alles für ein punktuelles, vorsichtiges Vortasten in der wünschenswerten Richtung, immer gefasst darauf, dass das, was besser werden soll, auch schlechter ausfallen kann. Dann sind Nachbesserungen möglich, ohne die Illusion des immerzu Positiven gegen jede reale Erfahrung behaupten zu müssen.

Ein Name für dieses Vorgehen könnte *Pragmatopie* sein: Einer Sache (*pragma*) einen konkreten Ort (*topos*) zu geben, an dem schrittweise erprobt wird, was eine Verbesserung sein könnte, wie dies beispielsweise von der Idee eines bedingungslosen Grundeinkommens erhofft werden kann. Weiterhin sind Träume und Phantasien dazu da, den Horizont der Möglichkeiten auszumessen, aber die Versuche zur Realisierung könnten realistischer werden. Von der modernen Aufladung der Utopie als Erscheinungsform religiöser Erlösung kann wieder abgelassen werden. Die Kirche kann wieder im Dorf gelassen werden.

Heimat im Wesentlichen: Warum jeder Mensch religiös ist

Von der Kirche wehen Orgeltöne herüber, Zeit des *Evensong*, des Abendgebets, seit über 1000 Jahren. Ansonsten ist es völlig still im Garten der »Cathedral Lodge«, wo wir in den letzten grellgelben, horizontal eintreffenden Sonnenstrahlen unter den Bäumen picknicken dürfen. Vom mittleren Turm der langgestreckten Kathedrale schlägt die Glocke volltönend die Stunde. Das Bauwerk aus gelblichem Sandstein ist kein Monument aus einem Guss. Die Bauzeit muss sich über Jahrhunderte hingezogen haben, darauf lassen die ineinander verschachtelten Teile schließen. Es war wohl der Bauherr Anselm, der die große Erweiterung nach Osten in die Wege leitete, zu der auch die auffällig schräg in die südöstliche Fassade eingefügte Sankt-Anselm-Kapelle gehört. Am nächsten Morgen verharren mein jüngster Sohn und ich lange in der Stille dieses kleinen Raumes mit einem Altarstein aus schwarzem Marmor. In die Steinplatten des Bodens ist eingraviert: ANSELM. So heißt auch mein Sohn.

Seinem berühmten Namenspatron war die Ergänzung *von Canterbury*, wie der Theologe traditionell genannt wird, nicht in die Wiege gelegt. Er stammte vielmehr aus dem nördlich von Turin in den Alpen gelegenen Aostatal. Über Stationen in Frankreich verschlug es den Benediktinermönch nach England, wo er 1093 in das Amt des Erzbischofs berufen wurde. In Canterbury wurde er nie heimisch, aber auch in seiner italienischen Heimat fühlte er sich als »Fremdling«. Eine Heimat fand er allein in seinem Glauben und Denken (in dieser Reihenfolge). Um zu vertiefen und zu verfestigen, was er glaubte, versuchte er es denkend zu ergründen: Dass es etwas geben muss, über das hinaus nichts Größeres gedacht werden kann. Dass da eine Kraft sein muss, die alle Wesen und Dinge zusammenhält, da die Welt ansonsten in unendlich viele Fragmente zerfallen würde. Dieses eine organisierende Prinzip, das an Platons Universal-Algorithmus der Idee erinnert, ist in seinen Augen Gott.

Anselms unsterbliches Verdienst ist es, auf seine Weise, *Via anselmiana*, den heillos mit inhaltlichen Zuschreibungen überladenen christlichen Gottesbegriff auf seinen substanziellen Kern zurückgeführt zu haben. Das macht ihn auch für Andere annehmbar, die weniger glauben, mehr denken wollen. Es ist dieses Eine, Allumfassende, Absolute, das auch mich interessiert. Wie ist es zu verstehen? Welche Bedeutung kann es fürs

Leben haben? Und warum finde ich das alles so spannend, obwohl ich keiner Religionsgemeinschaft angehöre? Wie kommt es, dass ich mich in Gotteshäusern zuhause fühle? In welcher Hinsicht bin ich vielleicht selbst religiös? Verstehe ich das besser, kann ich besser darauf eingehen. Anselm von Canterbury konnte im 11. Jahrhundert bekennen: Ich *glaube*, um zu verstehen (*Credo ut intelligam, Proslogion*, I). Im 21. Jahrhundert bleibt mir zu sagen: Ich *würde gerne verstehen*, um zu glauben, *intellegam ut credam*. Was aber ist dort, wo das Verstehen nicht hinreicht?

In der schlichten Kapelle, die die *Ratio Anselmi* perfekt zum Ausdruck bringt, projizieren die Sonnenstrahlen durch die bunten Mosaikfenster hindurch ein abstraktes Gemälde auf den Steinboden. Eines der Fenster trägt die Inschrift CUR DEUS HOMO, »Warum Gott Mensch (wurde)«, ein Buchtitel des Theologen. Seine Erklärung: Weil Gott (der für ihn fraglos ein bewusst handelndes Wesen ist) mit dem beispielhaften Leben eines Menschen die Erkenntnis vermitteln wollte, dass das Absolute nicht abstrakt ist, sondern das Schicksal einer konkreten Existenz mit allen Menschen teilt, sie dort abholt und zurückführt zu ihrer himmlischen Urheimat. Der Prozess soll also umgekehrt werden, der mit dem Essen des Apfels vom Baum der Erkenntnis begann, dieser angeblichen Ursünde, die den Aufenthalt im Paradies eines reinen Seins unmöglich machte und die Menschen der Fron der vielen Differenzen in ihrem jeweiligen Dasein aussetzte. Mit erneuter Erkenntnis, war Anselm überzeugt, werden sie wieder zum paradiesischen Zustand des Einen, des ewig gleichen Seins zurückkehren können.

Aber warum sollte jemand die Geschichte der Menschwerdung Gottes, die das Christentum erzählt, für wahr halten? Kann sie irgendeinen wahren Kern in sich bergen? Was hat es mit »dem Einen« auf sich? Was ist überhaupt mit Religion gemeint? Der Spur des Wortes folgend, das auf das lateinische Verb *religare*, »zurückbinden«, zurückgeführt werden kann, handelt es sich um einen Rückbezug. Seit jeher in der Geschichte haben Menschen sich auf etwas zurückbezogen, das sie für *wesentlich*, also für grundlegend und unentbehrlich, halten. Sie finden Heimat darin, unterhalten eine starke Beziehung dazu und richten ihr Leben darauf aus, voller Vertrauen, auf diese Weise richtig zu leben, oft nicht erfreut darüber, wenn Andere etwas Anderes für wesentlich halten und anders leben. Auf ihr Wesentliches achten sie sehr, es gibt ihrem Leben Sinn und Bedeutung, in diesem Sinne sind alle Menschen religiös.

Wenn sich der Begriff der Religion außerdem vom lateinischen *relegere*, »sorgsam beachten«, ableiten lässt, dann aus diesem Grund: Auf das, was als wesentlich erscheint, gilt es besonders aufmerksam zu sein, da das Leben davon abhängt. Auch unabhängig von der Ausprägung in einer Religionsgemeinschaft ist diese Aufmerksamkeit von Bedeutung. Es kann geboten sein, sie auf die Dinge zu richten, die aus subjektiver Sicht für wesentlich gehalten werden. Etwa auf die Liebe, insbesondere eine bestimmte Liebe, ohne die das Leben sinnlos erscheint. Oder die Familie, für die da zu sein das Leben vollkommen erfüllen kann. Auch die Arbeit, sofern sie gerne getan wird. Und die Kunst, die am liebsten ausgeübt, angeschaut oder angehört wird, sowie die Technik, meist in Form von Geräten wie Autos oder Smartphones, ohne die ein Mensch sich das Leben gar nicht vorstellen kann. Nicht zuletzt das Geld, insofern es Lebensmöglichkeiten verbürgt, auf die ein Mensch nicht verzichten kann oder will.

Und doch erweist sich all das, ohne das der Einzelne glaubt, nicht leben zu können, im äußersten Fall als entbehrlich. Wesentlich kann es demzufolge nicht sein. Die Liebe ist wunderschön, kann jedoch enden, und das muss erfahrungsgemäß nicht das Ende des Lebens sein, eine andere Liebe ist möglich. Geld ist hilfreich, aber mit der Solidarität Anderer vermag ein Mensch auch ohne finanzielle Mittel zu überleben. Erst recht hängt das Leben nicht von Autos oder Smartphones ab, die Anselm von Canterbury angesichts ihrer raschen Vergänglichkeit vermutlich als »fast nicht« existent bezeichnen würde, was im Gegenzug immerhin heißt, dass sie nicht nichts sind. Es gibt keinen Grund, all diese Dinge abzutun. Menschen können ihr Leben sehr wohl an der Oberfläche von Dingen ohne »tiefere Wahrheit« führen, und auch das kann ein erfülltes Leben sein. Aber das Wesentliche, ohne das das Leben ernsthaft zusammenbrechen würde, muss noch etwas Anderes sein.

Dem ist auf die Spur zu kommen durch Überlegungen: Etwas muss untergründig wirksam sein, damit ein Mensch Gefühle haben und lieben, überhaupt leben und sich bewegen kann. Dieses Etwas kann mit einem alten griechischen Wort *enérgeia*, »am Werk sein«, genannt werden. Energie also, die in etlichen Ausprägungen im Menschen am Werk ist: Biochemisch in Zellen gespeichert, als Elektrizität in Nervenbahnen und Synapsen messbar, und als Wärme mit bloßer Hand auf der Haut zu spüren. In jedem Ding, jedem Wesen, jedem Körper auf der Erde und im Kosmos sind die verschiedensten Formen von Energie am Werk, die ineinander übergehen können und sich alle durch Eines auszeichnen: Ohne sie ist alles nichts. Alles, was ist, ist vergänglich, unvergänglich aber die Energie, die allem zugrunde liegt.

Dieses Wesentliche kann unterschiedlich benannt werden, weltlich als alles durchdringende Kraft oder religiös als Gott, aber es handelt sich wohl um ein und dasselbe Phänomen, ein

»Durch-sich-Sein« (*per se esse*) im Sinne Anselms, das nicht abhängig von etwas Anderem ist. In seinem Sein ist es reine Substanz im Unterschied zu bloßem »Beiwerk« (*akzidens*). Anselm meinte, dass es sich dabei um ein Wesen handeln müsse, das anders als andere Wesen nicht anschaubar sei, denn dazu müsste es Konturen haben. Für das konturlose Höchste nimmt er jedoch an, dass es wie ein Mensch mit »Du« angesprochen werden kann. Der Abfassung seines Gottesbeweises von 1077/78 gab er daher diesen Titel: *Proslogion*, Anrede.

Sich an das Wesentliche zu wenden, als wäre es ansprechbar, geschieht bewusst oder unbewusst bei einer Meditation oder einem Gebet. Beides heißt, zur Quelle zu gehen und den starken Bezug zu der Kraft zu suchen, die Menschen leben und lieben lässt. Ist es wichtig, ob sie dabei an ein unfassbares, ungreifbares X oder an einen bestimmten Gott oder etwas Göttliches denken? Denkbar ist, dass religiöse Formeln auf poetische Weise das prosaische energetische Geschehen zum Ausdruck bringen. Die gelegentliche Empfindung im Leben, sich zwar in der Wirklichkeit aufzuhalten, aber fremd in ihr zu sein, könnte mit einer *gefühlten* Heimat in diesem möglichen Urgrund aller Wesen und aller Welt zu erklären sein. Jeder Einzelne kann sich ein Gespür für diesen Urgrund bewahren, der insbesondere in intensiven Momenten des Lebens erfahrbar wird. Insofern alles und jedes an diesem Urgrund teilhat, stärkt jede energiereiche Erfahrung, beispielsweise in der Liebe, die Verbundenheit mit allem, was ist. Das unterscheidet sich wohl nicht wesentlich von der *geglaubten* Heimat der Religionsgemeinschaften. Aber niemand kann wissen, wie es sich damit definitiv verhält.

Sofern die Energie als das Wesentliche verstanden werden kann, das allem zugrunde liegt, kann der Rückbezug darauf und die Achtsamkeit dafür das Charakteristikum einer *säkularen Religiosität* sein. Religion erscheint dann als allgemein menschliche Angelegenheit, nicht an eine Religionsgemeinschaft gebunden, aber auch nicht dagegen abgegrenzt. Die Energie als unendliches und ewiges Sein kann als *das Eine* identifiziert werden, das in Frage steht, und es ist möglicherweise nichts Anderes als das, was als *das Göttliche* oder *Gott* bezeichnet wird. Auffällig ist jedenfalls, dass Menschen immer wieder auf dieses Eine zurückkommen, vor allem die Mystiker aller Kulturen, aber auch Dichter und Denker wie Hölderlin, Hegel und Schelling, die davon sprachen, dass »Eines Alles« sei, zurückgehend auf das *Hen kai pan* des Heraklit. Noch weiter zurück reicht die Rede der Veden und Upanishaden von dem Einen, *Brahman*, aus dem das Viele erst hervorgeht. Mit dieser namenlosen und gesichtslosen Substanz zu verschmelzen und nicht mehr zu reinkarnieren, kann ein religiöses Lebensziel sein.

Ich kann nun besser verstehen, inwiefern ich selbst religiös bin. Religion kann ich als Bezug zum Wesentlichen und dessen Pflege begreifen, Gotteshäuser als Energie-Transmitter und das Gebet als Meditation, um mich von Neuem für die göttlich oder weltlich verstandene Energie zu öffnen, mich von ihr beseelen und inspirieren zu lassen. Auch profanere Methoden stehen dafür zur Verfügung, Energie aufzunehmen und auszutauschen: Etwa mit aller Freude an Sinn und Sinnlichkeit die Wärme der Sonne zu genießen oder einen anderen Menschen zu lieben und sich von ihm geliebt zu fühlen. Freundliche Beziehungen aller Art vermitteln Energie. Jede Kreativität ist säkulare Religiosität, weltlicher Gottesdienst, da sie mit ihrer Energie einen unendlichen Horizont an Möglichkeiten erschließt. Alle Natur kann Menschen mit neuer Energie versorgen. Überhaupt eignet sich alles, was dem Leben

Sinn gibt, salopp gesagt, für eine Direkteinspritzung des Kraftstoffs, der Rest ist Transformation und Sublimation.

Wo aber stehen Räume für eine säkulare Religiosität zur Verfügung? Mitten in Berlin, am südlichen Ende der kleinen Brüderstraße, in der einst das Haus des Verlegers Friedrich Nicolai den Aufklärern als Treffpunkt diente, entsteht eine sandfarbene Burg, ein bisschen klobig, aber imposant. Das *House of One*, das »Haus des Einen«, birgt eine Kirche, eine Moschee, eine Synagoge und einen großen, hohen Raum in der Mitte, der nach außen hin als wuchtiger Turm hervortritt. Die verschachtelte Form, die das Berliner Architekturbüro Kuehn Malvezzi 2012 entwarf, ist den vier Räumen geschuldet, die das Bauwerk in sich vereint. Gerne suche ich die drei Gotteshäuser auf, die Wege dazwischen sind kurz. Die entscheidende Neuerung aber ist der vierte, mittlere Raum, der für alle da ist, auch für die, die nicht im engeren Sinne religiös gebunden sind. Er steht für *das Eine*, das alle verbinden kann.

Die alte und neue Frage nach dem Wesentlichen erhält damit einen zentralen Platz, den keine Religion für sich beansprucht. Religiosität heißt hier, wechselseitig anzuerkennen, dass nach dem je besonderen Verständnis *der Eine* die Rolle des Wesentlichen vertritt. Und darüber zu sprechen, was als *das Eine* verstanden werden kann, das allen und allem zugrunde liegen könnte. Menschen müssen sich nicht zerstreiten über der Frage nach der Wahrheit, in deren Besitz keiner alleine sein kann. Statt bestimmte Religionen oder Nichtreligionen als einzige Wahrheit zu betrachten, erscheint es sinnvoller, sie als Möglichkeiten zu verstehen, sich der Wahrheit zu nähern, die als solche nur vermutet werden kann, aber wahrscheinlich eine für alle ist, mag sie auch viele unterschiedliche Aspekte in sich beherbergen. Kaum vorstellbar, dass im säkularen Kosmos oder religiösen Himmel Separees für diverse Wahrheiten reserviert sind.

Sollte aber ein solches Haus nicht hundert und tausend Räume für alle Verständnisse des Einen anbieten? Ja, aber hier geht es um die drei Religionen, die Berlin am meisten geprägt haben und aktuell prägen, sowie um die vielen Menschen ohne bestimmtes Bekenntnis, die in der Stadt zuhause oder zu Gast sind. Allen, die dieses Haus besuchen, bietet es Gelegenheit zur Besinnung auf das, was in ihrem Leben das Eine ist, auf das sie sich zurückbeziehen und auf das sie besonders achtgeben wollen. Und vielleicht erkennen manche bei dieser Gelegenheit in Geschichten, Bildern und Symbolen von Religionsgemeinschaften Versuche, das unfassbare Wesentliche auf je eigene Weise fassbar zu machen. Genau das war wohl von alters her rund um den Globus auch ein Grund dafür, begehbare Orte des Einen zu schaffen.

Jenseitige Heimat in diesseitigen Räumen: Gotteshäuser

Die eindrucksvollen Mauern sind auf den ersten Blick von der Rückseite her aufgetürmte Ziegelsteine, durchzogen von eingemauerten Rundbögen, abgebrochenen Vorsprüngen, eingefügten Betonstützen und Eisenklammern, die vermutlich nur dazu da sind, den Einsturz des 2000 Jahre alten Kolosses zu verhindern. In herausgebrochenen Lücken nisten Tauben. Krass der Kontrast zwischen runden und eckigen Formen, leichten Ziegeln und schwerem Marmor, erst recht zwischen dem rohen Gemäuer hinten und der tempelartigen Eingangshalle vorne, die mit ihren dicken und zugleich hohen Säulen dermaßen auftrumpft, dass sie jeden, der eintreten will, zur Ameise

macht: *Erkenne, dass du ein kleiner Mensch bist* – ein stummer Anklang an das berühmte *Gnothi seauton* des Tempels von Del-
phi. Die sinnliche Überwältigung soll dem Menschen, der die
Schwelle überschreitet, die Größenverhältnisse zwischen ihm
und dem Erhabenen, das hier residiert, erahnbar machen.

Fassade kann jeder, die wahre Schönheit aber ist von innen
am schönsten. Drinnen sind es die Dimensionen der Kuppel,
die den Besucher überwältigen, und dies umso mehr, als sie
von außen gar nicht sichtbar sind. Die eigene Vorstellung ver-
vollständigt das Gewölbe zur Kugel, die die ganze Welt repräsentiert. Das Sprachgewirr der gesamten Menschheit erfüllt den
riesigen Raum. Die Marmorplatten an den Wänden entstam-
men sämtlichen Steinbrüchen des Mittelmeerraums. Dass die
christliche Religion dieses antike Wunder in Beschlag nahm,
versteht sich von selbst, denn es handelt sich um das römische
Pantheon, und das *Pan*, das All, das alles Einzelne umfasst, oder
das göttliche All, das alle Gottheiten meint, sollte nur noch
der christliche *Theos* repräsentieren. Die riesige Öffnung im
Zenit der Kuppel macht jedoch auch ohne Theologie erfahrbar, dass die wahren göttlichen Dimensionen nicht hier drinnen sind. Die Sonne bricht herein und es regnet auch herein,
nachts strahlen die Sterne.

Wie heftig muss dieses Raumgefühl einst die Menschen der
Antike erfasst haben! Sie kannten noch nichts Vergleichbares
und erst recht keine monströsen Konsumtempel, wurden durch-
schnittlich nur eineinhalb Meter groß und mussten außerdem
etliche Stufen hochsteigen. Der Schutt der Geschichte hob
das Bodenniveau rund um das Pantheon in vielen Jahrhunderten um mehrere Meter an, sodass der Besucher heute zum
Eingang nicht hoch-, sondern hinabgeht. Für diese unglaub-
liche Schöpfung ist kein Name eines Architekten zweifelsfrei

überliefert. Der in Frage kommende Apollodoros von Damaskus könnte den Wiederaufbau geleitet haben, nachdem Blitzschlag und Feuer den Bau bereits in antiker Zeit zerstört hatten. Ideen für die Kuppel des gigantischen Petersdoms fast eineinhalbtausend Jahre später bezogen seine Architekten Bramante und Michelangelo sicherlich auch von hier.

Seit langer Zeit versuchen Menschen, die Transzendenz in der Gestalt oder Gestaltlosigkeit eines Gottes, des Göttlichen oder der Götter mit Bauwerken in ihrem Umfeld anzusiedeln. Sobald sie dazu fähig waren, strebten sie danach, dem Jenseits einen Platz in diesseitigen Räumen zu geben. Anlagen wie Stonehenge im Südwesten Englands sollten eine völlig außerhalb des menschlichen Zugriffs liegende Macht wie die Sonne, von deren regelmäßiger Wiederkehr ersichtlich alles abhängt, im Leben der Menschen verankern. Größe trug der Bedeutung Rechnung. 2015 entdeckte ein Forscherteam mithilfe von Radargeräten und Lasern ein metertief unter der Grasnarbe liegendes zweites Stonehenge, noch größer als das bekannte, ein ganzes Netzwerk von Monumenten, errichtet zwischen 3900 und 2600 v. Chr.

Der noch viel frühere urzeitliche Anlass für transzendente Räume war, so ist zu vermuten, das erwachende Bewusstsein. Es machte die Menschen zu Wesen, die nicht nur lebten, sondern ihr Leben auch reflektierten. »Sie erkannten, dass sie nackt waren«, heißt es in der Erzählung von der Vertreibung aus dem Paradies (1. Mose 3, 7). Der Biss in die Frucht vom Baum der Erkenntnis steht symbolisch dafür, dass der Urzustand der Unbewusstheit und glücklichen Unbekümmertheit ein brüskes Ende fand. Eine Entscheidung war das sicher nicht, es geschah einfach. Auch zuvor waren die Menschen den Widrigkeiten des Lebens ungeschützt ausgesetzt und in diesem Sinne nackt gewesen, aber niemand dachte darüber nach. Mit dem einsetzenden Denken erst wurde bewusst, dass Mühsal, Not, Verletzlichkeit, Krankheit und Tod mit dem Dasein einhergehen. Die Trauer über den verlorenen Urzustand rief die Sehnsucht wach, ihn wiederzugewinnen. Die Menschen begannen davon zu träumen, das verlorene Glück in einem Jenseits nach dem Tod wiederzufinden. Prähistorische Gräber und Grabbeigaben weisen darauf hin, dass auf diese Weise eine frühe Art von Religion entstand.

Von Sonnen- und Totenkulten, von der immer aufwändigeren Schaffung und Ausgestaltung eigener Räume für das Andere und Transzendente zeugen ägyptische Pyramiden und die Tempelpyramiden der Maya in Mittelamerika. In der griechischen Antike kamen Bauwerke mit hoch aufragenden Pfeilern und darauf aufruhenden Dächern und Giebeln ins Spiel. In Syrakus erscheinen uns die Reste des *Apollo*-Tempels noch immer als verehrungswürdig. Platon dürfte ihn im 4. Jahrhundert v. Chr. mehrmals aufgesucht haben, als er voller Hoffnung auf die Realisierung einer idealen Polis hier weilte und tief enttäuscht wieder abziehen musste. Nach platonischer Lehre war *A-pollo* ein Ausdruck für Nicht-Viele, also für das Eine, das allem zugrunde liegt. Bei einem weiteren Tempel, der der *Athene* geweiht war und dessen Anfänge auf dem höchsten Punkt der Altstadt-Insel Ortigia bis ins 7. Jahrhundert v. Chr. zurückreichen, wurden im 7. Jahrhundert n. Chr. die luftigen Abstände zwischen den alten Säulen zugemauert. Als Teile eines christlichen Gotteshauses blieben sie erhalten. Im 9. Jahrhundert von muslimischen Eroberern zur Moschee erklärt, wurde der einstige Tempel 1095 mit neuen Elementen im normannischen Stil (denn nun waren die christianisierten Nachfahren der Wikinger die Eroberer) wieder zur Kirche.

Fast überall in der Welt wurden und werden Architekturen geschaffen, die das Transzendente im Weltlichen beheimaten und eine enge Bindung zu den Mächten herstellen sollen, die das menschliche Leben überschreiten. Da das menschliche Leben zu Lebzeiten an die Erde gebunden ist, ist es erforderlich, den überirdischen Mächten Häuser auf Erden zu bauen, in denen sie in Ehren gehalten werden können. Mit enormen Anstrengungen und nie endender Geduld wurden und werden Gebäude errichtet, die den Menschen ermöglichen, schon im diesseitigen Leben eine jenseitige Heimatpflege zu betreiben und inmitten der Endlichkeit Fenster in unendliche Räume und ewige Zeiten zu öffnen. Geschichten haben sich womöglich im Umfeld der Bauten zugetragen, die weiter überliefert werden sollen. Texte werden in ihnen repetiert, die vom göttlichen Wirken berichten. Die Erinnerung an Momente einer markanten Intensität wird wachgehalten, neue göttliche Erfahrungen werden angeregt.

In vielen Kulturen zeichnen sich Orte, die der Transzendenz gewidmet sind, durch exponierte Lagen und traumhaft schöne Ausblicke aus, wie etwa der Shiva geweihte *Küstentempel*, eine aus Granit geformte Anlage aus der Zeit um 700 n.Chr. auf einem Felsvorsprung direkt am Golf von Bengalen im südindischen Mamallapuram. Nicht jeder Mensch, nicht jede Kultur bedarf einer Transzendenz, aber in der indischen Kultur ist sie seit langem omnipräsent. Das hinduistische Alltagsleben ist von religiösen Ritualen durchzogen, die beinahe jede Handlung, jede Erfahrung mit Bedeutung erfüllen. Ins Auge fallen zauberhafte Muster aus Reismehl oder Kreide auf dem Boden vor vielen Haustüren, *Rangoli*, mit denen morgens nach der Reinigung des Hauses die Göttin Lakshmi um Wohlergehen gebeten wird. Die Geschichten zahlreicher Götter sind allen vertraut, aber klar ist auch, dass ihnen »das Eine« zugrunde liegt, das sich in tausendfältiger Ausformung manifestiert. Darauf aufmerksam zu machen, dass das göttliche Eine selbst keine Religion hat, war ein Anliegen Mahatma Gandhis: »God has no religion.« Das Gebäude, das im Pilgerort Kanyakumari an der Südspitze Indiens an Gandhi erinnert, wo seine Asche im Meer verstreut wurde, wird selbst als ein »House of One« verstanden.

Indien ist die erste und zweite Heimat vieler Religionen. In *Fort Kochi*, dem alten Teil der Stadt Kochi im südindischen Kerala, koexistieren einige auf engstem Raum. Außer den ständig umlagerten hinduistischen Tempeln *Sree Gopalakrishna* und *Thirumala* steht die katholische *Franziskanerkirche* offen, in der Vasco da Gama begraben (später umgebettet) wurde, der erste der portugiesischen Eroberer, die sich 1503 an dieser Küste mit einer Festung eine Heimat im fremden Land bauten (raubten?) und ihre Handelsgeschäfte absicherten. In einer anderen Ecke gewährt der *Dharmanath-Tempel* Einblicke in den Jainismus, der wie der Buddhismus aus dem 6./5. Jahrhundert v. Chr. stammt und keinen Schöpfergott kennt. In einer Welt ohne Anfang und Ende, in der in jedem Moment etwas entsteht und vergeht, durchlaufen Menschen einen Kreislauf von Wiedergeburten. Da alles, was ist, als beseelt gilt, neben Wasser und Pflanzen auch Tiere, ist jetzt mittags die Taubenfütterung zu bewundern, zu der eine riesige Vogelschar auf Zuruf einfliegt und nach dem rituellen Gebet loslegt.

Unweit davon bewahrt die *Paradesi-Synagoge* uralte jüdische Traditionen. Das Gebäude aus dem 16. Jahrhundert hat eine Vorgeschichte, die weit zurückreicht, wie uns erzählt wird. Nach der Zerstörung des Tempels von Jerusalem durch die Babylonier 586 v. Chr. hatten Juden sich eine neue Heimat suchen müssen, Beginn der *Diaspora*, der Verstreutheit in aller Welt. Einer der Orte, an denen sie sich ansiedelten, war nördlich von hier ein Fischerdorf beim heutigen Kodungallur, wo seit etwa 1000 v. Chr. der Handel mit Gewürzen florierte. Die Handelsroute zwischen Mittelmeer und Indischem Ozean, die bereits der römische Geschichtsschreiber Plinius der Ältere erwähnt, ist durch Ausgrabungen antiker Amphoren belegt. 1341 zwang jedoch eine Flutkatastrophe zur Verlegung des Handels nach Kochi, wo uns heute in der sengenden Hitze die kühlen Fliesen auf dem Boden des jüdischen Gotteshauses willkommen sind. Zahlreiche Glaslüster beschirmen die nüchternen Sitzbänke entlang der Wände. Die Empore steht den Frauen zur Verfügung. Ein Podium aus Messing für den Vorbeter dominiert die Mitte des Raumes. Der Schrein mit dem Zugang zur Tora-Gebetsrolle ist samtrot verhüllt.

Weiter im Osten Asiens hat, ausgehend von Indien, der Buddhismus eine zweite Heimat gefunden. Im riesigen Tempelbezirk der alten japanischen Kaiserstadt Nara ragt der Große Buddha aus Bronze im Tempel *Tōdai-ji* aus dem 8. Jahrhundert n. Chr. 15 Meter empor, UNESCO-Weltkulturerbe. Der Buddha meditiert, meine Meditation beschränkt sich im Moment darauf, ein Räucherstäbchen in den bereitstehenden Sandbehälter zu stecken. Ein Stück weiter ermöglicht die Holzterrasse des *Nigatsu-do*-Tempels einen herrlichen Blick in die umgebende Landschaft. Der Verehrung der Ahnen wie auch der Natur in Gestalt eines uralten heiligen Baums, umbaut von Hallen, gibt der dahinter liegende shintoistische Schrein *Kasuga-taisha* einen Ort. Mit meinem Freund durchwandere ich dieses weitläufige Gelände, das für viele Japaner der sinnlich erfahrbare Raum einer tiefen spirituellen Beziehung zu ihrer Heimat ist, wie er erzählt. Zum ausdrücklichen Thema wurde

»Heimat« (*furusato*) ihm zufolge jedoch erst mit ihrem drohenden Verlust im Zuge der Modernisierung Japans (Toshiaki Kobayashi, *Ära der Heimatlosigkeit*, Essay, Lettre International, Nr. 128, 2020).

Auch in der fortgeschrittenen Moderne des 21. Jahrhunderts erscheint jeder Aufwand gerechtfertigt, um mit Gotteshäusern einen Bezug zur Transzendenz herzustellen und religiöse Bedeutung zu erzeugen. In Abu Dhabi gehen mir die Augen über angesichts von Pracht und Prunk zu Ehren Allahs (und des weltlichen Stifters, des ersten Präsidenten der Vereinigten Arabischen Emirate) in der 2007 eröffneten *Scheich-Zayid-Moschee* aus strahlend weißem Marmor. Überirdisch ist der Blick von außen auf die vier hohen Minarette und viele große und kleine Kuppeln mit vergoldeten Spitzen, drinnen auf die gewaltigen Kronleuchter mit glitzernden Swarovski-Kristallen und langen Säulengängen, deren Pfeiler und Wände üppig mit floralen Mustern verziert sind. Blumenmotive schmücken ebenso den mit Marmor verschiedenster Provenienz ausgelegten weiten Innenhof, der so blankpoliert ist, dass sich darin (wie auch in einem eigens dafür geschaffenen Wasserbecken außerhalb) die Architektur spiegelt, die ihrerseits nur dazu da ist, die unendliche Vielfalt Gottes widerzuspiegeln.

Selbst ohne bestimmtes Bekenntnis fühle ich mich wohl an all diesen Orten und in diesen Räumen. *Die Fülle des Sinns ist hier beheimatet.* Schon die äußeren Eindrücke öffnen Tür und Tor für die inneren Kräfte, derer Menschen fürs Leben bedürfen. Manchmal nehme ich an den Ritualen teil, die in der jeweiligen Religion zelebriert werden. Das geglaubte Übersinnliche rückt näher durch die sinnliche Erfahrbarkeit von Gesten und Gebräuchen sowie durch die Verbundenheit mit Anderen beim gemeinsamen Feiern. Mit wenigen Worten werden Gefühle angesprochen, Gesänge verleihen ihnen Ausdruck. Mit den entstehenden erhebenden Gedanken wird es möglich, von außen auf das Leben zu blicken, das zwischen Selbst- und Fremdbestimmung seinen Weg geht. Mahnende Sentenzen aus alten Schriften (»Liebe deinen Nächsten«) erinnern daran, die Beziehungen zu Anderen nicht zu vernachlässigen, in die jedes Ich eingebettet ist, aber auch nicht die Selbstsorge, die zur Sorge für Andere erst befähigt. Sinnsprüche (»Ein jegliches hat seine Zeit«) deuten an, wie das Leben verstanden werden kann, und dienen der Orientierung in einer ungewissen Welt.

Einen Eindruck von Transzendenz vermittelt auch das Bewusstsein, über welche Zeiten hinweg eine endlose Kette von Menschen die überlieferten bedeutungsvollen Formen und Formeln weitergetragen hat. Die Gelassenheit kehrt zurück, innerer Friede kehrt ein, alles hat wieder einen Platz im Leben, das die Religionen in allen Facetten und Gegensätzen im Blick behalten. Sie begleiten und überwölben die Existenz des Einzelnen von der Geburt bis zum Tod und darüber hinaus. Sie kennen Rituale, zu deren Vollzügen sich viele versammeln können, um in der jeweiligen Lebenssituation nicht allein mit sich zu bleiben. Zeremonien gestalten den äußeren Rahmen etwa für eine Eheschließung, auf deren festlichen Charakter auch diejenigen nicht verzichten wollen, die mit den Inhalten einer Religion ansonsten wenig vertraut sind. Was mich aber am meisten berührt, ist die Stille in diesen Häusern, dieses Schweigen der unendlichen Weite, die hier zum Innenraum geworden ist. Erhebt jemand die Stimme, verhallt sie. Ein Hauch von Ewigkeit weht mich an. Die Uhr tickt nicht mehr, die Gedanken beginnen in den Himmel zu fliegen, den physischen wie auch den spirituellen.

Ein laues Lüftchen weht, mit stoischer Regelmäßigkeit schlagen die Wellen weiß schäumend ans Ufer, grünlich schimmert das Wasser in der Bucht, tiefblau weiter draußen, am Horizont kreuzen weiße Schiffe. Ein pastellblauer Himmel wölbt sich darüber, die Kokosnüsse auf den Palmen sind zum Greifen nah. Auf der oberen Etage des Restaurants, wo die Luft ein bisschen kühler weht, lässt sich die feuchte Hitze besser aushalten. Überflüssig zu erwähnen, dass im Paradies der Kaffee sehr gut schmeckt, frisch gemahlen aus Bohnen von Anbaugebieten in Karnataka, gewürzt mit Kardamom aus Kerala an der südindischen Malabarküste. Viele begehrte Gewürze stammen seit alten Zeiten von hier, wo der Pfeffer wächst.

Ein Hauch von Paradies muss vor langer Zeit bereits den Apostel Thomas angeweht haben, als er hier eintraf, falls die Geschichte einen wahren Kern hat, wofür einiges spricht. So wie Paulus sich auf Missionsreise gen Westen begab, brach der angeblich ungläubige Thomas in Richtung Osten auf. Der Überlieferung zufolge landete er in Begleitung eines jüdischen Händlers 52 n. Chr. in dem Fischerdorf an der Küste nördlich von Kochi, wo er in der erwähnten jüdischen Gemeinde Aufnahme gefunden haben könnte. Wollte er den Indern verkünden, dass sie keineswegs im Paradies lebten, sondern daraus vertrieben worden waren, mit dem Glauben an Jesus aber dorthin zurückfinden würden? Jedenfalls brachte er einige so sehr in Rage, dass er an der südöstlichen Küste beim heutigen Chennai den Märtyrertod erlitt.

Schmerzliche Erkenntnis: Auch das Paradies hat Grenzen. Das ist bereits in der Herkunft des Wortes angelegt, das auf das altpersische *pairidaeza* für »Umfriedung« zurückgeht. Mit einer Einzäunung kann selbst in einer Wüstenlandschaft ein Ort geschaffen werden, der ergrünt und erblüht, wenn er bewässert wird. Bäume spenden Schatten, Kräuter duften, Früchte bieten Nahrung. Was im Alten Testament als *Garten Eden*, als »Wonnegarten« oder »herrlicher Ort« bezeichnet wurde, könnte reale Vorbilder in Mesopotamien gehabt haben. Die alten Griechen machten *paradeisos* daraus, Inbegriff einer idyllischen Natur, auch mit *Arkadien* gleichgesetzt, das seinen Namen einer Berglandschaft im Zentrum der Halbinsel Peloponnes verdankt, zu deren Füßen Olympia liegt. Den begrenzten realen Ort verwandelte der römische Dichter Vergil im 1. Jahrhundert v. Chr. in ein unbegrenztes Ideal: Alle Welt sollte Arkadien sein. Aus der Heimat der Hirten, die ein Leben im Einklang mit der Natur führen, sollte eine Heimat für Dichter werden, die ihr Leben vollkommen sorglos der Kunst und der Liebe widmen. Dort, wo alles gut ist und nichts Schlechtes Platz hat, sollte das Paradies sein, und wenn schon nicht in der Wirklichkeit, so wenigstens im imaginären Raum der Ideen.

Wirkmächtig wurde die Idee von einem paradiesischen Leben durch Ausschmückungen in Bildern und Geschichten. In den verschiedensten Kulturen und Zeiten geriet das überirdische Paradies zum verlockenden Motiv und sah doch einem Garten der irdischen Freuden meist zum Verwechseln ähnlich. In der Antike beneideten Griechen und Römer die Götter, die sich in solchen Gärten der Sorglosigkeit tummeln konnten. Die Christen scharten sich um Augustinus, der im 5. Jahrhundert das Reich Gottes als Gegenbild zu irdischen Reichen entwarf. Die Menschen der Renaissance sehnten sich ins Goldene Zeitalter Arkadiens zurück. Von Atlantis bis Mittelerde reichen die Landschaften, die kein Mensch jemals gesehen hat, in denen jedoch viele zu leben wünschen. So gewiss können

Menschen sich ihrer Heimstatt in jenen Welten sein, dass sie die Welt, in der sie leben, geringschätzen.

Maler inspirierte das Motiv des Paradiesgärtleins nachhaltig, und die Betrachter ergötzten sich gerne daran. Allein schon die Rahmung von Gemälden erinnerte immer an die Einhegung eines umgrenzten Gartens, innerhalb dessen das Leben in sämtlichen Farben und Formen seinen Ort hatte. Die Maler aller Epochen gestalteten einfallsreiche Landschaften in dem Rahmen, innerhalb dessen sie ihre Gedanken, Gefühle und Ambitionen beheimaten konnten. Oft genug war ihr Sujet dabei ausdrücklich der Garten. Vor allem Maler der Moderne wie Claude Monet, Max Liebermann oder Paul Klee, die noch dazu reale Gärten vor ihren eigenen Häusern hegten und pflegten, stürzten sich regelrecht darauf. Wie groß die Sehnsucht vieler Menschen nach solchen begehbaren Traumlandschaften ist, zeigen die Besucherströme in den erhaltenen Malergärten von Giverny unweit von Paris oder am Berliner Wannsee.

Liebende wünschen sich, in blühenden Frühlingswiesen zu versinken, die auf immergrüne Himmelsauen verweisen. Im 14. Jahrhundert beschrieb Dante in der *Göttlichen Komödie* das Paradies als Ort der Liebe zu seiner Beatrice, von der unklar blieb, ob sie real oder ein Ideal war. Nachdem im 18. Jahrhundert die Aufklärer ein weltliches Paradies für realisierbar hielten, entwarfen die Romantiker die dazu passende Liebesbeziehung, die seither nicht mehr ohne den Traum vom Paradies zu zweit auskommt. Die Liebe als paradiesische Heimat in einer befremdlichen Welt: Auf die Erfüllung dieser Sehnsucht hoffen viele auch in digitaler Zeit, daher der Erfolg der Datingportale. Niemand will wahrhaben, dass auch diesem Paradies Grenzen gesetzt sind, und sei es nur von einem unparadiesischen Alltag. Insgesamt scheinen die Annäherungen an das

Paradies in der Moderne aber so weit gelungen zu sein, dass selbst ein kritischer Geist wie der Aktionskünstler Christoph Schlingensief im letzten Buch vor seinem frühen Tod 2010 überzeugt war: *So schön wie hier kanns im Himmel gar nicht sein!*

Von einem jenseitigen Paradies ist wohl aus diesem Grund in moderner Zeit immer seltener die Rede, auch in den Kirchen selbst. Diesseitige Angebote besetzen ungeniert den Begriff. »Paradiese« sind zum Passepartoutwort für große Versprechungen geworden. *Steuerparadiese* locken Menschen, die Zahlungen an einen Staat ablehnen, der ihre Geschäfte gleichwohl gefälligst absichern soll. *Wohlfühlparadiese* wollen überall die Gestressten beglücken. Die Idee, mit positivem Denken, guten Gefühlen und immerwährendem Glück mühelos das Paradies auf Erden zu schaffen, hat massenhaft Anhänger gefunden. *Urlaubsparadiese* sollen die Inseln im Raum bieten, auf denen das erträumte Leben zumindest für Momente in der Zeit gelebt werden kann. Umso schlimmer, wenn nicht alles den Vorstellungen entspricht: Der Blick aufs Meer ist verstellt, der Baulärm stört, der Weißwein ist schlecht gekühlt, das Essen schmeckt nicht. Die bitteren Enttäuschungen beschäftigen die Gerichte. Dass Milliarden von Menschen gerne solche Probleme hätten, will den Verbitterten nicht in den Kopf.

Auch das diesseitige Paradies kommt eben nicht ohne Grenzen aus. Die Polarität des Lebens behauptet sich hartnäckig und beschwert schwerelose Träume. Negative Erfahrungen weigern sich standhaft, per Dekret aus dem rein positiven Leben zu verschwinden. Die erhoffte Erlösung von den Gegensätzen des Lebens, um das Gute zu behalten und alles Ungute auszuschalten, bleibt aus. Wer den lauen Abend im heimischen Garten genießen will, wird die Stechmücken nicht los, für die nun mal ein Tropfen Menschenblut zum Paradies gehört. Frieden und Harmonie sollen zwischen den Menschen herrschen, aber dann macht der alltägliche Ärger in der Beziehung wieder alles zunichte. Zu allem Überfluss werden die gewöhnlichen Mühen der Existenz zuallerletzt noch getoppt. *Et in Arcadia ego*, »auch ich bin in Arkadien anwesend«, erklärt der Tod und begrenzt das Leben. Die berühmte Sentenz findet sich auf Bildern der Barockzeit, als der Pesttod die Welt durchwütete und das Leben der Menschen in weit größerem Umfang beherrschte als die Corona-Pandemie 2020.

Manche versuchen, die Erfüllung des Versprechens eines irdischen Paradieses zu erzwingen. Wenn die Welt nicht davon ablässt, ihnen mit negativen Dingen das positive Wohlgefühl zu vermiesen, führen sie in Eigenregie mit mehr oder weniger subtilen Stoffen eine Veränderung der Verhältnisse herbei. Bereits ein Antidepressivum macht andere Schwingungen spürbar. Noch mehr umhüllen härtere Drogen das Ich mit der erwünschten wohligen Geborgenheit. Warum er denn nicht aufhören könne mit der lebensgefährlichen Praxis, fragt ein Arzt einen Abhängigen. »Waren Sie schon mal im Paradies?«, lautet die prompte Rückfrage. Die Aussicht darauf ist stärker als die Erfahrung des Absturzes, der unweigerlich auf *Vibes* und *Flashs* folgt und die Wirklichkeit irgendwann zur Hölle macht. Dann ist keine Heimat in der Welt mehr möglich, nur noch das Siechtum, das der Sucht den Namen gegeben hat.

Ein Konzeptkünstler wie Peter Kees versucht, Arkadien als Heimat wenigstens symbolisch zu retten. Er steckt »Arkadische Quadratmeter« in realen Landschaften ab, um die Geschichte idealer Lebensentwürfe in umfriedeten Bereichen fortzuspinnen: »Mein Arkadien ist ein poetischer Gegenentwurf zur Verderbtheit der Zivilisation.« In größerem Maßstab sind arkadische Quadrate in Klöstern zu besichtigen. Die Arkaden der Kreuzgänge umschließen Gärten, die eine Ahnung vom Paradies vermitteln sollen. Sie repräsentieren die Art von Landschaft, in der Menschen sich auf Anhieb heimisch fühlen: Grün bewachsene Erde, ein paar Bäume oder Sträucher, das leise Flüstern eines Brunnens, im Hintergrund Säulen und Rundbögen aus Stein, filigran bearbeitet etwa im Kloster der Benediktiner von Monreale hoch über Palermo auf Sizilien. Bis zur Ankunft des Herrn, an den Christen glauben, wölbt sich darüber der Himmel, dessen Blau auf die Unendlichkeit verweist, die alles umfasst, was existiert, und dessen Licht für das göttliche Fluidum steht, das alles durchdringt.

Was aber passieren kann, wenn Mönche ihre Heimat in paradiesischer Abgeschiedenheit aufgeben müssen und der befremdlichen Kultur der Moderne ausgesetzt sind, spielte 2002 die melancholische Filmkomödie von Zoltan Spirandelli durch: *Vaya con Dios*, »Geh mit Gott«. Die letzten Vertreter des aussterbenden Ordens der (fiktiven) Cantorianer singen im Kloster, das dem Verfall preisgegeben ist, ein letztes sakrales *Tu solus*, »Du allein«. Die volltönenden gregorianischen Gesänge brachten über Jahrhunderte hinweg Anklänge ans Paradies zu Gehör. Jetzt aber pocht die moderne Realität in Investorengestalt an die Kirchentür. Es geht, typisch modern, um Geschäfte, das Klostergrundstück soll verkauft werden. Die Mönche müssen hinaus in die Welt, die sie nicht kennen, und geraten prompt fast unter die Räder der modernen Maschinen, die sich ungleich schneller drehen, als die Ordensleute denken können.

»Ich kann nur singen und beten«, sagt der jüngere Mönch Arbo, »ich weiß die falschen Dinge.« Als ihm die weltliche Paradieserfahrung der Verliebtheit widerfährt, stellt sich die Gretchenfrage: Mönch bleiben oder nicht? »Wir haben nun mal dieses Leben gewählt«, mahnt der Ältere, aber der Jüngere bestreitet, jemals eine Wahl gehabt zu haben. Erste tastende Umarmung, erster scheuer Kuss, eine Leidenschaft nimmt ihren Lauf, wie nur langjährige Keuschheit sie hervorbringen kann. Freudig wagt er, der aus der Vormoderne kommt, sich weit in die Moderne vor, während seine geliebte Chiara, die in der Moderne beheimatet ist, ihr vormodernes Herz wiederentdeckt. Und so werden die Kulturen miteinander intim, ohne jede Reue. Die Liebe stellt die vormodernen Bindungen wieder her, die von der Dynamik der Befreiung in der modernen Welt zerrissen worden sind. Sie ist ein heiterer Gruß aus dem Paradies, dessen tiefen Sinn und weiten Raum sie in sich trägt. Eine romantische Projektion?

Seit es als Gegenbild zu einer unparadiesischen Wirklichkeit erfunden wurde, besetzt das Paradies auf viele Arten Köpfe und Herzen. Aber könnte es sein, dass es gar kein Gegenbild ist? Dass es keine Projektion eines angenehmen Wunschzustands ist, sondern ein bildhafter Ausdruck für das umfassende Sein, das allem innewohnt? Wenn unter Sein die *Energie* verstanden werden kann, die Wesen leben lässt, ohne selbst ein Wesen zu sein, lässt sich sagen: Energie leidet nicht, sie kennt keine Verletzlichkeit und keinen Schmerz, auch kein Älterwerden und keinen Tod, überhaupt nichts von dem, was real existierende Wesen bewegt und bedrückt. Das Sein als ein »Ungeborenes, Ungewordenes, Unerschaffenes, Ungeformtes«, wie es in *Udāna*, einem frühen buddhistischen Text im Pali-Kanon heißt, könnte die absolute Heimat von allem und jedem sein. Menschen, für die der Tod in Sichtweite kommt, sprechen manchmal davon, dass sie tief in sich ein solches Sein spüren, das nicht an das vergängliche Ich gebunden ist. Kann das beim Abschied von der relativen Heimat im Leben ein Trost sein?

Im Leben selbst sind Oasen trostreich. 40 Jahre vor der Reise an die Malabarküste machte ich schon einmal Paradieserfahrungen in Indien. Wir wohnten am damaligen Traumstrand von Goa in einer einfachen Hütte, es fehlte an nichts, pralle Sonne, blauer Himmel, türkisfarbenes Meer, weicher Sand, Kokospalmen. Nach drei Tagen hielt ich das Klischee nicht mehr aus. Ich wollte zurück ins wahre Leben, sofort. Hoch im Norden zwischen Ausläufern des Himalayas, nur über halsbrecherische Pässe erreichbar, fand sich im abgelegenen Manalital doch noch ein bezaubernder Paradieswinkel. Ich wusste nicht, dass James Hilton in seinem Roman *Lost Horizon* von 1933 ein solches Tal als paradiesischen Ort beschrieben hatte. Den Phantasienamen *Shangri-La* entlieh er einem tibetischen Mythos von einem Land namens *Shambhala*. Der süße Duft von Zedernholz, mit dem die Einheimischen ihre Häuser heizten, ist mir noch heute in der Nase. Ein kalter Gebirgsbach rauschte unter hohen Bäumen, heiße Quellen luden zum Baden ein. Der äußeren Schönheit entsprach ein innerer Frieden, den ich seither in mir spüre, wenn ich mich an diese Landschaft erinnere. Aber ich verzichte darauf, dorthin zurückzukehren. Der räumlich und zeitlich ferne Ort ist vermutlich längst ein anderer geworden. Auch dieses Paradies wäre verloren, könnte ich es nicht tief in mir bewahren.

Unheimlichkeit: Was ist aus der Hölle geworden?

Der perfekte Kontrast zum Paradies als Ort einer immerwährenden Heimat, wenn auch erst im Himmel, ist einigen religiösen Vorstellungen zufolge die Hölle als Schreckensort ewiger Verdammnis, absoluter Unbehaustheit und unterirdischer Unheimlichkeit. Mehr Gegensatz zur Heimat ist unmöglich, aber wie sieht die Hölle konkret aus? 2019 wurde sie erstmals sichtbar, genauer der orangerote Lichtring, der sie umkreist, der so genannte Ereignishorizont, innerhalb dessen vom eigentlichen Ereignis nichts zu sehen ist. Die Überschrift dazu lag nahe: »Eingang zur Hölle!« Gemeint war ein Schwarzes Loch, dem kein Lichtstrahl mehr entkommt und in dem wohl auch die bekannten physikalischen Gesetze nicht gelten. Wo ausgewachsene Sonnen zu einer Nadelspitze Teilchenbrei zermalmt werden können, dort muss die Hölle sein.

Das Bild der Hölle als Ort der Zerstörung, an dem nichts lebt und in dessen Unwirtlichkeit sich niemand freiwillig begibt, stammt aus der Religions- und Kunstgeschichte. Wie beim Paradies trug auch dieses Bild meist sehr irdische Züge: Schwere Gewitterwolken hingen über der Landschaft, Blitze fuhren hernieder, unter jeder Oberfläche taten sich Abgründe auf. Phantasievoll bis zur Absurdität konfrontierte Hieronymus Bosch um 1500 die lebensfrohen paradiesischen Landschaften im Triptychon *Der Garten der Lüste* mit einer finsteren Hölle. Wenig später schockierte Michelangelo 1512 die christliche Welt mit seinem Weltgericht an der Stirnseite der *Sixtina* (2010 erhielt die digitale Welt ein Computerspiel dazu). Wollte er den damaligen Päpsten vor Augen führen, was ihnen aufgrund ihrer Verfehlungen drohte? »Teufelsdiener« sah Martin Luther in ihnen gemäß den Eindrücken, die er als Zeitzeuge aus Rom mitnahm. Ihm selbst erschienen die diesseitige Welt im Allgemeinen und sein persönliches Leben im Besonderen oft genug als Hölle, das Wort Heimat behielt er dem jenseitigen Himmel vor. Auch für Bach war im 18. Jahrhundert die Hölle noch völlig präsent, mit Gottvertrauen hoffte er jedoch, dem Satan zu widerstehen, von Verzweiflung wollte er nichts wissen. »Was willst du dich betrüben«, singt der Chor in der gleichnamigen

Kantate (BWV 107) von 1724 besänftigend: »Ergib dich, den zu lieben, / Der heißt Immanuel!«

Was Himmel und Hölle verbindet, ist die Spannung dazwischen und das Maximum an Energie in beiden Sphären. Jede Epoche hat ihre eigenen Phantasien dazu entwickelt. Antike Mythen schmückten den lichten Götterhimmel ebenso wie die dunkle Unterwelt aus. Gnostiker stellten sich die gesamte Geschichte als Kampf zwischen den Mächten des Lichts und der Finsternis vor. Sie bereiteten damit christlichen Sichtweisen den Weg, für die Gott als »Licht der Welt« die Dunkelheit des Daseins erhellt. Im Mittelalter zweifelten Menschen nicht daran, dass vor dem Zugang zum Paradies eine qualvolle Reinigung im Fegefeuer zu bestehen war. Sofern sie Todsünden begangen hatten, drohte das Flammenmeer der Hölle ihr sündiges Fleisch auf ewig zu versengen, ohne es endgültig zu verbrennen. Einen realen Vorgeschmack darauf gab die gnadenlos vollzogene Folter an Leib und Leben zahlloser Menschen sowie die omnipräsente Erfahrung von Krieg und Elend. Nicht nur, dass die Heimat auf Erden jederzeit in Frage stand – auch um die im Himmel musste immerzu gefürchtet werden.

Im 20. Jahrhundert sorgten Menschen dann für Höllen von nie gekannten Ausmaßen. Die Kriegsvisionen, die der expressionistische Maler Ludwig Meidner in seinen *Apokalyptischen Landschaften* ab 1912 darstellte, wurden bittere Realität. Von schwerem Gerät wie nie zuvor aufgerissen, öffnete sich die Erde feuerspeiend und verschlang Menschen und Städte. Dabei war der Erste Weltkrieg nur ein Vorschein auf den noch viel ruinöseren Zweiten, vom Zaun gebrochen von denen, die mit vollem Ernst die Erde als Heimat für sich allein beanspruchten. Was Menschen anderen Menschen an Grausamkeiten zufügten, stellte jede fiktive Hölle in den Schatten. Zeugnisse davon füllen das Jüdische Museum in Berlin, darunter die Bilder des Malers Adolf Frankl, *Visionen aus dem Inferno*, die er nach seinen Erfahrungen im Konzentrationslager Auschwitz-Birkenau schuf. Im Deutschen Historischen Museum zeigt das Bild *Cain or Hitler in Hell* des Expressionisten George Grosz, das er 1944 im amerikanischen Exil malte, den »Führer in der Hölle« als Kain, der seinen Bruder ermordet.

Was die religiöse Rede von der Hölle angeht, hat sie sich im 21. Jahrhundert weitgehend verloren. Zumindest im aufgeklärten Teil des Christentums droht kein Prediger mehr damit. Täte er es, würde er Empörung auslösen. Ist die Hölle nicht mehr aktuell? Ganz im Gegenteil, aber sie bedarf keiner Predigt mehr. Zu einer realen Hölle wurden beispielsweise Kliniken, in denen Ärzte und Pflegende 2020 weltweit hilflos zusehen mussten, wie Abertausende am Coronavirus starben. Die Natur ist dazu fähig, die Hölle aufzutun bei Katastrophen wie Erdbeben, Vulkanausbrüchen, Tsunamis, Unwettern, Feuersbrünsten. Aber die Natur weiß nichts von einer »Hölle«, es handelt sich um eine menschliche Bewertung der Zerstörung, die nur noch selten als Strafe Gottes für Verfehlungen in Stellung gebracht wird. Aberwitzig ist es, wenn Menschen selbst Prozesse in Gang setzen, die sie um ihre Heimat und Existenz bringen. Ausgerechnet das kalifornische Städtchen *Paradiso* wurde 2018 von Waldbränden vernichtet. Was Medienberichte als »Hauch des Teufels« betitelten, war eher Menschenwerk. Die sich häufenden Trockenheiten gelten als Folge des menschengemachten Klimawandels.

Im gewöhnlichen modernen Leben gilt jedoch meist: Die Hölle ist anderswo. Im Fernsehen ist sie aus sicherer Distanz zu besichtigen, in Medien aller Art ist zu erfahren, was Anderen an Grausamkeiten widerfährt. Da viele sich gerne von einem wohligen Schauder erfassen lassen, haben spannend erzählte Höllen durchschlagenden Erfolg als Buch, Film oder Videospiel. Die lebhafte Schilderung schlimmer Geschehnisse macht die unspektakuläre Normalität in einer angenehmen Umgebung zum Genuss. Im gewöhnlichen Leben können allerdings Andere zur Hölle werden, die nicht wollen, was das Ich will. Je mehr das Ich in den Mittelpunkt rückt, desto höllischer werden seine Reaktionen, wenn Andere sich seinen Ansprüchen verweigern.

»Die Hölle, das sind die Anderen«, sagt einer von dreien, die sich nach ihrem Tod in Jean-Paul Sartres Drama *Geschlossene Gesellschaft* (*Huis clos*, 1944) in der Hölle unterhalten. Keiner von ihnen kann eine eigene Verantwortung für verhängnisvolle Verstrickungen erkennen. Das entspricht den Erfahrungen im realen Leben, in dem es in der Regel die Anderen sind, die das friedfertige Ich der Hölle aussetzen, sei es bei einem Mobbing, einem Nachbarschaftsstreit, bei Erbauseinandersetzungen oder Scheidungsprozessen. Vor allem Familienmitglieder sind in der Lage, einander den Boden unter den Füßen wegzuziehen, unter dem sich die Hölle auftut. In demselben Maß, in dem Liebende Zuflucht vor den Zumutungen einer ungewissen Welt beieinander zu finden hoffen, können sie sich die Vertreibung aus dem erhofften Paradies zum bitteren Vorwurf und in der Folge das Leben zur Hölle machen. Nur das Ich ist nach eigener Einschätzung nie zu irgendwelcher Niedertracht in der Lage. Wenn doch, geschieht es den Betroffenen Recht, sie haben es nicht anders verdient.

Für alle aber, denen es im gewöhnlichen Leben an Höllen fehlt, lassen sich welche erfinden. Die altbekannte *Spielhölle* ist in digitaler Form mehr als je zuvor verfügbar. Computerspiele inszenieren Höllen von großer Faszination, wahlweise auch paradiesische Traumwelten, aber das Resultat ist in beiden Fällen dasselbe: Nach dem Ende des Spiels erscheint die Langeweile des realen Lebens als Hölle. Das Aufhören wird systematisch erschwert, daher fällt es leicht, weiterzuspielen, bis das von Sucht bestimmte Leben selbst zur Hölle wird. Aber auch schon die alltägliche Nutzung digitaler Medien wird für eine wachsende Zahl von Usern zur Hölle, wenn sie in solchem Maße Gebrauch davon machen, dass der Zeitaufwand das reale Leben verschlingt. Angesichts solcher Entwicklungen ist die Hölle als theologische Größe gänzlich verblasst. Niemand vermisst sie, moderne Höllen bieten mehr, *open end*.

Auch moderne Erfahrungen mit technischer Machbarkeit können höllisch sein, harmlos oder nicht. Am Himmel ist »die Hölle los«, wenn ungewöhnlich viele Flugzeuge unterwegs sind, die dank moderner Flugsicherung alle sicher fliegen. Jede Harmlosigkeit verliert sich jedoch angesichts explosiver technischer Möglichkeiten. Spätestens seit Erfindung und Einsatz der Atomspaltung sind Menschen in der Lage, in kürzester Zeit Höllen auf Erden zu entzünden, absichtsvoll in Hiroshima und Nagasaki, ohne jede Absicht in Tschernobyl und Fukushima.

Welche Höllen zudem selbst alltäglich genutzte Techniken mit sich bringen können, führte der Dokumentarfilm *Welcome to Sodom* (Regie Florian Weigensamer und Christian Krönes) einem ungläubig staunenden Publikum 2018 vor Augen. Auf der größten Müllhalde der Welt für Elektroschrott in einem Randbezirk der Hauptstadt Ghanas, Accra, weiden Menschen, die keine andere Wahl haben, unter Gefahr für Leib und Leben alle möglichen modernen Geräte aus. Sodom nennen sie den Ort, von dem einer sagt, er sei ein »Paradies für Geschäftsleute«.

Eine höllische Konstante durch alle Zeiten hindurch bleibt bei alledem das Leid, das auch ohne Einwirkung Anderer im Leben zu erfahren ist. Kein Weg führt daran vorbei, sich mit den Abgründen des Daseins zu befassen, wenn eine Lebenskrise, eine Krankheit, ein Unglück dazu zwingen. Im frühen 21. Jahrhundert ist noch immer Krebs und seine Behandlung die Erfahrung der Hölle für viele Menschen. Das Gefühl der Geborgenheit im Leben zerbricht augenblicklich. Erst in Gesprächen mit Anderen wird dem Einzelnen klar, dass es viele sind, die ebenfalls mit sehr schwierigen Situationen zurechtkommen müssen. Sie ließen sich nur nichts anmerken, um nicht als »negativ« gebrandmarkt zu werden.

So paradiesisch die Lüste sind, die genossen werden können, so höllisch sind die Schmerzen, die Menschen oft erleiden müssen. Der verbreitete Einsatz von Schmerzmitteln gründet im sehnlichen Wunsch, dass die Pein aufhören möge, die das Leben zur Qual macht. Wahrlich himmlisch ist dann der Zustand, wenn die Schmerzen nachlassen. Manche aber führen ein Leben im Schmerz, das ihnen schlimmer erscheint als der Tod, der zur Erlösung davon wird.

Höllische Erfahrungen von Leid und Schmerz kannten Menschen zu allen Zeiten. Verstärkt wurden sie in moderner Zeit von verbreiteten Erwartungen völliger Schmerzfreiheit und dem Anspruch auf totale Selbstbestimmung. Die Moderne ist getragen vom Traum, dass jeder Einzelne sein »Geschick« selbst in die Hand nehmen und der Souverän seiner selbst sein kann, von jedwedem Schicksal befreit. Die Erfahrung hat gezeigt, dass sich viele ungute Gegebenheiten mit eigenem Willenseinsatz und der Hilfe von Wissenschaft, Technik, Medizin und Politik tatsächlich korrigieren lassen. Die Erfolge auf dem Weg, ein Leben zu schaffen, das nur noch aus lichten Seiten besteht, hat im Gegenzug jedoch die Schattenseiten, die unerträglich sind oder auch nur so erscheinen, erst recht zur Hölle gemacht. Es ist nicht mehr opportun, von einer Schicksalshaftigkeit des Lebens zu sprechen. Und doch ist es unmöglich, alles zu beseitigen, was Schicksal genannt werden kann. Immer kann es etwas geben, das einen Menschen überkommt, ohne dass er es wollte, ohne zu wissen, woher und wozu, und ohne es wieder ungeschehen machen zu können, sobald es geschehen ist, sei es eine Krankheit, ein selbst- oder fremdverursachtes Unglück oder der Zufall einer ungünstigen genetischen Prägung.

Wie können Menschen sich noch in der Welt heimisch fühlen, wenn sie dermaßen brüchig wird? Eine Brücke über Abgründe baut alles, was Kraft verleiht und tröstet: Alles Schöne, das es trotz allem gibt, insbesondere Beziehungen der Liebe, Familie, Freundschaft, Nachbarschaft und Kollegialität. Ein Segen ist das Mitgefühl und die Fürsorge Anderer, womöglich auch die Arbeit, in der ein Mensch sich zwischendurch vergessen kann. Und die gefühlte Gewissheit, in jedem Fall in einem großen Ganzen über die Endlichkeit hinaus geborgen zu sein. Nur das, was zeitlich ist, ist endlich, egal, wie endlos die Endlichkeit noch verlängert werden kann. Was darüber hinaus ist, ist unendlich, und es liegt am Einzelnen selbst, darin eine metaphysische Heimat zu sehen, die auch ganz physisch oder physikalisch als Meer der Energie des Kosmos verstanden werden kann. Daraus ist sehr viel Kraft zu beziehen, um zuletzt darin zu versinken wie ein Tröpfchen, das nur für einen Moment auf den Schaumkronen der Meereswellen tanzte.

Ich sitze im ICE, der durch die Nacht eilt, die Tempoanzeige verharrt bei 250. Der Zug ist meine Unterwegsheimat in Deutschland. Von einem Raumschiff aus könnte ich sehen, wie schneckenhaft er über den Planeten kriecht, der meine größere Unterwegsheimat ist und nicht mit 250 Kilometern pro Stunde, sondern 220 pro Sekunde durch die Nacht des Alls rast, die selbst von der Sonne nicht zum Tag erhellt werden kann. Unterwegs ist die Erde mit dem gesamten Sonnensystem in einer Spiralgalaxie, auf halber Strecke zwischen Zentrum und Rand. Säße ich nicht im Zug, könnte ich die Unzahl der Sterne wahrnehmen, die zu einem hellen Nebelstreifen namens *Milchstraße* am Nachthimmel verschwimmen. So unvorstellbar hoch die Geschwindigkeit auf dem Weg durch den Kosmos ist, so sehr ist doch auch sie nur ein Schleichen in Relation zu den Dimensionen der Galaxie, in der ein einziger Umlauf der Spiralarme um das Zentrum mehr als 200 Millionen Jahre in Anspruch nimmt.

Der Heimatstern der Erde ist eine von 100 bis 300 Milliarden Sonnen in dieser Sternwolke, die die kosmische Heimat der Menschheit in einem Weltall mit unzähligen Galaxien darstellt. Um die meisten Sonnen kreisen vermutlich Planeten, und die Wahrscheinlichkeit ist hoch, dass sich zumindest auf einigen dieser absurd vielen Welten irgendwelche Formen von Leben entwickelt haben. Begegnungen werden möglich, sobald Techniken für lichtschnelle Reisen zur Verfügung stehen, vorausgesetzt, dass Menschen dazu bereit sind, ihr Leben mit dem Durchqueren toter Räume zuzubringen. Denn der immense Raum zwischen den Sternen und Galaxien ist tot, toter noch als die Straßen einer deutschen Kleinstadt in einer Winternacht, also *total tot*. Sichtbar hell ist es nur für einen kosmischen Augenblick im Umfeld der Sterne, die durch Lichtjahre der Dunkelheit voneinander getrennt sind.

Die Sonne wird im Laufe ihrer Lebenszeit noch viele Runden in der Galaxis drehen, aber auch sie wird wie alles, was ist, ein Ende haben. Irgendwann, wenngleich in ewig erscheinender zeitlicher Ferne, werden die Menschen ihre Herkunftsheimat verlassen müssen. Grund genug, sich noch lange auf dem Planeten Erde heimisch zu fühlen, aber auch frühzeitig den unendlichen Raum zu erkunden.

Ausgehend von der näheren Umgebung. Als das Raumschiff *Apollo 8* an Weihnachten 1968 den Mond umrundete, machten drei Menschen (Frank Borman, William Anders, Jim Lovell) erstmals drei Erfahrungen, die nie zuvor möglich waren: Sie sahen den *Mond* aus der Nähe, der immer unerreichbar fern am Erdhimmel stand. Noch bedeutsamer war es, die *Erde* erstmals als Ganzes aus der Ferne wahrzunehmen. Und nie zuvor hatten Menschen eine solche *kosmische Einsamkeit* erlebt. Nachdem sie im vollen Sinne des Wortes hinter dem Mond waren, ohne jede Funkverbindung, meinte Jim Lovell: »Die grenzenlose Einsamkeit ist Furcht einflößend, sie lässt einen erst begreifen, was ihr zuhause auf der Erde wirklich habt.« Das Gefühl der Verlassenheit in der Schwärze des Alls bringt die Erfahrung der *Erde als Heimat* hervor, zuerst für Astro-, Kosmo- und Taikonauten, dann für zahlende Passagiere privater Raumflüge. Und über allgegenwärtige Bilder teilt sich die Erfahrung letztlich allen Menschen mit.

Es ist eine Konstante in der Geschichte der Menschen, immer wieder aufzubrechen, Welten neu zu entdecken und sich in jedem abgelegenen Winkel anzusiedeln. Mit der Erfindung von Techniken sind sie in der Lage, ganze Welten wie das Internet neu zu schaffen und sich dort zu beheimaten, wo sie nie zuvor gelebt haben. Mit ausgeklügelten Maschinen verlassen sie ihren Heimatplaneten und können in kommenden Jahrzehnten und Jahrhunderten mit Reisen durch den Kosmos in immer weiter ausgreifenden Dimensionen *New Frontiers* erreichen. Beim Unterwegssein durch Raum und Zeit lernen sie auf den Planeten anderer Sternsysteme immer neue bizarre Welten kennen und bewohnen sie. Unvorstellbar? Aber binnen eines Tages in ein anderes Land auf einem anderen Kontinent zu fliegen, war noch im 19. Jahrhundert ähnlich unvorstellbar. Und sobald auf anderen Himmelskörpern wie Mond oder Mars oder sonst wo Menschen geboren werden und aufwachsen, ist das ihre *extraterrestrische Heimat*. Aus kosmischer Ferne blicken sie auf die sagenumwobene Herkunft ihrer Vorfahren zurück.

Auf der Erde selbst ist die menschliche Existenz so sehr zur Selbstverständlichkeit geworden, dass nichts daran befremdlich erscheint: »Alles ganz normal hier.« Befremden könnte die Tatsache, dass auf diesem Planeten überhaupt Leben möglich ist, gemessen an der Normalität des über unendliche Strecken unbelebten Alls. Als sonderbar könnte gelten, dass auf dieser bunten, sonnenbeschienenen Kugel in den schwarzen, eisigen Weiten des Alls Wesen existieren, die sich für die Zusammenhänge interessieren, in denen sie leben. Merkwürdig könnte sein, wie sehr sie von Sonnenuntergängen fasziniert sind, vielleicht schon seit den Anfängen des Bewusstseins. Im 21. Jahrhundert werden Bilder davon auf Instagram geteilt, wahrscheinlich aus ästhetischen Gründen, obwohl die kosmologischen spannender sind: Weil dabei erkennbar wird, wie die Erde durch das Weltall kullert, nicht chaotisch, sondern in geordneter Bewegung, geregelt von Kräften, die alle menschliche Macht weit übersteigen.

Jede Sternschnuppe kündet von den immensen Kräften, die es einem einzigen Staubkorn ermöglichen, eine weithin sichtbare Leuchtspur am nächtlichen Himmel zu ziehen. Es ist ein Hauch von Heimat, der dabei aus dem All heranweht, denn Funde auf Kometen wie »Tschuri« (Tschurjumow-Gerassimenko) haben 2015 zutage gefördert, dass die organischen Substanzen des Lebens auf der Erde, auch des menschlichen Lebens, aus dem All stammen. Ja, eigentlich sind alle materiellen Bestandteile des Planeten auf kosmische Prozesse zurückzuführen. Die Elemente, auf denen Materie beruht, werden ausgebrütet in der unvorstellbaren Hitze von Sonnen, deren Energie, teils in Materie verpackt, den kosmischen Raum durchquert. Energie in allen möglichen Formen ist das Wesentliche des Kosmos, in den die Erde eingebettet ist.

Allen Energieformen kann nach Maßstäben der Plausibilität aber nur Energie *in reiner Form* zugrunde liegen. Das ist keine Feststellung einer Wahrheit, nur eine Überlegung. Ihrem Sein nach ist alle Energie Möglichkeit, nicht Wirklichkeit, Potenzial, nicht schon Akt. Und woraus sonst, wenn nicht aus bloßer Möglichkeit, sollte alles, was im Kosmos ist, hervorgehen? Dass etwas nur möglich ist, ohne in Raum und Zeit zu sein und irgendwelche Konturen zu haben, ist freilich nicht gut vorstellbar. Es ist ganz und gar anders als die greifbare Realität, *totaliter aliter*, wie Theologen sagen.

Vor allem Anfang läge demnach das Reich der Möglichkeiten, völlig zeitlos und ohne jede räumliche Ausdehnung, ein ruhendes Potenzial, das inmitten der Weiten des Weltalls und jenseits davon vor sich hin schweigt, ein *reines Sein*, das immer war und immer sein wird. Der Anfang aber, mit dem eine

Möglichkeit zwischen zwei Ewigkeiten zur Wirklichkeit wird, enthält wie in einem Punkt verdichtet alle Möglichkeiten der anbrechenden Zeit und begründet physikalische Gesetze und allerlei Materialisierungen in Raum und Zeit, die bei einem anderen Anfang wohl ganz anders ausfallen würden.

Das Wesentliche, in dem alles beheimatet ist, wäre so gesehen ein Nichts jenseits der bekannten Physik, *Metaphysik* im vollen Sinne des Wortes. Ein Nichts, insofern an einer bloßen Möglichkeit nichts wirklich ist. Diesseits davon entfaltet sich zwischendurch die *Physik*, die Wirklichkeit von Raum und Zeit. In einem Augenblick ohne Zeit und an einem Ort ohne Raum vollzieht sich, dieser Überlegung zufolge, der Übergang von purer Potenz zur Wirklichkeit des entstehenden Kosmos, dessen Energie sich in Form der verschiedensten Kräfte Bahn bricht und dabei Raum und Zeit hervorbringt.

Das Urereignis, »Urknall« genannt, ist als ein Geschehen vorstellbar, das so explosiv ist, dass es in Raum und Zeit ausweichen muss und damit noch lange nicht aufhören kann. Mit den ersten Atomen beginnt die Uhr zu ticken und der Raum sich aufzuspreizen. Der vergehenden Zeit aber ist zu verdanken, dass nicht mehr alles auf einmal passiert. Dem weiten Raum ist zuzuschreiben, dass sich nicht mehr alles an einem Ort zusammenballt. Der Kosmos, der sich so entfaltet, ist ein Nachhall des Urknalls, bei dem viel Schutt namens *Welt* freigesetzt wird, bestehend aus materialisierter Energie in Form von Gas, Staub und deren Verdichtung zu Sonnen, Planeten und umherirrenden Felsbrocken sowie Klumpen aus Staub und Eis wie Tschuri.

Ursprünglich reine Potenz, aktualisiert die Energie sich in Teilchen, Quarks und Anti-Quarks, Positronen und Neutronen, verfestigt sich mit Elektronen zu Atomen und Molekülen und bringt auf dem Weg von der Physik zur Chemie und weiter zur Biologie außer toter Materie auch lebende Zellen hervor, bis hin zu Wesen, die auf Planeten leben. Die Menschen selbst sind ein fernes Echo des Urknalls, aber eines, das das Geschehen reflektieren kann, weit und breit ein ungewöhnlicher Vorgang. Am Ende könnte sich alles, was wirklich geworden ist, in Entropie verlieren und zur reinen Möglichkeit zurückkehren, um bei einem Neuanfang wieder wirklich zu werden und eine Welt hervorzubringen. Vielleicht ist dies das Geheimnis des energiereichsten Phänomens im Kosmos, der Schwarzen Löcher, in denen Welten versinken, um womöglich wie aus dem Nichts mit der geballten Energie voller Möglichkeiten in anderer Form wieder aufzutauchen, jeder Urknall ein neues Universum.

Und warum das alles? Das organisierende Prinzip *könnte* der Zufall sein. Zufällig würde demzufolge von Äon zu Äon im Meer der Möglichkeiten eine neue Insel der Wirklichkeit auftauchen. Sowie es aber geschieht, setzt sich diese bestimmte Wirklichkeit fest, in der nicht mehr alle denkbaren und undenkbaren Naturgesetze möglich sind, sondern für unabsehbare Zeit in einem unendlich großen Raum nur noch die besonderen dieser Wirklichkeit. Alle anderen Möglichkeiten könnten im Nichtraum der Möglichkeiten verbleiben und in zeitloser Zeit in einem anderen Kosmos Wirklichkeit werden, sofern der Theorie von Pluriversen tatsächlich zahllose Wirklichkeiten entsprechen.

Die reine Energie, die bloße Möglichkeit, könnte im Sinne dieser Überlegungen der Ursprung von allem und jedem sein, aber kann sie auch *Heimat* sein? Menschen sehnen sich seit jeher nach Geborgenheit, um einer Verlorenheit zu entgehen, aber niemand fühlt sich in einer anonymen Abstraktion geborgen. Das könnte der Grund dafür sein, dass der ursprungslose Ursprung hier und da mit Namen und konkreten Konturen ausgestattet und religiös verehrt wird. Ein Resultat des neuerlichen Nachdenkens über Heimat könnte jedoch sein, beim nächtlichen Blick in den Sternenhimmel die kosmische Energie selbst in ihren Möglichkeiten und Ausformungen als Heimat zu sehen und sich bewusst zu werden: Mit jedem Blick in die Sterne nehme ich durch meine Augen die Wellen und Teilchen einer Energie in mich auf, die über Millionen und Milliarden von Jahren hinweg durchs Weltall gereist sind. Ursprünglich komme ich von dort und gehe letztlich wieder dorthin. Das könnte der poetische Ausdruck des prosaischen Geschehens sein, das wohl auch der Romantiker und Geologe Novalis im Sinn hatte, als er einen Pilger fragen ließ: »Wo gehen wir denn hin?« Ein rätselhaftes Mädchen antwortete ihm: »Immer nachhause« (*Heinrich von Ofterdingen*, Zweiter Teil: Die Erfüllung).

Dass die eigentliche Heimat eines Wesens namens Mensch die allumfassende Energie ist, könnte ihm ermöglichen, sich in dieser erweiterten Welt »wundersam geborgen« zu fühlen. Das Bewusstsein, nicht eingeschlossen in sich selbst zu sein, sondern eingebettet in ein so großes Ganzes, könnte das Dasein in diesem Horizont als unendlich schön erscheinen lassen. Das könnte das *universelle Glück* im vollen Sinne des Wortes sein, bezogen nämlich auf das Universum, in dem Menschen beheimatet sind. Eugene Cernan, der 1972 als letzter Astronaut des Apollo-Programms vom Rand des *Mare Serenitatis* auf dem Mond zur Erde zurückkehrte, empfand dieses Glück. Am liebsten wäre er, wie er vor seinem Tod 2017 noch in einem Gespräch verriet, dort oben geblieben, denn er wollte »für immer dem Universum gehören«.

»Der Mensch wird verschwinden wie am Meeresufer ein Gesicht im Sand.« Kaum ein Satz von Michel Foucault (*Ordnung der Dinge*, 1966, Schluss) zog so viel Unmut auf sich, aber vor dem skizzierten Hintergrund lässt er sich nun weiterdenken. Er war auf den Menschen der Moderne gemünzt, aber was ist schon »Moderne«? Der Satz gewinnt seinen tieferen Sinn in einer kosmologischen Dimension, die ganz andere Räume und Zeiten kennt, unbekümmert um ein Sandkorn namens Erde und eine Art namens *Homo sapiens*, die um ihre zerbrechliche Heimat wissen kann und sie dennoch malträtiert. Der Kosmos ist vorstellbar als Meer, dessen Dimensionen sich jeder Vorstellungskraft entziehen. Nur für eine Weile läuft der Mensch auf seinem Planeten an den Gestaden entlang, an die in rhythmischer Regelmäßigkeit und völliger Gleichgültigkeit Wellen und Teilchen des kosmischen Meeres branden. Das Meer ist der große Gleichmacher, da es über Nacht alle Spuren am Ufer tilgt, in einer unbestimmten Zukunft auch die Spuren der Existenz des Menschen selbst. Vom Ufer aus kann er immerhin, solange er kann, in die unendliche Ferne blicken, die von einer menschlichen Existenz nichts weiß und gerade dadurch das einsame Dasein am Rand des Meeres umso fühlbarer macht.

Am Ende sehe ich mich selbst am Meeresufer auf die Wogen schauen, wie der Mensch im Gemälde *Mönch am Meer* von Caspar David Friedrich, das seine Faszination daraus bezieht, die menschliche Grenzsituation zum Ausdruck zu bringen: Ganz für sich zu sein und sich zugleich der Unendlichkeit bewusst zu sein, die das Dasein überwölbt und es in all seiner Verlorenheit in sich birgt. Die Energie, die vor meinen Augen aufwallt, schlägt Wellen auch in mir. Woher sie kommt und wohin sie geht, kann ich nicht wirklich wissen. Ich kann mir nur Gedanken dazu machen. Mit dem verschwindend kleinen Quantum der Energie meines Lebens, denke ich, habe ich am ungeheuren Meer der kosmischen Energie teil. Ich kann mich dafür öffnen, um davon durchflutet zu werden. Auf sehr weltliche Weise gehöre ich diesem göttlichen Fluidum zu und fühle mich dabei so lebendig, dass ich mir unmöglich vorstellen kann, jemals wirklich tot zu sein. Und doch werde auch ich irgendwann *ghosten*, mich wie ein unwirklicher Geist in Luft auflösen im Garten auf dieser interstellaren Insel, die mein Heimatplanet ist, am Rande eines unergründlichen Kosmos.

»Heimat ist so vielfältig. Hat dennoch alles seinen Platz gefunden?«
»Völlig offen bleibt, warum die Sehnsucht nach Heimat so unstillbar ist.«
»Jedenfalls für Romantiker und Melancholiker. Und warum?«
»Vielleicht, weil alles, was es in Raum und Zeit gibt, Grenzen hat, auch die Heimat. Die Sehnsucht aber geht weit darüber hinaus ins Grenzenlose.«
»Ins Nirgendwo und Nirgendwann? Das soll die wahre Heimat sein? Woher weißt du das?«
»Ich weiß es nicht. Es sind nur Überlegungen.«

Zum Autor

Wilhelm Schmid, geboren 1953 in einem Ortsteil der Stadt Krumbach (Bayerisch-Schwaben), lebt als freier Philosoph in Berlin. Umfangreiche Vortragstätigkeit, auch in China, Südkorea, Taiwan, Indien. 2012 wurde ihm der deutsche Meckatzer-Philosophie-Preis für besondere Verdienste bei der Vermittlung von Philosophie verliehen, 2013 der schweizerische Egnér-Preis für sein bisheriges Werk zur Lebenskunst. Er studierte Philosophie und Geschichte in Berlin, Paris und Tübingen und lehrte bis zur Altersgrenze Philosophie als außerplanmäßiger Professor an der Universität Erfurt. Zeitweilig war er tätig als Gastdozent in Riga/Lettland und Tiflis/Georgien sowie als philosophischer Seelsorger am Spital Affoltern am Albis in der Nähe von Zürich/Schweiz. www.lebenskunst-philosophie.de. YouTube: Wilhelm Schmid – Philosophische Spaziergänge.

Buchpublikationen:
Von der Kraft der Berührung, 2019, Insel-Bücherei.
Selbstfreundschaft. Wie das Leben leichter wird, 2018, Insel Verlag.
Vom Schenken und Beschenktwerden, 2017, Insel-Bücherei.
Das Leben verstehen. Von den Erfahrungen eines philosophischen Seelsorgers, 2016, Suhrkamp Taschenbuch.
Von den Freuden der Eltern und Großeltern, 2016, Insel-Bücherei.
Vom Nutzen der Feindschaft, 2015, Insel-Bücherei.
Sexout. Und die Kunst, neu anzufangen, 2015, Insel Verlag.
Vom Glück der Freundschaft, 2014, Insel-Bücherei.
Gelassenheit. Was wir gewinnen, wenn wir älter werden, 2014, Insel Verlag.
Dem Leben Sinn geben. Von der Lebenskunst im Umgang mit Anderen und der Welt, 2013, Suhrkamp Taschenbuch.
Unglücklich sein. Eine Ermutigung, 2012, Insel Verlag.
Liebe. Wie sie gelingt, Neuausgabe 2021, Insel Verlag. Ursprünglich: Liebe. Warum sie so schwierig ist und wie sie dennoch gelingt, 2011, Insel Verlag.

Die Liebe atmen lassen. Von der Lebenskunst im Umgang mit Anderen, Taschenbuchausgabe 2013. Ursprünglich: Die Liebe neu erfinden, 2010, Suhrkamp Verlag.

Ökologische Lebenskunst. Was jeder Einzelne für das Leben auf dem Planeten tun kann, 2008, Suhrkamp Taschenbuch.

Glück. Alles, was Sie darüber wissen müssen, und warum es nicht das Wichtigste im Leben ist, 2007, Insel Verlag.

Die Fülle des Lebens. 100 Fragmente des Glücks, 2006, Insel Taschenbuch.

Die Kunst der Balance. 100 Facetten der Lebenskunst, 2005, Insel Taschenbuch.

Mit sich selbst befreundet sein. Von der Lebenskunst im Umgang mit sich selbst, 2004, Suhrkamp Taschenbuch.

Schönes Leben? Einführung in die Lebenskunst, 2000, Suhrkamp Taschenbuch. Neue Ausgabe 2017, Suhrkamp Pocket.

Philosophie der Lebenskunst – Eine Grundlegung, 1998, Suhrkamp Taschenbuch Wissenschaft.

Was geht uns Deutschland an? Ein Essay, 1993, Edition Suhrkamp.

Auf der Suche nach einer neuen Lebenskunst, 1991, Suhrkamp Taschenbuch Wissenschaft.

Die Geburt der Philosophie im Garten der Lüste, 1987, Suhrkamp Taschenbuch.